AF477235

五十年间

陈家琪 著

No se permite la reproducción total o parcial de este libro, ni su incorporación a un sistema informático, ni su transmisión en cualquier forma o por cualquier medio, sea éste electrónico, mecánico, por fotocopia, por grabación u otros métodos, sin el permiso previo y por escrito de la traductora. La infracción de los derechos mencionados puede ser constitutiva de delito contra la propiedad intelectual (Art. 270 y siguientes del Código Penal).
Diríjase a CEDRO (Centro Español de Derechos Reprográficos) si necesita fotocopiar o escanear algún fragmento de esta obra. Puede contactar con CEDRO a través de la web www.conlicencia.com o por teléfono en el 91 702 19 70/93 272 04 47

五十年间有与无
作者：陈家琪
出版社：巴塞罗那伯爵出版社
出版地：巴塞罗那
版次：2023 年 11 月
书号：9788412643992（精装版）

© Chen Jiaqi
© Editorial Comte Barcelona
OPOSBOX SL
C/Rodrigo Caro 73, 08914 Barcelona(España)
https://comtebarcelona.com
Primera edición: Noviembre de 2023
ISBN: 9788412643992 (Hardback)

高棉的微笑

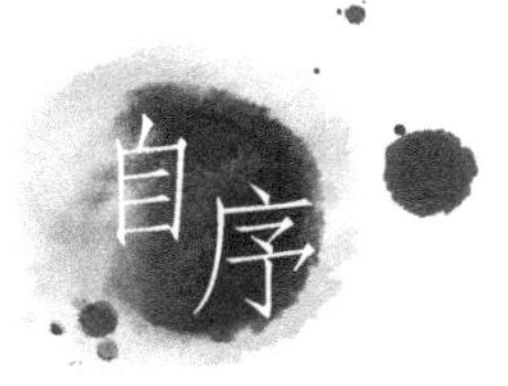

自序

    我的《三十年间有与无》从 1978 年写到 2008 年。1978 年是我步入武汉大学，成为一名外国哲学史研究生的一年，导师是陈修斋和杨祖陶。那也算得上是一次个人命运的转折吧。2008 年是北京举办奥运会的一年。为了纪念这三十年改革开放的历程，应北京《新京报》之约，我就每年三千字，每周一篇，在《新京报》上开始连载这本书的内容，后由复旦大学出版社集结于 2009 年 1 月正式出版。受我的这本《三十年间有与无》的启发，复旦大学出版社紧接着就推出了一套"三十年文集"的丛书，邀请大概有 40 来位文科专业的学者，每人编选自己在这三十年间的文章，合为一集，整体推出，成为当年上海书展上的一大盛事。现在这本《五十年间有与无》是前一本书的增补本，从 1968 年写到 1977 年，再从 2009 年写到 2018 年，前后各 10 年，合起来共 50 年。原来的《三十年间有与无》这本小书出版后很受欢迎，但我也并无再续写它的任何计划，因为"文革"、农村插队落户和在劳改队任教的生活与思想都不大好写，也眼看着出版界在出版图书上是越来越困难了。我原来正式发表和出版的《三十年间有与无》现在连在网络上出现都很困难了，要反复修改、删节，不知哪个人名、地名或事情就会成为"敏感词"。20 多年过去了，我不知道这算是历史（假设"历史"这一概念能够成立的话）的进步还是倒退，是好事还是坏事。情况很有点像"文革"开始时大家一起烧书时的认识，当时都觉得这肯定是好事，因为可以清除头脑中所有的中外古典名著给与我们的精神污染，让自己成为满脑子新时代正确思想的"新人"。怎么 20 多年后，这又成为了一个问题？而且禁言者也振振有词，似乎比 50

年前"文革"爆发时的理由更充分，因为国家真的更强大了；更强大了，也就当然更有理由一雪旧耻或重振雄风了。我不知道这是一种什么心理，也不知道它与启蒙、复兴、强国、自立等爱国教育有什么关系。总之教育是肯定出了大问题，自己身为一位有着40多年教龄的大学教授，自当好好想想自身的问题。但这些事眼下又只有闭口不言，过去的事也想就此尘封。但2018年1月，我的妻子李少华的去世，使我觉得我必须写下过去的一些经历以表达个人的怀念。我这个人有记日记的习惯，"文革"时也记，包括几千里的步行串联，只是缺少了1967年的日记，因为武斗逃跑时丢掉了。其余基本都在。我和李少华是1968年相恋的，到2018年她去世，也是整整50年。当我打开1968年的日记，开始写那时的经历时，就已经意识到这已不仅仅是在写我个人的成长与相恋，在某种意义上，它也是我们这一代人共同的经历。这个国家，以自己独特的方式，训练得千人一面，万口同声，而且让这种情况成为了一种大家都习以为常的日常生活形态，稍有与众人有所不同的言论、举止、表情都可能使自己成为"另类"。本人才疏学浅，但也还没有见过中国历史上曾有过如此高度一律、必须一律的社会思想管理方式。自然，它是现代性的产物，是传统的伦理秩序（上下尊卑）与现代的政治秩序（党国一体）的完美统一。所以，我觉得我写我，也就是在写与我几乎一起成长起来的成千上万的别人；而且我所面对和思考的问题，也就是大家都几乎不得不面对和思考的问题。当然，我主要还是对自己的剖析和解读，交织着种种的困惑与悔恨。这20年，我控制在每年一万字左右，否则怕会很长，而且，要尽可能讨论一些理论上的问题，把当时的所思所想与今天对比着重新表述，总之，大家可以把它看作是一本历史叙事的记忆，一本黑格尔所想写就的"非虚构的文学作品"。我的大部分作品基本上都遵循的是这个格调。当然，在这20年的文字中，更多了些哲学的讨论，使之也成为了一本理论著作。我认为在这补写的20多万字中，基本上已经涉及到了我们这一代人所可能遇到或想到的大部分理论问题。

　　当然，首要的一个问题就是怎么理解"有与无"。在原来的"三十年间有与无"中，我强调的是得到的与失去的。我觉得我们这个民族慢慢养成了一个毛病，这就是只看到得到的，只歌颂成就，不理睬失去的和损害的。现在，我更想把这两个概念如西方哲学本来的意思那样理解为"存在"与"虚无"，理解为"生"与"死"，理解为"有限"与"无限"，理解为"肯定"与"否定"，当然，这也就是当下冠状病毒肆虐中的"阳性"与"阴性"这两个词语所能给与我们的震撼。而且我更想突出的是"无"，那永远也不会有人看到，但又明知它的非存在（无）其实也就是一种存在（有）。也许对西方哲学不太熟悉的人觉得这些话太费解，但慢慢的，包括看完这本书，就会知道我们人的有限与狂妄，就会知道我们知道的"有"，在不知道的"无"面前太渺小，太"微不足道"。人少了敬畏之心，真的什么恶事都敢干。

原来的《三十年间有与无》共 131 千字，也就是 13 万多字，加上这 20 万字，合起来共 30 多万字，似乎还可以接受，不致显得太厚，太笨拙。原书就一字不改了，夹在前后两个 10 年之间，结构上有些不协调，但就保持原样吧。我也没有精力再去重写那 30 年了。这后 20 年的文字，我基本上是想放开了写的，不想出版，藏之名山。一个思想者和写作者，一生不给自己留一点点说真话的空间，是有点太对不起自己了。但心中依旧有些不甘，还是想出版，成书后会拿到少华墓前一页页烧给她看，因为那是我们共同生活的结晶。所以，下笔时也就谨慎了许多，"过分"的话坚决不说，太"敏感"的事也坚决不提。但我觉得我基本上把所经的事和所想说的话都表达出来了，不足的，只能怪自己。当然，这种"怪"恐怕也只能来自后人了，当代的人都懂这是怎么回事。至于学术见解上的分歧，那更是一件天大的好事。谁不想自己的书能引发更多人的讨论呢？我想再强调一下，这本书是写给后人看的，因为我知道 70 后、80 后、90 后、00 后的学生，对这段历史几乎一无所知。晓芒说过一句话：好在我们还活着。意思就是要赶快，否则我们这一代人就真的慢慢死完了。

真正或唯一使我个人感到有几分庆幸的，就是 1981 年研究生毕业后我成了一名教师。我这个人真的百无一用，只能当教师。40 多年来，从小学生到博士生，从管理幼儿园的阿姨到各个不同学科的大学教师，我都反复给他们上过课，做过讲座，有的会讲一学期，甚至连着讲 6 年。一上讲台，就会精神焕发，忘记了自己的一切。听过我讲课的，少说也有几千人了吧。更与有些人之间建立了深厚的友情。我是一个重情的人，喜欢流泪，控制不住自己，对自己的表现很厌恶，但就是没办法。小学和初中时的王虎平、段宪文、王中太，高中时的维隆、金成、铁成、宋怡，还有杨桂梅老师，刚到华县时第一个结识的闫广勤，"文革"时的王世忠、黄芳琴、郭冬梅、毛应霞，劳改队工作时的田野、何宁、薛坤记，读研究生时的邓晓芒、陈宣良，一起去海南大学的张志扬和萌萌，还有萧凡、尚扬，以及后来在海南结识的徐晓楣、徐应新、李蓉、龙运国、王丽娜、潘民主等人，后来更多的、并使得友谊一直延续到今天的同行、学者和朋友、学生，特别是邵敏、余红夫妇和徐覃莎、刘志申夫妇以及邓安庆，我都一一记在心头，觉得他们才是我一生中最可宝贵的财富，也是少华在病逝前常与我提及的几个人。我的日记中，更多记录的，也就是与他们之间的交往。有的人，我们之间有过好几百封的通信，加上我的几十本日记，我已下定决心，当我要离开这个世界时，会把这些文字一把火烧掉，因为我真的拿不准它们会不会对个别人有负面的影响。这属于多余的话，只不过想表明，历史，和对历史的记忆，有时会压得人很沉重。记得昆德拉在一个地方说过，一个民族的毁灭，就始于它最初记忆的丧失。什么是"最初的记忆"？对我们这代人来说，镇反、公私合营、反右、大跃进、饥饿、反帝反修、"文革"、下乡、再读书、当老师，甚至第一次上课，刚开始谈恋爱，包括现在正在经历的武汉（我在这个城市生活了 16 年）新型肺炎的疫情，还有我刚刚得知的最初因公布疫情而被武汉公安局进行"谣言"训诫、已经因染病而不幸去世的李文亮医生，可能还有谁正在抗击疾病的第一线，而且也受到了各种不公正的待遇，以及坚持记下自己《武汉日记》的方方，所有这一切，在某些人那里，就应该都是"最初的记忆"。当我写到这里时，积压的悲情真的让我写不下去了。想起了那些挣扎在死亡线上的人，他们无依无靠，谁都不能接近他们，而他们又正是最需要有人在身边的人。该怎么办？能怎么办？仅仅过去了 17 年，我们就经历了两次这么大的疫情，仅仅过去了 20 来年，我那个时候正式出版的书就不能面世了，这到底都是怎么回事？同一个共产党在领导，看起来几乎没什么变化，但细微处的变化又如此之大，大到可以令人不知今夕何夕的地步。这 20 万字断断续续写了近两年的时间，我是今天凌晨三点爬起来又接着写的。并没有出版社在催着要稿件，是我自己睡不着，不把这段"自序"写出来就过不去，所以一直写到现在。现在，天快亮了，是上海的早上 6:40。就此打住，以后也不看不改了，保留它的"最初记忆"和"原初风貌"。

2020 年 2 月 7 日，元宵节前一天，上海阴冷的天气中

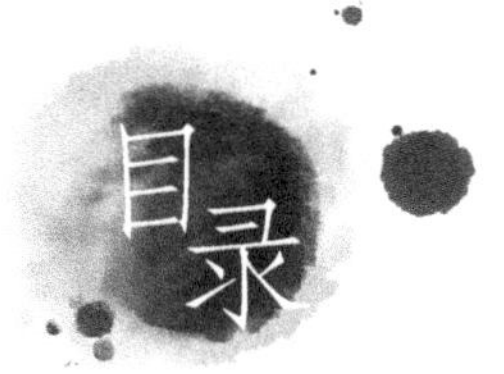# 目录

上　册

1968：

"相信未来"？

五十年间有与无

3

1968 年，是我记忆中的、作为人类历史上最大规模（所谓史无前例）的群众运动（包括对立双方你死我活的大规模武斗）的文化大革命的最后一年；也是我下乡插队的那一年；10 年后的 1978 年，是我步入武汉大学、成为"文革"后的第一届硕士研究生的一年；50 年后的今年，2018，也就是我开始动笔重新补写这篇《五十年间有与无》的前后各十年的一年，中间的《三十年间有与无》（1978——2008）曾在北京《新京报》上连载，后于 2009 年 1 月由复旦大学出版社出版。

回看 1968 年的日记，既心惊肉跳，也羞愧难当；那时的我，怎么会是这个样子？！

这是一种真正的羞愧，交织着对自己的那种以真诚来目空一切的羞愧；那是一种因自以为的真诚而目空一切，因目空一切而完全无视、也不知道人间尚有"真实"二字的精神状态。真诚指的是真心实意，目空一切指的是真理在握，所以傲视天下。现在，这两点终于都走向了它绝对的反面。其实那时也并没有对"真理"这一个概念有任何理解，也几乎无人提及真理，取代真理的就是日夜宣传的毛泽东思想，就是无休无止、永无止境的"狠斗私字一闪念"。

毛主席的每句话都是真理，这本身就已经是无可置疑的真理。

"狠斗私字"，真的就能让人区分开"公"与"私"，做到"大公无私"吗？

禅宗五祖弟子神秀有偈云："身是菩提树，心如明镜台，时时勤拂拭，莫使有尘埃。"可如果这种"时时勤拂拭"的目的是为了更奋不顾身地投入抄家、焚书、批判、武斗之中，那么此处的"尘埃"到底指的是什么？谁可能说得清楚？

1968 年，留在我记忆中最强烈的画面还是腥风血雨。这句话有些抽象，具体一点来说，就是散落地躺在地上的死尸和即将死去但还在呻吟和哭喊着的伤员。每个人的身边都有一摊还流动着的鲜血。

我真的有点惊恐万状了，同时又为自己的惊恐而感到羞愧。但无论怎样，最多也只是看了一眼就匆匆离去。

人是很容易为自己的匆匆离去找到自我辩解或让他人理解的理由的，至少是让自己能冠冕堂皇地说服自己的理由。尽管在心里其实已经给自己念了无数条毛主席语录，也狠狠批判过自己的"小资产阶级的软弱性"。

我怀疑，这样的事情经得多了，而且因为要寻找的理由就近在眼前，比如"为了什么什么"、"响应什么什么"、"听了什么人什么人的话"，等等，人也就能冠冕堂皇地去干任何坏事，包括撒谎、造假，甚至折磨人、杀人。思想越疲惫，理由反而就会显得越堂皇；这种惯性的训练和培养，让人什么干不了？"理由"与"良知"的冲突只是刹那间的事，一闪而过。真的一闪而过，就如我的眼前确实闪现过的伤员、死尸一样。过去就过去了，尽快忘掉，再回到支撑自己的"理由"上来。

这"理由"，说到底，无非是因为自己"身为菩提树，心如明镜台"。有了这个主心骨，干什么、怎么干，其实都可以。这其实只是一个如何让自己真信的问题。冲突也好，真信也好，都只是自己内心的活动。人活在公众中，问题是要让别人"看"，但又不能让别人"看见"自己的内心活动。于是柾别人能看到的外在表现上，大家就都表现得很夸张，越过头越好。因为只有"过头"，才能更好掩饰自己的内心。宁左勿右，形式主义，大概都与自己以为自己信了自己是"身为菩提树，心如明镜台"有关。"红五类"的子弟自不待言，就是我们，也是"生在新社会，长在红旗下"，这还有什么可怀疑的呢？

过了不久，当时打死了人的人也在公审大会后被押赴刑场，执行枪决。枪声响处，自然又是围观的群众，又是一具具的尸体和一摊摊的鲜血。

先后死去的两拨人是对立的两派，但都说自己是在保卫毛主席。

所有的人，在杀死另一个人时，都有最冠冕堂皇的理由，这就是：誓死保卫毛主席！

我认识的一个人（姓雍）手拿一把小口径步枪，竟然朝一具尸体开了一枪。

事后被抓起来。问题的关键集中在那个人是否已经死了。有人作证说是死了，其他人说不知道。我认识的这位雍姓朋友为什么当时要开那一枪？好奇？为了表示自己勇敢？证明自己忠于毛主席，所以对对立一派充满仇恨？不知道。反正这件事搞得他很苦，关了几个月或几年，出来后我们还见过面，握手后只是一个劲摇头，一脸往事不堪回首的样子。那种"不堪回首"是今天所有的人在使用"不堪回首"这个词语时所体会不到的。因为你毕竟朝一个躺在那里、完全不认识，而且身上正在流血、并不知其死活的人打了一枪。而我，对自己也确有一种后来才知道的"道德幸运"的庆幸。只是"幸运"而已。从那个年代过来的我们在各种各样的"幸运"中走了过来，或者说侥幸活了过来。不但是"小命"侥幸活了过来，而且还暗自庆幸自己躲过了自我的或他人的道德审判。当然，这种"庆幸"本身就很现实，很功利。但除此之外，还能说些什么呢？

武斗双方的人都死了，死的人差不多一样多，胜利了的自然是毛主席的革命路线。毛主席的革命路线的胜利体现在"革委会"的成立上，但被"革委会"枪毙和在以后的各种运动中整得死去活来的人显然更多。

一个人，乃至一个民族，在"狠斗私字"后，竟然会变得毫无同情、怜悯之心（因为这些正是要斗、要消除、要拂拭的对象），会变得如此凶恶、残忍，我们从中走了过来的一代人，难道对此真的毫无意识吗？

当我看见我们这代已经老了的人，开始安享晚年，旅游到国外，大声说笑，毫无任何顾忌；在国内大跳广场舞，欢乐无比的样子时，常常会想起 50 年前的往事，想起那些永远安息在这片土地上的"老造反派"。

我们都是在和平年代中长大的一代人，过去曾为此而遗憾过，觉得失去了在战争中以死来表达自己对毛主席无限忠诚的机会。1968 年，这一机会终于到来了；而且，武斗双方都认为这是一次千载难逢的表达忠心的机会。很多很多年后，在一幅表现当年武斗场面的油画作品前，作者抽着烟说：你看这是不是一种行为艺术？我又一次被震惊了：这是在为我们当年的行为开脱，还是终于为我们当年的有意识活动找到了另一种不无讽刺含义的无意识的解说？他接着说，中国是世界范围内最早、规模也最大的行为艺术表演场，我就把那个时候人们的行为理解为艺术创造。我说不出一句话来，只是在心的狂跳中想慢慢理解当今的抽象艺术，其中自然也包括着一些人的行为艺术。

这是真正的"热抽象"，人血对人血的"抽象"；但我觉得，只要还称之为"艺术"，就不能死人，不能以人的生命为素材。这应该是最起码的底线。这位艺术家说，这不敢说最早，但至少可以说是人类历史上规模最大、场景也最为逼真的"行为艺术"、"魔幻现实主义"。这就是1968年的中国，是这样吗？发生在1968年的一切是与纳粹、与二战、与抗日不同，不同就在于双方都高喊着"毛主席万岁"而拼命厮杀。但，这真的很好笑吗？我们笑得出来吗？往事如烟也好，并不如烟也好，反正死者是不会再为自己的行为进行任何抗辩了；而我们，又能为他们说些什么？我知道，为他们也就是为我们自己；但我们真的有想抗辩的理由和证据吗？真正的悲哀就是五十年后，我们依然无话可说。死者全无名字，而活者，也不过同样是一群有名有姓的行尸走肉而已。

依然是"行为艺术"中的"魔幻现实主义"？

那一年，最大的事就这么几件：首先，就是全国各省的革委会相继成立，黑龙江的社论是《东北的新曙光》、山东是《革命的三结合是夺权胜利的保证》、贵州是《西南的春雷》、山西是《山西无产阶级文化大革命的伟大胜利》、北京是《热烈欢呼北京市革委会的成立》、青海是《青海高原的凯歌》、内蒙是《红太阳照亮了内蒙古大草原》、天津是《海河两岸尽朝晖》、江西是《井冈山红旗飘万代》、甘肃是《春风已度玉门关》、河南是《辽阔中原唱凯歌》、河北是《华北平原一片红》、湖北是《长江万里起宏图》、广东是《战士指看南粤，更加郁郁葱葱》、吉林是《红日高照长白山》、江苏是《天翻地覆慨而慷》、浙江是《紧跟毛主席就是胜利》、湖南是《芙蓉国里尽朝晖》、宁夏是《不到长城非好汉》、安徽是《无产阶级革命派的胜利》、陕西是《延安精神永放光芒》、辽宁是《东北大地红烂漫》、四川是《七千万四川人民在前进》、云南是《热烈欢呼云南省革命委员会成立》、广西是《紧跟毛主席的伟大战略部署就是胜利》。还有一些，日记本上未记，但都能想象出来。每一篇社论，带来的都是一片欢呼和认真学习。而且渐渐培养了大家都习惯于在被教育中学会的用宏大词汇来表达集体感情（个人是没有的，也不允许有）的话语方式。自然，那些死尸和鲜血在这些集体的宏大话语面前真显得不足挂齿。我们都知道，与革委会的成立紧密相关的，就是各地大规模的武斗，全是真枪实弹，死人无数。而我们却同样可以骄傲地说：这正好证明了革委会是在血与火的考验中诞生的。

　　革委会成立不久，我们就发现了事与愿违，革委会并不是我们心目中的"巴黎公社"，于是又想造反，但这时面对的，却是无产阶级专政的铁拳。

　　"造反"的心态也可以养成为一种习惯；而镇压的结果就是连任何不满的话都不能表达。

　　我们总在这两极之间来回摆动：或造反，或不准说话。我们找不到第三条路进行协商和妥协。慢慢的，也就以为不存在这样的路。"文革"，本来是一次有着最好基础的协商和妥协的机会，因为都忠于毛主席；但最后打到血肉横飞，也就彻底毁掉了人们心中对可能以另外的和平方式解决矛盾的可能与希望。

　　怎么办？犹豫彷徨中，又是毛主席指明了方向：到农村去，接受贫下中农的再教育。

　　一场革命，从 1966 到 1968，也就两年多，就完成了一个从豪情万丈到心灰意冷的轮回；然后就又是在"新的征程"中的另一种轮回；而原来两派的矛盾，除了彼此心存芥蒂外，路线之争的你死我活也就立即化为乌有。除了赞叹毛主席的英明伟大，我们还能说什么？把一个本属子虚乌有的事搞得惊天动地，然后再大手一挥，说，该到了你们犯错误的时候了，散去吧，去农村接受贫下中农的再教育，于是大家也就一哄而散，再分头联络，各自组织，奔赴广阔天地。这就是我们这代人走过来的路。许多人至今还在热泪盈眶地说：无悔当年，不忘初心！

　　其次就是欢庆中央八届扩大的十二中全会公报发表，时间是 1968 年 11 月 2 日，游行，喊了两天两夜的口号；正是在这次会议上，把刘少奇定性为"叛徒、内奸、工贼"。第三，在学校的革委会成立后、最大的事就是在学校要敬塑一尊塑像来展示伟大领袖毛主席的光辉形象。这个任务落到了我的身上，因为我的老同学，也就是原来西安市第四中学的同学们都百炼成钢，成了一批专业的塑像能手。于是我 1968 年 11 月 6 号到西安市第十三中学去取他们用过的塑像模子，很麻烦，反复交涉，我们想快，他们在拖，一块一块取下模子，还有两块被他们的人搞坏了。每天一早就去，晚上到家一句话不说倒头就睡。家里人也不知道我在干什么，一身的土和泥，在过去是不让上床的，现在是革命年代，也不敢说，也不便问，由着我来。忽然意识到革命年代任何规矩都可以破坏，而且无人敢置一言。我们就一直生活在革命年代，文化大革命只是一个集中爆发的事件。所以心目中也早就没有了规矩的意识，连饭前便后要洗手，也无人敢提及，就这样一连三天，在寒流中只穿一件衬衣，还是一身的汗；多亏二黑、西庚等人全力相助，给十三中施压，帮我说话，终于在11月10号算是把塑像模子拉回到华县咸林中学（号称"关东学府"，由著名的古人类学家杨钟健的父亲杨松轩创办。当时已改名为工农中学，表明与过去划清了界限），当晚举办盛大欢迎晚会（但我真的想不起吃的都是什么，那个年代有什么可吃的？），11号，吴斌、二黑、晓斌、培兴、学宜等人也先后到了。12号一天，直到13号凌晨2点47分，主席的水泥塑像体浇灌完毕。13号下午送走了西安的朋友。到22号，他们一行人再来，进行塑像的最后一道工序：剁斧，即用不利刃的斧子把塑像表面凝结的水泥浆去掉，露出塑像的本色。最要紧的是面部和眼睛，要十分小心。总之这里面凝聚着所有人的情感与热望，既有对主席的，也有新老同学之间的。咸林中学的这个塑像很威武雄壮，大约十年后被毁掉。同时被毁掉的，还有西安市的近百尊塑像。那时候一道命令说要毁掉，也就毁掉了：半夜里用什么蒙住塑像，然后爆破。天一亮，大家眼前也就再也没有了塑像。最壮观的是西安新城广场的那尊塑像。当时没有毁掉的，也就从此失去了毁掉它的理由。所以在上海的几所高校，至今依然可见高高耸立的塑像。北京、南京以及全国可见的至少几十、上百座城墙都被拆了，西安的没有拆，没有拆也就没有拆，虽说破烂不堪，但今天成为了西安最著名的名胜和旅游景点。这一切都是谁决定的？说是全国一盘棋，党领导一切，但差异怎么就这么大？还有在此之前的各种运动，"四清"、"饥饿年代"、"反右"、"公私合营"、"土改"、"镇反"等等，谁又能知道到底有多少人"偶然"、"侥幸"、"莫名其妙"地被杀和活了下来？

最后，就是这年年底的准备下乡插队落户了。附带的发生在我个人生活中的大事，就是和母亲、妹妹的长谈。那个火红的年代，与家里的人很少说话，大家都已习惯于革命情谊（具体而言，也就是革命话语）中的集体生活。在长谈中，我第一次真切感受到了妹妹的孤独与苦闷。于是鼓励她下乡插队，当时定下的目标是国营草滩农场，我觉得至少可以解决吃饭问题。与母亲的谈话就困难多了。当她决心与已被关押起来的父亲离婚时，我说，我支持你离婚，但不要以为离婚就能与他一刀两断，他给予我们的恶劣影响会一直存留在我们的内心深处。所以要"斗私批修"。看了日记本，我很为自己当时的那番言论感到羞耻、丢人，为自己在理性、斗私这些大话下的冷酷而无地自容。为什么自己总那么有理？当初妈妈没有想到离婚时，我说她不想一刀两断；现在要离婚了，又说不要以为离了婚就能一刀两断。难道世界上的道理都在我一个人手中，怎么说都是我有理？而且，我怎么变得如此喜欢教导（教训）别人，其中包括自己的母亲，一个出身大户人家、如此端庄典雅的中年女性？就因为她在抗日战争期间由父母包办，嫁给了一个国民党员（那时国共两党还是一家，共同抗日，谁知 49 年后竟如此水火不容，连子孙后代都永世不得翻身），就自觉低人一等；而我，却由于自认为与自己的父亲划清了界限，而且站在了毛主席的革命路线一边，于是就可以趾高气扬地教训母亲？这一切到底都是怎么回事？今天，我的父亲、母亲都已经不在人世了，看着 1968 年的日记，想起 50 年前的一幕，我真是捶胸顿足，悲痛不已。我这个"狗崽子"，在文化大革命中，怎么变得如此毫无人性？从哲学的角度讲，个人的言行不过是周围的环境与自己的主观理解的共同产物。环境就不说了，整个社会都是那样一种氛围，自己的主观理解怎么来的？当然是教育的结果，是从"两报一刊"上学来的。其实整个社会都是一种用意识（形态）的话语建构而成的。我们每个人都生活在用公共话语为自己建构而成的世界中。在这个世界中没有任何属于"个人"的话语形式。维特根斯坦说没有"私人语言"，这当然是对的，但我们每个人总要想说些不同于他人的话。当然前提是先要听到或看到有人说了这样一些"非同寻常"的话。在我们拒斥或批判的态度下，自然也就没有了这样的"前提"（理想或愿望）。我们没有了常识，也根本接触不到另外的表达另一种实在的话语，但却以为只要"斗私"，就能解释一切。所以那时的人整个就生活在用公共的普遍性话语构筑而成的特殊性"处境"之中，把完全主观建构的东西当成了生活的本来面目，事实上当然也就是"社会的现有面目"，但又全无反思意识，既不知道国外，也不知道 1949年以前的社会曾是什么样子，以为越在主观的"斗私"上下功夫，就越能认识、理解外在的现实。这就是我们的唯物主义教育？相对于主观、内心，当然可以用反思、反省这些概念；但相对于外部世界，"反思"、"反省"能带来改变吗？外部世界的改变到底是什么意思，它又与主观上的"反思"有何关系，这都是很深奥的哲学问题了，那个年代还想象不到；但我们却以为自己什么都懂，什么都能做到。

　　还有就是决定在学校开办一个"阶级教育展览馆"，还想和几位朋友准备在日后成立一个"学习毛主席著作小组"，想定期讨论一些问题。这一切幸亏没有实现，也幸亏大家的兴致不大，因为或插队，或回乡，城市户口与农村户口的区别一下子显得如此重要，几乎决定着一个人的命运。所以对于学习、讨论的事，真的没有多大热情。更幸亏的是没有制定章程之类的东西，一切还只停留在口头上。如果不是这些"幸亏"（道德或生命的幸运），后果将不堪设想。不知有多少"读书会"、"学习组"的人死在了"无产阶级专政"的枪口下。日记中唯一让人能感受到些许美好的，就是对恋人、也就是后来的妻子李少华的思念，她当时正在青海、陕南一带外调。当然，这种思念，也是写成了革命的诗词，似乎只有这样的口号诗，才能在表达中增添或减弱思念之苦。对在一种非人状态中拼命打拼的人来说，只有爱情才是改变这种非人状态和治疗个人心灵创伤的良药。而那个年代，"爱"这个字却是一个近乎反动、至少也是不健康的、谁都说不出嘴的、几乎已经被从汉语中剔除或消灭了的词语。

"重要的只是认识自己"，这是我后来读书时常遇到的一句话；但想想，这也只对已经清醒过来的人才有效；但谁又能知道自己是否已经清醒了呢？

我想记录下的，就是这一年1月10日晚所写下的这首小诗："如果说，你是我的敌人……"。那个年代发生在大规模武斗前的一切，几乎都可以在这种幼稚而又自以为是的诗句中找到印痕。这首诗的底稿存留在日记本里，贴成大字报，也有许多人抄录下来，后来又让我看到。可是武斗一旦爆发，人又完全变成了另一种慷慨激昂的样子。我也写了大字报，竭力要把这种武斗论证成"国共两党战争的继续"。这本身就是一个很有意思的研究话题：为什么在无法沟通中，一旦站在两个敌对阵营里，人与人，哪怕再是朋友、同学，也会被一种强大无比的力量推动着成为你死我活的敌人？两个单独的人在一起，可以无话不谈；分成两派，纳入群体，就必须站稳立场，对敌斗争毫不留情。难道真的认为对方就是敌人（国民党残渣余孽或资产阶级反动路线的死硬保皇派）吗？如果是，就必须用武力消灭吗？如果不是，又为什么如此水火不容？这个对立的一方，从世界历史的角度看，可以是随便以任何名义组成的群体，比如"黑五类"、"狗崽子"、"劣等民族"、"异教徒"、"阶级敌人"、"恐怖分子"、"汉奸"、"卖国贼"等等。人是群体动物，这没有问题，但一旦"成群"，这个"群"的某种无意识的力量又在多大程度上决定着你的一切？那个时候想过这样的问题吗？当然是没有，感受到的只是战友间的深情厚谊；而且这种深情厚谊恰恰是以对敌对一方的仇恨为前提的。

但这首小诗实在不忍卒读，还是那种真理在握的口气、语气与横扫天下的空话、大词。而且，这首诗已经发表在萌萌主编的"学人诗存"《那一段回流》（上海人民出版社 2007 年 1 月版）中。就在这时，我在别人转来的一篇文章中再次读到了诗人食指的那首著名的诗：《相信未来》。这首诗也写于 1968 年。我并不认为他是在斗志昂扬中"相信未来"的，那就让我用他的这首被我打了问号的诗来结束这可怕记忆中的 1968 年吧：

> 当蜘蛛网无情地查封了我的炉台，
> 当灰烬的余烟叹息着贫困的悲哀，
> 我依然固执地铺平失望的灰烬，
> 用美丽的雪花写下：相信未来。
>
> 当我的紫葡萄化为深秋的露水，
> 当我的鲜花依偎在别人的情怀，
> 我依然固执地用凝霜的枯藤，
> 在凄凉的大地上写下：相信未来。

最后，我要再强调一句：对 1968 年的我来说，真的是"相信未来"的，相信自己终会使自己成为一名又红又专的共产主义接班人。问号是现在的我加上去的，因为在以后的岁月中，我对我自己失去了信心，而且更多地看到了"贫困的悲哀"、"灰烬的余烟"、"凝霜的枯藤"和"凄凉的大地"。

1969：

"广阔天地炼红心"？

1969 年，是我在农村生活的第一年。1968 年底办好了插队落户的手续，1969 年 1 月 5 号开始了全新的农村生活经历。

我是一个从未在农村生活过的人，也从来就没有过一位来自农村的亲戚朋友，所有有关农村和农民生活的知识，都来自书本、电影与有限的参观、劳动，总之来自被接受的有关农村和农民生活、劳动的教育。

我插队在陕西省华县东赵公社君朝大队第三小队，三男二女，共五个人在一起，但由于我们这几个人在"文革"中并无多少往来，所以都不熟，更谈不上友谊。我那时充满豪情壮志，专事交结天下英雄（其实也就是交结有共同语言的人，这共同语言就指的是"你们要关心国家大事"），连自己的家都未曾顾及过，"回家"只意味着吃饭与睡觉；所以也就谈不上对其余四个人的注意。那个时候的我们，都自觉地把"家"这个概念从大脑中抹去了，因为"家"是一个与"私"联系在一起的概念，叫"小家"，只有"国家"才是"大家"。后来读柏拉图的《理想国》，才发现他心目中的"理想国"，也是不要"小家"，只要"大家"（城邦）的。所谓的知青小组，只不过是在村里寻得了一个吃饭睡觉的地方而已。目的，说是认识农村，接受贫下中农的教育改造，实际上在骨子里想的还是如何改造农村，实现自己改天换地的宏伟理想。农村的贫穷落后大大超出了我的想象。于是这种改造又集中在如何认识农民、改造农民上。但"农民"这个词在当时是从来不用的，用的只是"贫下中农"。所以一种很深刻的矛盾就交织在里面：到底是接受贫下中农的再教育，还是实现改变农村（改造贫下中农）的宏大理想？这个矛盾隐藏在背后，由于不能、也不敢直接说出来，所以也就等于不存在。除了知道的不能说出来之外，还有更多不知道的。无论是接受贫下中农的再教育，还是教育贫下中农，改变农村面貌，还尊重的问题。从未有人想过人与人在什么意义上是平等的，应该相互尊重。在贫下中农面前，自己真的敢以"教育者"或"改造者"的身份自居吗？那早就是要打倒的对象了。后来又想到了"启蒙"这个词：谁给谁启蒙？拿什么启蒙？一切都蒙在鼓里，而又自以为"天下者，我们的天下"。什么叫"平等"？如何"平等"？经济的、所有权的概念有多重要？后面又会涉及到人格、尊严之类的概念。这些都需要有一些新的观念。但我们没有，也不会有。由于我们总习惯于把个人放在集体中加以思考，所以只会有国家或集体的"国格"与"尊严"。这些其实应该属于个人的概念根本就不存在，所以也就等于这些关涉个人与个人的关系问题并不存在。我后来是慢慢明白了：什么事情说了，才成了事实，成了存在；但如果长时间不说，慢慢地，存在就又变成了不存在。遗忘、磨损都是原因，反正中国人相信一切都会过去，过去了也就等于被遗忘了，遗忘了也就等于不存在了。于是接受教育与改变（造）农村（民）也就仅仅只在理论上才具有了一种"辩证统一"（天下没有什么不是辩证统一的）的关系，其实等于并不存在矛盾，本来就是统一的。大家也就一致认为，接受贫下中农再教育的过程也就是改变农村面貌的过程，二者是"辩证统一"的。这完全是一句多余的废话。辩证统一，整天挂在嘴上，其实完全不懂。黑格尔讲的是事物自身的发展过程，这里重要的是客观存在着的历史（对时间的意识当然是精神自身的事）与历史（精神在时间中）对自身的自我认识和自我否定性。当然也就是精神自身在自我反省中的自我否定与自我成长。与王阳明的学说不同的，第一，这里的"精神"并不是"心"，不是主观的心理或意识活动；第二，王阳明的"知行合一"讲的是"身心合一"，"心"的知与"身"的行的合一，而黑格尔的精神在自我扬弃中"生出"的却是家庭、市民社会和国家的伦理秩序。这种精神活动自身所具有的自我否定和自我生成是任何辩证关系的中介，离开了这种中介，"辩证统一"说起来化解了一切矛盾，现实中的任何问题（其实也就是对这些问题的认识终归都还是对自身的认识）都未解决，而且只会使现实中的矛盾隐藏得更深。"辩证统一"既是障眼法，也是遮羞布。更重要的是它使得人们日渐失去了直面现实与自我改变的意识与能力。这里面自然还会涉及到精神自身所具有的创造性。但这一切，似乎又离我们很远很远。

我觉得我们这个民族真的正在日渐失去这种能力；而这种能力所要求的，首先是一种实践意义上的勇气，其次是情感上的感受性和想象力，再次就是一套逐渐完善着的、具有归纳经验和自我反省功能的概念框架。

到农村去接受贫下中农的再教育，用今天更直白的话来说，其实就是要把自己在精神上变得更平庸、更麻木、更胆怯，相伴随的，就是对以往的教育，包括自己所偷着看的那些古今中外名著的遗忘与批判。这是一种在没有或丧失了文化根基这一大前提下的愚昧教育（训练）。如果说文化大革命就是在消灭文化从而导致愚昧这一基础上的"革"文化之"命"的话，那么知识青年下乡插队落户则是在消灭了原有的文化记忆之后的另一种教育，即接受贫下中农的再教育。我这里毫无责怪贫下中农的意思，我永远感激他们在我插队落户期间对我的教育与帮助，但这些教育、帮助与我们后来在读书、在思考中所理解"再教育或进一步接受教育"并不是同一回事。这应该是一个很浅显的道理。对于十八九岁、二十来岁的我们、对于更多的、几百上千万刚刚读完小学或刚上初中的孩子们来说，到底应该接受哪种教育，其实也不难理解。与文化相对立的概念是愚昧，与文明相对立的概念是粗俗与野蛮。我们真的没有意识到自己正日渐变得越来越愚昧和粗俗了吗？我在农村时，冬天，永远都是光着身子穿一件棉袄，腰里用一条麻绳捆着，自己很豪迈。小时候在家里所受的教育，比如吃饭时嘴里不能发出叭叭的声音，不要大声说话，不要把腿晃来晃去，等等，这一切都破掉了。怎么样使自己显得越粗俗就越对、越好。当时真的以为这正是自己越来越革命化的表现。当然，就是到今天，我也依然认为这是一个可以讨论的问题，但在当时，知识青年到农村去接受再教育却并不是一个可以讨论的问题。不仅这个问题不允许讨论，后来的计划生育政策、一对夫妻只能生养一个孩子也不允许讨论。事后想想："谁在不许讨论？"难道事后真的连一声认错和道歉都换不来吗？也正是这样那样的"不许"，才让我们好几代人在现实面前变得如此麻木、呆滞，毫无所为。反正一切都由你说了算。而你又是永远也不会错的。

由于自己一天到晚只生活在豪情壮志、认识农村（农民）与自我改造中，所以五个人的知青小组也就名存实亡。大家每个人都变成了一个单独的农民，与其他农民一起上工劳动，靠工分吃饭，而一个工分只有七分钱，这还指的是满分，那两位女同学从早干到晚也值不了七分钱。这样，吃饭就成为了最大的问题。农民都有家，我们的家就是"知青小组"，由于这个"家"名存实亡了，所以也就没有了地方吃饭。由于一开始分别住在农民家，后来给知青专门拨下了钱，就盖了一间知青小屋，住宿倒不是问题，最大的问题就是吃饭。原来分别在农民家住时还好办，总可以混一口饭吃，尽管吃得很差，一年到头的荤菜细粮、瓜果蔬菜之类的食品几乎都是极端的奢侈品（我们甚至已经忘记了世间还有这样的东西）；而且吃掉农民的口粮也总是一个很大的问题；但如果关系好，农民也可怜我们，就还不错。但总的来说，农民们是并不欢迎我们这些知识青年的。那个年代劳动力不缺，缺的只是可吃的东西和几乎永远也挣不到手的货币。因为没有自留地，也就没有了任何属于私有的、可用来换钱的东西。越贫穷、就越想谋得一口饭吃，人也就越好统治，大家也就越把一切希望都寄托在政府身上。因为一切都来自政府的分配。最后变得蛋糕的大小、风气的好坏、德行的高低，都取决于政府。就这么压抑着，连歪门邪道都不通，因为随时有人监督、汇报，大家的心思都用在如何在混日子中图得一点小利，而且尽可能地用在不惹事、不找麻烦上。这么多的人，如此大的基数，一旦放开了缰绳，可以相对自由地发家致富了，其力量之大和胃口之贪是可想而知的。我是看到许多老人想占和爱占小便宜的毛病，无论在国内、国外都有，大约都与老人们曾经有过的贫穷与匮乏有关。当然主要还是与文化、文明背道而驰的愚昧与粗俗。我们竟然会把愚昧与粗俗当成"中国特色"、当成"国情"，当成一种与众不同的"风格"来或明或暗地加以颂扬，所以几十年来推广"谢谢"、"对不起"、"再见"之类的文明用语均不见成效。现在已经发展为动不动就杀人的地步。这是一种很可怕的力量。道德的自我约束在这种力量面前基本上就只是一个空洞的口号。"文革"以来由于人们已经习惯于各种空洞的口号，所以也就无所顾忌地一面高喊口号，一面穷凶极恶地疯狂敛财。这里面当然缺的是公正、公平的法治和对各级政府官员的考评与追究（谁来考评、追究他们？），而不仅仅只是一个"忠不忠"的政治标准问题。但在那个时候，谁会想到、谁又敢想得到这些问题呢？他们手中握有的权力几乎可以立即整死你。

习惯了的恐惧就不再是恐惧，而成为"表现好"的标志。

　　那个时候的我，自然把这一切都理解为必须接受的贫下中农的再教育（比如对我们的照料，体现了温暖和阶级感情）和必须高度重视的阶级斗争（比如对我们这些人的到来所流漏出的不满，尽管不敢，但言行中总免不了会有的那种嘲笑、戏弄的意味），这种种表现到底是思想落后还是阶级斗争，那就要看出身和这些人过去的历史了。

　　由于解决不了吃饭问题，所以我希望能一直过集体生活，比如加固渭河大坝，修筑桥峪水库，一年中几乎有一多半的时间都在干这样的活。

　　中国国家力量的强大也就体现在这些大的、能体现集体力量的行为与活动是永远也干不完的。我自己也很希望这样的集体劳动能一直持续下去，就与两千多年前修筑万里长城一样。

　　十几个人挤在一顶帐篷下，里面的气味、跳蚤、拥挤，为一点点矛盾而引发的争执甚至打斗都是可想而知的；但这些算得了什么呢？重要的是要有饭吃。农民们就是生活在自己家里，环境其实也和这里差不多；而我们，又有一个思想改造的问题，所以更无话可说。

　　我在干这些体力活上一直就是一把好手，争先恐后，不辞辛劳，总想多干，对别人的帮助上也是尽心尽力，毫不吝啬。母亲几乎每月都会给我十元钱。这是一笔很大的钱，我常常用来请大家吃饭。

　　认识农村，那时的理解很狭隘，往往局限在"认识农村的阶级斗争"上。于是在农村插队落户，思想上的一个大问题就是如何寻找阶级敌人；与此相关的，还有一个怎么认识贫下中农的问题。从成分上看，都是贫下中农，但那种愚昧落后、自私自利、满嘴脏话，小偷小摸，上工时迟到早退，能偷懒则偷懒，能损坏邻队的庄稼就一定损坏的意识，早已不是一个学习的问题，而是真正的厌恶。我曾随一群农民在田地里架设过高压线，看到农民对邻队的庄稼地的肆意损坏，真让人心疼。这些贫下中农的这种表现，背后是不是有阶级敌人的故意捣乱？这曾是一个问题。谁是阶级敌人？村里开展了大规模的"清理阶级队伍运动"。大家眼睛盯住的，自然是地、富及其子女。村里似乎没有右派。地、富的文化不高，民愤也不大，这让人很为难。后来不知怎么搞的，就转移到了乱搞男女关系上。于是大家就又来了劲头，也揪出了几个人。开批斗会，再上纲上线，当然也上不到阶级斗争的线上。但这种批斗与揭发却毁坏了民间一直固有的那种最为基本的、原始性的信任与互助；而表现在农民身上的所有愚昧、落后方面，在理论上却依旧统统可以归结为阶级斗争的表现。而阶级斗争的最为典型表现，就是对自留地、对私有财产和小有积蓄的渴望与占有。

下面是我 1969 年 5 月 15 日的日记，基本照录，有几个小地方，比如国喜叔的事，把后面几天的日记内容挪了进去。

5 月 15 日，星期四，晴

毛主席教导我们说：知识分子如果不和工农民众相结合，则将一事无成。

（自己只是知识青年，读了几本书，就自以为是知识分子，很可笑；但后来明白，自己所说的"知识分子"，指的是"小资产阶级知识分子"，正是改造的对象，有一段时间，就连记日记、写诗、写信，甚至说一声"谢谢"，都自我理解为"小资产阶级知识分子"的夸张表现）

今天因为下雨，条件好，婶婶在家纺线，我也不去上工，就在家好好写写日记，把这些日子的大事总结一下。

首先，4 月 1 号，中国共产党第九次全国代表大会胜利召开。那天大雨滂沱，大家冒雨游行，心中感到能有今天的"全国山河一片红"，全靠伟大的无产阶级文化大革命。游行回来，全身湿透，但毫无倦意，就想着如何表达自己的心情，但又找不到恰当的形式。到 4 月 24 日深夜 12 点，中央人民广播电台传来了九大胜利闭幕的消息，整个华县一片沸腾。我骑了一辆破自行车，从县城到工地，再到君朝，挨个通知大家。村民们在走高跷，虽说是旧形式，但赋予了新内容，也让人很高兴。下午五时，几位同学来到我们住的地方，各自畅谈了感受，决定成立一个"知识青年联络站"，以便更好地学习九大文件和毛泽东思想，而且要把学习进一步推进到对马、恩、列、斯著作的学习。

九大喜讯震长空，
普天欢庆人海中。
有志青年聚一堂，
万众一心工农兵。
革命志向冲霄汉，
励志耕耘靠斗争。
身躯为党甘破裂，
热血赢得山河红。

　　5月1号是国际劳动节，一年前的这一天，我骑车带着西荣去西安参加陕西省革委会的成立，想不到三天后竟爆发了华县历史上最为惨烈的大规模武斗。我在回到华县后，参与了关于武斗的大辩论。我那时竭力想把武斗说成是国共两党战争的继续，把武斗理解为文化大革命发展的必然结果，认为"形式"（武斗）并不重要，重要的是内容（路线斗争）。今天来看，当初的认识是完全错误的，错误的原因在于混淆了两类不同性质的矛盾，把人民内部矛盾变成了敌我矛盾，也忘记了毛主席关于"要文斗，不要武斗"的教导。文化大革命是一场在无产阶级专政条件下的革命，而"无产阶级专政"本身就意味着暴力，而且是唯一的暴力形式。除过这种暴力形式，别的暴力形式在理论上都是不被允许的。毛主席说，"历史的经验值得注意"。关于武斗，是我在文化大革命中最大的历史教训，应该认真总结。

　　"五四运动"50年了。想想这50年，心中也有许多沉重的感觉。第一，无产阶级文化大革命在什么意义上继承的是"五四精神"？这个问题似乎从未有人认真讨论过；更没有讨论过"五四精神"到底是爱国运动，还是新文化运动；爱国运动好理解，新文化又是什么？如果就只是一个"打倒孔家店"的话，它的"新"又在哪里？有人说是"白话文运动"，难道就只是文字改革吗？至于"移风易俗"，是过了头还是更彻底？第二，"一打三反"、"清理阶级队伍"、"毛泽东思想学习班"，最后都是以抓捕几个人为结果，搞得次数多了，人心就会有些凉，也有些怕，每次都是5%的坏人，每次的坏人又都不一样，这样说不定下次就轮到自己头上，于是觉得不想参加类似的运动了，这是当下一种主要的思想苗头；第三，革委会虽说成立了，但派性依旧，内部的勾心斗角也依旧，基本的运作方式还是旧的那一套，由复员军人组成的"军宣队"，类似于"文革"刚开始时的"工作组"；第四，农村的复杂远远超出我们的认识，恐怕不能把农村想得与学校一样，包括我们想成立的"联络组"，最后一定是凶多吉少。为什么凡是想"有作为"的人的下场都不好？是这些人自身的问题吗？我们这些风雨同舟的战友，为什么到今天会有了如此大的分歧？

　　我忽然为这些问题，也为自己的思想感到有些害怕。

　　5月9号上午，少华、应侠、寒梅、西荣、世忠、新牛和我一行七人再去华山。当晚住西峰，残垣断壁，一派凋零。大火后的残迹还在，我忽然在一块木板

上看到了"还要复兴"四个碳写的字，让人心头一震。10号凌晨观日出，中午12时回到华山车站，当晚乘晚点的176次列车回到华县。这次华山之行很特殊，"文革"期间，山上空无一人，几乎所有的寺庙都被一个名叫"五湖四海"的组织焚毁了。这也说明了文革中的群众组织是大有问题的。我们几个人在西峰自己砍柴，找不着烧水的铁锅，只好用来取暖。六个人蜷缩在一张新牛从寺庙里拾来的破席上，度过了难忘的一夜。

12号回到队里，发现队里已经为我们开始盖新房，最费心的还是老贫农国喜叔。国喜叔是我在农村认识的最好的贫下中农。那是一种我们永远也学不会的、一切都出自本心的质朴、憨厚、勤劳和无私，总是默默去干别人故意不干的活，也总是处处为我们着想，把我们当成他的孩子一样，但又多了几分尊重。就是这位国喜叔，以后身患癌症，我领他到西安治病，吃住在我们家，还一起在人民剧院门口合影，这也是他一生中唯一的一张照片。当我拿着照片到他的病榻旁让他看时，他什么也不会说了，只是眼眶里流出了泪水。

13号，二队耀荣的奶奶死了，全村的话题都集中在这件事上。请来了一些"哭客"，专门在葬礼上负责哭。一开始还有说有笑，一声开始，就嚎啕大哭，口中念念有词，似乎和死者真有什么血缘关系。而对全村的人来说，"吃饭"才是真正的目的。现在正是缺粮的季节，但听耀荣说，他至少借了几百斤粮食来办这次丧事。民娃也说，他爷爷死时，用了五石麦。一些妇女还偷偷把馍带回家。看着那些人的干嚎，特别是有的还在主席像前又哭又喊，真让人看不下去。但这就是传统，就是风俗习惯，自"五四运动"以来，半个世纪想破也破不了。那么，到底该不该破？如果不该，是任由其延续下去，还是应该改进？如果是该，该用什么方式取代？我们几个人就站在旁边看，什么话都不说，既不好说，也不知该说什么。

这里面真正的问题在于如何看待农村的"阴暗面"。毛主席让我们到农村来，是为了培养和造就我们，所以就必须经风雨、见世面。而在风雨和世面中，就包含着如何对待和处理"阴暗面"。想想以前对农村的认识，真是幼稚可笑，只有真到了农村，才知道了这些粗话、脏话、黄色故事、小偷小摸，才知道了他们是这样办丧事的，才看到了几乎全村人的表现。自己能不能对这些现象进行分析，做出自己的判断？这才是真正的考验，也是对自己的重新认识。我现在对那些阴暗、腐朽、落后的东西不再那么害怕、觉得不可理解了，这并不说明自己的"棱角"已经被磨平了，而是说明自己的成熟，这也正是毛主席让知识青年到农村插队落户的真正目的。

怎么样接受贫下中农的再教育？站在现在的立场上，可能觉得农村的一切人都不如自己，至少不如自己看了这么多书，思考了这么多问题；但也正是这些"不如自己"的"一切人"，用他们的辛勤劳动为国家创造着财富，养活着我们，供养我们上学、读书，而我们在有了文化后却反过来看不起他们，这能说得过去吗？越深入群众，与大家打成一片，也就越觉得自己的渺小。我们为什么总喜欢用自己的"长处"去和贫下中农的"短处"相比呢？想想他们的"长处"，再看看自己的"短处"，不觉得自己真的幼稚可笑吗？毛主席说："群众是真正的英雄"，这句话到底是什么意思？如何理解？自己真懂了吗？

以后怎么办？再怎么说，总还是要向群众学习，把向群众学习与读书结合起来。那些认为现在的生活太单调乏味的人，事实上也就是那些在文化大革命中缺乏独立思考和独立判断的人。当年跟在别人后面摇旗呐喊，现在情况一变，在一个完全陌生的环境中就不知道该怎么办了。我们应该给自己多提一些问题，问题越多，越感到自己的贫乏，于是生活也就越变得有滋有味。

现在已经开始读马克思的书了，越读，越感到自己知识的贫乏与欠缺。弥补的途径，除了书本，还有这广阔的天地。我现在终于可以独立打墙了。这是我在农村学会的第一桩技术活。别人都嫌累，而我却乐此不疲，今天干了一天，尽管也是腰酸背痛，但心中高兴。现在的时间已经很晚很晚了，前面的日记，有些字几乎都是闭着眼写的，但还有更多的话想说，算了，明天就是 5 月 16 日了，一个对我个人来说具有特殊意义的日子；当然，对我们这个民族来说，也具有非同凡响的意义。

呵，难忘的 1966 年 5 月 16 日！

1970：

"向下的东西和向上的东西"？

1967 年 7 月 22 日的《解放军报》上引用了毛主席的一段语录：向下的东西是旧的量和质，主要表现为量上。向上的东西是新的量和质，主要表现在质上。

我已经不知道《解放军报》是在什么情况下引用了毛主席的这段语录，也不知道引用这段语录是为了说明什么问题。我只知道我把这段已经过去了三年的语录写在我 1970 年的日记本上，而且注明出处，用很显著的字体提醒自己要认真学习毛主席的这段语录，同时表明我个人的学习兴趣已渐渐转向了哲学。

1970 年在我的人生中发生了两次大的转折，一次是从原来插队落户的君朝大队转到了田杨大队的杨家生产队。这一调转的原因是因为上面要开知识青年的"积代会"，而田杨大队的知青小组就是全县知青的一个先进模范点，要我到公社为他们的先进事迹写材料，后来就索性把我调到了田杨大队。但田杨大队的那个知青先进小组在田家生产队，而我则被分到了杨家生产队。杨家只有我一个知青，没有住房，于是就住在一户农民家中旁边的小房子中。小房子有里外两间，我住里间，外间就是猪圈，味道很大；但最可怕的是跳蚤。我已经不知道我的被褥上有多少跳蚤了，反正已经感觉不到痒了，但被子里外全是跳蚤屎。李少华去看我时，简直就不敢用手去碰被子，但还是咬着牙替我晾晒了一下。我就在那样的被子下，点着一个小墨水瓶的煤油灯，读马克思的《哥达纲领批判》。读不懂，也读，猜书中的意思。每天早上的鼻孔乌黑，因为被烟熏的。但心中还是高兴的，因为离开了名存实亡的君朝知青小组，一个人自由活动，大部分空余时间都用来看书，也有了就在主人家吃饭的地方。我正式去杨家生产队插队落户的时间是 1970 年 2 月 5 日。在我的小日记本上写着：杨家生产队共 33 户人家，24 户贫下中农，其中包括两户前科犯，四户有历史问题；四户地主，五户中农。

33 户人家中就有四户地主，怎么可能？就是真的，这地主也不会有多大的土地面积。但这就是事实，说明阶级斗争形势严峻。

1970 年的上半年就是全国性的"镇反运动"：中央元月 31 日下发了"中共中央关于打击反革命破坏活动的指示"，省上在除夕夜开会、表态，下达指示到专区，然后再到县、公社、大队、小队。层层表态，宣誓落实。文件是中发 70·003 号，要点有五：一是放手发动群众，打击苏修反动派；二是要突出重点，打击现行反革命分子，包括通敌叛国、阴谋暴乱、行凶杀人、反攻倒算、窃取机密、抢劫财物、破坏稳定等；三是严格区分两类不同性质的矛盾，对罪大恶极、民愤极大的反革命分子坚决杀掉，其他则处以无期或有期徒刑；四是要大张旗鼓地做好宣传工作，做到家喻户晓；五是加强领导，要首长亲自动手，胸中有数，建设一支无限忠于毛主席的公安队伍。我不知道别的人读到这些话时有什么感受，对我而言，依旧有些心惊肉跳，真不知有多少人在这次全国性镇反运动中又人头落地，家破人亡。

每次运动都是一次震慑，让人不敢想，不敢说，蜷缩自身，规劝他人。或者死皮赖脸，反正无所谓。

就我所在的生产队来说，也是立即传达，组织落实，成立专案组、突击队，深挖细查，很快就抓出了两个人，立即整理材料，召开大队批斗大会，再层层上报，最后不知是个什么结果。

对我们知识青年来说，当时最重要的一件事就是自己重新学会（其实是复习）俄语，然后教每个贫下中农都要会用俄语喊"缴枪不杀！"、"我们优待俘虏！"、"举起手来！"、"出来！"、"不要动！"、"跟我走！"、"站住！"、"快走！"、"过来！"、"往前走！"。当时的场面很滑稽，没有人当真，但又必须当真；这就渐渐培养并形成了我们这个民族的一种特有的性格特征：失去了真与假或该认真与不该认真之间的界限。有的贫下中农用汉语注上稀奇古怪的发言，有的随便发出各种奇怪的汉语变调的声音，仿佛以前在电影中看到的英勇无比的苏联红军到了中国，面对这些依旧使用棍棒、铁锨、锄头的贫下中农就会如木头人一样乖乖投降。我们那时倒很有热情，因为终于显示出作为"知识青年"中"知识"的价值。我们本来就学的是俄语，所以后来再学会这几句话并不难。可惜那时只知道要与苏联打，并未想到美国，如果当时就开始学英语，那后来从学的路就好走多了。

我想，所有这些打击对象，无论是国内的地富反坏右，还是国际上的帝修反，大概就是毛主席心目中的"向下的东西"吧，他们的特点就体现在"量"上，指的是"多"。所以在量上就要不怕杀人，不怕打仗，不怕以少胜多。"向下的东西"总是在量上占有优势的，也正因其"量重"，所以才"向下"，也就是坠落、堕落、没落；"落"就是"向下"。这就是我当时的理解，写在日记本上，觉得收获很大，有豁然开朗之感。相反，"向上的东西"则是"质"上的变化，指的是优秀、杰出人物的出现。这些人总是少数，但却代表着"向上的东西"，也就是历史的方向。在所有优秀、杰出的人物中，最优秀、最杰出的自然是伟大领袖毛主席。所以林副主席才说对毛主席要迷信，不懂也要照办，因为他真正代表着"向上的东西"。

这一年对我来说较为重大的第二件事情就是从 9 月 23 号起，正式到华县"五七大学"农机二排报到，成为一名不知道该怎么称呼的"学生"。这个"五七大学"是县办的，学制两年，说是要请一些原来的西北农学院的老师来上课。但那个年代知识分子抬不起头，他们怎么能给我们这些来自农村第一线的知青和贫下中农上课？上课又能讲些什么？我们还算不上后来的"工农兵大学生"，因为不是正式的大学招生，也没有经过推荐、考试、评审的环节。严格来说，只是一个短期的农业培训班，校址就是原来的咸林中学（工农中学），但好在终于又进入到了一个可以正式学习的环境之中，尽管并不是我所喜欢的专业。

一共有十门课：作物栽培、遗传选种、农业化学、植物保护、无机化学中的分析化学、有机化学、农业气象、新技术、农业科学试验、农田水利科学。

我不知道现在农学院的农机专业有哪些方面的课；也不知道这些课在当时是不是真有老师来讲了，因为讲课内容并不会记在日记本上，反正这些课程的内容早已忘得一干二净。到"五七大学"，不过是换一个地方搞革命，社会革命和自我改造。

日记本上记载最详尽的，就是 1970 年 9 月 25 日上午听的一个报告，这个报告，细致表现了我们特有的那种看待国际问题的角度、逻辑、理论、方法以及自信满满的把控态度；应该说，这一切都还在延续，但具体的结论却可以完全不同，想来总还有些人会感兴趣：

好消息是七月，中央决定扩大《参考消息》的发行范围，发到车间和大队的支部书记，目的是为了更好地研究敌情，认识到中国的文化大革命对世界革命所产生的巨大影响。那个年代，《参考消息》就是我们窥探世界的唯一窗口，是我每周都盼着的报纸，至少比《人民日报》的内容丰富。

第一个问题就是关于敌情。敌情中最重要的是两个超级大国既勾结、又争夺的事实。无论是勾结还是争夺，目的都在欺骗本国人民，获得统治者自身的最大利益。在两个超级大国的勾结与争夺中，德国是一个关键问题，表现为西德否认二次世界大战中苏联的胜利，否认东德的法律地位；再就是中东，是非之地，石油丰富，亚、非、欧的连接处。1968 年的石油是 368 亿吨，占全世界总储量的 66%，全世界年产量的 $\frac{1}{30}$；而美国一个国家在中东的采油投资 50 亿美元，占全部投资的 65%。以色列 1948 年至 1949 年两次发动巴勒斯坦战争，1967 年 6 月更是发动了对整个阿拉伯世界的战争，占领了更多的土地。苏修在此情况下也想占便宜，于是通过纳赛尔总统控制了阿联。苏修迫使阿联接受了"罗杰斯计划"，与以色列停火、会谈，同时争取叙利亚、伊拉克、南也门等国，最近又策划约旦去镇压巴勒斯坦游击队，以便从中获利。第三方面的问题涉及日本。日本资源贫乏，但经济发达，居世界第二。于是苏修正在拉拢日本，以便利用日本的经济实力缓解国内的矛盾，比如在西伯利亚建一个年产 70 万辆汽车的工厂，利用的就是日本的技术，同时也让日本得到经济上的好处。第四是印度。美苏斗争的中心问题是想让印度一边倒，所以都在印度支持各自的反对派。第五是东南亚。美苏在东南亚争夺得很厉害，美国用武力侵占了越南南方、泰国、印尼、马来西亚、缅甸等国。美国想巩固它的地位，苏修想插手，寻找机会，前不久苏修的外交部长刚刚去过东南亚。在对待我国的关系上，两个超级大国也是互相争夺，一面想压倒对方，一面又偷偷改善与我们的关系。现在有两个谈判，一个是中美大使级谈判，一个是中苏边界谈判。边界谈判十个月，开了六十次会。苏修想搞一个边界走向，我们不同意。苏修怕谈判中断，团长库茨涅佐夫病了，就换了一个叫涅米切夫的来，就怕谈判中断。苏提出互派大使，给总理打电话，提出了一个宣传部长、列宁格勒的地委书记，也是反华专家来，我们不同意。柯西金提出总理可以到苏联国土的任何地方来同他见面，我们没有答复。同美苏的关系决定着整个世界的局势。反正我们始终有主动权，他们都在拉拢我们。

　　第二个问题是世界人民的斗争问题。首先是印度支那三国人民的斗争。尼克松出兵柬埔寨，从反面推动了柬埔寨人民的革命斗争。柬一共 700 万人口，和我们的渭南地区差不多，现在已经解放了三分之二的国土，280 万人口，靠近老挝、越南一边的五个省全部解放，靠近泰国一面稍差一些。离金边有时只有 15 公里的袭击路程。主要是越南南方在打仗，要不会更好。这一切证明柬埔寨共产党、也就是红色高棉的路线是完全正确的。现在执政的朗诺是个大草包，7 月 21 号把王后从皇宫赶了出来，这对柬埔寨影响巨大，因为柬埔寨是王国制。越南和老挝的形势也很好。整个东南亚，最反动的是泰国，但泰国共产党很好，坚持武装斗争。缅甸共产党的路线也是正确的，1964 年克服了"左"和右的倾向，一直坚持武装斗争，在 1967 年通过了政治局决议，说毛主席是世界人民的领袖，活动的地盘扩大了 60% 的县。反动头子奈温比吴努强一些，在印度支那基本不插手。奈温在柬政变后到英国治病，回来后想见毛主席。菲律宾、马来西亚、印尼三国，现在马列主义的党发展都好，搞武装斗争。印度比较贫穷，反动力量也弱，只要有一个好的共产党，就能成事。现在是党内派系太多，主导的是修正主义；有一派较好，马宗达领导的，主张武装斗争，扩大到了 9 个邦（印度共有 16 个邦），建立了红色根据地。只要搞武装斗争，我们就支持，要什么给什么。日本共产党总的来说是修正主义，也有好的，马列主义的党正在成长，毛泽东思想在日本人民中间广泛传播，日本的工人阶级很强大，参加游行的有一百多万，有的拿起了武器。非洲、拉丁美洲的形势也好。巴勒斯坦的法塔赫（民族解放运动）有些忽视战略，在基本路线上不注意。但阿拉法特谈话说要用枪杆子挫败"罗杰斯计划"，发表"向莫斯科进一言"、"我们与大国"等谈话，和以色列进行顽强斗争。安哥拉、莫桑比克、多米尼加都在拿起武器。巴拿马、委内瑞拉也拿起了枪杆子。我们看资本主义国家人民的斗争。美国工人罢工，1969 年一年有 5600多次，斗争矛头指向政治制度。军队内部的反战运动也在进行，成立"士兵反战联合协会"，有五六万人跑到加拿大。美国黑人的抗暴斗争影响到英、法、西德。英国发生 1949 年以来最大规模的大罢工，达两千多次。澳大利亚也爆发了七十年未有过的大罢工。我们再看看修正主义国家内部的矛盾：捷克共一千多万人，留在捷克的苏军有二十几万，这是控制与反控制的斗争。东德和苏修的矛盾越来越尖锐，同时又和西德秘密谈判，苏修很恼火，攻击乌布利希。签订条约后，东德其实并不满意，但又不敢反抗。罗马尼亚、南斯拉夫坚持独立自主，和苏修的矛盾越来越大。前些日子苏要在罗的领土上进行军演，罗不干。南斯拉夫很想和我们搞好关系，我们就把大使派往南斯拉夫。霍查最近发表长篇讲话，谈意识形态问题和国家关系，很精彩。罗马尼亚、南斯拉夫、阿尔巴尼亚内部有秘密联系，可能会联合起来，那样力量就不小了，地形特好。波兰、匈牙利和苏修的矛盾也大，但苏军太多，想搞起来不容易。

第三个问题是中国革命与对世界的影响问题。毛泽东思想在全世界广泛传播，许多地方的人都在如饥似渴地学习毛泽东思想。要坚决反美，广泛宣传，主张世界范围内的反美统一战线。只要反美，我们就支持，西哈努克就是一例。我们和越南、朝鲜、老挝在意识形态上也有矛盾，但只要反美，就是统一战线。四月总理访问朝鲜，五个月连续派了三个代表团；朝鲜对苏修也不满。我们坚决支持东欧，绝不点名批判他们，组成反修统一战线，和小修正主义搞好关系。反帝必须反修。五月以来，主席先后接见外宾十多次，鼓励各国朋友进行斗争。形势大好，但不能松懈，准备打仗，常备不懈。

第四个问题是抓革命、促生产，迎接我国国民经济全面跃进。计划会议开得好，一打三反搞得好，社会工作做得好。首先，我国国民经济已经进入大跃进时代。十年来最好的，冶金已经达到几千万吨，是历史的最高水平；煤炭月月完成任务，掘进计划超额完成，今年预计达到多少多少万吨，到1972 年可以实现主席提出的北煤南调的号召。铁路运输也好，重点厂矿产量翻番。轻纺、化工的计划都顺利完成。三线基本建设的投资完成，铁路运输搞得最好。八百多公里不到八个月完成通车。成昆线铺轨完成，1961 年全年铺轨 800 公里，今年上半年就铺了 1700 公里。农业战线上，南方夏粮增产十分之一。财贸战线也好。生产高潮比 1958 年的气势更壮阔，基础更好，规模也更大。共有五个特点：

第一，毛主席有关经济建设的教导、方针、政策进一步深入人心；工人阶级正式登上了斗批改的舞台，掌握了生产大权，以企业主人翁的姿态出现在生产第一线。第二，各级红色政权实现一元化领导，加强社会主义大协作，全国建立了十个经济协作区；中央将一些大厂下放到地方，如鞍钢、马钢、包钢、石钢；东北、华东大规模支援西北建设。第三，大中企业都很快起来了，形成小厂促大厂，大厂带小厂，大中小并举的新局面。第四，打破洋框框，走自己工业发展的道路，技术革新运动蓬勃发展，口号是"只要领导带头干，冲到哪里都情愿"，石家庄热电厂就是一个好典型。第五，要更高地举起毛泽东思想的伟大旗帜，突出无产阶级政治，放手发动群众，调动一切积极因素，大力开展增产节约运动，保证全年计划顺利完成。全省四万眼机井，其中渭南两万眼，华县八百眼，要坚决完成。

最后说一下：不管事情千万件，归根结底两条线，要放手发动群众，什么事情都要搞群众运动。石油、木材、煤炭，差不多三百万吨的量；一放手发动群众，什么问题都解决了，全国五万多个人民公社，两千多个县，要开展技术革新，不发动群众怎么行？请注意：政治动员、发动群众、大干快上，这就是总路线。

关于大批判，要认清楚大批判不是目的，只是一种手段，目的是为了教育别人，提高自己。所以在开会和写大字报时，不能把这些当成目的。

关于一分为二，斗私批修大批判只是一面，另一面是要快上。在上不上、上什么上要有思想斗争。有的人不参加运动，有些人也认为强扭的瓜不甜，不参加就不参加，但一分为二，一定要帮助他前进，要积极参加运动。

关于形式和内容，大学只是形式，我们这个"五七大学"与别的大学在形式上不同，但内容是一样的，形式要为内容服务，看问题要看内容。

关于看得见的东西和看不见的东西，一些人只看见具体的困难，看不见精神的力量。精神才是最大的事实，不能只看见物质的东西。所以要思想改造，要进行阶级教育。这些东西的力量好像看不见，其实最大。包括毛主席的教育路线与刘少奇的教育路线的斗争，如果看不见，觉得离自己很远，对自己影响不大，就会犯大错误。看来物质的东西就是向下的东西，精神的东西才是向上的东西。那时候哲学上讲的是"唯物主义"，但强调的一直是人的精神，教育大家不要眼睛只盯着物质的东西，要向上看，看精神上的要求。"人是要有一点精神的。"（毛泽东）越讲"唯物主义"，就越要强调精神的力量，因为只有人的精神才能承认"唯物主义"是正确的。（这些话的道理，就是到现在也不懂）。

总起来就是上层建筑和经济基础的关系，经济基础要推动上层建筑的革命，这个革命不进行不行，这就是文化大革命的意义，其中包括文权与政权的关系，当前利益与长远利益的关系；一分为二的问题、形式与内容的关系问题，看得见与看不见的东西的关系问题。

本来，上行与下行、阶级与剥削都是经济学的概念；但我们那时完全没有经济学的意识，一切都高度政治化了，于是"向上的东西"与"向下的东西"在我的理解中也就成为了对社会的整体结构、特别是"文化大革命所要解决的问题"的理解。由于"上层建筑"是在上的，所以更要注意"向上"的力量。

这样，我们也就可以把向下的东西理解为经济基础的、政权的、物质的、形式的、当前利益的量上的东西，把向上的东西理解为上层建筑的、文化的、精神的、内容的、长远利益的和质上的东西。很多很多年后，我忽然发现这种理解与意大利共产党人葛兰西的理论有某种近似之处。而且关于形式与内容的理解与我在哲学上的理解完全是相反的。所有从我们那个年代过来的人都更重视内容，包括看小说，也是首先从内容上区分立场、观点；而形式只是为内容服务的"方式"。这样的观点直到今天也一直影响着我们对这两个概念的理解与使用。真正使自己对内容与形式这两个概念有了新的感悟的，还是看到现代派的绘画和听了一些新的音乐作品。当然，小说的影响更大，包括我刚读研究生不久就与残雪的交往。

我之所以把这一天的日记不耐其烦地全部抄录下来，是想让我们所有的人（当然首先还是我自己）都想想：将近半个世纪过去了，半个世纪前，对一个二十来岁、基本上一直处于思想封闭状态的我来说，这一切说教是否很有说服力？让人口服心服？是不是已经把文化大革命的意义说得一清二楚？而我们的思维方式和话语表达的方式在这五十年间是不是又几乎没有什么根本的变化？凡有所变化了的又显得反倒不如那时？特别在社会动员的方式与组织上是不是几乎就在照搬？真正有了质的变化的方面也只表现在娱乐方式上，就理论而言反而真不如过去那样更有说服力？"个人主义"、"自由主义"历来就是反义词，可一旦有了"个人精神"上的某种自由，哪怕只表现在经济活动中，为什么道德秩序就会立马荡然无存？为什么会这样？问题到底出在哪里？而且，谈到美苏之争，明确告诉我们其实目的都在欺骗本国人民，说明人并不傻，可为什么对本国人民也直接就来这一套欺骗呢？说是欺骗并不恰当，因为文件的起草者也就是与我们一样的人。问题只在让不让人看到更多的、表现不同观点的材料，做出自己的判断。

很多年轻人完全不理解文化大革命，觉得肯定都是满口胡言和胡作非为的事，他们怎么能相信那时候是这样讲道理的？看看这一天的日记，也许对他们都具有某种启发作用。首先要说明，我之所以能记得那么详尽，是因为我信，觉得这一切都说得很有道理。

问题是，天下的道理就只有这一套（真理的唯一性），而且掌握在言说者手中（真理当然是用来维护强者的利益的）。谁能说话，道理就在谁手中。

这套只能出于言说者之口的真理，浸透在我们的骨髓与血液中。所以不要怪我们日后的道德与求真意志下降到了何种地步，想想前几十年的教育，问题不就一清二楚了吗？可惜"文革"后，对这一套话语方式，从方式到内容，包括逻辑与选取的事实，都从未进行过反思与清理。

至于现实生活中的腥风血雨、你死我活，更多的是贫困和饥饿，似乎都远在天边，还没有被我自己亲身感受到；其实就是感受到了，也宁肯饿着肚子去听一番这样的报告，因为用这一套理论能说得你心悦诚服，把所有个人的苦闷与烦恼都丢到九霄云外——哪怕只是暂时的也好。

1971：

"在精神的重大挫败中重生"？

关于文化大革命，人们的许多记忆都是不准确的，比如许多人都以为那时的人不怎么生产劳动，整日搞运动、开批判会等等。其实，那时候的劳动量是很大的，每天从早到晚，大规模的农田水利建设，修筑水库，三线建设，运动式的"深挖洞、广积粮"，据说在西安就要挖一条通到终南山下的地道，总之到处也都是热火朝天的建设场景。红旗招展，口号震天，干起活来真是甩开膀子，脱掉衣服。那时几乎也没有什么衣服，一个季节也就那么一身。生产队长一级的能穿上一条日本尿素袋子做的裤子，就比现在最为豪华的西装革履更为吸引人的眼球。那时我们在穿着上都追求粗制滥造，我也把自己从城里穿来的衣服换成农村用粗布做成的衣裤，热了就脱掉衣服往地上一丢，不但毫无怜惜之意，而且生出几分豪迈之情。当然，饥饿始终是最大的问题。所有的人也都认可了无粮可吃的事实，认为这几乎就是不可改变的现实。就是最先进的思想，那时候也认为饥饿的原因还是因为不够努力，如果大家都如大寨人一样造梯田，或者如林县人一样修一条红旗渠，就可以改变农村的面貌。但无论怎么干，面貌总也改变不了，谁也不知道问题到底出在哪里。外部消息的封闭和一味的自我歌颂、只说好的一面不说坏的一面（所谓看问题要看主流，九个指头与一个指头的关系）形成了社会公认的传统与习惯，这是观念上的主要原因。观念的禁锢和有意的引导，使得大家只会用一种方式想问题，比如敌人的封锁（美帝）啊、讨债（苏修）啊、人口太多啊、生产工具无法更新啊、水资源匮乏啊、缺乏肥料啊，等等，反正全是外在的原因造成的。我那时也真诚的相信吃不饱是正常的，中国有这么多人，每人一日三餐，粮食的生长总有一个过程，无论如何也赶不上人口的需要。所以唯一的办法就是在大干快上的同时节约闹革命（我平时吃饭的碗上就印着"要节约闹革命"几个大字，我一直保存至今），尽可能少吃多干。所以"计划生育"也是势在必行，总觉得一切就怪中国人太多，只有人少了粮食才可能显得多一些。正是这些很朴素、很低层次的感情与认识，让大家始终处于热火朝天、大干快上的奋战激情中。饥饿成了一件应该被忘却、也能够被忘却的事。谁有这种感觉，只能证明自己的思想有问题。

但就在这样的"少吃多干"中，事情竟然静悄悄地发生着根本性变化，而 1971 年，也成为我人生命运中的一个最重要的转折点。

重看 1971 年的日记，有这样三件事使我自己不得不处于某种巨大的疑惑与艰难的重新思考之中，把它理解成精神的巨大挫折也行。

第一件事是这一年的 6 月 8 号和 9 号。这两天连续大雨，小麦正在收割、脱粒，大家心急如焚。当时我在"五七大学"，但心中还是挂念庄稼地里的事。9 号，回到田杨，想帮助一下收割了的麦子的脱粒劳动。外面下雨，这样的劳动可以在仓库里进行。在劳动中，我才发现几乎没有谁要我去他们家里吃饭。我是这个队里的人，临时外出学习，回来帮助劳动，又不要工分，按说到谁家吃顿饭都不成问题，因为都很熟悉了，又不是陌生人。但就是没有。最后，守明哥下了决心似的要我去他家吃饭。到了他家，我才发现他们家根本没有什么可吃的。从装面粉的袋子里抖搂出一点面粉，再加上一些剩下的玉米渣，他自己又冒雨到自留地里挖了一些土豆，总之，好几样东西混合在一起，算是吃了一顿饭。吃饭时，我问了一下，才知道他们家算是好的，许多人家断炊已经好多天了，天天靠吃野菜过日子。守明哥向我解释说，这是最困难的一段时间，但他父亲冷着脸忽然插了一句话：从前并不这样难。"从前"指的是什么时候？没人说，但我的心却很沉重地抖动了一下。也算是对自己一直昂扬着的精神的一次小小的挫败。记得有几次忆苦思甜，那些人说着说着就说到了 1959 年、1960 年的苦，大家赶快制止，转移话题。这位老贫农肯定说的不是那个时候。他的"从前"到底是什么时候？为什么"从前"没有这么难？青黄不接的时候，当时的人是怎么度过的？那几天在日记中抄录了哪里的一段话，说是"中国应该对人类做出更大的贡献"，这句话很让人振奋。但为什么这么勤劳的贫下中农却一直生活在这种状态之中？那位从旧社会过来的老贫农所说的"从前"，为什么日子反而不会如此之难？

我开始思考问题。这是 1971 年夏，尽管所思考的问题还不敢直接写在日记中，但字里行间已经开始隐隐有了一些怀疑。有时只用问号，有时想引用别人的话来表达自己的意思。

我真的想象不出"从前"会是什么样子，是怎么解决问题的。问谁去？父母肯定不说，还有谁？知道的人很多，都还活着，但谁会说？守明的父亲就说了那么一句话，立即就住了口，还能、还敢再问吗？无形的巨大恐惧其实造成的就只能是贫困与饥饿。而生活在贫困与饥饿中的人又是最好统治的。可惜这是我过了以后很久才明白的；要再过好久，才会明白，对不再贫困与饥饿的人来说，也好统治，那就是让他们向权力投降或与权力勾结。

第二件事就是在被招工还是去海南岛培育杂交玉米之间要做出抉择。

1971 年下半年就开始招工。当然是只招插队知青，也就是有城市户口的人。一种感受到不平等但又很无奈、很庆幸的情绪就开始在原来都是同学之间弥漫。这种不平等体现在事事处处上。渐渐的，大家也就似乎习惯了。享受到某种"特权"的，也会滋生出某种莫名其妙的自豪感，而因自己的出身、家庭、成分、户口所在地等等"外在因素"而被自然拒之门外的，则只有在或认命、或不满、或仇恨、或压抑中度日。人被人用最外在的因素（出生在城里还是乡下）区分开来，大家都觉得自然而然，公平合理。

本来都是同学，一切看似平等；高考把许多人（黑五类）拦在了门外；但表面上依然还是平等的，"黑五类"毕竟只是一个很小的数目，而且并不明说。经过一个插队或回乡劳动，当回到城里重新工作的机会再次降临时，巨大的、被"出生在哪里"所造成的不平等也就显露无遗。如果我还在西安市第四中学读书和插队落户，对这一点的感受就不会太深，因为与自己在一起下乡的都是城市户口。但在华县却不同了。绝大多数的同学都是农村户口。他们完全无缘招工之类的事。他们忍受了多大的屈辱感，最后又想出了怎样的办法脱离农村，这里面的故事说起来真的让人刻骨铭心。原来都是同学，但你是农村户口，你就是"回乡知青"而不是"插队知青"。"回乡"与"插队"，两字之别，几乎也就是天壤之别。一个意味着可以离开贫穷、落后、愚昧的农村，一个意味着你尽管也是高中毕业生，但还得继续住在农村，然后再慢慢想别的办法。至于办法是什么，有些类似于二战时欧洲，特别是德国的那些被认定为"犹太人"所能想出的办法。当然还是得承认，继续住在农村，总比"犹太人"或"黑五类"（及其子女）要好一些。

招工的部门有很多，最吸引人的自然是军工企业或保密工厂。要求越高，能被招工的人也就越自豪、越得意。

那时的我们，对钱、工资的多少完全没有概念，有概念的就只是工人阶级、国防工厂、保密单位之类的意识。也正是这些意识或观念，决定着我们的理想与信念。

那时，恰好有一个机会，华县要组织一批人到海南岛去培育杂交玉米。由于我在"五七大学"学作物栽培，所以就有可能随队前往，说是一次实践机会，其实也算是一个小领队，因为带领的就是十几个基本没有什么文化的人，连海南岛在哪里都不知道；对我个人来说，海南岛毕竟是一个太神秘的地方。"文革"中我曾徒步串联三千多里路，但还从未想到去海南岛，因为有大海隔着。招工自然很吸引人，但我相信工作对我来说终究不会成为问题，我总会找到自己新的工作岗位。反正总会离开农村。这也几乎就是一个不言而喻的事实；当然又是一个谁都不愿意承认、也说不出口的事实。当大规模的招工、上学、参军、返城开始后，我就不信哪位插队知青没有动过心，没有在自己的去向上有过艰难的抉择。但海南岛，这一辈子都恐怕再也难去了。那时候，到哪里去都需要介绍信和粮票，出省就是全国通用粮票。人们也根本就没有旅游的观念，更不可能想到出国之类的事。由此想到人确实是被他的观念所决定的。后来看到一本英国人费尔南多－阿梅斯托（Felipe Fernandez-Armesto）所写的《改变世界的观念》，里面说，与动物相比，人类最大的不同就是从过去到现在发生了太大的变化；变化是如何发生的？于是涉及到历史是如何发生的。对历史的发生可以有多种解释，如创造说、规律说、斗争说、进步说、机制说、合力说、奇特神力或"绝对精神"的推动说，等等。但作者认为，其实真正的变化就发生在人的大脑中，是观念的变化推动了历史的进步。新的观念来自哪里？作者提到了想象力，认为只有人类的想象才具有独一无二的丰富性，而想象中的每一个事情都可能是一个潜在的新未来。新的想象来自哪里？除了认为人这种动物真的具有不同于其他动物的大脑外，恐怕只有诉诸进化或神力。正是观念，特别是那些预想大图景新方式的观念，改变了历史。而观念本身，因为呈现在意识中，才真正让人意识到了自己的所思所念所想。

没有观念，自己并不知道自己的所思所念所想是什么。1971 年之前，或者说
1978 年之前，甚至远至近三千年来，我们"预想大图景新方式的观念"，都
几乎没有发生过根本性变化。阶级、压迫、剥削、路线斗争是新观念，但只
不过是给一直就存在着的贫富之间的反抗与斗争起了新的名字而已。小的"预
想与图景"在历史上是有的，如各种形态的变法图强。注意：所有这些变法，
包括王安石变法，都是想通过国家来管制市场，然后再以国家统购统销的方
式解决青黄不接时农民生活上的困难。难道真就没有人预想过另一幅社会经
济运行的图景或运行方式吗？这个问题只好暂且不管。对我而言，到底是招
工还是去育种？也涉及到对个人远景的"预想与图景"。就我自己的一个很
微小的性格特征而言，由于我更浪漫，或者说骨子里更渴望见到一个全新的
世界，所以我选择了去海南岛培育杂交玉米，而不是急于招工。

许多人对我的行为很不理解。在他们看来，离开农村，找个铁饭碗或成
为工人阶级中的一员比什么都重要。

但我还是要以插队知青的身份去海南岛培育杂交玉米。

在此之前发生在国内的最大的事就是周恩来与基辛格的会谈，时间是 7
月 9 号至 11 号；两人约定，尼克松总统将访华……

应该承认，这是一件天大的事，与我们平时所受的教育完全不同。但一
句"相信毛主席"就解决了一切疑问，而且认为这又是中国人民外交上的伟
大胜利。为这件事我写了整整两页的日记，从不信到信，从疑虑到欢庆，从
警惕到释怀。接着，就是阿尔巴尼亚、阿尔及利亚等 18 国在联合国大会上要
求恢复大陆中国的合法席位被通过。自己也隐隐感到了一种前所未有的变化
正在到来。于是又是与周围朋友的彻夜长谈，问题集中在两个问题的关系上：
一个是毛主席的《五二〇声明》，说当前世界的主要倾向是革命；另一个就
是基辛格的秘密访华和尼克松的即将访华。把二者统一起来的就是"四海翻
腾云水怒，五洲震荡风雷激。我们的革命已经获得全世界人民的理解和欢呼，
其中包括美国人民，而美国的统治者为了获得选票，又不得不顺从人民的意志，
这正说明了我们的朋友遍天下。"

我们真的还完全想象不到与美国建交与进入联合国对我们这个国家的未
来有多么重要，至少，还想不到就是一个建交和进入联合国，就基本上解决
了原来看似根本无法解决的饥饿问题。

　　这一时期自认为真正读懂了的就是马克思的《哥达纲领批判》和列宁的《国家与革命》。马克思对"自己的党"的公开批判给了我很大的启示。马克思的这段话被重笔写在自己的日记本上："我的义务也不允许我即使只用外交式的沉默来承认一个我认为极其糟糕的、会使党堕落的纲领。"

　　闪过自己心头的一个念头只是：我们有这样的勇气和义务吗？一个与之相关的问题就是：与美国建交和进入联合国是不是一个"极其糟糕的、会使党堕落的纲领"？当然不是，但怎么忽然间就不是了呢？

　　对"义务"，人的义务感来自哪里，还不大懂；但有没有"勇气"却是很现实的。我的所有勇气的根基只能建立在毛主席的"最新指示"上。除此之外，还能有别的勇气吗？对小说《沸腾的群山》和电影《南江村的妇女》有点看法，写在日记本里，自己有勇气公开吗？

　　从那时候起，"勇气"这个词就纠缠着我，让我意识到自己是个完全没有勇气的人；能让自己心安理得，或者说取代了勇气这个词的，是立场、路线和敌我。

　　9月一个月都在搞"批清"运动，说这是无产阶级文化大革命的继续，也是一次让我们总结文化大革命以来正反两方面经验教训的机会。"批"是批判"五一六组织"的反革命罪行。但对"五一六"到底是一个什么组织，干了什么，真不知道。"清"是清理阶级队伍，重点是"极左思潮"。很奇怪，那个时候到底是怎么理解"极左思潮"的？"左"在我们的概念中一直就等同于"对"；哪怕是"极左"，也只能是"更对"，怎么会批判"左"？恐怕主要是检查自己在"文革"中的偏激行为；只限制在行为方式上，"左"的观念当然是对的。有错，也只能是"形左实右"。但任何具体内容都未写，心里只是隐隐感到，这次运动恐怕是对"文革"的一次暗中清理，尽管意识上很模糊，更多也更愿意相信它是"文革"的继续。

　　9月26日，少华接到正式通知，被录用为"741厂"的工人。这是一家保密工厂，连生产什么都不让家人知道，据说还发保密费。

　　9月29日，华县育种队一行23人坐下午的276次列车离开华县，前往郑州。30号下午在郑州参加"二七纪念塔"的落成典礼。纪念塔下面三层、中间九层，上面两个亭子，合起来是"1923"，晚上灯火通明，人挤得水泄不通。

　　10月1日，早上6:25，我们坐五次特快离开郑州，前往凭祥。

就在这一天傍晚，有了我在这一年的第三次，也是一生中最为震惊的疑虑与抉择；当然，更准确地说，应该是命运的转折，个人的思想命运或精神命运的彻底转折。我觉得有无数的我们这一代人都是因为这一天而在根本上发生了思想观念上的彻底转折。

因为我发现了10月1日这一天的庆典活动很低调、很特异：毛主席未出现很好理解，最重要的，就是林副主席及黄、吴、叶、李、邱均未出席，不见任何踪影。

这是很奇异的。也许会打仗，要不就是出了什么问题。

在火车上，从10月1号到2号，仔细听了广播，看了报纸，心中越发觉得一定是出了什么大事。

这是太大的事了。10月2号上午九点车到柳州。这是一个极为美丽的城市。我还从未见过有这么好看的城市。但我最着急的，是要买到一张报纸。在市中心的鱼峰山上，一方面是汗流浃背地看报，另一方面就是心中翻江倒海。我坐在那里，写下了自己的感受。但这几页日记很快就被迅速撕掉了。那是一个不允许怀疑、不允许动摇的年代，任何意义上的怀疑和动摇都可能是反革命罪行。但你又不得不承认，这绝对是个人精神上的一次重大挫折。

免于匮乏、免于恐惧，匮乏是普遍的，可以忍受，恐惧对喜欢动脑子的人来说也是普遍的。在1971年，一个匮乏，一个恐惧，成为折磨我的两大心病，不能对任何人说，也不能记在日记本上，最保险的就是尽快从头脑里清除。

但我做不到。凡是要尽量不去想的事，就一定是折磨着自己非要去、或不得不去想的事。安眠药越吃越多。

不只是林彪的问题，是毛主席的问题，是整个文化大革命的问题；甚至，是我们所受的整个教育，是自己是否应该遇事多问几个为什么的问题。我第一件做的事，就是把这几天在日记中的思考全都撕去，尽可能撕得干净，不留痕迹；其次，把日记中所有引用的林彪的话都用笔划去，或打上叉，总之表示划清了界限。但怀疑的种子已经种下，而且不断成长。当然，这也是一个自己与自己在思想上作斗争、一直想战胜那个总想怀疑点什么的自己，但又终未成功的过程。自己与自己在思想上作斗争也就罢了，外在的恐惧与逼迫又过于强大，思想上拗不过来就很可能人头落地。

无论怎样做都是要冒很大风险的：万一林彪没有任何问题怎么办？这种

因关心国家大事而给一介平民带来的巨大恐惧感，是今天的年轻人很难体会得到的。也许最好的办法就是不说、不写、不思考、不作为；或者，说假话、写假文字，投其所好，奉承专营。这一套要做到其实也并不太难。

10月2号从衡阳到湛江的251次列车晚点到夜间才开。极为拥挤。4号，住在湛江赤坎的一家曙光旅社里。由于台风，大家都被困在了湛江。8号又看了一场电影《智取威虎山》，与身旁的两个人聊，才知道他们都从未见过下雪。当杨子荣唱到"望飞雪漫天舞，巍巍丛山披银装，好一派北国风光"时，我忽然有了一种自豪感。这是我第一次来到这么南的地方，也是第一次知道中国竟有未见过下雪的人。10号，台风终于过去了。我们坐汽车到海安，再坐"粤民401"号小轮船过海。这是我生平第一次见到大海，想想前两天有点嘲笑那些未见过下雪的人，觉得自己其实也很可笑。"远处的海标闪闪发光，回望祖国大陆，只剩下一条模糊的线条。谁能知道那就是960万平方公里的大陆啊。慢慢的，就开始有人头晕，有的躺下，有的趴着。我一直充英雄，尽量远眺，希望自己能坚持住。但最后还是不行，每当轮船随海浪又上又下时，自己的心也上下起伏，最后终于大吐了起来。一位华侨模样的人给了我一片什么药吃，似乎好一些，远远地能看到海南岛的灯光。船靠岸后，昏昏沉沉，东摇西晃，坐一辆黑乎乎的小火车从秀英港到海口市，八公里长，似乎开了很久，终于入住华侨大厦。"再也吃不下任何东西了，但还是挣扎着写下了一首小诗：

血染夕阳夜色朦，

洪涛波涌海天平；

汽笛一声越浩瀚，

极目天涯万里程。

当然，这只是抒情而已，自己早已吐得天昏地暗，哪里会有"极目天涯"的事？

第二天到人民公园的一尊纪念碑前留影纪念，据说正面原来有朱德的题词，但被打掉了，现在光秃秃的。反面似乎就是林彪的题词。一个念头迅速闪过：会不会也要打掉？那这个纪念碑上光秃秃的写什么呢？以后生活在海南岛七八年，竟再未去看过一眼这座纪念碑。我宁愿把它只保留在自己的记

五十年间有与无

37

忆中。

10月15日，正式到了海南岛乐东县西黎大队八小队的草庵子中入住，开始了在海南岛的培育杂交玉米工作。

那里全是黎族人，语言不通，消息更加闭塞，人们也许连大陆那边到底发生了什么事都不知道，也不感兴趣。不知道的事越多，不感兴趣的事也就越多。

这又与观念或后来知道的概念框架有关。

记得只有一位小学老师会说一点普通话，所有的交涉、联系、安排，全靠她。为了急需的事，我也曾到寨子里去找过她，但她一见我就立即躲到了屋子里。我也不好进去，只能悻悻而归。我还去过她任教的小学，那时候的黑板报上全是教育人们应该破旧立新，首先是女孩子不能怀孕后再结婚。

后来，就在育种队正式传达了有关"林彪事件"的文件；又过了很久，才正式传达到这里。事情真的就这样发生了。"文革"以来发生的不可思议的事太多，大家也就这样接受了林彪事件的发生。但我不行。我知道这是对我个人所追求的那种理想与信念的重大打击，也是我自己精神上的一个最为重大的挫败。在西黎大队传达那天，看到有民兵荷枪实弹站岗放哨。但他们开完会，也似乎就与什么都没有发生过一样。而我，就在那间草庵子中，继续读书，思考着没有任何方向的问题，当然更多的，是思念远方的朋友，因为只有他们才会与我有交流的语言，尽管这种交流依然不会涉及到与"林彪事件"有关的任何问题，哪怕就是联想也不会，因为那时的人们几乎已经完全丧失了政治联想的能力；而政治联想能力的贫乏或丧失，我在前面不是说了吗，怎么会在几千年间，就没有人能设想出另一幅社会的秩序图景或运行方式？

但在当时只能这样偷偷地问自己：毛主席为什么就没有眼光选择另一个人做接班人呢？

那时候吃的蔬菜只有木瓜；用全国通用粮票去购买离我们的住地不远的广州插队知青的大米，以便解决他们想回广州时又没有粮票购买食品的困境。按规定是应该到粮站去购买大米的，这是我个人当时做出的决定，因为毕竟都是插队知青，心中总还有相通之处。我也与他们一起在夜间头戴发光的帽子一同去割过橡胶，被蚊虫咬得浑身都是疤痕。当然也与这些知青建立了很深的友谊。他们约我以后在广州见，但我终究也没有再见过他们。

在海南岛的多半年，接触的都是真正的"原住民"，也就是黎族人。苗族的很少接触，因为他们住在山上。两分钱一根香蕉，一角钱一个椰子，只要给一角钱，就会有一个孩子立即爬到树上摘一个椰子，然后用砍刀给你砍掉厚厚的皮，让你喝到椰子汁。据说上午十点左右的汁最好。我见识到了最原始、也是最本来意义上的"淳朴"与"厚道"。由于是战备前线，消息极其封闭，于是人也过着半原始的生活。我当时去了通什、三亚、陵水等地。在三亚的天涯海角处游泳，一个人都没有，忽然想到鲨鱼，赶紧往岸上游，那种似乎被鲨鱼追着的紧张感记忆犹新。但这一切都不会出现在日记中，"害怕"、"紧张"、"恐惧"这些"七不词"都不能用在自己身上。

没有了这些词语，当然也就似乎没有了这种感觉。

关于在海南岛培育杂交玉米的日记本，我后来交给了蒋子丹，他们原文（包括标明了的对一些错别字的纠正）发表在韩少功主编的《天涯》1998 年第 6 期上，从中可以看到我在海南的那段生活，以及心想与手写的不一，看出生活在那个时代的人们对写在日记本中的文字的恐惧。至少，关于林彪，是一个字也没有提到，因为不知该说些什么；而 1971 年，对我们这一代人来说，最大的事就是发生了林彪事件。如果有了林彪事件，而又装作就跟什么都没有发生一样，那一定说明这个问题所给予人精神上的刺激与唤醒更大、更深、更严重。

在海南岛，老鼠是一种美味，蚂蟥、蜈蚣、蟑螂和蛇是避不开的"邻居"，还有那些口中嚼着槟榔，脸上有各种纹面的妇女，这一切的一切，都注定了是不能写在日记中的。但五十年后的今天，它们依然常常出现在我的梦中。还有那位唯一会说一点普通话的年轻女教师，以及更多的，可亲可爱的小孩子们。

翻过 1971 年这一页，我知道我整个变了，变成了一个自己所不认识的人。我希望它是一种重生，但又怕这是一种重生……

1972：

何以从《育红曲》走到了
《广阔天地》？

1972年，是我在那段插队落户、包括在"五七大学"读书的岁月中最无着落、也最惶恐不安的日子。

插队落户已经四年，能走的都走了，整个田杨生产大队就剩下我一个知青，而且住在杨家生产队的一间小破屋子里。土炕上满是灰尘，外面就是猪圈。墙上贴着仿鲁迅的一首小诗。鲁迅的原诗是题《彷徨》：

寂寞新文苑，
平安旧战场。
两间余一卒，
荷戟独彷徨。

我改成了：

两间一卒无悲戚，
荷戟战斗永不息；
胸怀朝阳斗天地，
五洲风云在新居。

　　这是我 1970 年开春刚到杨家生产队、住进这间房子后不久写的。到 1972 年深秋，还是这间房子，还是原来的地方，写的却是：

秋风送三载，
飘零忆四方；
老屋织新梦，
只身入大荒。

　　到底发生了什么事，在两年多的时间里，我个人的心情发生了如此巨大的变化？

　　最大的事还是国家大事。这个国家所发生的一切已经让人越来越无法理解了。无法理解什么？自然是战无不胜的毛泽东思想。在我 7 月 24 号的日记中写着："连着下了三天的雨，今日始晴。昨天听天顺说中央正在开九届三中全会，并有 12 号文件传达，主要是要重新认识老干部；而且听说有一大批老干部已经获得解放，比如邓小平、陈丕显、曹荻秋、王任重、宋任穷等。听说还有陶铸、谭震林。虽说还是小道消息，但是事情的复杂与严重已足以使我们这些最初坚信"造反有理"的造反派感受到自己是不是犯了唯心论与幼稚病的毛病？昨晚与世忠长谈至夜，大家都似乎感到对文化大革命应该有一个全新的认识。当然，前提是毛主席的英明与林彪的阴险。"

　　没有说的就是：毛主席的英明体现在发动了文化大革命，林彪的阴险体现在利用了文化大革命。

　　怎么个"利用"法？这些老干部都是林彪要打倒的吗？他迷惑了毛，还是欺骗了毛？他为什么要打倒这些老干部？为了使自己成为接班人？

　　于是，说文化大革命是一场"权力之争"，就成了是林彪和刘少奇、邓小平或其他人之间争权夺利之争？能这样看吗？敢这样说吗？事实上是这样吗？我们根据自己的亲身经历知道不是这样，但又能是怎样呢？

　　标准的说法是两条路线的斗争，是第八或第九次路线斗争的伟大胜利；但，放着这么一个我们刚刚高呼过"永远健康的"的"副统帅"的叛逃，我们怎么理解路线斗争就是思想观念和施政方针的重大斗争？路线斗争与价值观念之间的不合是什么关系？毛主席与"林副主席"是"全对"与"全错"之别吗？

那个时候，还没有对"小道消息"的认识与理解，因为任何事情都可以写成大字报公开贴出去，也没有任何人质疑事情的真假，因为"假"就是"错"或"反动"，基本不能说也不会说，能说出来的，也就大致不错。由于对言论和消息的封锁，当人们无形中已经相信"小道消息"一般来说都是真的时，社会就已经丧失了它最起码的诚信的标准。在一个失去信任的社会中生活，是一件很折磨人的事。因为一件本来很平常、很简单的事因为要说假话，或者要绕一个很大的圈子婉转表达，于是就变得很艰难。所有的心思几乎都花费在怎么说话上。当然，唯一的安慰，就是相信大家总有一天都会适应与习惯这种非正常的生活方式，首先是习惯不说话或说假话。

其次，就是我没有去处。每顿饭都成为问题，也找不到什么人说话。我在日记中记着：共在麦肖家吃饭 18 顿，以后要偿还人家的。

终于，最后有了两个地方，使我找到了吃饭、睡觉的地方，这就是在桥峪水库修坝和开始创作剧本《广阔天地》。

下面是我 5 月 26 日的日记："这是第二次来桥峪水库了。感到这里已经大为改观。清明山的小山头已被削平，奔腾的桥峪河被拦腰截断。工地上人山人海，川流不息。我上零班，也就是从半夜 12 点到第二天早上 8 点。晚上还有些冷，我穿着广勤的一件夹袄在工地上奔跑，跑着跑着就开始脱光了上衣，感受到一种空前的畅快。由于是夜班，每天晚上都能在浓浓的夜幕中看到桥峪水库灯火辉煌的壮丽景观。坝面上拖拉机、压路机轰鸣着，探照灯四处扫射，而我们就在灯光下奔跑。天快亮时，清明山显露出山巅的雄伟，半腰里总弥漫着层层雾气。雾气从浓到淡，山峦也就越来越清晰。忽然间，东方一闪，云层炸开，太阳一下子就冒了出来。由于被旁边的山峰挡着，并看不到日出，但却能感受到日出的壮丽。但落日的余晖是能看到的。落日比日出更有诗意。每天都在看随手带来的三本书：《甲申三百年祭》、《鲁迅杂文选》和张向天编著的《鲁迅旧诗笺注》。中午就到广勤的广播室闲聊，让他播放钢琴协奏曲《黄河》。"日记中几乎把鲁迅的旧体诗全都抄了下来，最显著的一首诗是"梦魂常向故乡驰，始信人间苦别离。夜半倚窗忆诸弟，残灯如豆月明时"。此诗大约也表达了自己的某种心绪，当时最思念的就是远在另一处山峦的夹缝中上班的我的恋人李少华。从 1966 年冬徒步串联，初生爱意，到在农村的三年，基本上已经确定了两人的恋人关系。她是工人，我是知青，似乎丝毫也不会影响到二人的关系。

另一个去处就是华县文化馆和赤水文化馆。在这里，我和另一位名叫史育民的文学爱好者开始共同创作现代秦腔剧《广阔天地》。

《广阔天地》是一部表现插队知识青年在农村大有作为的剧。我是插队知青，史育民是先几年的回乡知识青年，擅长写秦腔。于是我们两个人的分工大体就是我编故事，他写唱段。当然，故事有了之后就不这样分了，而是分别写自己的几幕戏，然后再统一。

《广阔天地》是最后定稿时的剧名。一开始叫《育红曲》，重点是突出贫下中农的再教育；后来改为《大路朝阳》、《耕耘记》、《根深叶茂》、《青春之花》、《风华正茂》，最后才定名为《广阔天地》。从这些剧名就可以看出当时的风气与时尚。

这部剧本写了好几个月，开了无数次的会。从大的方面来说，问题集中在：到底重点是编一个好故事，还是突出人物性格？领导一再告诫我们，最要提防的，一是人情味，忘了阶级斗争；二是小资产阶级情调，一味抒发自己思念故乡和亲人、朋友的情怀。对我而言，写这个剧本解决了我的三大实际问题：一是终于有了一个可以名正言顺吃饭、睡觉的地方。二是可以偷看到许许多多被查禁了的书刊，特别是杰克·伦敦和马克·吐温的小说，简直爱不释手，当然也有郭沫若赞美孔子的《十批判书》；当我在一本《黑面包干》的书中看到不知是谁用钢笔划掉了斯大林的名字时，真如五雷轰顶，大吃一惊。但这件事记在我的日记中，可见印象至深，不可忘怀。那时反苏联的修正主义，但并未牵扯到斯大林，而是说赫鲁晓夫背叛了斯大林。三是还有工资可领，于是在生平第一次领到 42 元时（是几个月的总和，并非每个月 42 元），几乎想请所有相好的朋友大吃一顿。那个时候最好的饭就是羊肉泡馍、粉汤羊血和肉夹馍，还要到西安去吃。我用这笔钱给少华买了一把很大的雨伞，可以两个人共用，这把伞一直存留至今。

但心中依旧苦闷。主要也是三个原因：第一，自己已经很想离开农村了，也知道一定会离开，但却要在一个剧本中表现知识青年扎根农村一辈子的理想，这种自我矛盾的心理让自己很不好过；第二，相继听到一些传达，包括朱德、陈毅等人对林彪的揭发批判，感到事情已经变得越来越荒唐了：为什么在当时不能说？而且，林彪如果真是一个就如现在所揭发的那样一个不堪的人，毛主席为什么就看不出？中南海的大墙后面隐藏了那么多秘密，为什么却偏要我们一味地高呼"永远健康"？第三，自己到底要干什么？能干什么？能不能找到一个最后的去处，这个去处也正是自己想做的工作？说大一点，就是还有没有个人的信仰？

　　剧本写作本身最难的，就是想不出阶级敌人到底用什么方法来破坏知识青年的水稻试验田。为了改造盐碱地，知识青年开始试验在盐碱地上种水稻。问题的焦点不在技术上，而在阶级敌人（一个名叫殷文亮的大队会计）的破坏。阶级敌人为什么要破坏水稻试验田？背后其实是对毛主席的"知识青年要到农村去，接受贫下中农的再教育"的破坏，通过水稻试验田的失败证明毛主席的指示的失败。用什么方法破坏水稻试验田？这最让人头痛。用手一根根去拔太慢，也容易被发现；把渭河水引进来淹掉试验田太困难，一个人要想在大坝上挖一个缺口把水引进来，不是件容易的事。最后想出的办法就是撒农药，等于用毒药把水稻试验田全都毒死，以此证明试验田的失败。在这方面不是阶级敌人多么狡猾，而是真正让我们编写者费尽了心机。这个戏先是华县剧团演，后来改为渭南地区剧团演，参加省上的文艺汇演，希望能被中央发现，变成另一个"样板戏"。李少华、田野、何宁、王世忠、闫广勤等人都看过这个戏。少华看后对我们说，主人公叫"田芳"，其他几个知青叫春红、秋菊，都跟丫鬟的名字一样，大家听了全都哈哈大笑。其实后面更应该引申出来的问题是：为什么要歌颂女性？为什么女性总是美好的？和江青其实没什么关系，有关系的只是我们自己心中的那种萌发着的情愫，几乎把人间最美好的品质（那时还想不到相貌）都寄托在女性身上。

　　渭南地区的演出团也演了几十场。每次，我都一个人坐在最后一排静静地看，谢幕时也是掌声雷动，观众起立欢呼，演员谢幕。剧本最后由陕西人民出版社出版，作者变成了"渭南地区革委会文教局和渭南地区中心文化馆"，还有"华县《广阔天地》创作组"，我和史育民只是"执笔人"。

　　剧本在省上讨论时，全省文化事业的军代表，一手拿红蓝铅笔，一手拿《毛主席语录》，要求我们说出每一段唱腔所体现出来的毛泽东思想。我们事先有准备，分头记住了几条语录，一一应答，也就算通过了。那时陈忠实也是评议小组中的一位；而1975年剧本在陕西省人民出版社最后定稿时。贾平凹作为一位新分配到出版社的编辑，与我同居一室，我在里屋，他在外面，相互之间从未说过话。后来一位朋友向他提及此事，他表示记得，于是送我一本刚刚出版的《高老庄》，就算是对那段生活的记忆。剧本最后于 1976 年 10 月出版，定价 0.20 元。出版社送我们一人两个笔记本作为稿酬。我们想不到的，就是当这本小册子刚刚出版时，所谓的"四人帮"已经被活捉；而我自己，也已经成为陕西省第二劳改大队管教科的一名教员，被犯人们称为"陈政府"。

　　在这期间，10 月 15、16、17 日三天的事应该说一下：10 月 15 号是西安市各影院最后一天上映朝鲜电影《卖花姑娘》。我早就听说这部电影之"火"，简直到了走火入魔的地步，达到过近千人挤在一起看这部电影的程度。我在"光明电影院"看的是 15 号晚上的最后一场，几乎毫无所动。我觉得，这部片子如果可以播放，而且这么受欢迎，那么"文革"前的许多电影都可以拿出来重新播放，而且在水平上远超这部电影。16 号、17 号两天的日记几乎都是在批判《卖花姑娘》，心中的郁闷，特别是剧本创作中的不满与压抑，似乎只有通过对这部电影的批判（在政治上可能较为保险）才能发泄出来。17 号看电影《海港》，我在日记中写到"自己几次睡着了，完全不知道在演什么"，可见心中的叛逆之心在表达上已经越来越胆大了。那时候还看了一个剧团演出老舍先生的话剧《龙须沟》（11 月 27 日），其中"闸上风云"一场，竟然和我们自己编写的第五场（抓住阶级敌人殷文亮后的情景）在台词上都几乎一样，心中不知是安慰还是另一种悲哀。那天也写了很长的日记，觉得这样下去文艺创作根本走不出来。这段日子自己做的最有意义的一件事，就是到旧物摊上替文化馆挑一些有用的书。结果巴尔扎克的《高老头》、《邦斯舅舅》、《贝姨》，莫迫桑的《一生》，西班牙作家维桑代·波拉思戈·伊巴涅斯的《血与沙》，车尔尼雪夫斯基的《怎么办》，果戈里的短篇小说集《彼得堡的故事》，日本作家广津和郎 1953 年的作品《到泉水去的道路》，波兰作家显克微支的短篇小说集等等就都被抢救了出来。我也把《高尔基选集》中的一段话抄在日记本上。他说：艺术的目的就是夸张美好的东西，使它更美好；夸大坏的东西，使它引起人们更大的厌恶；艺术的本质就是赞美或反对的斗争，因为人不是照相机，文学作品不是"摄照"现实，它不是肯定现实，就是要改变现实。以此想为自己的创作，为田芳这个"完美"的人物形象做一点辩护。但同时，又在那些伟大或杰出作品面前为自己的创作感到羞愧，为自己的贪婪（无非就是想找到一个吃饭、睡觉的地方）的小市民习气而感到内疚与不安。10月18号是我姥姥逝世一周年的日子。姥姥生前主持家中大小事务，对我很严，家中的气氛一直很肃静。对此我也没有什么特殊的感觉，但她去世后，我还真的常常想起她的身影与话语，想起她处事的果决与魄力，想起她的小脚，盘腿坐在床沿上抽烟的姿态，想起元宵节、中秋节分发水果、食品时的慈爱。

　　12月28日，陕西省莲花寺石渣厂给我下达了录取通知书，让我1973年1月5号前去报到。我知道那是一个劳改单位，但我只是去当司机，无所谓的事情，而且当司机也是我一直的心愿，可以往很远的地方跑。

1973：

是"无雪的冬天"吗？

1973 年 1 月 5 号到莲花寺石渣厂报到，四年前的这个日子，是我到东赵公社君朝大队第三小队插队落户的日子。

4 号，与华县剧团的全体演员告别；5 号，与世忠、广勤、育民、世奎围坐在一起喝不知什么酒，吃花生米，然后世忠骑车带我去了莲花寺石渣厂。他对这个地方并不陌生，因为他的父亲曾因历史反革命的罪名被关押在这里很多年。当然，那时候讲划清界限，他并没有来探视过，或很少来。就是连这样的话题在那个时候都是很忌讳的，哪怕就是我与世忠这样的关系，在那个时候也不问、不提。我从石渣厂也路过过无数次，也见到过岗楼林立和执勤的军人，但从未想到过我会来这里工作。

新招的知情一共十人，大家集体居住在一起，每天早上跑步训练，有如军队。这样的日子大概过了一周，大家只是分头整理各种档案材料，然后就是烧毁不要的档案材料。一把火烧掉，就算是没有这回事了，这既是平凡昭雪的一种形式，也是抹去历史的一种方式。所谓档案，有犯人的，也有干部的。那个时候并不觉得有什么，一切都很正常。现在想来，"文革"时单位下了那么大功夫调查我父亲的历史问题，终于查清了他是浙江绍兴人。这一点，后来也在我的几位姨姨那里得到了证实，但我母亲对此事一直闭口不言，我也一直不知道到底还有多少秘密深藏在她的心底。等事情过去了，我的父亲也平反了，想重新看一下当初的调查，至少要知道我父亲是绍兴哪里人，为什么会离开绍兴去了北京，但档案全都被烧掉了，也就是说，人平反了，这些材料也就不会再放在档案里了。被平凡昭雪的人，有条件的，往往要亲眼看着材料被烧掉才会长长的出一口气，算是放心了。

　　而现在，我所从事的就是焚毁那些不要了的档案的工作；当时没有人想到，不知有多少人的"过去"从此永沉大海。当然，我们当时所焚烧的档案，主要还是各级领导人的讲话和文件。这些都是废纸，但焚烧了整整一个星期，可见数量之大。烧得我们几个人满身都是纸屑。

　　这样的工作，干了一个星期。在这期间，学习元旦社论《新年献词》，座谈讨论，重点是"批修整风"；后来又引申到"深挖洞、广积粮、不称霸"和"备战备荒为人民"的问题；也被领着参观了这个劳改队的设备、建筑，以及人员上大体的构成：共九个中队，那时称之为"连"。其中七连是电杆车间，八连是机修车间，大部分由留场就业人员构成，还有一个硫酸车间和汽车队。其余几个连就基本上全是犯人。1月25号，电杆车间发生严重事件：一名就业人员被卷入离心机，成为肉酱。这些也只是说说，我听到了，就写在日记中，不知是否向上级如实汇报过，也不知是否给了这位就业人员的家属什么补偿、抚恤金没有。单位能做的，就是专门开了一次会，强调春节期间的安全生产问题。

　　1月14号是星期六，我们新招进来的十个知识青年在我的带领下骑车到华县看了我参与编写的现代秦腔剧《根深叶茂》。完全按旧剧本演出，演员也换了，感到极其无趣。当晚我就回厂了，其余的人则住在华县，等待第二天华县的"赶会"——这是一个很隆重的日子，可以看到和买到一些平时看不到的东西。当然，那时候没有钱，大家都只是看，农村的"会"（集市）还是很有看头的。在商品全无流通，任何国家生产的东西拿到"会"上交换都可能被视为投机倒把的情况下，这样的"会"也就更多具有了只是单纯"聚会"的意思。只有当我们把那时的"会"与今天的乡村集市比较时，才能真正体会到什么才是"一穷二白"情况下的聚会与欢乐。第二天回来时他们骑车比赛，把何宁从车后摔了下来，骨折，但兴致都很高。

　　其实，那时候，对这部戏，我已经越来越没有兴趣了。本来就是为了解决吃饭睡觉的问题，当这些问题已经得到了解决后，戏能写成什么样子，能不能参加调演，会不会到北京去，我个人是早已没有了什么兴致。至于后来又调演、观摩，亦属不得不为之；至于到陕西省人民出版社修改剧本，正式出版，也全是因为又回到了西安，而且可以无偿使用他们早已封存了多年的图书馆。

在莲花寺石渣厂管教组（科）当教员，是我人生中的第一份可以领到工资的工作，而且似乎就是"铁饭碗"。但我却苦闷、惆怅到了极点。失眠越来越严重，天天晚上要服安眠药，就是服了药，也不一定能睡着。每天上班无非两件事：第一就是学习、讨论，内容是中央文件，包括那一年的第 14 号文件，内容是恢复邓小平党的组织生活与国务院副总理的决定，后面有两个附件，一个是 1972 年邓小平写给毛主席的信；一个是邓小平 1968 年间写的《我的自诉》。都与歌颂无产阶级文化大革命的伟大胜利有关。我听着文件，鼻子阵阵发酸，但有点感到说这些话的目的性很强，都是为了获得"解放"，出来工作。第二件事就是到办公室研究"敌情"，每周写一份"敌情汇报"。带犯人出去参观，也要写情况汇报。那时的自己并不会写这类公文。而且也不大会处理上下级与同事间的关系。而这些本领对如我这样的人来说，却是至关重要的。印象最深的有两件事：一是 4 月 16 号上午，管教组的王组长告诉大家，中国乒乓球队在第 32 届世乒赛中肯定能进前四名。我随口说了一句：全中国的人都知道了这个消息。由于我是打乒乓球出身的，所以一直在关心这件事，别人并不知道，而且在公众场合这样把领导的话不当一回事，这很不应该；那个场面，领导下不了台，我也下不了台。第二件事就是我写了一份"情况反映"，王组长改了几个字，我在誊写时又把他改过的字改了回来。我不大相信职务高的人肯定就更会写文章。他很严肃地对我说：以后凡我改过的句子，你在誊写时，不能再改。王组长是个很好的人，后来对我越来越好，这些都是后话。但当时，刚参加工作，这两件事对我刺激很大，特别是表情与气氛，所以我也就仔细记在日记本中。这都是一般的工作。比较重大的，比如要讨论哪些犯人应该减刑，大家拿着上报的材料，你一言、我一语，就这么定了下来。要是遇到有一个干部说，有人反应，这个犯人劳动时哼过黄色小调，那么领导就会说：那就先放放，这次不减刑了，下去再调查一下。其实没有人去调查，大家也不知道哪些歌曲属于"黄色小调"，但这个犯人却会因这个干部的这句话而被再多关一两年。我们这些"局外人"就这样木纳地坐着，听别人说话，自己表示附和或不同意。我属于基本上没有任何发言权的那类人，因为还没有接触过犯人，也不了解他们的真实情况，只好在绝大部分情况下都表示同意大家的意见。最让人头疼的，是到管教组工作不到五个月，就由我来给就业人员写《遵纪守法和政策前途教育》，共三讲，每一讲都一万多字。我写好，领导拿着去大会上讲。这些方面的专用术语以及表达方式，都须从头学起，注意自己的"政府"身份和面对的听讲对象。再就是5月22号，带一批犯人去西安人民搪瓷厂、西北国棉四厂和陕西省轻工业展览会参观，要格外提高警惕，怕万一出事就不得了。还有就是每隔十天左右，要值一次"大班"。就是晚上住在监舍里，睡觉前先到每个监舍清点人数，听着一个个报数，人数齐了，然后就锁住大门，一定要记住哪个监舍是哪把钥匙，说不定晚上有犯人犯病，就需要打开监舍，进行抢救。犯人的小便桶在监舍外，他们从墙上开的小洞中尿到里面。大便桶在监舍里，第二天轮流由两个人抬着去清洗。最困难的是没有手纸。完全想象不出他们是怎么擦屁股的。在监狱那么多年，我也始终没好意思问这个问题，问不出口。每晚上下工后一个来小时的思想汇报是最难熬的。几乎都是一样的话，说来说去，有的要说十几年，无非是坦白检举，自我揭发。我这个人严重失眠，加上心中有事，基本上都是一夜无眠，就呆坐在一间房子了。不准看书，不准带任何别的东西进去，这些都是纪律。也许这些事在别人眼中都是小事，但对我来说却是大事，每遇到一次，常常好几天不得安宁。所有这一切都表现在情绪上，所以日记中充满了苦闷、彷徨、焦虑、忧愁之类的句子，特别是失眠。搞得我精神上很萎靡。

唯一让我振奋的，还是朋友间的一些事，比如世忠和芳琴5月27日结婚，就我和少华、小毛（毛应霞）三个人参加，加上新郎新娘，一共才五个人的婚礼，可见简朴与单纯。再就是不停地写信，给二黑、少华、世忠、淑惠这些人写信，几乎每天都写；还有就是读书。那时候真是读了不少的书，几乎一天一本，而且必写读书笔记。需要在这里提及的，就是一本名为《多雪的冬天》的书，作者是苏联的伊万·沙米亚金，当时是白俄罗斯作协的第一副主席，小说连载于苏联的《小说月报》，我们这里1972年12月就出了中译本。

《多雪的冬天》吸引人的地方在于它描写了苏联高层的权力斗争；这很容易让我们联想到自己的国家。尽管苏联是修正主义，这本书能出，也是因为它揭露的是苏修上层的腐朽与无能，但我们都知道，我们是按照苏联的榜样构筑起这样一个国家模式的。

小说的主人公叫安东纽克。小说的写法特别吸引人：有叙有忆。以回忆的方式处理经历与事件，就如在读一本日记一样，一气呵成，其中的薇塔、娜嘉、拉达这些耳熟能详的苏联姑娘的名字也给人留下了深刻印象。特别是玛丽娜的两个儿子在卫国战争中牺牲一事，用安东纽克给孩子们讲故事的方式描述出来，很感人。具体的故事情节在我的日记中并未写，我也不记得了，但这本小说在七十年代初出版，无疑告诉了我们一种社会主义国家动荡不安的现实与某种变革的开始。这是我之所以特别关注这本小说的一个主要原因。另一个原因，就是 1973 年，除了元月 15 号、22 号下了两场雪之外，直到 12 月 31 号，再未下雪，这也很奇怪。我在日记中很关注天气的变化，所以重看 1973 年的日记，这一点让我想到应该给这一年起名为"无雪的冬天"，以对应苏联的这本小说《多雪的冬天》。它背后所隐含的意思就是：苏联的变革开始了，我们也正走在"从无到有"的路上。当然，这只是我现在的理解，当时并未想到这一步，但某种不满、埋怨、消极、拖拉，加上失眠、恋爱、与朋友的交往，种种因素，构成了我在监狱工作第一年的基本状态。

但，这一年真的就是"无雪的冬天"吗？

1973 年，全国最大的事就是"批林整风"。"批林"，批判林彪的什么？"四个伟大"？"突出政治"？编写《毛主席语录》？谁都不知道。在逻辑上，批判林彪的这些方面，就等于在扭转文化大革命的方向或势头，因为林彪无疑是在文化大革命中成为"副统帅"和"接班人"的；而他之所以能这样，又是因为他在"文革"中所起的作用无比巨大。但事情又并不按这样的逻辑进展。那时流传着两个据说是"中央的东西"，一个是毛主席"文革"开始时给江青的一封信，表明毛早就对林有所警惕，但为了打鬼不得不借助钟馗；再就是有一份"五七一工作计划"，"五七一"就是"武装起义"的意思，表明林彪想通过武装起义夺取政权。后来有了关于"五七一工程纪要"的文件传达，大家才第一次知道有人可以用"B52"这样可怕的称呼来指谓毛主席这样神圣、伟大的人物，才知道真的有人想除掉毛主席。更让人不可思议的，就是早在那个时候，竟然有人思考着"毛主席革命路线"之外的另一条发展路线，比如市场经济和法治社会。这一切都让人心惊肉跳。还有共产党的"十大"的召开，大家知道王洪文这个上海"工总司"的"司令"几乎是一夜间就成为了党和国家领导人中的二把手，仅此而已。更多的话，在任何地方都不敢说，在日记中也不敢写。因为一切都处于保密状态。"保密"是一个很可怕的概念。

人与人之间的保密，等于割断了人与人之间的往来与交谈。这是一个缺乏、甚至可以说完全不能说真话的社会。自然也就更谈不上思想的交流。少华在一个保密工厂上班，我在一个保密单位工作，什么都是保密的。我始终没有问过她们的工厂到底在生产什么，她也从不问我监狱里的事，但知道我不愉快。前提是谁对自己的工作和心情都不愿多说一句话。这是在恋爱吗？只有到了今天才会这样扪心自问，那时，觉得一切都很正常。

这一年看得最好的一部电影是《第八个是铜像》，但仍感到主人公易卜拉欣表现得不够，和电影的名字关系不大，觉得易卜拉欣的妹妹才应该是真正的主角。

7月23日星期一，有三中队的犯人杨永林越狱逃跑，部队开枪，这是我第一次经历这种与自己有关的严峻时刻，自己也很紧张。曾经与另一个人怀揣手枪，在一条小路边埋伏了一整夜，并没有抓到逃走的犯人；但场景就如演电影一样，自己趴在草丛中，禁不住会哑然失笑。

我每天都会站在大门口目送一队队的犯人走向工地。就几个干部跟着，远处有军人。逃跑并不是太难的事，但犯人就是不跑。原因大概有这么几条：第一，无处可去，跑到家里一定会被检举；外面能是哪里？有介绍信和粮票吗？有衣服吗？这些都是外出离不开的身份证明；第二，处罚、戒备太严格了，人也就只能逆来顺受，让干什么就干什么。我有时想，二战时的犹太人，还有抗战时的中国民众，在临死前为什么不搏命反击，因为说不定还有活路。后来明白了，如果可以随随便便就轻易处死一个人，时间一长，要被处死的，还有别的人也就宁愿乖乖去死也不反抗了。太严酷的一切会把人训练得服服帖帖；第三，到外面，真的不一定能保证每顿都有饭吃，在监狱至少还有吃的——尽管很不够，也太差，但总能有吃的。我不止一次看到探监的犯人家属向丈夫或父亲哭诉：你给自己找了个吃饭的地方，我们怎么办？

那时候的运动叫"批林整风"，重点是要强调林彪的反动实质是"右"而不是"左"。对于左、右之争，无论在概念的理解上还是在实际的行动上，都还谈不上深刻，也并不清楚它真正意味着什么。反正上面说是"右"，或"形左实右"，大家也就说是"右"；其实，所有的人喊在嘴里的"革命"，就已经表明了自己是"左派"，而且无论在逻辑上还是事实上，也一定会认为谁越左，谁也就越革命。那是一个"比看谁更左"的时代潮流。

也正是在这种潮流中，能说明我个人自"林彪事件"后在观念上已经有了一个根本性转变的事例就是"张铁生事件"。

8月2号的《文汇报》上刊登了张铁生写在试卷上的一封信，表明他对招生考试的不满，表现出一种"反潮流"的革命精神。"反潮流"就是"左"，那么"潮流"就是"右"了？能这样看吗？至少无人敢这样说，说都知道毛主席的革命路线主导着潮流的趋向。但我还是立即表示了自己对于张铁生的"左"的不同看法。在8月12日的日记中，写了我与少华到世忠家做客，一则祝贺他们新婚，二则，也是更重要的，就是谈张铁生的信。我与世忠的观点是一样的，认为包括《人民日报》在内的所有报纸都大肆吹捧张铁生的"反潮流精神"是不对的。我自己给《人民日报》写了一封长信，信中说：张铁生写在试卷上的信表明了三个不同的问题：第一，他自己想上大学的愿望很迫切，这是对的，谁都想上大学；第二，他认为这种通过考试招收新生的方式不对，因为如他这样的人根本就没有复习功课的时间，所以考试就拦住了他。我说，招收新生是否只有考试这一条路，这个可以讨论，但能通过考试毕竟是可以继续上学的必要前提；第三，张铁生由于在试卷上写了这封信，就表明了他具有"反潮流精神"，说明他"路线斗争觉悟高"，认为大学就应该招收张铁生这样的人，我认为这是完全错误的。它可能会导致整个招生制度的混乱和瓦解。我在信中说，教育革命尚在试验阶段，推荐与考试如何结合，现在还不好说，张铁生表明了他的问题就是集体利益与个人利益的冲突，但这种冲突并不仅仅表现在招生上，对任何一个人来说，个人与集体的利益冲突都始终存在，而且在农村，比张铁生为了集体利益而牺牲个人利益的人与事更是举不胜举，是不是这些人都应该免试上大学？

但这封信还是没有敢寄出去。可能让世忠和少华看了，他们也劝我不要寄。想说的话不敢说，说了也不敢让别人知道，这能是一种正在大力提倡的"反潮流精神"的体现吗？什么是"时代的潮流"？你能分得清楚吗？如果是中央的决定、是毛主席的指示呢？你能反吗？

读普列汉诺夫的《论个人在历史上的作用问题》，在日记中写出12点体会，第一，如何理解自由，提到了齐美尔的名字和什么是"被意识到了的必然性"；第二，关于个人的性格特征；第三，偶然性问题，提到了黑格尔；第四，什么是社会的内部结构与其他社会关系；第五，个人可以改变的个别事变与历史的一般方向；第六，社会上只要有了一个军事统治者，就一定会堵住其他也有能力成为军事统治者的路；第七，有特殊才能的人必须同时具有这种才能和社会允许他发挥这种才能的机会；第八，只要社会允许个人发挥其特殊才能，就一定会涌现这种具有特殊才能的人；第九，历史运动的趋势可分为一般原因、特殊原因和个别原因；第十，伟大人物的个别原因是在一般的和特殊的原因的影响下发挥其作用的，这是一个在不自觉的进程中的自觉和自由的体现；第十一，社会关系有它自己的逻辑，它影响着人们的社会心理，而伟大人物影响了人们的社会心理，也就等于影响了历史的进程；第十二，社会制度与经济条件之间的关系：经济条件变化缓慢，社会制度变化急速；社会制度的变化需要人们的干预，从来不会"自行变化"。

　　普列汉诺夫这本书是 1972 年 8 月 14 日在西安买的，一直在看，慢慢在想；这一段时间，还买到了我最为喜欢的俄罗斯作家阿克萨科夫的《家庭记事》，这本书至少读了三遍，极大地影响了我个人的叙事和表达风格。

　　那时候最喜欢的杂志是《文物》，每期都看，还做批注；最下功夫看的书是马迪厄（Albert Mathiez）三卷本的《法国革命史》。书的扉页上写着恩格斯为《路易·波拿巴政变记》第三版所写的"序言"，里面说"正是马克思最先发现了伟大的历史进展法则，按照这个法则，一切历史上发生的斗争（不论它是在政治的、宗教的、哲学的领域中发生的，或是在任何其他意识形态领域中发生的），实际上只是各个社会阶级彼此斗争的多少明显的表现，而这些阶级的存在以及它们之间的冲突，则是由它们经济状况的发展程度、生产的性质和方式及由生产所决定的交换的性质和方式来制约的。这个法则对于历史的意义，是与'能量转化率'对于自然科学的意义相同的，它在这里也是马克思用以理解第三法兰西共和国历史的钥匙。"这三卷本的书我一直保留着，几次搬家，扔掉了许多书，但这三本书一直都带在身边。这三卷本由杨人楩先生译注，商务印书馆 1973 年 7 月出版，刚一出版我就买下了这本书，可见那时出书很少，什么是新书在书店里一眼就能发现。在书的第三卷，我借用弗·梅林在《马克思传》中的一段话做了总结："马克思是通过对法国革命的研究理解了当代的斗争和要求，恩格斯则是通过对英国工业的研究做到了这一点。他们的思想，一个浸浴着法国革命的光辉，另一个浸浴着英国工业的光辉，——这两者都是开创现代资产阶级社会历史的伟大变革，尽管色彩不同，它们的思想本质上却是一样的。"杨人楩先生说，马迪厄是一位坚定的称颂法国大革命的思想家，书中充满了对罗伯斯庇尔、圣·鞠思特等资产阶级革命家的赞颂。马迪厄本人作为一位资产阶级革命的激进派，也为十月革命而欢呼，一度曾加入法国共产党，不久便退出，而且在晚年反对无产阶级专政。但他与他的老师、法国革命史的研究权威奥拉尔始终有着分歧，因为奥拉尔推崇丹东，而马迪厄则始终赞美罗伯斯庇尔。这三卷本的《法国革命史》使我对法国大革命也一直保持着极大的热情，一旦有了这方面的书刊，便立即买来阅读，比如以后买到的米涅的《法国革命史》、托克维尔的《旧制度与大革命》、威廉·多伊尔的《法国大革命》和弗朗索瓦·富勒的《思考法国大革命》等等。在马迪厄的书中，我记住了"真正的革命并不限于改换政治形式及执政人物，而在于改变制度及转移财产；这样的革命要经过长时期的暗中酝酿，遇着若干偶然情况的凑合而爆发出来。"在米涅的书中，我不但看到他已经提出了阶级斗争的观念，而且认为吉伦特派的观念与政策都比山岳党人更合乎道义，认为拿破仑的"立法"高于一切，而且确定了资产阶级革命的两大目标就是"政治自由"和"物质福利"。托克维尔的书谈的人已经很多，当然，大家都知道他关于"对于一个坏政府来说，最危险的时刻通常就是它开始改革的时刻"，但却往往忘记了他认为法国大革命不仅想建立民主的制度，而且要建立自由的制度；不仅要摧毁特权，而且要确认人的权利，使之神圣化，所以那是一个青春、热情、自豪、慷慨、真诚的时代。自由的制度不仅仅体现在"民主"的形式上，它更多体现为一种自由的空气，道德的和谐。而富勒则告诉我们应该把法国大革命时的有关"自由、民主、平等、博爱"的精神追求与具体的行动方式区分开来，于是他与托克维尔一样，都认为只有一种"保守的政治哲学"才能对法国大革命建立起真正的批判尺度。而这种"保守的政治哲学"，在托克维尔，指的是无论是王权，还是开明君主制，都不能侵犯市民社会中贵族的自由，不能为了平等而牺牲自由，否则就可能成为拿破仑的"平等的奴隶"。对富勒来说，他认为大革命时的法国是一个没有国家的社会，而革命，却要革掉一个并不存在的国家；所以当一个社会向着它的所有可能性敞开之际，一种激进的政治话语和政治实践是如何被发明并传播开来，才是最值得引起我们关注的问题的焦点。当然，如何理解法国大革命时的法国并没有国家，依然是一个问题。路易十六代表着什么？谁在征税？雅各宾俱乐部为什么要秘密聚会（我曾参观过他们当时聚会时的咖啡馆），难道不是因为害怕警察吗？攻打巴士底狱意味着什么？ 1973 年，还想不到这些问题，但这些问题对我们来说已很现实，因为我们几乎就生活在一个没有社会、只有国家的国家中。这些说不清楚的缘故一直折磨着我们的心灵，只是并不知道这种折磨来自哪里而已。

这些都是我以后在继续阅读法国大革命时所想到的问题，而在 1973 年，那个所谓的"无雪的冬天"，伴随着我的，就只是马迪厄的三卷本的《法国革命史》。今天重新翻看这本书，看到自己当年写在书页上的密密麻麻的读书笔记，真是感慨万千！

1974：

在“无尽的期待与等待”中？

1974 年元旦，在狂风大作中，我与母亲设家宴迎接少华的父母。这门亲事就算这样定下来了，但双方似乎都不满意，或者更准确地说，都没有什么特别高兴的表现，就是我与少华。也谈不上多么高兴，因为事情本来就是这样，也应该是这样。大家都很平淡。母亲历来如此，不会很热情待人，哪怕就是这样的关系，她也依然是原来待人的样子和方式。少华的父母自然对我是不大满意的，对我的家庭更不满，父亲还是历史反革命，这可是谁都担待不起的罪名。但少华坚持要嫁给我，也就只好这样。

母亲送给我和少华一人一块上海牌手表，算作定情之物吧。这是“走后门”托人在上海买的，很不容易。少华几乎从未带过，至少不在我眼前带。但在她去世后，我在她的装各种首饰的小袋子里（里面有我妹妹送的一串新疆和田玉项链，她在海南保留下来的一串珍珠项链，我在美国给她买的一串有绿宝石的项链）又发现了这块手表，当时泪如雨下，嚎啕大哭。她自己平时带的，都是在不同地方的地摊上买的便宜货，只是有点纪念意义而已。她最后的手表是几年前在日本买的西铁城，只要在光亮下，就会自动走。买西铁城的牌子，是为了纪念她早早就过世了的父亲。

1974 年，我事实上等于已经开始了对“文革”的反思。1 月 9 号，在管教科的一次讨论会上，大家学习“元旦社论”，日记中未写因为什么，我提到了“文革”斗争的焦点到底是什么的问题。大概是“社论”中提到“文革”打倒了刘少奇、林彪两个反党集团，说“党委要抓大事”，“大事”指的是立场，立场决定一切。我认为“文革”更是一场政治革命，一个人的认识决定了他的立场，包括对阶级、资本主义、市场、出身的认识决定了一个人的立场，而不是立场决定了一切，立场不是先在的东西。但有人说立场就是一个人是不是站在毛主席的革命路线上。于是有了一场大辩论。到吃晚饭时，外面已是漫天大雪；第二天早上接着辩论，参加者有贺组长、张武民、张照兆等。这几个人算是可以比较能认真讨论问题的人；尽管是在管教组的办公室，并不算正式开会，所以都比较放得开。但接着，厂里就有了一系列的批斗大会，类似这样的讨论也就再也没有出现过。

不过说真的，我为什么要认为"文革"是政治革命，而不仅仅只是社会或文化革命（打倒了两个反党集团，当然是政治革命。但说"文革"是为了打倒刘少奇反党集团还勉强说得通，至于林彪集团，是刚刚发生的事，"文革"已基本结束了；所以这里的政治又不仅仅只是指两条路线的斗争），我自己也说不大明白，因为对"政治"这个概念还不大懂。大概主要是想到了全民教育、自我批判、斗私批修、破旧立新、三结合、军民一体、上山下乡之类的与社会改造有关的运动都服从于某种政治需要吧。不过有一点是可以确定的，那就是我竭力想使自己走出路线斗争、阶级斗争的概念框架，把整个社会的高度政治化看成与一个基本前提有关，但一时又找不到新的概念，正处于一个"思想转型"的艰难过程之中。以后所谓的"志同道合"的朋友，大都指的就是这类意识到"思想转型"的朋友。按照平时的理解，政治革命中的"政治"，大多与政权的性质有关；社会革命中的"社会"，一般是指民间的社会组织。如果把"文革"理解为社会革命，那就必须承认它是民间自发的革命。但事实上又绝对不是。所以这个问题自己并没有想明白。就是直到今天，在中国的"国情"中到底有没有"社会"（无论是市民社会、公民社会，还是自治社团），都依然是一个讲不大清楚的问题。那时候也想强调"社会的自发性"，无非是因为"文革"一开始，大家对上级派下来的工作组不满，所以有了自发的反抗。当然，背后要是没有毛的支持，这种"自发的反抗"还不知道会受到多么严酷的镇压。

"文革"是政治革命还是社会革命的问题一直也是我所思考的一个核心问题，背后引申出的就是社会与国家的关系；在社会这个概念中要讨论某种自发性的性质，包括自发性的组织和行动，如各种"战斗队"的成立和批斗大会的举办；在国家这个概念中则涉及到国家权力机构与党的关系，而一旦提到了党，按列宁的说法，则离不了党的领袖，如此等等。如果不这样理解，把政治理解为人的群体生活的基本特征，理解为公共参与的政治意识，那么是不是更好理解"文革"？

1973年是"无雪的冬天"，1974年的冬天，似乎天天都在下雪。从日记中看，元月底，大雪，与少华一起去潼关看望她的亲戚，她是在潼关长大的，对潼关有着特殊的感情，还记得她很悲切地指着四周的残垣断壁说，这就是潼关的老城墙。老城墙拆了，我们家也搬回来几块砖用。那城墙的砖很大、很厚，不知道古人是怎么造出来的。对这些话，我记忆犹新，宛若眼前；因为后来再去潼关，她还讲过多次类似的话。当然，谁都没有意识到文物古迹的保护和旅游资源之类的问题；更没有人想到三门峡水库的修建给陕西的关中平原会遭致怎样可怕的后果。在一个言论封闭的社会里，思想也就等于封闭了；在一个思想封闭的社会里，交流与沟通也就等于封闭了。于是大家都只能生活在自己的思想围墙里。这是一种自己主动把自己的思想限制在既有的概念框架中意识，但自己又并不知道这种限制，于是几乎几百年、上千年都可以毫无长进。到哪里去寻找这种改变的思想资源？当然只有靠读书。那时候可看到的书已经渐渐多了起来。但更重要的是交往的圈子。在这一点上，北京知青在当时及后来发展的情况要好得多；当然，这又和他们周围的人际关系、家庭背景以及他们所可能交往的圈子有关。这一点，我也是后来才慢慢意识到的。"文革"开始时刚上初一的"小朋友"，如毛应霞，她在思想观念上的变化，几乎完全取决于在当时和以后的岁月中，所接触的是些什么人。

我那时也是这样。生怕在思想的交流中惹是生非。我们单位有一位女同事，也是知青出身，自己办了一张小报《挺进》，没有多少有水平的文章，也没什么话可说，但"文革"遗风还在，还以为可以自由写大字报或油印小报，于是就有了她的《挺进》。为此，我与她大吵，告诉她不能这样；但她不听，本来的友谊也就此瓦解。后来，她就惹来一系列的批判会，让她检讨，对她进行批判；而我，又在竭力维护她、保护她。到我离开石渣厂时，大家又恢复了原来的关系，而且她也调离了石渣厂。

1974年的一年，也就一共看了九部国产电影（那个年代，新华书店新摆出来的书和电影院新上映的电影几乎可以一部不漏的看完）：除了根据样板戏改编的电影《杜鹃山》外，还有《青松岭》、《火红的年代》、《战洪图》、

《原形毕露》、《闪闪的红星》、《侦察兵》、《向阳院的故事》和《一个护士的故事》。我想，能记得那个年代演过这样一些电影的人恐怕已经不多了。在我的日记中，对《青松岭》评价还可以，只是觉得最后的高潮推不上去（这和我自己也正在写剧本有关）。其余的几部电影，自己明明白白写着：完全不能看。《青松岭》看了三遍。在自己的单位看一遍，在少华的厂里看一遍，在附近的104部队还看了一遍。看《侦察兵》时，几乎就是人山人海。仅仅这样的电影名，就足够吸引人了。现在的人已经很难想象，那个年代看一场电影就跟过大年一样：尽管吃的不一样，但喜庆的心情是一样的。全是露天电影场，我与少华在大雪中就看了好几场南斯拉夫和阿尔巴尼亚的电影，那时能看到这两个国家的电影，再远的路，再高的山，再大的雨和雪，都要去。离少华的工厂不远有一个516部队，常放露天电影，比如《列宁在十月》、《列宁在1918》等，只要播放，大家就蜂拥而去，山间小道上也挤得水泄不通。有许多人，就是为了看那几分钟的芭蕾舞《天鹅湖》，看完就走人。

　　整个一年，最大的事就是从"批林整风"变成了"批林批孔"。批林，这没有问题；为什么现在又要批孔？很费解，但又觉得正是一个学习的好机会。与二黑、世忠都反复讨论过这个问题。自己重读了鲁迅的《在现代中国的孔夫子》，然后就是写"批林批孔"的讲稿，要给犯人讲。自己列了三个题目：第一，孔子其人其事；第二，中国思想史上的儒法斗争；第三，林彪为什么要推崇孔子。前两个问题都好写，有足够的史料；但主要参考的还是《学习与批判》第二期上刊登的"先秦思想家批孔言论辑录"，不仅有法家的，也有庄子、墨子等人的言论。第三个问题是从哪里获得的材料，已经忘了，但日记中写了，林彪集团的反动目的就是"克己复礼"，于是"批林批孔"就与批判"右倾翻案风"联系在了一起。这就是那个时候直到现在的思想方法：批判或歌颂古人永远都是为当下现实的政治需要而服务的。在这个意义上，我们中国人倒一直认为"一切历史都是当代史"；或者说，认为"一切历史都是为当代人的需要服务的"。似乎孔子修《春秋》，也是出于这样的想法，那时对此是持批判态度的，但这种批判也是出于当时的需要。

　　"克己复礼"自然与"复古"（在当时差不多也就是复辟的意思）相关。而"礼"是什么？当时还想不到周礼，想到的就是三纲五常之类的说教。与孔子的"复古"相比较，法家自然是向前看的，那时候讲商鞅变法，也特别强调的就是这一点。与西周相关的"封建制"，与商鞅变法相关的"中央集权下的郡县制"；还有"以礼治国"与"依法治国"，这里的"礼"更多具有个人修炼的道德意味，而与之相反的"法"，则是一种外在的强制规范，这些更进一步的问题，当时还根本想不到。但儒法斗争所提出的问题，无疑对理解中国古代社会直到现在的"法制"（法只是统治者手中的工具）与"法治"（法律面前人人平等），"私德意义上的德治"（道德治国）与"公德意义上的公共伦理秩序"（秩序是伦理意志的体现）之别，在思想深处却埋下了伏笔。后来在学业上虽说是专攻西方哲学史，但脑子里想的其实还是中国的问题。

从 1973 年到 1974 年，真正印在脑子里的就是要牢牢记住：批林彪，就是要批右；右就是翻案、复辟、回潮和保守。当然，这样一个林彪，早已不是我们在文化大革命中所知道的林彪了。

那时候"批林批孔"要出墙报，我也写了文章，是批判《女儿经》中的"举案齐眉是孟光"一句话，依据的是《红楼梦》"终身误"中的一句写薛宝钗的词："纵然是齐眉举案，到底意难平"。那个时候，批判《女儿经》和批判薛宝钗都是政治正确。但李希凡在《红楼梦》的"序"中说，作者写这句话表达了自己的愤慨之情。于是自己又有点犹豫，曾为此专门给李希凡先生写信讨教，也不知道他收到了没有。这件事写在我 8 月 3 号的日记中，后来又寄给了少华看，内心其实是想表达自己对爱情的一种看法，但又借"批孔"的名义公开表达了出来。没有这种名义，任何内心的真实想法都不可能表达。中国人后来说假话、造假货成风，其实根子就与知识人或文化人都不可能说真话有关。知识人或文化人不说真话，又是因为他们只能充当统治者的"喉舌"或"笔杆子"。

那时候刚刚传达了中央 18 号文件和省上的 20 号文件，省委书记李瑞山作了检讨，说省委前段时间批判"极左思潮"，批判"资产阶级派性"，推广西北国棉一厂的经验都是错误的，等于在批判群众，批判文化大革命。自己回到西安，又看到了满街的大字报，都是在批判陕西省委的"右倾翻案风"，问题还是集中在到底如何看待文化大革命上。这个问题也是自己正在思考的问题，但由于无法正常讨论，思考也就无法深入，结果就是对这个问题的争论一直在压抑中延续到现在。几乎过去所有的问题都因文化大革命而拖着、压着，说是不争论，想大事化小，小事化了，但文化大革命这样的事又太大了，怎么都绕不过去。怎么给犯人讲？这就是我所面临的问题。那时候的我天天失眠，天天吃安眠药，而且越来越严重，也一直拖到今天。问题本身就如病症一样，拖到最后，总有爆发的一天。

　　1974 年的 3 月 13 日，星期三，研究了一天的减刑材料。我感冒了，发烧，但还是参加了讨论。当然，照例是别人同意，我也同意；有人不同意，那就看大多数人的态度是什么，我也就是什么。基本上人整个是麻木的，因为与自己无关，也不了解基层的具体情况。当然，在实际上，这样的会，真的与自己又有着莫大的关系。它对于犯人到底有多重要，我们一般来说是体会不到的，但今天想想，减刑两年，可不是一个很短的日子。我们平时在生活中感受不到一天的长短，放到监狱里，每天都有那么繁重的体力劳动，晚上还要坐在那里轮流发言，自我批判和检举揭发别人，不说话不行，一年 360 天，总不能老说一样的话。能减刑一到两年，还真不是一个随便说说的数字。对当时的我来说，重要的只是要写一篇领导人在奖惩大会上的讲话。奖惩大会是 5 月 8 号召开的，还是一个星期三。受奖的 182 人，受惩的 19 人。得到奖励的一定要比受到惩罚的人多，这几乎也是一个不用约定就会按部就班自然形成的规律，因为总要给人信心，无论对正常的国家干部还是对犯人，表扬或奖励总要多于批评和惩罚。我们就生活在这样一个一切都似乎被规定好了的世界中，包括我的讲稿，怎么写，什么语气，也是被规定好了的。自己想突破一下，换几个词，或调整一下表达的顺序，也一定会受到批评，最后再纠正过来。规训，体现在每日每刻的言行举止中，直到每个人都成为一颗"螺丝钉"。

　　炎热又多雨的夏天，白天自己在房子里写《入监组罪犯教育要点》，晚上就下去到总部参加批判会。有好几个干部受到批判。我也搞不清楚自己到底是在写犯人的教育要点，还是在倾听或接受别人告诉我什么才是对干部的教育要点。那些发言人用于批判别人时所说的话，和我要说给犯人们听的话相差无几。

　　我们是正常的人（那时还没有公民这个概念），还也是某种意义上的犯人？反正过来过去都是一样的意思，翻来覆去也就那么几个词语和概念。

　　1974 年，重读日记，给我的印象，似乎永远都处于候车、上车和下车的过程之中；而在这一过程中所纠缠着的心情，就是似乎永无止境的期待与等候。

先要说一下：我工作的地方在华县莲花寺，距离华县县城二十多公里，距离少华工作的 741 厂有大约近三十公里的路程，在两个不同的方向上，其中包括一个往山里走的大上坡，基本上只能推着单车走上去，大概需要走半个多小时。从华县到西安将近一百公里，只能坐火车去；火车有快车慢车之分，价钱不一样。慢车有时需要四五个小时，快车也要一两个小时。中途隔着地区的所在地渭南。晚点不是司空见惯，而是正常。要是有一趟不晚点一两个小时的车，就会让人很吃惊。我到少华那里去就只有骑单车。我们两个人只有一辆单车（也是"走后门"托人买的飞鸽牌加重单车，为了带东西、包括带人方便），平时都是我骑，少华要来我这里，需要借别人的车。文化大革命期间，我至少有五六次骑车往来于西安与华县之间，有时当天去，看完大字报再回到华县；有时少华坐在车后面一起去，近一百公里，也就七八个小时可到。那时的路很不好，基本上人一到站，就灰头土脸，一身大汗。但对这段路程依旧乐此不疲，因为我们都是经过"步行串联"的人，曾经从西安出发一直走到遵义，翻秦岭、越巴山；有一次，就是因为沿途做了帮助别人的好事，司机曾央求着要开车送我们一段路，我们也不会坐车，因为说好了是步行串联，绝不自食其言。这就是文化大革命时的我们。当然只是我们的一面，另一面就是"造反"，宣传打倒刘少奇，也批斗县里、省里的当权派。前面说了，没有烧书、打人、砸庙，只是一种"道德的幸运"，并不是自己有多么高尚，意识到了应该怎样、不该怎样。那时的我们，就想着打第三次世界大战，好一举消灭帝、修、反，解放全人类。第三次世界大战终究没有打起来，也可谓是全人类的某种"幸运"。真的也只能算是"幸运"，好在我们自己的力量那时还不够强大。

这里所说的候车、上车、下车，就指的是因这五件事，我必须坐火车往来于华县和西安及其他地方之间。这一年似乎都在跑动之中。

第一件事就是去铜川联系参观"霸王窑"煤矿的事。我已经不知道为什么要去参观这个煤矿，让我去联系，大约就与我在西安有家有关，可以节约旅差费。我是 3 月 18 号和王医生一起去的西安，车晚点，一早就走，午饭后才到。然后就是给王医生联系住处，自己回家吃晚饭。19 号又是一大早，坐 93 次快车到铜川。这里是陕西煤矿的集中地，漫天煤灰，大风吹扬。一个人在建材厂联系好住处，想找个地方吃饭，就是找不着。一个是因为主要吃的是杂粮，而我又没有杂粮粮票，用正常的细粮粮票显然有点可惜；再就是贵，感到比西安还贵。加上空气中煤灰太重，吃饭也不安心。那时候反倒没有环境污染的意识，或者说，根本就不知道有环境污染这回事。和"霸王窑"联系好 4 月 15 日参观，然后坐 44 次快车回西安。21 号生平第一次与姥爷长谈，听他讲当年在天津八国联军和外国租界的往事，都很具体、很真实，我也很感兴趣，缓慢地动摇着那种让我只会从一个方面去理解义和团的英勇和外国军队在中国土地上强行霸占的意识。我也由此想到日记必须坚持记下去，以后说不定也可以讲给后人。和姥爷第一次在我们居住的院子里合影留念。那是一院很别致、也很精致的旧时四合院，门框上雕梁画栋，古色古香。心想这样的机会以后可能不多了。21 号晨六点半坐车回莲花寺，车到临潼就下起了小雪，到莲花寺，雪竟然越下越大。一个人冒雪回到住所，很有一点豪迈的感觉。

　　第二件事就是去西安参观碑林的批林批孔展。主要是那几天失眠一直困扰着我，几乎可以一连几天睡不着觉。展览本身办得很一般，没什么特色。这次去西安，有两件事值得记忆：一是厂里为了去西安参观，先给每个人发了一本天津车站工人大批判组编写的"儒法斗争史"，我觉得完全无法和我三个月前给犯人所讲的"儒法斗争史"相比；除了史料上不如我整理的齐备外，认识上也达不到我的高度。至少，我把儒法斗争是放在一定的时代背景下去讲的，认为这种斗争实际上都体现着统治阶级的需要。但我写的只能讲给犯人们听，而工人大批判组所写的却必须发给全国的每个人来学习，心中由此而愤愤不平。当然，我也知道，那个时候正在大讲工农兵学哲学、上讲台的"新生事物"。后来，自己这种努力要理解工农兵的心情却导致几乎所有的人都认为我这个人"骄傲自大"、"目空一切"。管教组也因此决定把我下放到中队去劳动锻炼，离开机关的办公室，到第一中队（政治犯）去当一名管教干事，每天带犯人上工。第二件事就是在西安与妹妹长谈一次。这种与自己家里人谈话的机会和愿望竟然在以前是没有的，全部心思都放在国家大事上。还利用参观的空闲机会，到西安财校见到了正在那里学习、又和我同时招进石渣厂的田野、何宁，大家又是长谈，几乎与和家里人长谈的感觉一样，当然有大家都会关心的共同话题，这就是厂里的几个批判会，特别是对与我们一起招进这个单位的一位同事的批判。心中也算是出了一口闷气。什么话只能对什么人讲，在什么范围内讲，作为一个中国人，这已经成为一条最为基本的常识性训练。

第三件事就是再到西安修改我们的剧本《风华正茂》，准备参加省里的文艺调演。这次到西安，一住四十来天，参加各地创作组的剧本讨论，反复修改我们的剧本，真是耗尽心血。8月12号去西安，8月18号与省文化局的写作组讨论这个剧本。新的问题是：第一，阶级斗争的焦点，也就是知识青年的代表田芳，面对的主要敌人应该是谁？原来是出身不好但有一点文化的大队会计殷文亮；斗争的副线是另一名没有确立扎根农村一辈子的"知青"高群。现在要把田芳塑造成一位"反潮流"的英雄人物，反的什么潮流？斗争的对象又会是谁？一个大队，哪怕就是到了公社一级，也不会有多大影响的"反潮流事件"，到底该怎么写？第二，知青人物是主要的英雄人物，但农村的党支部还是应该起主要的作用，不能忽视党的领导；到底应该如何处理党的领导（也就是大队老支书）和知青英雄人物的关系？第三，这场戏的最后要落实在粉碎了林彪反党集团，出现了更大规模的知识青年上山下乡，也有更多的知识青年决心扎根农村一辈子上。但这并不真实，就连写作者（也就是我）都已离开农村，以工代干，却要告诉大家更多的人决心扎根农村一辈子，这让人于心何安？当时的文化局仍然被军队领导着，一位姓于的军代表和文化局的师主任、袁处长主要负责我们这个戏。那个时候我已经感到，如果一部戏中所有的矛盾都集中在一些围绕着当下的观念（如反潮流、粉碎林彪反动集团、知识青年扎根农村一辈子等等）之争中，那这样一部戏，我就是没办法写的，写出来也毫无意思。但又只能这样。大家都生活在某种观念形态之中。四十来天，反复修改了三稿，在我的日记中都详细记载着每一稿的大体提纲，但一次又一次被否决。所有的人，无论是军代表、文化局的领导，还是我们写作者，都心灰意冷，觉得写不下去了。应该在这里记录下的，是我们重新设想了一个不支持知识青年到农村插队落户的大队副主任，叫李有才，他的基本观点有四条：（1）知识青年不是这里的料，迟早要走，不是上学，参军，就是当工人，总比在农村好，我们是想走走不了，人家能走为什么拦人家？我看迟走不如早走；（2）农村的天地是广阔，可耕地面积不够，这些娃来了，以后还要结婚生娃，一个小队就这么多土地，到底能养多少人？

（3）现在不是文化大革命时期了，我们就是要把地种好，这些娃还要来搞革命，搞阶级斗争，我们在一起生活几十年了，难道不知道村里谁是阶级敌人？（4）这些娃一没有生产技术，二又不会在农村过日子，时间长了，还不是害人家？这时候，再让阶级敌人（殷文亮）在背后说些"他们骄傲，想夺权"之类的话，分裂知青队伍，分裂知青与当地民众的关系。但不知为什么，这一稿还是被否定了。

　　1974年9月14号回到石渣厂。一切原封未变，而我说好了9月20几号要和少华结婚的。具体时间未定，要看她如何调整自己的假期。婚假似乎只有三天，加上加班和国庆，大概能多出几天的假。总之我们想简练、简单，但总要有几天可利用的假期才行。为了结婚，一个月前就给厂里打报告申请，我们两个人同时在不同单位申请，两个单位再各自进行审查，看对方是否合格。最后算是批准了。一个在国防保密工厂，一个在公安系统的劳改队当教员，应该说政治上都是合格的。

　　9月16号，自己动手粉刷了一下房子，18号，请与我一起招到这里、现在成了汽车司机的雷福瑞开车到华县把我妈妈买好的一套床具、被褥拉到厂里，田野和苗月都来帮忙，何宁送我一盏台灯和一个座表。与管教组的贺组长因如何举办婚事发生争执：他认为应该请大家喝酒，让食堂炒几个菜；我坚持简单、随便，不要麻烦食堂的师傅，让人家下班后再给我们炒菜。毕竟是我结婚，贺组长最后只好悻悻而归。而我，第一，心中还残存着"革命化婚礼"的观念，那个年代，除过不要任何仪式性的形式外，还想不出别的办法来显得与别人不一样；第二，托人在上海买了烟和糖，这就够了，已经与平时不一样了，反正大家只是说说话而已；第三，我们还要去旅游一下，真没有更多的钱，也发自内心不愿意让食堂的师傅下班后再专门为我们操办吃饭的事。基本的念头就是不想让更多的人知道。那时候，石渣厂周围，也根本就没有任何餐馆。我和少华都是这个想法。想想我们的好朋友世忠和芳琴结婚时，连烟和糖都没有，就我和少华、小毛（毛应霞）三个人去了。那时候都是这样。于是我就有了一个在莲花寺车站漫长而焦虑地等待。从华县到莲花寺只有一站，但无限的长。而且，完全不知道从西安发出的车会晚点多长时间。没有任何可联系的手段，一个月前约好的日子，谁也说不准到时候会发生什么变化。不只是在等车，是在等新娘，我心爱的妻子。期待中的等待，等待着期待已久的知心朋友、同时也是我的新娘的到来。她到了，我们才能一起去莲花寺公社革命委员会拿着各自单位的介绍信领取一张结婚证。我的母亲和二姨专程从西安来参加了所谓的"婚礼"，就住在田野空出来的房子里，田野他们也到北京结婚去了。但我的母亲和二姨显然对犯人们是如何排队去上工的更感兴趣，第二天一大早，就坐在路边看，一边看一边说，还告诉我许多我已经司空见惯了的新鲜事。后来因种种事变，我们要不断出示这张结婚证（全靠少华，才保存得好好的），看到的人都反复端详，说：那时候的结婚证怎么跟一张奖状一样？新世纪，大概是 2012 年吧，李少华的户口终于可以转到上海了，派出所的工作人员说：连照片都没有，拿什么来证明这是你们的结婚证？我大怒，简直忍无可忍。当然，这也说明上世纪七十年代初的一切，对这些 80、90 后出生的人来说已经变得如此不可思议。我们这个民族也似乎还从未健忘到如此地步！

再看那几天的日记，觉得还是接待了不少的人，反正就是炒米饭和包饺子，来了就吃，说完话就走。世忠、芳琴、寒梅、清才，还有何宁、春娅、福瑞、中元、长岭等人都来了。就那么一间小房子，一拨人走了一拨人再来，几天来反反复复，也算是人生中的一件大事吧。我写了一首很长的自由体诗《新婚献辞》，少华工工整整抄在她的小本子上。我要是去了少华工作单位的房子，与她同屋的老范和王凤琴就必须另找地方住。那座楼是女工宿舍，我要去厕所，还得下楼到很远的另一栋楼里去。所以大部分时间，都是她借别人的车骑到我这里来。在我的印象中，少华似乎总在上中班，下午一直到半夜 12 点。我就在房子里等她，自己看书，10 月 27 号在日记中抄下了鲁迅的两段话，觉得很有意思："还有，知识阶级对于别人的行动，往往以为这样也不好，那样也不好……问他怎么才好呢？他们也没办法。所以皇帝时代他们吃苦，在革命时代他们也吃苦，这实在是他们本身的缺点。""我从前也很想做皇帝，后来在北京去看到宫殿的房子都是一个刻板的格式，觉得无聊极了。所以我皇帝也不想做了。做人的趣味在和许多有趣的朋友谈天，热烈的讨论。做了皇帝，口出一声，臣民都下跪，只有不绝声的 YES、YES，那有什么趣味？"

鲁迅连皇帝都不想做了，觉得还是有趣味的聊天好，所以我对自己的新婚庆典还是很满足的。

第四次就是去西安观摩所有调演的剧目，我既是作者，也算是嘉宾。去西安前，11 月 11 日，地委白兴武书记，姚升平组长，县委田志波书记都在华县观看了我们编写的《广阔天地》。上次在西安讨论完剧本的重新构思，主要靠史育民在写，他的苦楚不断向我倾吐，我也无可奈何。石渣厂来了 18 个人，看完后回去时，王组长对我说，这个戏不错，以后退出来干好自己的本职工作。表明厂里不想让我再去西安观摩演出。为此，县里、地区又专门来人与厂里协商，最后算是同意了让我去，但很勉强。

这样，11 月 13 号再到西安。在人民剧院讨论，在民主剧院观摩，都是西安很熟悉的地方，但从未想过自己写的戏会在这里上演。

我们的戏代表的是渭南地区。几天来还观看了其他一些地区的剧目：《凤山春雷》（铜川）、《进军青龙山》、《延水长》（西安市话剧团）、《雨露新苗》、《山村新曲》（商洛花鼓戏）、《红岭新医》（三原）、《飒爽英姿》。还有一些，名字都差不多，从这些剧名就可以想象出都是一些什么样的内容。这也就是那个时代一心想艺术创新的成果展示。我们的剧也演出了几场，数千人观看，电视台还进行了录音、转播。由于没有电视机，我们也根本就没有看到过，而对那些有了电视机的人来说，估计他们根本就不会看。当然也真的不值得看。

从这次全省范围内的文艺调演来看，中国的文艺创作已经走上了一条完全看不到前景的绝路。因为我们的眼里完全没有"人"，没有人性的丰富与复杂，没有爱，只有恨，恨也只有在同一个模式下的对阶级敌人的恨；而阶级敌人又差不多是同一个模式里铸造出来的人，让人一眼就能看出。

真正有意思的是，11 月 30 日，我在西安候车回华县，一是见到一个名为"星火"的组织在宣传批判省委的"右倾翻案"，大讲"团结与斗争、安定与大乱"的辩证关系。反正辩证法已经变成了人想怎么说都可以的一面旗帜，谁都说自己讲的是辩证法。自己对这种宣传已经反感至极，但又不值得上去辩论。吸引我的注意的是有一个姑娘站在候车室里大声说英语，也许是在背什么。站在旁边的、路过的，都会注意到她，有人说是外语学院的，有人说精神上可能不正常。忽然一个中年男子走上去纠正她的发音，于是两个人就用英语交谈。这很让人感到震惊。它深深留在我的脑海中，也写在日记中，但就是没有想到应该把外语重新抓起来。这是发生在西安火车站候车室的一幕，也似乎预示着某种变化即将到来。

回到石渣厂，我就去了一中队，12 月 7 号，第一次正式带犯人上工，到山上采石、碎石、运石。那天是星期六，大雪之后，寒风嗖嗖。

第五次，也就是最后一次，是代表华县乒乓球队参加渭南地区的比赛。石渣厂已经发现我这个人很麻烦，这么多事，又是写剧本、观摩演出，又是打乒乓球，几乎就无法正常上班。为此，华县革委会体育运动委员会盖上大印，派专人前来，说此事重大，县里的乒乓球队离不了我。我小学和初中曾在西安市体校的乒乓球训练班集训过，有些基本功，"文革"以来就未打过，偶尔会遇到一些原来在西安打球时见过的人，也参加过县里举行的什么比赛，大家都还彼此记得。这次就又把我调到了华县的乒乓球队。有陕西省化肥厂的张悦华，上海人桑金星，还差一个回民安新爽。我由于长时间未打过球，才一打，就手腕疼，请人捏了很长时间，不起作用。手腕疼到几乎无法打球的地步。于是又让我到西安专程去找安新爽。12 月 26 号下午三点的第 167 次快车，晚七点才到。等我到回民区找到安新爽，已是晚八点多钟。这是我有生以来第一次到回民区，甚至到了回民的家中。见到的一切甚是干净整洁，住家摆设远比一般的汉族人家庭讲究。第二天一早与安新爽一起坐车回华县，一路上听他讲回民的生活习惯及与汉族的矛盾冲突。又是大雪，白茫茫一片，树枝若琼楼玉液装点过的一样美丽动人。又是候车、上车、下车，伴随着各种心情的期待与等待。结束整个比赛，已是 1975 年元月 24 号了，在候车、上车、下车中回到莲花寺石渣厂，继续我的带工生涯。

1974 年，在我的个人生活中，结婚是第一大事；下放到中队带工是第二大事；修改剧本、观摩演出、参加乒乓球比赛是第三大事。伴随着这三件大事的，就是无休无止的候车、上车、下车，在"无尽的期待与等待中"，在缓慢到几乎开不动了的火车中，感受着时代的变迁，感受那种在"批林批孔"和"反击右倾翻案风"中已经耗尽热情，但又不得不为之的逆反心理。

从华县车站到莲花寺车站，只有一站，也就十来分钟的车程。但我一早就在车站等着，等着自己的爱人的到来，直到下午等来了她。那是永远也忘不了的一幕和一刻！

1975：

是一点点良心，还是一点点私心？

　　1975 年在一场空前的大雪中到来。大雪大雾，对面几乎不见人影。1月2号送母亲从华县回西安，167 次慢车晚点 5 个小时，踏雪而去，大家都挤在候车室里等待，一条凳子都没有；而外面，似乎有一个巨大的乐队正演奏着巴赫的《B小调弥撒》(我此刻正在听，想与43年前的场景有一种心理上的呼应)。

　　与这场大雪和巴赫的《B小调弥撒》有着另一种神奇呼应的，就是中华人民共和国第四次全国人民代表大会第一次会议公报：朱德委员长，周恩来总理，第一副总理是邓小平，下来是张春桥。叶剑英是国防部长，华国锋是公安部长，于会泳是文化部长，庄则栋是国家体委主任。然后就是仔细听周恩来的政府工作报告和张春桥关于修改中华人民共和国宪法的报告。人是仔细在听，但又心有旁骛，不知所终。正在读的是李霁野的《纪念鲁迅先生》和易卜生的《群鬼》、《人民公敌》。《群鬼》中的曼德牧师，《人民公敌》中的霍夫思达，作为虚伪的卫道者，竟刻画得如此精细，让人叹为观止，觉得自己写的剧本简直不堪一读；而自己作为一个 28 岁的人，简直有如奥勃洛摩夫一样，也日渐在消沉中变得无所事事。

　　谁能想到，当时的国防部长竟会联合当时的公安部长在第二年就会把"四人帮"一举抓获呢？还是"枪杆子"厉害！"印把子"就是"枪杆子"，谁掌握了"枪杆子"，就会自然而然地把"笔杆子"纳入麾下。这就是中国的现实。我们都知道这是现实，但现实什么时候、以什么途径成其为现实，没有人能知道。谁都不说，也装作什么都未料到。这就是中国平民百姓的生存之道。当然，这些都是后话。在 1975 年开年，大雪封门与巴赫的《B小调弥撒》，还有中央人民广播电台特有的那种播音语调，不知怎么给了人一种欲哭无泪，但又很想祈祷，很想在旷野里大喊几声的感觉。

这里有两种相互撕扯着的力量。一种力量是所谓"正面"的，表面上的，另一种力量是"反面"的，暗中涌动着的。人（至少是我）其实并不知道这两种力量在中央是怎么较量的，表现在自己身上的，就是一面积极参加"正面"的活动，一面又看不到前景，不知道未来会怎样，或者说，不知道自己该怎么活着。生活或生命的意义还是一个似乎遥远到与自己完全无关的话题。

先说"正面"的活动。厂里在这一年正式成立了三个理论组：儒法斗争组、资本主义经济危机组和革命大批判组。我在儒法斗争组。后来厂里又按照小靳庄的模式，成立了体育运动队和文艺宣传队。我是发疯似的读书、学习、思考。三个理论组，恐怕只有我一个人是真正在默默读书的，因为只有读书才能打发时间，才能排解心中的那种无聊与苦闷。

这里有必要提到的就是整个二月都在学习毛主席关于无产阶级专政的理论，同时让大家学习的还有马、恩、列、斯的有关论述，核心就是无产阶级专政；而无产阶级专政的核心不知怎么搞的，就被引导为对破除资产阶级法权的理论思考。于是就又翻出了张春桥 1958 年的文章。我在 2 月 27 号的日记中写到："读了张春桥的文章，大家议论纷纷，有的说要恢复部队的'供给制'，再无等级制、八级工；方式是每个人的工资减半，然后每个人统一再加上 18 元，于是就缩小或取消了人与人之间的收入差别；更多的人相信现在大讲无产阶级专政，就是要扩大无产阶级专政的范围或者领域，应该包括对反动思想的专政。"当时在"五类分子"之外又有了一顶新的"帽子"，叫"新生的资产阶级分子"。于是厂里就抓典型，大搞"揭排"活动，也就是揭发和排队，并开始批判一个叫车长林的人；一个不知是从哪里调过来的干部，反正历史上也有问题。每次开会，也是会前先唱歌，然后呼口号，挥舞拳头。只有这些，才让人觉得大家依旧生活在文化大革命的那种场景之中。但什么人才是"新生的资产阶级分子"，大家并不清楚，这顶帽子下的人毕竟不如"地、富、反、坏、右"那样确定（这"五类分子"真的就很确定吗？）。但到了 3 月 2 号的日记，问题就好像比较明确了，因为有了姚文元的文章：《论林彪反党集团的社会基础》。文章论述了"新生资产阶级分子"的两大特点：两面派和暴发户。然后用《红楼梦》中的"子系中山狼，得志便猖狂"来指认那些成为"林彪

"反党集团"的社会基础的人。"两面派"应该有所指，就是在毛主席面前一个样子，背后一个样子。肯定有这样的人，但具体是谁，我们并不知道，也不想知道，不想卷入那种与自己"无关"（事实上当然有着极大关系）的斗争。"暴发户"也应该有所指，政治上的"暴发"还是经济上的"暴发"？要说政治上，那"四人帮"就是最大的暴发户；所以肯定不是指他们自己。至于经济上的"暴发户"，到底指的是一些什么人，我始终未搞清楚；而且我相信无论再"暴发"，和现在的贪腐分子比起来也不过九牛一毛。大家在现实生活中最感兴趣的还是点了名的"黑书"《少女的心》和"黑歌"《告别南京》。人们似乎都在偷着寻找"黑"的东西，但就是找不到。越打击，社会秩序反而越乱。厂里专门有文件传达，说近期社会秩序大乱，犯罪分子剧增。西安五一剧院大门口十多个流氓公开调戏妇女，竟无人搭理；延安的女青年晚上都不敢出门。华县是渭南地区最严重的，平均一天发案一次，而且都比较重大。那一时期最吸引我的书是尼克松的《六次危机》和一个名叫欧文·魏特的波兰犹太人所写的《目击者——哥穆尔卡的译员的自述》。看这些书，尽管自己要在日记中一再注明是"骗取选票"、"个人偏见"之类言论，但又都似乎有如在暗中想竭力打开另一扇窗户一样既心惊肉跳又兴奋异常。

四月，董必武逝世，蒋介石逝世（4月4号通常是清明节，那时还未想到，马丁·路德·金和张志新也在这一天死去），少华在怀孕七个月后，终于分到了半间房子；真可以用"斗室"来形容，只能放一张床，其余任何东西就都放不下了，吃饭在一个小角落，只能坐两个人；卫生间在外面，与另一家人合用。但我还是和少华一起高兴地收拾这间"斗室"；至少，我再来他们厂，也有一个可以落脚的地方了。

金日成访华。柬埔寨人民武装力量打下了金边。我们完全不知道这实际上意味着什么，反正都理解为毛泽东思想的伟大胜利。但对那时的我来说，无论毛泽东思想的胜利有多么伟大，也没有终于给我们分到了这半间屋子重要。我无数次听少华流着泪高兴地对我诉说，为了要到这半间房，她是如何三番五次找领导，央求、哀求、哭诉，除了做好本职工作，还要自觉加班加点，反正我知道，直到生下孩子的前一天，她还趴在地上擦洗地板。

当时全国最大的事就是传达了毛主席8月4日关于批《水浒》的文件：

大意就是《水浒》这部书，好就好在投降。做反面教材，使人民都知道投降派。《水浒》只反贪官，不反皇帝，屏晁盖于一百零八人之外。宋江投降，搞修正主义，把晁的"聚义厅"改为"忠义堂"，让人招安了。宋江同高俅的斗争是地主阶级内部这一派反对那一派的斗争。宋江投降了，就去打方腊。后面还有许多话，包括赞扬鲁迅对《水浒》的评论等等。我都详细抄在我的日记本上。我对《水浒传》这本书太熟了，毛的指示一下来，自己兴奋异常，因为从来还没有这样想过。但毛的目的到底是什么，问题不在如何理解毛的指示，而在如何理解毛的意图，他到底想干什么？这个还一时想不清楚，也无法与人讨论；从"批林整风"到"批林批孔"，再到"批水浒"和"反击右倾翻案风"，这之间有没有一个逻辑上的关联？我们总体上要把握什么？所以尽管《水浒传》一书几乎尽人皆知，但运动却就是搞不起来。因为现实中有很大的困难：打倒林彪，可以上街游行，高呼口号；批判孔子，也可以砸烂牌位、捣毁文庙、对所谓的"封建文化残余"进行摧毁和批判；批《水浒》，怎么搞？无法上街，也不知道具体指向。有两个似乎可以想到的问题，一个是文化大革命是不是犯了与宋江一样的错误，只反贪官，不反皇帝？当然不能这样想，所以也就只好说说而已；再一个就是农民起义中也有投降派，比如宋江。那么这在事实上又是指谁呢？不知道。但经过批《水浒》，我们那时候对毛这个人的性格倒有了进一步的了解：这真是一个具有彻底造反精神的革命者，容不下任何的妥协与投降。一旦权比天高，众皆欢呼，他所关注的似乎就只是一件事：反复辟、反回潮、反倒退、反小脚女人、反畏缩不前。这大概也就是他心目中所要反对的宋江的形象。

但毛显然并不一直就是这样一个人。于是我们又发现毛在历史上其实是常常妥协的，比如对"西安事变"后蒋介石的处置问题，比如延安整风时对一些青年学生的教育方法问题，还有几乎同时向我们传达的对电影《海霞》、《创业》的看法，就是关于资产阶级法权，毛的指示也是要限制，但不能太急，太急了，容易掉下来，等等。

后来，我还在全厂大会上，介绍了一下我对毛主席关于批《水浒》的理解，大概也就是介绍了一下《水浒传》的 71 回和 120 回的两个版本的不同、与毛的批示有关的故事情节和金圣叹的有关删节吧。但《水浒全传》一直未看过。后来，倒是写了两本关于《水浒传》的书，也出版了我的点评本的《水浒传》，这一切的知识积累大概都与自己在那个时候所积极参与的关于批《水浒》的活动有关。当然，若没有老友梁归智兄的推荐，编辑这套丛书的人是不会想到我的。

落实到我们厂里最大的活动就是推广"优选法"。"优选法"，还有"统筹法"，到底是怎么回事，我始终也搞不明白，反正是著名数学家华罗庚倡导的，据说可以提高产量多少多少倍，可以一举摆脱缺衣少食的困境。大量的自然科学家也纷纷献策，就如当年的钱学森一样，认为依赖自然科学的创新就能解决政治和经济的问题。犯人们的积极性倒是很高，因为给了一个让他们自己表现自己的机会，于是每天都有捷报，就如"大跃进"的年代一样，反正你说提高了产量五倍，我就说提高了十倍。谁认真核查这些数字的真假？反正政府要的只是两样东西：一是犯人踏实改造，二是干部有了汇报材料。那时有一条巨大的标语横挂在大路上："有命不革命，要命有啥用"。这适用于所有的人，因为在生命面前，是不是犯人，本来就无所谓。

终于，四中队有了一次大的塌方事故，死亡三个人。于是"优选法"的热潮也就慢慢冷了下来。我那时天天在"前山"带工。所谓"前山"，也就是山的正面，最危险，因为面临山的塌方。一个只有一只胳膊的犯人（另一只胳膊因为在捆绑时用力过甚，等于给废掉了）负责在那里观测险情，只要一上工，他就仰着头观测山上的动静；该犯很有经验，也极为负责，岩石的险情有一丝一毫的变化，他都能及时发现。有他在，我放心多了。后来他刑满释放，就是不愿意离开劳改队，因为自己只有一只胳膊，在这里已劳改多年，对社会完全不熟悉，不认识人民币，也不知该怎样生活。我那时已离开中队，回到管教组，听到中队有这样的反应，就专门找他谈了多次，希望他安心回家，相信当地政府会有所安排。最后，他走了，在路上一边走，一边不断回头，惶恐不安的样子，还流着泪。我也一直看着他，直到消失在道路尽头。后来的情况就不知道了。现在，想起他的背影（一直未记下他的名字），就总想起电影《肖申克的救赎》中的那位出狱后自杀的人犯。还有，就是在我回到管教组后，我带工期间的一位负责排除险情的犯人，由于负责在山上拉住保险绳的人在大塌方中松手，致使正在排险的他从半山掉下来摔死。他叫白花狗，几乎可以飞檐走壁，胆大心细，本领高强。他死后，让我痛惜了很久，为他争取尽可能多的抚恤金，可惜全家已渺无音讯，无人前来领取。

　　这一年，是我在劳改队一中队，也就是"政治犯"中队带工劳动的第一年。在带工中，允许并鼓励与犯人交谈，说是有利于他们的思想改造。对带工干部来说，也是打发时间的一种方式。一个干部在山上，没有任何人交谈，不免寂寞和孤独。我就常常站在那里眺望渭河和远处的平原，想念心中的朋友。我不愿意与犯人们过多交谈，尽管对案情和家庭情况很有兴趣，但一则怕影响他们劳动量的完成，二则，如果利用吸烟时间交谈，时间短，又会影响他们的吸烟——我们真的很难想象得出这十五分钟的吸烟对他们来说有多么重要。具体时间由我掌握，我常常会多给他们一些时间。看着该休息了，就发一声喊，于是每个人就都很快卷起一个犹如炮筒一样的烟卷，有一个人在我这里点着（犯人身上是不能有火柴的）后，一个接一个地把自己的烟点着，然后就可以极其享受地躺或靠在一个什么上面吸烟。看着他们在烟雾缭绕中的样子，真的有如天堂。我有时还是会与几个犯人有所交谈，也是为了了解他们的案情及现在家里的情况，有些好奇心或同情心（有的仅仅因为收听了敌台，就向境外投信要求救助，于是判刑 20 年）而已。这种"好奇心"都可以归入"私心"的范畴；但又是一种很容易隐瞒、几乎连自己也说不清楚的"私心"。让我忘不了的犯人除了白花狗（他家住商洛山区，一名被追捕的罪犯在逃跑途中曾借宿他家一晚，他并不认识这名逃犯，但也以窝藏罪判刑十年，而且是政治犯）外，还有一个名叫杨仲光的罪犯，更加冤屈。杨是陕西韩城人，其父为国民党军官，1949 年携其母逃亡台湾。他乃陕西师大物理系毕业，一直在某中学任教，自然不被信任，于是经常想起父母，觉得要不是他们逃走，他的生活会好许多。在日记中多处流露出对现实的不满和对父母的思念。文化大革命开始，在一次中学教师的学习班上，他主动讲了自己的思想活动，等于自我坦白，自我批判，并向组织上交了自己的日记本。也许是完全出于真心，也许这里面确有出风头，想表现积极，受到表彰的动机（在整个过程中，我们分得清楚良心与私心的关系吗？）。但未想到 1968 年被捕，判处死刑；念其主动交代，改判无期，后来减到 15 年，送来我厂劳动改造。我与他交谈多次，因为这个人总想表现自己有文化，在许多方面与众不同；比如"优选法"大战中，就他的主意最多。但"行高于人，众必诽之"，于是其他犯人就处处与他为难，让他多次受到不公正的待遇。对劳改中的犯人来说，利用犯人监督犯人或不幸受到其他犯人的合伙欺负，都是对政府来说最为有效和对犯人最可悲哀的途径与处境。我在与他交谈中，也告诫了他这一点，让他注意。但他的案情还是极大震动了我，至少，使我不敢在日记中记下更多的见闻，更不敢流露怨气和不满。管教犯人的过程，也是反过来对自己的管教。说是管教自己的私心，其实最后连一丝一毫的良知也没有了。我再三提醒自己的，一是不要把对犯人说话的口气养成习惯，包括写文章在内，一副"政府"（犯人叫我们"政府"）的样子；二是要小心，不要"行高于人"，不要自恃写过剧本、观摩过各种演出、参加了各级运动会，就自以为高人一等。千万千万，特别是写日记的习惯，几次想戒，但依然养成了习惯，不得不过几天就记几个字，当然内容上是越来越谨慎了。如我这样怯懦的人，是绝不会想自动投案的。

还应该提到的一个犯人叫茅玉榕，似乎是某个大学的教授，因"右派"改为服刑，刑期很长。一个关押禁闭的就业人员高学荃为了立功，就写了一封长信检举揭发茅玉榕的反动言行。这封长信转到了我手里，我看完还是大吃一惊：想不到在那样的时代背景下，竟也有对问题能做出如此判断的人。后来有一次监舍里发生反标事件，有人就认为是茅玉榕所为。这种"认为"其实是一种逻辑上的推论：只有他这样有文化的人才能想出这种形式和这种内容的反标（把报纸上的字剪下来构成一条内容比较复杂的反标）。审讯时我做记录。茅玉榕申辩说，发现反标时，自己并不在场，在露天电影场看电影，所以硬说是他所为，这"不合逻辑"。审讯的人回答了一句"逻辑是有阶级性的"。这句回答当时真的让我如坐针毡。我们按逻辑推论出是他作案，他用"我不在现场，不可能作案"的逻辑反驳，这是不是证明了逻辑是有阶级性的？逻辑到底是什么？谁的逻辑才是正确的？敌我分明的立场使我当时不能做出任何表示。我们区分不开思维的形式与内容，也区别不了逻辑关系与因果关系。我们的干部相信只要面对的是"敌人"，自己就怎么说都是对的。这几乎成为一种不言而喻的"传统"。这种"传统"弥漫开来，就从"敌我关系"中渗透到"上下级关系"，乃至一切人与人只要有差异就会有区别的"关系"中，比如"性别"、"师生"、"医患"、"内外"、"亲疏"等等的关系之中。谁都可以利用自己的"特殊性"显示自己的正当与优越。当然，所有这一切都没有记在我的日记本中，但却让我终生不忘。后来茅玉榕由于不认罪也被关进"小号"（也就是禁闭）。每天只能晒一次太阳，带着脚镣手铐。我那时已回到了管教组，专门去看过他几次。小号里有别的犯人在管理，我就让他们给茅玉榕一天多几次放风，松开脚镣手铐，晾晒一下被褥，送《马恩选集》和报纸给他看。于是茅玉榕就不断写字条要见我，还给我写信，诉说心情，提出各种要求。管教组的领导立即告诫我不该插手此事，以后不要再与茅犯来往。事情也就到此为止了。

让我自己也一直想不明白的，就是我为什么会这样？是偶尔的、残存的那么一点点良知（包括同情心），还就是一种爱多管闲事的毛病？这"毛病"当然与"私心"有关。但"私"在哪里呢？想获得犯人的好感？那可是一个太大的立场问题，对自己有什么好处？那么，哪怕就是明知与自己无关（真的无关吗？），也必定会给自己带来许多麻烦的事，但还是要这样去做，到底是为了什么？人做什么，非要"为了一个什么"吗？还有一个负责办墙报的犯人，一只眼患白内障，几乎失明。我知道后坚持在管教组要求带他去西安做手术。这件事终于办成了，他的眼睛手术后恢复得很好。出狱后一直寻找我，后来终于通过我出的一本书找到出版社（上海人民出版社），再通过出版社找到了我。那时我在武汉，与他有多次通信，他也始终记得这件事，感激不尽。而我，为什么会这样？我也始终找不出答案。我不相信人心或人性的善，当然也不能说是恶。最后觉得，大约还是与一个人看书的多少、特别是喜不喜欢看小说有关。后来的书越看越多，也就越来越觉得，人生在世，善恶最后总还是会有一个公论的。这里说的是"最后"，也许自己根本就等不到，但，心中还是要相信这个"最后"的存在。这几乎就可以理解为一种类似于宗教的信仰了吧。它至少会使我们意识到，人的所作所为，不说"天知地知你知我知"这些老话，但总还是要替自己想到那也许会遥远到无边无际的"最后"，甚至是十代、百代的后人。当然，不信，也就不信吧，谁也拿不出证据让人一定相信。对绝大多数人来说，信与不信，其实都是一种不知不觉的行为，靠日常所受的教育和家庭里的熏陶。

这里应该强调一句：几乎所有的政治犯在80年代全都无罪释放。当然，那时我已离开了劳改队，具体情况不甚清楚。

事情的另一面就是：厂里打扑克成风，而且参与的人越来越多。那时还没有麻将，但一副扑克牌就足以使人玩得不知今夕何夕。所有人都在打扑克，走到哪里也都有人在打扑克牌。一下班就打，一打就打到半夜。打扑克属于批评的范畴，禁止不了，只能正面引导。但虽说成立了三个组和两个队，却依然形同虚设；越让大家参加这些"组"和"队"的活动，就越使人沉迷于扑克牌。一切正面的、宣传的，在今天被称之为"正能量"的鼓动，事实上却起着完全相反的作用。这种相反的力量不知是怎么形成的，可能与人性中的某种需要有关，反正"正""反"抵消，有"正"就有"反"，而且"反"的力量总会因其受到压制而在下面隐秘汇集；压制越大，这种力量的汇集也就越强，尽管依然只是一种无声的运行。

当然也有很惨烈、很震撼人心的事情，比如11月18号下午3时，一个名叫马大生的罪犯，据说武艺高强，在西安市西大街最繁华的地段，从"野味香餐馆"中抢出一把菜刀，然后砍死一名警察，砍伤一名警察，在连续抢夺几辆单车后逃窜，直到当天下午五时才被抓获。22号游街示众，几辆警车上的军人荷枪实弹，马犯跪在一条板凳上。马路两边挤满了人，都想一睹这位凶犯的模样。

那时刚看完了美国作家马文·卡尔布和伯纳德·卡尔布兄弟两个合著的《基辛格》，兴趣当然很大，但在日记中记下的却只是译者在前言中的几句话："首都已是深秋季节，寒冬将临，万象肖森。春夏盛日的花景，至此凋零殆尽。"

也就是在这种情况下，劳改队传来了一个特大消息：四届人大常委会第二次会议决定特赦释放全部在押的国民党战犯，共293人，为首的就是大家都熟悉的国民党第12军团中将司令黄维。于是，紧接着，下面就有了释放国民党县团级以上人员的决定。我们刚刚向全体犯人讲了"不能对特赦抱有幻想"的道理，让大家安心改造，谁知道一转眼就要宣布特赦的决定。以前说特赦不符合毛泽东思想，是资产阶级那一套；现在又说特赦恰恰证明了毛泽东思想的伟大，是毛主席革命路线的伟大胜利。让我们自己检查起来，尽管也想不通为什么在道理上说是应该当官越大，罪恶也就越大，但特赦或释放起人来，反而又是官越大，待遇越好，也越能提前释放。当然也只好说是因为自己的路线觉悟不高，对毛主席的革命路线理解不深。我们中队有一个在押罪犯邵虎九，说是曾任"国民党少将司令"，并提供了几个人作为证明。这些人都在南京、吴县、无锡、苏州、杭州一带。于是，我和另一位姓肖的同志就有了一次、也是生平第一次到江南各地外调的任务，要落实这个邵虎九是不是"国民党少将司令"。

这是一次令人难以忘怀的外调，当然也算是旅游。那时还没有旅游的概念，代替旅游的就是一个贬义词：游山玩水。

游山玩水也好，反正都是自己从未见过的山水风光。一个人要是老窝在自己的单位，时间长了，真的会全身心发锈，那是一种很不舒服的鼠目寸光的感觉。越是在大城市，"小道消息"才越多；"小道消息"越多，真假才绝对成为第二位的事情，第一位的，就是个人眼界和思路的开阔。也只有在开阔的眼界和思路下，"真假"才有了另一种判别的标准。人的自由意志是通过选择不同的判别标准体现出来的。

第一步是先到北京访问国民党高级将领李明扬，通过李明扬了解邵虎九是否担任过国民党少将司令的职务。

这是我第二次去北京。第一次是 1966 年 9 月，去北京见毛主席。

这是我生平第一次坐卧铺，尽管是上铺，也完全睡不着，觉得甚不方便，但还是突然间有了一种虚荣心的满足。1975 年 10 月 11 日上午 8:23 分的 180 次快车。在我的印象中，180 次快车是从西安发出的最好的一班车，因为是去北京。

车准时发出，服务周到热情，前所未有，以前从未想到服务员可以这样微笑着问你需要什么。"文革"时讲自食其力，我们在西安许多饭店都是自己到窗口端饭、洗碗。那时也觉得很正常、很光荣。

车过河南渑池附近，撞死了一个小女孩。车稍停，就继续开，我在窗外看到了一个小女孩躺在路边，一个中年男子拼命追着火车，朝火车扔石块。那年头，经常有朝火车扔石块的现象，坐在靠窗户的人一定要小心。多次严令打击，但效果不大。

在北京住公安部招待所，在瑞金路八条九号，早已忘记是一个什么地方；反正第一件事就是租借了两辆单车，然后去颐和园等地，这些地方，文化大革命时来在北京住了近一个月，竟未想到过应该去这些地方看看。在天安门广场骑着车子走了几个来回，回忆当年的情景，也意识到事过境迁，人们还是有着自己正常的日常生活。10 月 13 日，重阳节，虽说秋高气爽，也颇有一点寒意。终于在公安部五局见到了一位名叫赵展英的人，他告诉我们见不成李明扬。这种国民党高级将领，就是释放了也不能随便见人。就是见到了也没有用，他不会说什么的。那种森严的地方，容不得多说什么，日记中也未写到底是因为什么。于是只好南下去南京，而南京又正是我们一心想去的地方。

在北京，去了故宫、陶然亭、动物园、中山公园、香山、西单、王府井，还有什么地方都去了，反正补上了"文革"时第一次来北京时未去过的地方。长城毕竟太远了一点，也怕花钱。所有地方都是骑车前往。今天想起来有些不可思议，但当时却很正常，而且乐在其中。所以人其实是什么样的生活都能过的，至于心情，只是取决于心情本身，只要是快乐的，那就是快乐的。为什么会快乐，为什么会以苦为乐、以死为荣，取决于训练；身心一体化的训练。所以日后也就在哲学上明白了一个道理：要想走出这种训练，首先是要有一种二元论的哲学立论，让思维独立，"我思故我在"，才能走出这种身心一体化的训练。

我们是坐 10 月 15 日晚 8:07 的 121 次直快前往上海的车离开了北京。我中途在天津下车，当晚夜宿天津西站的一家小店，夜半天津民兵逐个查铺，挨个仔细讯问，查看介绍信，搞到天亮。遂下定决心，以后只住公安局的招待所。第二天一早即到劝业场一带转了转。我是在天津人的家庭里长大的，能说一口不太地道的天津话，但早已习惯天津口味的饭菜，所以对天津的一切还是充满了感情；人们的举止言行，口音和习惯性动作，都很熟悉。在四姨家呆一整天，也有说不完的回忆。四姨是个很胆小的人，在西安上邮电学校时，走夜路一定要拉着我的手。四姨夫是上海人。那时候大家对上海人总是充满成见，还记得他们结婚后从天津回西安，在家里住了几天，大家都对这位上海人的四姨夫议论纷纷。

想不到 45 年后的今天，四姨早已去世，他们的大女儿何平在天津莫名其妙就丢失了。四姨夫还在天津，而我却住到了上海。

第二天还是坐 121 次车离开天津。人多车挤，挨过一夜，第二天下午两点半车到南京。路过南京长江大桥，所有人都挤在窗口观望，赞叹不已。这毕竟是我国自行设计、建造的第一座长江大桥，当时正反苏修，武汉长江大桥自然被压在了下面。

我真的很喜欢南京。住南京市公安局招待所，在内桥王府院 47 号。又见"王府"二字，可见曾是帝都。西安、北京、南京，三个古老帝都，北京虽说是首都，一切优先、率先，但我还是更喜欢南京，甚至超过生我、养我的西安。西安（长安）的历史毕竟太久远了一点，而且住久了，也就失去了新奇感。南京则完全不同。

当时完全想象不到 45 年后的今天，我的儿子一家住在南京，包括小孙女越儿；我新结识的女友朱克珍也是在南京长大的。这可能就是一种所谓的缘分吧。

但在南京的调查却一再受阻。因为介绍信上并没有注明要查档案，所以不让查。一再央求，无济于事。最后只好跑到明瓦廊 20 号访问当地的一些老住户，终于查到有石国柱这个人。但依旧无法查档案。在南京市公安局和下关派出所之间来回跑，依旧查不出石国柱这个人的下落。后来再到镇江找一个叫章瑞涛的人，终于在铁合金三厂找到了他，但他却一口咬定不认识石国柱这个人。那年头都知道多一事不如少一事，能避开的事就尽可能避开。所以这位章瑞涛说不认识石国柱也情有可原。但对我们的外调来说，却是极大的麻烦。再回南京公安局。一位好心人让我们去法院查一下档案。法院告诉我们，他们 1951 年镇反时枪毙过一个叫石国柱的人。这个石国柱是不是就是我们要找的人，无法证明。法院也不知道被枪毙的石国柱的具体情况。那是镇反的年代。不知有多少人就这样被糊里糊涂枪毙了。再回镇江，通过章瑞涛找到一个名叫郭昌宏的人，去查，知道郭昌宏已死。但依然不知这个郭昌宏是否就是我们要找的郭昌宏。于是再到镇江的大路公社薛港大队，也就是郭昌宏的老家。在那里打听到郭昌宏曾在安徽蚌埠工作，一直未回来。于是转换介绍信，于 10 月 23 号坐 202 次车再过长江大桥，下午三时到蚌埠。当即去蚌埠公安局查档案，并无郭昌宏这个人，倒是看到有一个叫郭震业的人很像郭昌宏。江南雨季，各地一直下雨。我们在大雨中奔波两个小时，终于找到了郭震业。这是一个 66 岁的老人，身材中等，衣冠整洁，相貌堂堂。当他得知我们是在调查邵虎九的情况时，立刻显得局促不安，尽量回避我们的提问。当我们告诉他，此事关系到邵虎九能否提前释放的问题后，他才告诉我们，他在 1940 年确实经徐浩然介绍，认识了一个名叫邵九虎的人，其余情况一概不知。最后写了一份无关紧要的证明，只是证明他见过邵九虎。至于邵九虎是不是就是邵虎九，更重要的是邵虎九的身份是什么，一概未写。我们手里有了这份证明，至少说明了我们确实尽了力，找到了能找到的人。但"邵虎九"是不是国民党少将司令呢？于是坐从合肥到上海的 201 次快车再到苏州。第三次过南京长江大桥。镇江、常州、无锡，熟悉的地名，十分吸引人，但也只能在车上远远望一眼。苏州依然大雨。苏州话完全听不懂。路灯昏黯，人烟稀少。为了打听到苏州公安局的所在地"饮马桥"，不知费了多大劲，最后只好麻烦一位好心的老人把地址写在一张纸上，才算找到了公安局，住长城旅馆，条件不错，是公安局的定点旅社。没有任何雨具，就这样在大雨中来回奔波，一路上脑子里始终回旋着的却是那句最为著名的诗句："姑苏城外寒山寺，夜半钟声到客船"。10月27号，终于在苏州浒关镇公园路7号找到了邵文慧这位头发斑白，满口苏州话的妇人。她在吴县建筑队浒关镇工区做小工，生活清贫。与我们说话时努力控制住自己，但还是一边说话，一边流泪。她说，她父母就她一个独生女儿，后招了一位名叫张祥鹤的人做上门女婿，改名邵虎九，曾任"长江下游突击队少将司令"，大概也就是是一个类似于《沙家浜》中的胡传奎式的人物。但她这位"少将司令太太"连一天福也未享上。邵虎九在外打游击，据说也是和日本人周旋；吃喝嫖赌，很少回家。他们之间绝无任何书信往来。她个人生育有两个儿子，均已长大成人，她从未对他们说起过他们的父亲是谁，干过什么。她1963年与邵虎九正式离婚，从此也就再无他的任何消息。外调的事情大概也就到此为止了，我们也很满意，让她写了情况说明，苏州公安局盖章，任务完满结束。

就这样从南京到蚌埠，从蚌埠到苏州，一直在大雨中走。姓肖的同行几次想打退堂鼓，我却坚持要调查到底，不放过任何可能的线索。这到底是自己的那一点点残余的良心，还是出于游山玩水的私心？我自己想得明白、说得清楚吗？也许两者都有吧，我就是一个这样的人。

当然心中十分窃喜的，还是生平的第一次江南之旅。我自己真不愿意想清楚自己下那么大功夫在大雨中跑了那么多地方，到底是出于对工作的责任心，还是出于游山玩水的个人兴致。华县—西安—北京—天津—南京—镇江—蚌埠—苏州—上海—杭州—长沙—武汉—华县，行程六千多公里，火车票一共120元。其中六天五晚都在火车上，有四个星期天是在北京、南京、苏州和长沙过的，也分别在北京、南京、苏州、杭州留影纪念，当然都花的是自己的钱。

在南京，自然会去紫金山。在新街口排队去紫金山的人有四五里路长。明孝陵，廖仲恺与何香凝合葬的墓也是特别吸引人的地方。据说汪精卫也曾埋在这里，但被挖走了。也许从表达人们爱憎分明的立场来看，这样做是对的；但从历史的记忆与遗迹的存留来看，也许保存下来更好。爱憎只是人性中的一个方面，而且这个方面一直受着身心一体化训练的影响；当人们的"心"

获得了更大的独立性时，"身"所给予人的希冀与恐惧（享受与折磨）就会相对减弱，于是善恶的判断也就会相应改变。这样的例子举不胜举。当我在南京法院得知他们1951年枪毙的石国柱并无详细资料时，心中真的有了一种巨大的恐惧感，也正是这种恐惧感使我意识到善恶观作为一种观念其实在很大程度上是被迫或不自觉接受的。

在苏州，参观了几乎所有的园林：狮子林、拙政园、怡园、留园、虎丘、寒山寺等等。那时候似乎从未考虑过门票问题，也不坐车，就靠两条腿走路。"入胜"、"探幽"、"听香"、"真趣"、"迎风"、"延月"、"隔尘"，还有"别有洞天"、"志清意远"、"古吴览胜"、"妙庄严地"，让人意识到文化大革命毕竟没有把所有的东西全部砸烂。

在上海，住闸北区宝山路皇源旅社。旅社的墙壁上贴着一条告示："公共场所勿洗三角裤"。但走到大街上，却见男女手拉手，相互依偎着走。外滩更是谈情说爱的好地方。注意到相恋男女的年龄相差较大，于是得出一个结论：物质越贫乏、生活越紧迫的地方，越讲爱情；越富裕、越开放的地方，金钱、地位、相貌这些"爱情"之外的条件反而就越重要。上海真是繁华，去了豫园，就园林而言，大不如苏州，但就是繁闹，小吃很多。反过来愈感西安的落后。走在南京路上，看到那些高大的建筑，就想到了租界，也想到了资本家，还有黄金荣、杜月笙这些黑社会。在第一百货给自己买了一件汗衫留作纪念，在第一医药商店给少华买了治疗皮肤瘙痒的什么药，反正有纪念意义就行。但最高兴地还是在上海图书馆看了一下午的书，直到晚七点下班关门。看的就是《水浒全传》的后半部分。在其他地方都未看到过。当时心里暗暗说，要是我在上海，每天非来此看四小时的书不可。在辉煌的大光明电影院看了电影《海霞》。在鲁迅纪念馆看得很仔细，一张鲁迅先生的遗容下，写着："一九三六年十月十九日清晨五时二十五分，伟大的共产主义战士鲁迅，因病在上海寓所（山阴路大陆新村九号）与世长辞，终年五十六岁。"后来，我到上海16年了，还参加了一个鲁迅的写作班子，与鲁迅的孙子多有来往，但却再也未去过上海图书馆和鲁迅纪念馆，也不知是否还有这行字，是否还写着同样的话。能说鲁迅是"共产主义战士"吗？不知道。中国的什么事情都可能随时变化。前几年与少华一起再去遵义，参观遵义会议旧址时，看到的房子与1966年我们来这里参观的并不是同一所房子，邓小平说他当年坐过的椅子也是单独放在一边的。但讲解员是完全不知道这些情况的，也没有心情与她详解当时的情况。

我们是 10 月 30 日晚 8:20 坐上海至长沙的 107 次直快离开上海，夜 11:35 分到杭州，住一家浴室，一夜无眠；清晨六点就必须离开，于是直奔西湖。在苏堤和白堤上走了几个来回，看了六和塔、虎跑泉、保叔塔、罗汉塔。岳坟当时是阶级教育展览馆，看不成，雷峰塔和断桥竟然未找到，实在太累，就坐在平湖秋月打盹，同时写下了 11 月 1 号的日记。自己感到在西湖边记日记是一件很有意义的事。心想以后可能再也不会来了。

经长沙、武汉回到华县。这是两个当年步行串联时都走过的地方。在长沙未再去韶山，还记得"文革"时去韶山，排长队，每人要求带口罩，往嘴里喷药水，说是有传染病。讲解员指着一张小床，说：这里就是红太阳升起的地方。心里总感到这种说法不大对，但也说不出什么道理，就那样默默听着。1967 年 2 月路过武汉，正是"钢工总"与"百万雄师"对峙，武斗一触即发的时候，我们从武昌步行到汉口车站，好像没走什么路就到了。路过长江大桥，不知哪一派的人，反正全副武装，场景恐怖。街上到处都是打倒陈再道的标语和大字报，揭露陈的种种恶行。我们不管，只是路过武汉而已。谁又能想到我日后会成为武汉大学的研究生，并在这里一住 17 年，让此地成为我学术生命中的一个转折点呢？

1975 年 11 月 4 日下午 2:40，坐从武汉到西安的 112 次直快回家，车过郑州，车上的人越来越少；过了洛阳，人更少，心中想起江南的繁华，不禁生出许多凄楚的感情。在车上拟就两首小诗纪行：

再到北京

风尘八年好韶华，

陷阵冲锋有铠甲；

不期今日来斯地，

只是踱步看晚霞。

苏州园林

身入仙山坠梦境，

款款园林云中行；

桂花坞上一曲径，

却是溪涧闪莹莹。

先到少华那里，儿子快半岁了，很闹人也很可爱。基本上是少华一个人在拉扯；自己带孩子、上班，其艰辛可想而知。我到她那里，见她双手红肿、龟裂，于是就自己主动承担了洗尿布和买菜、洗菜之类的事。主要是晚上睡不好觉，我们两个都一样，她比我更辛苦，因为还要上班；我的问题是失眠，每晚都要服用大量的安眠药，孩子一哭，药也就等于白吃了。这是一段十分艰辛的日子。回到厂里，恰逢大力宣传贯彻全国农业学大寨的会议精神，要求全国每年增加一百个大寨县，到 1980 年使全国三分之一的县成为大寨县，于是粮食生产的情况就会从根本上得到改善和发展，大家眼前于是又出现了一个可以吃饱饭的美好前景。

这一年的最后一个多月，都是在陕西人民出版社招待所度过的，又是修改剧本，以便正式出版。让我们看电影《春苗》、《红雨》和老作家胡万春的新作、中篇小说《战地春秋》，但都实在看不下去，有触动的还是电影《创业》和绥拉菲摩维支的小说《铁流》。但这一切都与我们的剧本相距甚远。

说心里话，改写剧本对我们来说只是副业，更关心的还是国家大事。住在招待所进行创作的人都在相互传递着"小道消息"：一个人告诉我们今年有诸多不详之事，明年恐有大灾；另一个人向我们详细描述了林立果、温玉成视察四川十三军的情况，也讲了成都的"李向阳游击队"；还有一个人说，明年元月起有更大的政治运动，规模不小于批林批孔，12 月 20 号以后要密切观察《人民日报》的动态，总之斗争的焦点是复辟和回潮，而教育革命的方向与成果又是双方斗争的一个焦点。这一切都让我想起了屠格涅夫的小说《前夜》：渔人已经把网撒在河里，小鱼也已经游进了网里；但小鱼并不知道，还在欢快地游着。渔人终于收起了网，于是对小鱼而言的死亡降临了。"……也许是小小的生之悲剧已经垂下了最终的幕布……常有这样的事情：一个人半夜醒来，以不自主的恐怖向自己问道：'难道我已经三十……四十……五十……六十……了吗？生命是怎样逝得这么快，死亡是怎样临得这么近啊'"。这是一张怎样的网？谁又是游进了网里的小鱼？所有这一切对个人来说都是最为真切的感受，但又如何可能写进我们的剧本？死亡对那时的我来说，还只是一个概念，今天，我已经年过七十，少华已经永远的走了，"生命是怎样逝得这么快，死亡是怎样临得这么近啊"？但我又写出了什么呢？

12月16号早上6点零5分，康生死了，他头上的光环是："党和国家的卓越领导人之一，无产阶级革命家，马克思主义理论家，光荣的反修战士。"

12月26号，在出版局听中央25号文件的传达：将陆定一永远开除出党。

1975年的最后几天，老同学周解询来了，他的父亲是西北建筑设计院的工程师，他家过年的对联是："杨工潘工周工王总工，车工刨工电工屠宰工"，横批是"两代人"。

1975年的最后几天在焦虑不安中度过：少华的父亲，也就是我的岳父肝癌住院，病危；我的二姨肾结石高血压住院，也病危；我的父母离婚不成，几十年的矛盾已经发展到水火不容的地步；我的妹妹去了国营草滩农场挤牛奶，精神上很消沉；少华的妹妹亟待招工回来，这些事情我都无法置身事外，而自己又偏偏做不了什么。在出版社的写作基本上无任何进展，只是在西安与华县之间来回跑，每天能听到的都是不好的消息，无论是国家大事还是个人的家事，都似乎面临崩溃。只有半岁的儿子可爱，而少华却几乎天天以泪洗面；为了给她的父亲买到一种草药，她按民间的说法又一个人去了一次华山，但买回的药却毫无用处。

12月29号，轻微煤气中毒；30号特邀去渭南地区观摩"小戏汇演"，我买了些元宵和一顶钢精锅的盖子，准备最后一天偷偷跑回华县。然而，1975年12月31号，一到家，少华就让我立即返回西安再探视一下她的父亲，于是当晚再回西安。到西安后，唯一可做的事就是接岳父回家，因为医院说病人已无救。伴随着这一切心焦奔波与一事无成的灰心丧气，就是我在日记本的最后几页，记下了契柯夫的几段话，其中最后一段是在演员排演他的剧本时说给演员们听的：

"一长串一大队的男男女女走过我们的面前，有的是自己恋爱的奴隶，有的是自己愚昧的奴隶，有的是自己懒惰的奴隶，有的是自己对于财富的贪婪的奴隶，他们给生存的恐惧抓住了，陷在一种昏乱的痛苦里面，他们觉得现时里没有他们的位子……在这灰色的人群里有时候会响起一下枪声，那是伊凡诺夫或特里波列夫，他们知道他们只能做些什么事，于是便自杀了。"

  "知识分子，偶尔遭受一两次痛苦，便会觉得这个刺激过于强烈，便会大叫起来。可是广大的群众，无时无刻不受着痛苦的压迫，感觉便麻木了，他们不会狂喊狂叫，或者错乱地跳动，于是，你们在大街上或者在住宅中所能看到的，只有默默的人们，毫无声息地活着、动着，他们到了过于痛苦的时候，反而只吹一声口哨。"

  我那时真想吹一声口哨，可是不会。

  我是一个默默的在灰色人群中连口哨都不会吹的人，却同样默默地在"狠斗私字一闪念"中思考着"良心"或"良知"的问题！

1976：

真的是从"天经地义"到
"天崩地裂"？

在我个人的记忆中，无论多么夸张地诉说发生在 1976 年的事，都不会过分。我今年已经 71 岁了，几乎接近生命的终点。在我的一生中，无论是就对社会现实、哲学理念，还是就人生意义、生命价值的诉求与认识上，共有三次大的思想转折，就分别发生在这三个不同的年份：1971、1976、1989。可见一个人的思想观念的转变，确实是由事实（变成了事件、事例的事情）的刺激而导致的。感受不到这种刺激，经再多的事（情），读再多的书（报）都没有用。

谈到 1976 年，首先应该提到，在我 3 月 19 日的日记中，曾引述了小托尔斯泰、也就是阿·托尔斯泰"苦难三部曲"之一的《两姊妹》（郑伯华 译）中的一段话："我看出我们是在错误地生活着。这些不间断的音乐会总会在绝望的爆炸中结束的。但是我有什么办法呢？假如我们生活的目的——我的、嘉霞的和环绕着我们的一切人们的——是使我们快乐的话。有时，在这里，背着海，想着：存在着一个从事耕田、畜牧、挖煤、纺织、熔铸和建筑的俄罗斯；存在着一些强迫俄罗斯做这一切的人们。而我们知识分子，国家的知识贵族，是一种第三种人。我们和这个俄罗斯毫无关系。它养活我们。我们是花蝴蝶。这是一出悲剧。例如说，我如果试着去种菜或者做任何一点有利的事情，是不会有任何结果的。我是命定的终生要做一只振翼的蝴蝶。不错，我们著书、演讲、干着政治。但是这一切仍然属于消磨时光的范围之内，甚至在一个人的良心苦痛的时候……"。

"我看出我们是在错误地生活着"，"我们是花蝴蝶"。就这两句，我曾想把它们中的一句作为这一年的标题，后来想想，还是现在的标题好。但我不得不承认，我已经看出我们是在错误地生活着，我知道所做的一切都不过是在消磨时光。

我虽然写过剧本，但不敢说自己就是知识人，更谈不上"知识贵族"；我是下过乡，种过田，而且知道自己在这些方面"是不会有任何结果的"，不说命定，至少，我觉得自己在写作上要远比种田更得心应手，而且知道自己一定会离开农村——毕竟，并不是所有的人都在务农；但离开了又能怎样呢？也就只能做一只花蝴蝶，一只振翼的蝴蝶，改换一种方式，用著述、上课、演讲来消磨生命而已。真的是消磨生命，只不过这种消磨的方式稍稍让自己觉得更快乐一些罢了。

这段话抄写在我 3 月 19 日的日记上，它表明了一种心态，一种知道自己想做、也只能做一只花蝴蝶，但又不知除此之外还能怎样的无奈与怅惘。

之所以是"花蝴蝶"，就在于小托尔斯泰只看到了在物质生活上依赖于那些"存在着一个从事耕田、畜牧、挖煤、纺织、熔铸和建筑的俄罗斯"，而想不到除过物质生活上对这些人的依赖外，"知识贵族"还应该有人格或政治上的个人独立性：没有这种独立性，尽管也可以著书、演讲、干着政治，但仍不过是"花蝴蝶"式的消磨时间而已。

"我们是在错误地生活着"，但这种错误决非是我们自愿的选择，也不是我们自己造成的。

但什么样的一种生活（生活方式、生活态度）才不是错误的，我们并不知道。我们只知道，在任何一个社会中，总要有一些人从事耕田、畜牧、挖煤、纺织、熔铸和建筑，也总有让他们或命令他们这样去生活的人；但第三种人，也就是小托尔斯泰所说的"知识贵族"，在什么样的情况下才能是独立意义下的"第三种人"？而这种"独立"又是什么意思？恐怕我们一直都想不明白。因为生活的实践本身（比如就是想为能吃饱饭而努力等等）限制了我们的想象力。

在这一年的日记本的最后，我概括了这一年的五件大事：1. 元月 8 日周恩来总理逝世；2. 四五天安门广场事件；3. 7 月 28 日唐山、丰南以及京津一带大地震；4. 9月9日毛泽东逝世；5. 10月6日突然抓捕了"四人帮"。这五件大事中，有两件（天安门广场事件和逮捕四人帮）标志着传统的、被视为天经地义的政治观念与政治行为的瓦解；有三件（周、毛的逝世和唐山大地震）均可视为一种自然现象；但由于中国人相信"天人合一"，所以这种自然现象也就具有了某种政治含义上的从"天经地义"到"天崩地裂"。

1976年的一开始，就是周恩来总理的逝世。

周恩来那时几乎就是我们心目中的一个完人。这种"完美"的一个突出表现就是无限忠于毛主席。1966年10月我们在北京去见毛主席时，我曾亲眼看到周恩来走下汽车，到高呼着"我们要见毛主席！"的口号的学生中，耐心疏导大家离去。具体说了些什么听不见，人看起来也远没有电影和心目中的周恩来那么潇洒倜傥，但能这样做的毕竟只有周一个人。经他的劝说，学生们也就渐渐离去。除他之外，再无任何人具有他如此大的魅力、威望和影响力。毛看起来就像是一个高高在上的"神"，周的言行举止则就是一个勤勤恳恳的"人"，所以在他身上总能多多少少体现出人性的魅力。几乎所有的事情都是他在具体实施，当然包括打倒和清除了那么多的"反党分子"。我记得我那时在"敌台"上偷听到过一个很推崇周的人评价周，说自遵义会议以后，周就认定了一个真理，这就是要永远站在胜利者的一边，因为只有胜利者才会有利于中国革命的胜利与发展。战争年代是这样，和平建设年代也是这样。所以无论党内斗争多么激烈，他总能迅速判明谁会是胜利者，于是也就很快选择了自己的立场。再到后来，几乎就用不着再去判明了，因为只要毛还活着，毛就一定是胜利者。这番解说给我的印象很深，周在大家的心目中于是也就成为了"神"：一个能准确探知毛的心思和意愿的"神"。他和毛的关系就是"大神"和"小神"的关系，尽管"小神"步步紧跟"大神"，但又处处受气，至少在"大神"眼中并不那么"忠诚"。周变成了一只人们心目中的"神蝴蝶"。我怎么也想不明白这种感觉到底是怎么形成的。那时候还看不到任何别的隐秘资料，但却总有一些迹象隐隐让人能觉察出"大神"对"小神"的不满，感到反击右倾翻案风之类的运动与周有关；甚至觉得"批林批孔批周公"中的"周公"，并非指西周的那个周公，而就是周恩来。林彪虽说是"副统帅"、"接班人"、"永远健康"，但在人们心目中却并不是"神"。真正被神话了的就是毛和周。如果毛是晁盖或宋江，周就是吴用，那就会配合得很好，但吴用选择的一定是宋江，而毛却觉得自己是晁盖。这也就是我所猜想的毛在批《水浒》中为什么会说"屏晁盖于一百零八人之外"的原因。如果一个是入云龙公孙胜，另一个是神机军师朱武，两个人都能呼风唤雨，飞沙走石，那么当有一个人在场时，另一个人最好的"在场方式"就是隐姓埋名或归隐山林。问题是两个人自"文革"以来都一直在场，给人一种看起来谁也离不了谁，但又若隐若现的貌合神离的感觉。这种感觉大约都与中国古典小说看得太多有关。

但周去世后的一切越来越让人感受到"大神"与"小神"之间的隔阂，也让人越来越叹服这两位"神人"各自不同的表演（生活）方式。

说周恩来总理是"伟大的无产阶级革命家，杰出的共产主义战士"，似乎远远不够；他才真正是"党和国家的主要领导人"。

1月的10号、11号是向总理遗体告别的日子，12号下午火化，骨灰撒在祖国大地上。广播里怎样评价周总理是一回事，但我眼见的所有人都带着黑纱，很多女孩子们都用白纱布缠在自己的头上。许多人躲在墙角默默哭着，这一切都是另一回事，与是不是"伟大"、"杰出"并无关系。

我当时住在陕西人民出版社，离八贤庄不远，目睹了去八路军驻西安办事处吊唁周总理的队伍几乎一眼望不到边。

12、13、14号三天是全国吊唁的日子，我努力想象北京的情况，反正报纸上什么都看不出来。急切地找《参考消息》，依然看不到什么。

11号晚上，我挤在一处公共电视机前观看周总理的遗体告别，无论是电视里的人还是下面观看的人都哭声一片。

这种场景，在我的记忆中只有一次，那就是1953年斯大林的逝世。那时我还小，但记忆清晰，因为西安的大街上到处都可见哭着的人。妈妈给我也带上了黑纱。由此也可见宣传力量的强大和对人思想观念的控制。对斯大林，那时候可以说真的一无所知，但忽然间就全国一片哀悼之声。

对周总理的哀悼却是发自内心。少华也给我们两岁的儿子戴上了黑纱。

12号下午，我的岳父李增荣逝世，终年49岁。他是华县出口食品厂的财务科长，中共党员，革委会的委员。这是一个很少说话的人，一辈子省吃俭用，也可以说一辈子未吃过一顿像样的饭。给我印象最深的，就是他在看完我编写的《根深叶茂》后，对我很认真地说：以后不要再写了。

但我不会听他的话的，因为我知道，我这个人恐怕就注定了只能是一只"花蝴蝶"。

他的遗嘱是：丧事从简，补齐党费，不要因任何事麻烦组织。

这一切都照办了，因为越简单越好，因为大家的心都还在北京，还在周总理的身上。

我在14号中午回到西安。依然关心着北京的事，但就是毫无消息。晚上和虎平在钟楼附近四处转着，看见人们接头接耳，但就是不知道都在说些什么。这么大的公共事件，但每个人却像一座孤岛，谁都不知道该如何与别人交流。熟悉的人安全一些，但毕竟有限。谁愿意冒险去与陌生人讨论这些很危险的问题呢？

15号晚，还是没有任何追悼会的消息。汪锋的女儿汪南宁来了，不知与哪一位正在这里写作的作者熟，反正到了我们的房间，大发议论，全是关于中央内部斗争的"小道消息"；但从她嘴里出来，一般来说应该比较可信。我们谁也插不上话，只是默默听着，但心里却翻江倒海。

原来是这样啊！看来晁盖、宋江、吴用的三角关系正在得到一步步的验实。

16号一早6点就听广播。知道了毛泽东确实没有出席追悼会，朱德也没有。王洪文主持，邓小平致悼词。当天晚上再看电视，确信朱、毛没有出席追悼会。当邓小平念到"九时五十七分，周总理的心脏停止了跳动时"，下面一片哭声。如果人们知道了朱、毛的身体也不好，外面也就没有了这样那样的"谣传"；当然又会有另一些"谣传"或"预测"。总之，这些都是不能让人们去想、去说的，实在控制不住，就宁肯让汪南宁所说的这些"小道消息"流传，也要告诉大家毛主席依然"红光满面、神采奕奕"。

晚上，大家又挤到邮电大楼买报纸，有些人围在秦腔一团，也就是过去的易俗社的橱窗下抄写一些悼念周总理的诗词。我印象最深的是那天晚上的月亮，又大又圆，柔黄色，把月光洒照在下面匆匆忙忙走来走去的人们的身上。

我那时依然在出版社修改剧本。几乎毫无进展。每天都写不出一个字。人物想得很复杂，一写起来就标语口号化了，自己也厌恶到了极点。

1月22号，我亲爱的二姨也离开了人世，享年45岁，留下四个孩子。二姨对我一直很好。我也知道，我的家，除了北大街的一处，在大华纱厂还有一处，那就是二姨的家。大华纱厂很有些历史，也很有名，在北关外，那时显得很荒僻。更小的时候，姥姥告诉我，一出北门就有狼，但我还是喜欢去二姨家。我结婚时，来参加的就只有我妈和二姨，当时二姨的血压已高达200多。这些我当时并不知道。我只知道二姨是个爱哭的人，心中似乎埋藏着巨大的悲痛；二姨也是一个爱笑的人，总以最好的心情去推测别人的一切。姥姥去世时，她坚决反对火化，说把人烧了，多疼；而她去世前，却主动说，一定要火化，别穿太多的衣服，越快越好。在短短的十天时间里，我就失去了两位亲人：岳父是11号逝世，13号埋葬；二姨是21号逝世，23号火化。而这整个期间，全国都笼罩在悲痛的气氛中，因为周总理逝世了，而朱、毛两个最重要的人物竟然都未出席他的追悼会。那时候在我们有限的党史知识中，共产党的真正领导人就是毛、朱、周，至于刘少奇，大家对他的了解并不多；而任弼时，似乎还不大为人所知。

24号，在电视上看了《邓小平副总理率我国代表团出席联大特别会议》的新闻简报，当周总理出现在电视上时，大家又是鼓掌，又是哭泣。

26号，出版社给我们放假，说是回家过年，年后再来，一定在最短时间内完成剧本的修改。

过年前最辛苦的一件事就是与世忠一起拉四百多斤的蜂窝煤到少华的工厂。那是一个很长的上坡，拉到以后再送到四楼，我与世忠都汗流浃背。

那时，个人家里还少有电视机，我们只在一台收音机上收听消息，整天响在耳边的就是"反击右倾翻案风"。周已经死了，这又是在指谁呢？再回西安前，知道了两件大事：一是知道了华国锋任国务院代总理，陈锡联主持中央军委工作；二是听说西安附近要地震，中心就在华县，因为明代曾在华县发生过一次大地震。据说杏花、桃花都提前开了花，这似乎是不祥之兆。但那时大家对地震并无概念，反正只是一次自然灾害而已，而我们经历过的灾害已经足够多了，再多几次也无所谓。

一个人住在出版社的招待所里，关注着陕西作家的成果。贾平凹那时才到出版社，每天早上都能看到遍地都是他前一天晚上剪贴的纸屑；但并不知道他在写什么，反正很勤奋。陈忠实已经开始发表作品，我读了他的《公社书记》，写公社中书记与社长的矛盾斗争；后来还有一篇叫《无畏》的小说，发在《人民文学》上，是反击右倾翻案风，批判邓小平的。一切都很正常。那时候的我，正在读列宁的《哲学笔记》，深深迷恋于黑格尔的哲学思想。

但还未想到去读黑格尔的原著，也读不懂。

2 月 17 日大雪。一早起来就看到街上贴满了大标语："打倒党内最大的走资派邓小平"、"打倒死不悔改的走资派邓小平"。但出版社的橱窗里还张贴着邓小平为周总理致悼词的照片。中央又发生了什么事？是否有文件传达？大家都不说话，谁也不敢说，不知到底发生了什么事。又过了两天，广播里传来了"文革"时大批判的声音：《要继续批孔》、《目的是复辟资本主义》；然后，就是梁效和任明的重磅文章：《评三项指示为纲》，还有池恒的文章：《从资产阶级民主派到走资派》，全是针对邓小平的。谁掌握了舆论工具，全国的报刊杂志就只听他一个人的。从古到今，大家都知道枪杆子的厉害，特别对于夺取政权而言，没有枪杆子怎么打天下？但打下天下后，更要紧的就是笔杆子了。上情下达，下情上达，谁居中枢位置，谁就既可以左右上情，也可以掌控下情。在这个意义上，说知识分子误国也是有道理的，因为坐在这个位置上的一般来说都是有些文化的人。

于是出版社就要求我们在剧本中要塑造一个"走资派"的形象，让知识青年与他作斗争。

看来剧本是完全写不下去了。来西安三个月，一事无成。吃闲饭，看闲书，说闲话。老友宪文摸到了我这里，于是相谈甚欢。再就是虎平，他远在青海，难得回来，大家都是小学同学，转眼已是近二十年的朋友了。

紧接着就是 1976 年的第二件大事："四五天安门广场事件"。但我首先必须说明，这一时期的所有日记，我全部撕掉了。这本身就说明了心中的恐惧，也同时说明了我对发生在天安门广场的群众运动的支持。

那一时期，最安全、也最有效的办法就是在日记中大量摘抄伟大作家们的言论，或者是他们所说的，或者是他们所塑造的人物所说的，只要投合我的心愿，就都抄在自己的日记本上：

屠格涅夫 1860 年在《哈姆雷特与堂·吉柯德》的演讲中说：堂·吉柯德是真正的革命民主主义者，他坚强、高洁、热情、勇敢，能够为真理牺牲自己，推动生活前进。屠格涅夫说：如果这样的人都没有了，那么史书也就没有什么可读的了；然而堂·吉柯德又毕竟就是堂·吉柯德，一个十足的疯子。他说，他的《父与子》也表现的是这一主题。就是说，我们的社会必须要允许"疯子"存在。

　　然后我又注意到了斯坦凯维奇（1813——1840）这个人物。俄国 19 世纪三十至六十年代几乎所有的批评家，从赫尔岑、别林斯基到车尔尼雪夫斯基、杜勃罗留波夫等，都受到过斯坦凯维奇的影响。斯坦凯维奇在莫斯科大学学习时，组织了一个文学—哲学小组，成员有别林斯基、巴枯宁、阿克萨科夫、克鲁包特金等；这个小组与赫尔岑、奥加辽夫等人来往密切。也正是因为有这样的"地下小组"，俄罗斯的思想家和批评家在那一时期才层出不穷。如果这些"地下小组"都被打掉，何谈俄罗斯文学的辉煌？屠格涅夫说，在当时，他最欣赏的作家是乔治·桑和梅里美；而别林斯基最喜欢朗诵的诗句是普希金的弟弟列夫·普希金的《彼得大帝》中的这一句："他用强壮的手拖着好几代人前进，不管他们是多么吃惊。"

　　我们那时候，包括我，还是把希望寄托在一双"强壮的手"上；如华盛顿、拿破仑、彼得大帝这样的人物，总觉得历史是他们创造的。当然，这双"强壮的手"如果是希特勒伸出来的，我们又如何判断？不知道，也没想过。

　　1792 年，法国吉伦特派的首领威尔尼奥（1753—1793）在国民公会上说："让我们的名字湮灭吧，只要共同的事业得救！"

　　"再挣扎一次，我就解脱了！"（拜伦）

　　"死神把我们中的一个带到了一个没有人回来过的不可知的地方。"（哈姆雷特）

　　在法国作家罗曼·罗兰（1866—1944）的《爱与死的搏斗》中，写着这样一段话：罗伯斯庇尔是道德与恐怖的化身。他说："道德离开了恐怖是有毒的，恐怖离开了道德是无力的"。而 4 月 5 日，当丹东在走向断头台时却说："温暖的春天，树全开花了……生命多年以来还没有这样快乐过。"

　　这也就是我写在 1976 年 4 月 5 日前后的日记。那天的日记被撕去了，但"温暖的春天，树全开花了……"。

　　那时，据说陕西省只有一台彩色电视机，在新华通讯社陕西分社。我去看过一次，见到毛主席坐在沙发上和来访的凯山·丰威汉握手；也见到了一个名叫孙健的副总理会见丹麦代表团。凯山·丰威汉和孙健是谁，早已忘记。

　　清明的前几天，北风呼啸，大雪纷飞，正盛开着的桃花、杏花，还有嫩绿的柳枝和潺潺的流水，全在这种突来的"真严寒"中消失殆尽。

　　屠格涅夫在《贵族之家》中说："少数人需要一个上帝，因为他们除了上帝以外什么东西都有了，多数人也需要上帝，因为他们什么东西都没有。"

我那时想：少数人在悼念周总理，因为他们除了周总理什么都有了，多数人也在悼念周总理，因为他们什么都没有；更大的区别是，少数人的悼念是公开的、激烈的、有特定指向的，多数人则是默默的，不知因为什么，而只是发自内心的悲痛。

到4月8号，一大早，天还未亮，外面就是锣鼓喧天。我走出招待所，到处都是红绿标语。风雪过去了，一队一队的中学生们在游行，女孩子们又穿上了裙子。大幅标语上写着："欢呼华国锋任中共中央第一副主席，国务院总理！"，"拥护撤销邓小平一切职务！""声讨天安门广场的反革命暴行！"前一天还插满车头的白花转眼间就变成了红旗，原来所有的标语、口号、悼念周总理的诗词、文章也一扫而空，而且要追查"四五事件"的幕后操纵者。但我在西安邮电大楼的一个小角落，还是猛然看见一行小字，写着："运交华盖欲何求……"。

四月的9号到19号，西安天天锣鼓喧天，游行欢呼，高呼口号。陕西省革委会在新城广场召开万人大会，拥护华主席，声讨邓小平和天安门广场事件；李瑞山主任讲话，给毛主席发致敬信，彩旗和鲜花之多，是我所从未见过的。

我是偷着看全国乒乓球分区赛和汪南宁送给我的一本《斋月战争》的书，从中了解到1973年10月发生在中东的那场战争。那时我就已经相信，从正规渠道是无法知道真相的。于是对"非法读物"和"小道消息"就特别感兴趣。也就在这一时期，接母亲来西医二院住院动手术，子宫肌瘤。手术是4月27号做的，母亲一直很清醒，很平静，彬彬有礼，受到医生护士的交口称赞，说"这个女人不简单"。他们并不知道，我母亲才是真正的大户人家的"大小姐"。

"五一"前，又是大游行，每人增加半斤肉的供应，众皆欢乐无比。

《广阔天地》的修订本终于完成了，勉强交给了出版社，我也该结束这长达五个月的出版社生活，回到自己的工作岗位上去了。

有两件事需要在这里交代一下。一是在我离开出版社前，手抄了费定的《不平凡的夏天》中的一段话在我的日记本上：

"夜晚在森林里迷了路的人知道，白昼和可通的路是存在的。可是他明了这一点，并不能减轻他陷在黑暗里的恐惧。"

也正是这种恐惧，使我撕去了从 4 月 3 号到 7 号的全部日记。

第二件事就是从高殿英先生那里借到了日本 1974 年的两部最佳电影剧本：《沙器》和《望乡》。我简直无法描述我所感受到的震惊：日本的电影竟达到了如此的深度！《沙器》的主人公叫和贺，贫苦出身，努力奋斗，成为音乐家，准备和前大藏大臣的女儿佐和子成婚。为了隐瞒少年时代的乞讨经历，杀死了当时的大恩人三木。情妇也死于难产。他最为著名的作品就是《宿命》。"宿命"这两个字贯穿电影的始终。演奏大获成功的同时，他被警方带走了。这就是一个人的宿命；但人们只看到了宿命的体现，却永远也不会知道宿命的来源和根由。《望乡》则更深刻，告诉了我们正是日本政府从这些南洋妓女身上榨取的外汇，使之一步步发展为军国主义，反过来又歧视、污蔑这些受尽屈辱的人。所以这些妓女们死后都背向日本，绝不原谅这个可恨的、所谓的自己的"祖国"。

哪里有什么"血浓于水"之说？！

那时只看的是剧本，后来看了电影，《望乡》中扮演记者的栗原小卷，简直让人入迷；她个人的光彩几乎压倒了整部电影的深刻感人。看完电影，许多人都在谈论栗原小卷，大家忽然在心中萌生了另一种不同于平常见惯了的"美"的意向。在栗原小卷身上体现的是一种整体的美，一投足，一微笑，都让人入迷。

"美"的复活可以说也就是一代人在精神上的重生，尽管还只是萌芽，或者理解为一种萌动。有了对"美"的感受，旧貌换新颜，眼前的一切都焕然一新。

我那时在修改剧本的同时，也偷偷在写一篇《红卫兵长征日记》的文学作品，也是根据自己的日记想把从 1966 年 11 月到 1967 年 2 月的步行串联记录下来。文稿完成后，寄给了《陕西文艺》，最后也不知所终；大概是因为当时有无数的人经历过步行串联的事，自己写的也并无多少新奇之处。

当时有一部京剧片《节振国》在放映，简直不堪入目。但当时我只认为是感情不真挚，于是很想写一部有真正感情的作品。但"花蝴蝶"的命运却是永远也摆脱不了的；感情越真挚，越只能是一只好的"花蝴蝶"而已。

我 6 月 5 号回到了厂里。所有的人都与我打招呼，犯人（只限于卫生员，也就是可以在有限范围内自由活动，包括更换黑板报内容的犯人）见了我也说"陈政府回来了"，我也只是点点头而已。他们知道我做什么去了吗？他们是如何知道的？一概不问，也没有兴趣关心。

两周后又去富平、岐山一带进行了一次外调，想落实几名犯人的罪证。因为犯人提起了诉状，认为自己并没有犯罪。

但有些问题从案卷上是永远也查不出问题的，比如一个叫徐明山的"特务"问题。"特务"，本身就是一个很模糊的概念，我们也搞不清楚什么样的活动才算"特务行为"。岐山是西周发源地，有两山对峙，故名"岐山"。在县志上见有记载曰"其山两歧，俗称箭括岭"，距县城东北六十华里。唐代为了由长安去九成宫，曾在此山中开山筑路。唐武德元年（公元615年）将岐山县定于此地。六月天的早上在这里要穿毛衣，但跳蚤、臭虫、蚊子颇为猖獗。周公庙、武侯祠都是必看的地方。周公庙在岐山县西北15华里左右的凤凰山南麓，初建于唐，宋、元、明、清诸代不断增修扩建，规模空前。里面供奉着"周三公"：周公旦、召公奭、太公姜。庙内有泉水一眼，唐宣宗曾命名为"润德泉"。五丈原诸葛亮庙，在县南50里左右，南靠秦岭，北邻渭水，地势险要。诸葛亮率蜀兵曾于此与魏将司马懿对峙一百多天，最后病逝于此。内有岳飞手书的《出师表》。可惜的是只能在照片上观看了。好在那时我还凌乱地背得出前后《出师表》。所以看起来并无困难。

观看这些在"文革"后幸免于难的古迹，让人的心情久久不能平息；而且就兴致而言，也远远超过了对个别犯人的历史或现实问题的关注。今天想来，很有些于心不安，但在当时，冤狱遍地，人祸横行，谁也不会把个别人的遭遇当成多大的事；甚至就是自身，也不知什么时候就会发生不测。说到这里，又想起了前面提到的"良心"这个词，可见说一个人"有良心"，并不证明他就会一直、在任何事情、任何情况下都会"有良心"。

"七一"的社论是《在斗争中建设党》。

7月2日是阴历的"六月六"，有太阳，有的说是晾晒东西的日子，有的说是关公磨刀，要下雨的日子，可见民间传说并不一致，就看这一天碰巧是个什么样的天气。

7月6日朱德逝世。似乎没有任何动静，而早年红军的"朱毛"之称呼也似乎早就被人遗忘了。我前天刚刚在云南的建水（古称临安）参观了朱德从云南讲武堂出来后，就任营长在此剿匪的住地。1962 年他还来此参观过。这里修了一个很大的朱德纪念馆。门口有朱德的面部塑像，一位很慈祥的老人。

接着，巨大的灾难就降临了：1976 年 7 月 28 日凌晨 3 时，唐山、丰南、北京、天津一带发生强烈地震。到底有多严重，我们并不知道，但仅仅华县，就接受了 400 多名伤员，各单位都抽调了医护人员前去救灾。我们的报纸和电台，告诉我们的永远是振奋人心的好消息：井下上夜班的万名工人获救，马家沟煤矿重新出煤，京山线已经通车，《唐山工人报》复刊……"沧海横流，方显出英雄本色"。厂里的板报，监狱里的墙报，全是歌颂英雄的唐山人民的内容。我也写了一首小诗：《向英雄的唐山人民致敬》，里面全是一些"全国一盘棋，上下一条心；干群共命运，人民心连心"之类的空话。直到 8 月 16 号，我在少华的厂里见到一位从唐山过来的家属，听他说，当时山崩地裂，震后一派死寂，直到下午四点，第一批救援的军队才赶到，什么设备都没有，毫无救援经验。伤亡 64 万多人。听到这段描述，我才被深深震撼了。64 万只是个大概的数字，到底多少人，意味着什么，恐怕永远也不会知道，反正华县天天在接受来自京津一带的伤员。

对我们最为直接的影响，就是从 8 月下旬起，也许是全国，也许只是陕西，反正我们天天、每时每刻都处于最为紧张的抗震状态之中。

天气闷热，但又天天有雨；动不动就有人大喊房子在摇动。厂里开会，规定双值班，取消假日，也就是星期天；夜班加强警卫，防范措施要落实到每个人的每时每刻。所有的人都搬出了宿舍，在外面搭建防震棚，警报撤销前不准回家过夜。几乎是每两天就要值一次班，一周一次情况汇报，等等。我还罢了，真正担忧和为难的是少华和孩子。她如何搭建防震棚？用什么材料？怎么搭建？我值完夜班就骑车去她那里，也是一筹莫展。真正要感谢的是石渣厂的吴万成和少华厂里的张师傅。吴万成给我弄了一些油毡布，从哪里弄的，自然是靠犯人帮忙；但我就不会。张师傅在厂里搭建了一个防震棚，两家人合住一起，至少有了个居所。我是晚上值班，白天有空就去他们厂，帮少华从楼上往下搬日用品，比如锅灶用具。她白天上班，孩子在幼儿园，刚刚两岁，日子的艰辛可想而知。少华的母亲带着她的妹妹，我的母亲，少华母子，我一个人，分住四个防震棚里。所有搭建防震棚的材料用品都靠自己去搞，自己来搭建。而中国人的聪明才智和神奇本领也就在这个时候表现无遗。你几乎想象不出这段日子是怎么过来的，反正谁都有办法把防震棚搭建起来，然后就生活在里面。8月23日夜，众人大声喧哗，说有地震，我在少华那里，立即骑车回厂，所有犯人已经全部集中在空旷地带，四周全是干部和军人持枪警戒。大雨倾盆，狂风呼啸，就这样在雨中坐到天亮。事后听说是宝鸡一带地震了，但我们并无感觉。反正真真假假，惶惶不安。没有通讯设备，无法联系，也无法获取真实信息。我们永远都不知道从哪里能获得真实消息。就这样在紧张中过了一天又一天。8月27日，又是把所有犯人集中在空旷地带整整一夜，还是大雨，依旧狂风，所有人都觉得离大震的时间不远了，但就是等不到。后来等到的是中央指示，说陕西搞得太过分了，应该让大家回家去住，人们的心情才稍稍放松。

8月21日是我在一中队带工的最后一天。在一中队共一年又八个月，其中半年时间在西安改剧本。一中队对我很好，包括这一百多个"政治犯"，都给我留下了深刻印象。一次在监舍院子里给他们讲课，忽然大雨。我与他们就都躲进监舍里。四周全是犯人，而且是政治犯，就我一个干部。但他们都自觉与我保持一定距离，哪怕再挤，也不会挤到我身边，就这样一直到雨停。22号星期日，一中队专门为我开了欢送会；欢送我重回管教组工作。我也就利用调动工作的空隙，8月底的最后两天，一个人跑到西安与二黑、中太在新城广场的防震棚里说了整整一天的话。西安的防震棚里已空无一人，但我们这里的大部分人还处在往回搬家的过程之中。

回到管教组，就又回到了原来的工作状态之中。每周写一份《情况反映》，参与"敌情与监管措施"的讨论。现在，我觉得我更多了说话的资格。当然，也更知道了别人为什么都会明知而不说。

人是变得成熟了，还是圆滑了？在这种体制下培养起来的人，能爬到高位，要多么"成熟"才行？

当时正在看姚文元的《想起了国歌》，心中很有些愤愤不平，觉得他什么书、什么电影都能看，为什么看完了批判一通就不再让别人看？

也就是在这样的百无聊赖中，1976年9月9日星期四，毛泽东主席零时十分在北京逝世，我们是下午四点才从广播中听到了这一惊天动地的消息的。为什么隔了这么久？不知道。但犯人们是立即收工。我站在监狱大门口，看着一队队的犯人从面前走过，有的已经抱头痛哭。

犯人到底能不能哭？他们的哭是真哭还是假哭？再进一步，犯人能不能设灵堂进行吊唁活动？所有这一切，无人能回答。我负责起草了报告，紧急向省里的劳改局汇报、请示；劳改局再向更上一级请示汇报，估计没有任何一级能做出决定。事实上，到最上一级，这已不再是他们所关心的问题了，对他们来说，有更为紧迫的问题摆在眼前。于是我们只好自作主张，规定犯人不准带黑纱，也不举行任何吊唁活动，包括把所有的《毛主席语录》都集中起来，以防有人进行破坏活动。

无论怎么说，毛主席不在了，中国这艘大船没有了"舵手"，到底会怎么样，谁也不知道。

我当即写了一首长诗，想记住这"灾难性的一刻"，也是因为要出一期墙报，这是组织上的要求。其中每一句的韵脚用的都是"黯淡"、"一闪"、"狂澜"、"心愿"、"默念"、"千万"、"身边"、"双眼"、"温暖"、"航线"、"割断"、"夜半"、"永远"、"遗言"、"家园"之类的语言。大家闭住眼就能知道写的都是些什么话。

从9月9号到17号停止一切娱乐活动，对遗体的吊唁、告别，18号下午三时在天安门广场举行追悼大会。

广播里不停广播着"公告"、"名单"、"唁电"、"唁函"。12号和15号在厂部观看了电视；16号在厂里的灵堂前守卫，看到三百多名无帽就业人员前来吊唁，一个个也是悲痛万分。我已经无心区分这种悲痛的真假了，包括我自己，恐怕更多的是忐忑和不知所措。这一天，有了两报一刊社论《毛主席永远活在我们心中》，正式把"按既定方针办"有如毛主席的遗言一样公布了出来。

1966年的9月18日，是华县咸林中学（当时改为工农中学）临时革命委员会（临委会）成立的日子，这是华县的第一个不同于"红卫兵"的"造反派组织"，也是我到华县三个月零两天后的一件大事；十年后的这一天，1976年9月18号，天安门广场举行了空前盛大的悼念毛主席的活动。我们知道的是，1966年的夏天，如果没有毛主席的"这次运动的重点，是整党内走资本主义道路的当权派"的最高指示，我们这些出身不好的人就会被当时上面（最上就是刘、邓了，毛在南方的一个"山洞"里）派来的工作组打成右派学生，甚至抓起来改造；我们不知道的是，为这一切之所以一定会这样发生奠定了制度与观念基础的，也正是同一个毛主席。在他手里，前 20 年，有几十万、上百万的知识分子被打成了右派，在不间断地镇压与政治运动中，无数的有理想、有抱负、有思想、有情怀的人，包括革命队伍内部和当年作为国民党而投身抗日战争的仁人志士被关押、禁闭、劳动改造，有的至死还在关押之中。我们知道的，只是切身的那么一点点经历，当然也包括饥饿、贫穷、无知识无文化的荒诞，如大炼钢铁之类的事和亩产万斤的谎言泛滥；但这一切，与不知道的，占毛这个人一生的百分之九十以上的事比起来，真是不足挂齿。"反封建、反资本主义、反修正主义"，这就是毛留给我们的最后教诲。"反封建"就是反四旧，反传统，"反资本主义"就是反私有制和哪怕一丁点的具有私人性质的经济行为，"反修正主义"就是反对任何可能的对"最高指示"的修正、异议、建议和改正。拿什么保证毛的一句话顶一万句，保证他的话句句是真理？这些我们从未想过的问题，在他去世时，只要有一个人悄悄说出那么一两句话，就会让人茅塞顿开。但当时，在那样的环境中，我们是听不到这样的声音的。"封建"是什么意思？"资本主义"和市场经济是什么关系？"修正主义"与后来的社会民主党人的主张又有什么关系？对这些问题的回答，都是我曾在揭发茅玉榕的材料中看到过的"反动言行"；但我们自己可曾认真思考过？此刻，当这位被高呼了亿万次"万寿无疆"的人就这样离开了我们的时候，如果身边万一有人重新提出这些问题，我们自己当如何思考？如何回答？让大家全都生活在一种蒙昧与个人崇拜的心理中，知道和追求的就是那么一点点可以带来个人利益的效忠与照本宣传，这难道就是应该和必然的吗？

　　因毛的去世，我和少华最好、也是最小的一个朋友小毛（毛应霞）不得不推迟了婚期，但我还是写了一首贺词，调寄《西江月》，多多少少表达了自己的另一种心意：

<blockquote>
自有疏枝横玉，更依浩瀚蓝天。
雪虐风饕愈凛然，春意已盈庭院。
长忆峥嵘岁月，同舟风雨向前。
今日红烛照低栏，他年再话心愿。
</blockquote>

　　再看电影《金光大道》，忽然让一句台词深深触动了我："翻身户都是光着身子进入社会主义的"，按马克思的学说，是这样，能是这样吗？马克思可是在资本主义已经发达（其实还远未发达）了的基础上提出他的社会主义学说的啊！"光着身子进入社会主义"，是讽刺还是赞美？下一步是设法让大家都穿上衣服，还是就这样一直光荣地"光着身子"闹革命？

　　其实这些都不是多么深奥的问题。一切都如此显白、清晰，只是因为没人说，也不让说，大家才被训练得只会随声应和而已。

　　就在大家都搬回自己的家的过程中，忽然又有了地震即将发生的消息。中央地震台和省里的地震工作队发布消息，说铜川、商洛和陕西东部有大震，据说日本也证实了这一点。于是大家又忙碌起来。我也从厂里又搞到一些油毡，用来扩大和加固尚未拆除的防震棚，少华也带着孩子又住到了防震棚里。李瑞山、肖纯、章泽等人都讲了话，要高度警惕，严防地震灾害再次发生。

　　在地震消息一天紧似一天中，地震终未发生，发生了的是"四人帮"被抓。

　　我始终都搞不清楚，那个时候关于地震的所有消息，到底是有人故意制造出来的，还是唐山大地震的后遗症？

　　我是10月13、15号从报纸上读到坚决粉碎"篡改毛主席指示，背叛马克思主义、搞分裂、搞阴谋的一伙人"这样的文字时，感到中央又出了大事，而且是以"非常手段"解决的。于是有了"小道消息"，知道"四人帮"被抓。到10月20号以后，广播里声调昂扬，街道上锣鼓喧天。又是百万人大游行。在短短的不到一年的时间里，这样的百万人大游行已举行过多次，而内容却是完全相反的。《人民日报》上重新刊登了鲁迅先生逝世前半年所写的《三月的租界》，证明张春桥是叛徒；大量的文章论述"四人帮"不懂工业，不懂农业、不懂军事，拉大旗作虎皮，以打击别人来证明自己正确，等等。10月24号，首都更是上百万人大游行，欢庆华国锋任中共中央主席，中央军委主席；然后在电视上看到华主席身穿军装，红光满面，神采奕奕，在天安门城楼上向大家挥手致意，宛如当年的毛泽东。

　　接着就有了文件传达，其实方式与"文革"时打倒其他人一样：先是公布罪行，揭发他们的私人生活多么腐朽糜烂；再是告诉大家"四人帮"所重用的人，包括张铁生、黄帅是多么的不堪。我曾经一口气读完了中央下发的30多份揭批材料，如上海准备发动的反革命暴乱，徐景贤给张春桥、姚文元的信，张铁生在毛主席逝世当天的言论，江青在小靳庄的言行，在批邓打招呼会上的讲话等等。

别的事就不用多说了。我关心的只是：从今以后能不能让人说真话？所谓"真话"，就是心里话，就是不同看法，就是可以公开争论的道理。比如，至少，在日记中总可以写"真话"吧？不会再有人随便抄家、搜查日记、检举揭发了吧？不会再有人因组织学习讨论小组而被打成"反党集团"了吧？

这是最低要求，也是最高要求。

从 1976 年的 10 月到 12 月，我也处于极度兴奋之中。地震也似乎随着"四人帮"的被抓而消失了；我们又都回到了自己的家。也许，关于地震的消息本身就是"四人帮"的阴谋，但整个文化大革命能这样归罪于"四人帮"就算了事了吗？作为我们这一代人的亲历，当然知道文化大革命是怎么一回事。

还是不能说。

这样巨大的，天翻地覆、天崩地裂的变化，大家都只能听上面怎么说，这个民族恐怕就失去了思考与判断，回忆与表达的能力。

作为一个几乎已经成为了常识性的见解，其实谁都明白"四人帮"的问题不在这四个人历史上是不是有问题，也不在他们的生活多么腐败，更不在他们为人的奸猾、古怪；当然，也不是他们对马克思主义、毛泽东思想的背叛、篡改，不是他们自身的理论主张多么荒谬，而是这种制度是如何使得这样几个很平常的人可以身居高位，颐指气使、为所欲为的。关于"无产阶级专政下的继续革命"依然只是一个理论探讨的问题，但以这种理论就消灭异己、压制言论，强行推广一种非市场、非商品，非道德，非品性的制度性管束只会导致封关锁国、自力更生的路线政策，则就不再是理论的探讨了。

而如何改善人们的生活，使人们能吃饱，还一时想不到；但作为插过队的知识青年，已经心知肚明只要让农民能多种自留地，庄稼就会长得好。在农村时，谁都能一眼看出，自留地里的庄稼就是比生产队的庄稼长得好。农民有了自留地，就会有剩余或多余的农产品，于是就需要交换，需要市场。如此看来，市场或市场经济，自由贸易，诚信、契约、公平、法治，这一切都是自然会遇到的问题；也是自然会发展起来的问题。1949 年前的农村就一直是这个样子。尽管当时还想不到这一步，但似乎有一个自然的、合逻辑的发展进程已经呈现在人们的眼前。起着阻扰或破坏作用的，就只剩下固有的意识形态的那一套观念。

报纸上开始引导着人们从对经验主义的批判改为对教条主义的批判。但这到底意味着什么？教条主义就是"左"吗？不知道。反正"左"这个词意与"革命"、"激情"这些"好词"联系在一起。

12 月开始，因缺煤，停电。每周一、二、三都停电，于是把周日的休息改为了周一休息。12 月 11 日星期六，报上刊登了纪念杨开慧遇害 46 年的文章，又开始重新解读毛主席的《蝶恋花·答李淑一》。在此很久，有一件大事，就是中央下达了"关于废除法西斯式的审查方式"的文件。毛和周都有批示，要原原本本向犯人传达，但私人不能记录、留存。所以我日记本上没有一个字。只是记得向犯人传达时如临大敌，厂长念完传达的文字稿就宣布散会，一句多余的话都不能说。记得文件上说明，干部如有违反，犯人可以上诉。于是大家都很紧张。但传达后，其实犯人很平静。一切预计可能发生的事都未发生。我也才真正相信，犯人真的被"改造"好了。于是我就有了一个任务，天天到各中队的犯人中进行调查，收集资料，然后写成一个汇总的报告。

听犯人谈体会有意思，让自己写材料无聊至极，因为并不能把听到的都写进去，也不能由自己做出判断。一切都形成了"文革"以来的话语模式，谁都得按这一模式写作。但写作此类文章又是我的工作。写完汇总，接着就是犯人的"冬教动员报告"。粉碎了"四人帮"，却一点也没有改变如何行文、写作的模式；甚至连用语都未变。把"四人帮"这三个字换成刘少奇、邓小平，或任何人的名字都一样。

在这一年即将结束的日记本的最后，全是《两地书》中鲁迅和许广平的书信摘抄。下面就是鲁迅先生的两段话，作为对难忘的 1976 年的告别：

> "我一生的失计，即在向来不为自己的生活打算，一切听人安排，因为那时预料是活不久的。后来预料并不确中，扔能生活下去，遂至弊病百出，十分无聊。"
>
> "我也有此类苦恼，常不免被逼去做'非所长'、'非所好'的事。然而往往只得做，如在戏台下一般，被挤在中间，退不开了，不但于己有损，事情也做不好。而别人见你推辞，却以为谦虚或偷

105

懒，仍然坚持要你做。这样的玩'杂耍'一两年，就只剩下些油滑学问，失了专长，而也逐渐被社会所弃，变了'药渣'了，虽然也曾煎熬了请人喝过汁。一变'药渣'，便什么人都来践踏，连先前喝过汁的人也来践踏，不但践踏，还要冷笑。"

至于《解放军报》上所发表的郭小川的长诗《团泊洼的秋天》，就不说了；其实，在这一年的最后几天，这首诗还是给了我很大的鼓舞和力量。

1977：

前夜：我们真的见到了人世间
最黑暗的事了吗？

  标题中的这句话，出现在我 1977 年 5 月 28 日的日记中。这天的日记很长，先是参加一个会议：向非党同志传达中央工作会议精神。主要是华国锋的讲话，意在捍卫毛主席的伟大旗帜。然后，就是 25 号的《人民日报》上刊登了陈毅的部分诗词，如《梅岭三章》、《示丹淮并告昊苏、小鲁、小珊》、《六十三岁生日述怀》等，并知道了《陈毅诗词选集》已出版，看到了张茜的遗作：《【陈毅诗词选集】序言》。很是感慨了一番。当然，最重要的是在 25 号的《文汇报》上，读到了巴金先生的一篇散文：《一封信》；不但知道了巴金先生还活着，而且知道他正在翻译赫尔芩的一部一百几十万字的回忆录。巴金先生说，他把文化大革命时期的"四人帮"比作"沙皇尼古拉一世对十二月党人的镇压"。他说："我每天翻译几百字，我仿佛同赫尔芩一起在十九世纪俄罗斯的暗夜里行路，我好像诅咒尼古拉一世的统治那样咒骂'四人帮'的法西斯专政……"。他这样说："过去我只能在书上读到的或者听见人讲过的一些事，现在我都亲身经历了；有些事则是我过去不相信会有，而现在我的朋友终于遇到了的，如杀人灭口、借刀杀人之类。十年中间我没有写过一篇文章，只写了无数的'思想汇报'，稍微讲了一两句真话，就要说你'翻案'。连在日记本上写几句简单的记事，也感到十分困难。我常常写了又改，改了再改，而终于扯去。因为害怕连累别人。"我在巴金先生这段话后面写到：如巴金先生这样在旧社会生活了四十多年的著名作家都没有见过的、无法想象的黑暗之事，在这十年间都见到了、经历了，那么是不是可以说：我们恐怕已经见过了人世间的"最黑暗"之事呢？

我们只在书中读到过沙皇尼古拉一世对十二月党人的镇压，读到过希特勒对犹太人的屠杀，知道宋教仁被暗杀的事，也读到过国民党的"4.12"、"7.15"的镇压和屠杀，知道闻一多、李公朴的死，知道日本人的南京大屠杀，所有这一切都是我们在书中、在电影中看到的；但我们却亲身经历了秘密告发、大肆抄家、各种形式的批斗、戴高帽游街、给老师剃阴阳头乃至乱棍打死、还有砸烂所有古迹、烧毁所有古书、禁绝过去所拍摄的一切电影、所出版的所有小说以及大规模武斗之类的事。其中大量的细节，是我们永远在书中和电影中都想象不到的。到底死了多少人？不知道；到底中国这片广袤而又历史悠久的土地上还剩下了些什么真正的古迹，我们也不知道。巴金说他十年间只是写了无数的"思想汇报"，我们每个人不也都是这样吗？永远也结束不了的、无休无止的表态、检举、揭发、自我批判、斗私批修，把这一切都非常日常化了的行为与思想控制结合在一起，我们能不能说：我们真的经历了人世间"最黑暗"的事了呢？

还是不知道。在这篇日记中，我说：是的，所有这一切都是我们亲身经历了的，也知道不能说真话，连在日记中也不敢写出自己的心里话，但，我们能不能用阶级分析的方法去分析和看待这一切呢？至于怎么个阶级分析，就是说，只要对无产阶级有利、有用，功劳就是大大的，存在的问题只是九个指头与一个指头的关系问题。是不是这样、能不能这样呢？再问一句：谁又是"无产阶级"呢？

依然不知道。谁是"无产阶级"？参加上述砸烂、打倒、火烧和批斗，还有在武斗中死去或伤残的不就是现实中的"无产阶级"吗？文化大革命给他们到底带来了什么？

只能说不知道。

不知道，其实是因为从未把它作为一个问题思考过。

1977年很感动我的"文艺短评"就是一篇庆祝1977年元旦的《春风吹又生》的文章。元旦这天一大早，就坐在那里仔细听广播。是的，"野火烧不尽，春风吹又生"。中国几千年历史，"野火"一遍又一遍烧过，看着几乎烧尽了，比如元代和清代，就可以理解为"亡国"，但，文化才是"春风"，只要文化在，就还有"重生"的希望。"文革"是专门朝着文化来的，但也依然未能将"文化"烧尽，因为"文化"说到底在人的心里，就是中国人之为中国人之"本"。

但我们能不能设法不再让"野火"如此不断地"烧"下去呢？我们中国人就真没有办法找到一种能制止"野火"蔓延的办法或途径吗？只在"野火"之后朗诵几句"春风吹又生"，这样的情况已经延续了两千多年，还要继续下去吗？"吹又生"的一个标志就是元旦晚上，胡松华、马玉涛、常香玉、王玉珍、王昆都表演了节目。这也已经是十年来第一次又听到了他们的歌声。作为"第一次"，就是我也第一次穿上了有领章、帽徽的警服。小时候想穿，但出身不好，穿不上，现在不怎么想穿了，反而又必须要穿了，还发了一把小手枪。但那种新奇和兴奋的感觉却再也找不到了。然后有中央文件，说元月八号周恩来逝世一周年，要隆重纪念；同时，劳改局又下达通知，说原来拟定的对犯人的教育材料要一律重写，第一讲就是大肆歌颂毛主席的丰功伟绩。这到底都是怎么回事？要隆重纪念周恩来逝世一周年，因为去年未能"隆重"，未能"隆重"的原因是因为"四人帮"在台上；但稍有知识的人都知道，能不能"隆重"，"隆重"到什么程度，完全取决于毛泽东的决定。而今天，第一件事就是要把"隆重纪念"和"大肆歌颂"这两件看似无法统一的事统一起来，向犯人宣讲。上边只下达一个文件，却难死了下边写材料的人。这种情况下，想认真都不行，只好靠自己的本事去应付。"兵来将挡，水来土掩"，中国人已经被训练得具有了在无论任何不合逻辑、不可思议的情况下，对发生的任何事情都能讲出一番大道理的本领。我想象不出这个民族的思维能力还会、还能败坏到何种地步。

好吧，第一讲是"大肆歌颂"，第二讲是"隆重纪念"，第三讲是这二者是如何辩证统一的。我们自己信吗？

写文章和宣讲的人，比如我，知道这样讲是不合逻辑、不可思议的，下面听讲的犯人们知道吗？就是知道，当然更不敢、也不能说出来了。他们会怎么办呢？依然是"兵来将挡，水来土掩"，当然，最好的"将"和"土"就是使自己麻木，听了也等于没听，这样上上下下都满意。漫山遍野的标语口号，字写得再大、再醒目，也等于什么都没写，因为没有人看，看见了也等于没看见。对文字的东西视若罔闻，是真正的心死。

这几年的日记中，每一年都要有好几篇写到自己的失眠。几乎一夜或两三夜无眠的事常常发生，搞得自己几近抑郁或者自杀。

　　元月 14 号，在《南开大学学报》上读到王连升的一篇文章：《吕后叛国篡权及其覆灭》。谁都知道这是在说江青。但吕后毒死赵王如意及加害如意母亲戚姬的手法读来还是惊心动魄："太后遂断戚夫人手足，去眼，煇身，饮瘖药，使居厕中，名曰'人彘'"。韩信、彭越都死于其手，可见心毒手辣。然后周勃又动员军人发动政变，反对吕氏，把吕禄、吕产和其余吕氏的人全部杀掉，等等。让人在批判"四人帮"阴谋叛党篡权中又重温了中国历史上反复出现的一幕幕可怕的史实。大约这些也属于"野火烧不尽"的范畴。后来读《史记》，见到写白起，动不动就"斩首十三万"、"沉其卒二万人于河中"、"拔五城，斩首五万"、"前后斩首虏四十五万人。赵人大震"。还有《商君书》中，商鞅规定"能攻城围邑斩首八千以上，则盈论，野战斩首二千，则盈论"，等等。常让我想，就是让一个人一天杀八千只鸡，恐怕也是不堪忍受的，怎么可能斩首八千个人才算合格？中国人不把人命当一回事，看来自古以来就是这样，打仗、围城、拔邑、政变时，谁又曾想到过孔老夫子的"仁者爱人"？当然，一旦把人从阶级、出身、道德、行为方式上区分为"好人坏人"、"自己人或敌人"，那么也就似乎杀多少"坏人"都无所谓了，而且杀得越多功劳越大。元月 19 日开全厂奖惩大会，减刑和提前释放 87 人，加刑 2 人。我随县人民法院的老段去给被加刑的两犯人李树凯、田正武宣读加刑判决书。宣读后，问他们有什么话说，李树凯说：我出去就八十岁了，不知能不能等到那一天；田正武说：不上诉，自作自受。就这样走了出来。我心中沉甸甸的，也不知作何感想。那天是阴历的腊月初二，忽然又传来地震的消息，说渭南有 70 头奶牛坚不进圈，14 条花蛇出洞，成群蚂蚁游行，等等。那时的人相信这些自然异象已经远远超过地震台的预报。但人同时也已经变得原来越麻痹了，要震就震吧，反正再也不会重新搭建防震棚，住到里面去了。

　　关于要把"沉痛悼念"和"大肆歌颂"统一起来的文章，已经铺天盖地。只要有这样的号召，总会有大量的文章推发。我在元月 22 号用了整整一天读完了 1976 年的第 7 期《人民文学》，内有谢冰心的一篇文章：《毛主席的光辉永远引导我前进》，里面有这样一段很感人的文字："我首先忆起的是 1949 年的秋天，我独自坐在日本海岸的一座危崖之中，阵阵的海波在我脚边不断地涌来溅起。四无人声，我在低头细细地读着膝上的一本小册子，那是毛主席最近的光辉著作：《论人民民主专政》。

我从头细读下去，越读我心跳得越快，到了'人民的国家是保护人民的……'，我的心门春然地开了，如雨的热泪落到这光辉的小册子上。我抬起头，灿烂的朝阳已笼罩到海面，闪烁起万点的金光。阵阵的海波不断地向我唱着：'你找到了救星，你有了国家了'。

……那时远在异国的我，是空虚、寂寞、苦闷、消沉，好像一个迷路的孩子，在暴风雨之夜，在深深丛林的及膝泥泞中挣扎行走。远处的重峰叠嶂之中，不时传来惊人的虎啸和猿啼……这时，我是多么切望在我眼前会奇迹般出现一盏指路的明灯，一双导引的巨手呵！"

差不多与此同时，我的手边也已经有了不少正在传抄的来自北京的悼念周恩来的诗词。给我记忆最深的是一首《花谣》：

花的山，花的海，
花山花海春常在；
春常在，开不败，
枝枝总理亲手栽。

红绿紫，黄绿白，
万紫千红天外来；
天外来，人间开，
朵朵总理添色彩。

春意早，春意在，
春来花香暖胸怀；
暖胸怀，皆喜爱，
花中总理犹健在。

花点头，叶摇摆，
祥云载的总理来；

总理来，乐开怀，

歌声笑语飞天外。

还有一首《五十六字诀》，把事情说得更明白：

总理恩德常思念，

花圈年年送不断。

千古奇冤不翻案，

首都军民心不安。

不见邓副总理面，

今日人民难开颜，

妥善安排此三事，

锦绣前程在眼前。

后面有个"注"，说明"此三事"，指的就是建总理纪念馆，平反四五事件和让邓小平重新出山。

更多的诗词是直接呼吁邓小平出山，比如这首《六字八行诗》：

小平同志真好，

人才确实难找。

为你感到骄傲，

而且还很自豪。

小平同志真好，

这个人民知道。

盼你早日工作，

否则民气难消。

我的日记本中还抄了许多这样的诗词，今日重读，感到我们的"人民"真好、真蠢、真幼稚、真单纯。当然，我自己也是这样，不但从来就没有把自己、把每个人都当成一个实实在在的"个人"来看，动辄以"人民"的代表自居，似乎在代表人民说话，而且时时刻刻在盼望着"救星"、"明灯"、"巨手"的出现，却又始终意识不到"人民"可能只是一个为"救星"与"巨手"实施"暴政"与"强制"进行辩护的"虚词"。在我的日记本中真正以"我"的身份说话的，只有郭小川的诗《秋歌》，尽管他也不断说着"个人是渺小的，但我感到力大无穷"、"我是愚笨的，但现在似乎已经聪明"之类的话。只要想到这首诗写于 1975 年，也就应该明白了一切。我怕的就是我们的后一代或后几代人，他们恐怕会忘记了我们都曾生活在一种怎样的强制、灌输、封锁与恐惧的环境之中。比如，在我 4 月 22 日的日记中，记载了这样一件事："今早在新闻广播里知道了美国的华侨纷纷上街抢购毛选五卷，于是同座吃饭的人则大为惊讶，不明白美国为什么会出售毛选五卷。于是有人解释说：这是美国政府的阴谋，骗人去买，然后再把买书的人抓起来。大家也就欣然接受了这一解释。那个时候，谁能想到美国到底会是一种什么样子，又会有多少人知道民主、共和、两党制、言论自由到底意味着什么？"

与我在 5 月 28 日的日记中怀疑"我们是否真的见到了人世间最黑暗的事"相呼应的，就是在我 2 月 3 号的日记中，表达了一种人心中的一根"什么 '弦' 终于被绷断了"的感受。那天是腊月十六，月光极好，我和几个人在雪地里散步后，就坐在老郭的房子里聊天。大家一边嗑着瓜子，喝着茶，一边说着周、毛的逝世以及"四人帮"的被抓，似乎在谈论很遥远的古代或外国发生的神话故事一样，有说有笑，相互逗乐。我坐在那里，看着这一切，想到恐怕真的有一根什么"弦"被翻来覆去的、颠倒过来再颠倒过去的政治运动给"绷断了"。于是只好这样，任你怎么说都行，大家开会时只要做出一脸严肃的样子，会后也只是照例"哈哈一笑而已"。问题是，领导们也一样，而且他们似乎也满足于这样。这种关系，恰似我们与犯人们之间的关系。

这是一根什么样的"心弦"？被绷断了的"心弦"真的还能重新连接起来吗？

整个 1977 年，最大的事就是盼着另一盏明灯、另一双巨手的出现，这就是邓小平。5 月 20 日传达中央 15 号文件，就是邓小平的两封信，一封是去年 10 月 10 日，一封是今年 4 月，表示坚决拥护华主席，服从组织安排，捍卫毛主席的伟大旗帜。大家都觉得很平常，很正常，但我还是隐隐感到了恐怕又一轮"党内斗争"的到来。一方面，是华国锋对邓小平的不放心，另一方面，就是邓小平的绵里藏针，因为他强调了要"准确地理解毛泽东思想"。那么到底谁能"准确地"理解呢？自然又取决于解释权在谁手中。这就是中国式的智慧与谋略，并没有谁真把"保证"之类的话当真。

但也许真的，邓小平的出山，就能把被"绷断了的心弦"重新连接起来。连接在哪里？基础是什么？想不出来，但重温 1977 年的日记，看看那些诗词，文章，人们似乎又觉得只有邓小平才手握着打开未来的钥匙。

2 月 4 号，去厂部开会，在赵政委处竟借到了两本书：丘吉尔的《第二次世界大战回忆录》（第六卷下部）和查尔斯、波伦的《历史的见证》（1929——1969）。当时真高兴，至今仍还记得，当我怀抱着这两本书走回宿舍、路过马路时，已经默默祈祷：千万别让车撞到了我，这两天千万别出事故，就是地震，也等我把这两本书看完了好不好？

请原谅我把这段写在我日记本中的话再写在这里，尽管也许已经尽人皆知了，但我还是想告诉读者：你们应该能体会到，1977 年，当我把这些话写在自己的日记本上时，心中翻腾着怎样的感情，理智上又会做出如何的判断：

"1936 年 8 月第一次公开审讯时，季诺维也夫和加米涅夫供认有罪，和其他 14 人同被处决。按照在后来的几次审讯中确定的一种格式，季诺维也夫和加米涅夫被指控阴谋颠覆苏联政府，谋杀斯大林和破坏苏联经济，除这些罪状外，在随后的二次审讯中，被告还被指控替德国和日本进行间谍活动。在 1937 年 1 月的第二次审讯中，皮达科夫（列宁的同事，第一个五年计划重工业方面的执行人，曾要求判处季诺维也夫死刑）、卡尔·拉狄克（记者，布尔什维克第二流重要人物）和索科尼科夫（列宁的首届政治局委员）以及其他 14 人被宣告有罪，其中大多数人被枪决。1938 年 3 月第三次（也是最后一次）公开大审判，主要被告是布尔什维克元老之一、早期的政治局委员布哈林。其他重要被告为李科夫（曾任苏联人民委员会主席）和雅戈达（前两次公开审讯时为秘密警察头子），共 21 人。布哈林、李科夫、雅戈达、克烈维经斯基（副外交人民委员）等 18 人被处决，其他三名被告被判处 15 年至 25 年徒刑。审讯官为维辛斯基，法官为乌尔里奇将军。"

"1934 年 12 月基洛夫在列宁格勒被刺杀。逮捕、流放和枪决的人数达九百万到一千万。有一万名上校或上校以上的将校被斯大林处决或关进集中营……"。日记本上详细记录下了第二次世界大战的所有重要战役和关键事件的时间、地点、人物；其中最重要的就是 1939 年 8 月 24 日苏德签订互不侵犯条约，还有在德国入侵波兰后 16 天，苏军即入侵波兰，随即就有了以后发生的"卡廷事件"。日记中把年、月、日都记得很详细，直到 1953 年 3 月 5 日斯大林逝世，7 月贝利亚被捕，1956 年 2 月召开苏共第 20 次代表大会以及 1968 年 8 月 20 日苏军入侵捷克斯洛伐克。

我把这些资料详尽地抄录在日记本中，目的何在？其实不说也明白，就是对斯大林、对苏联的社会主义制度乃至整个社会主义阵营的信念发生了动摇。所有这一切，都是我们在所受的教育中未曾见到过的。现在，在丘吉尔的书中看到了。我是应该相信我们的教育，还是相信丘吉尔的书？自然是丘吉尔的书。那么我们为什么要对这些资料进行严格保密呢？我自然想到了"文革"，想到了"九大"对刘少奇的宣判以及彭、黄、张、周等人的下场。与斯大林不同，我们不是公开审判、宣判、处决，而是交由人民群众揭发批判，斗得死去活来，有的人自杀，自绝于人民，有的疯癫，最后统一下放劳动改造。这是一种什么样的制度？为什么对自己的同志的迫害要远远超过敌对阶级在战争中对我们的各级领导人的伤害？

1977 年，我没有勇气这样去问，只有勇气把这些资料抄在日记本上，并找机会与朋友交流，希望他们也能看到这样一些书。

所以禁书、查书、烧书也就成为一种必然的社会现象；而凡在禁书、查书、烧书的国度，也就一定存在着不想让人们知道的"秘密"。

古往今来，概莫能外。

1977 年上半年，有意思、值得记载下来的事还有这么几件：一是 3 月 15 日再看电影《朝阳沟》，对比了自己编写的《广阔天地》，寻找一个"好"、一个"坏"的深层原因，认定观众的喜好才是"检验真理的唯一标准"（写在 3 月 20 日的日记中）；与此同时，把陈忠实的剧作《渭水新歌》也作为一个"坏"的典型加以分析。日记中是这样写的："陈忠实的【渭水新歌】在西安上演，怨声载道，观众纷纷退席。难道陈忠实真的写不出好小说吗？我相信他是能写出的。"果然，30 年后，有了他的《白鹿原》。第二件事是当时全县的插队知青标兵蔡某某（其父为长沙一军队领导干部，她因主动写信揭发父亲的思想问题而闻名，被任命为华县东阳公社的副书记）在"四人帮"被抓后也不辞而别，又跑回了长沙。这件事对所有的知青都震动很大，让人看到了自己要为自己的一种随风转舵、沽名钓誉的行为负责。第三件事就是我们称为"翟师"的翟学敏因心肌梗塞而去世。以前知道他有脉管炎，对心肌梗塞这种病闻所未闻。现在，一位同事就这样走了，年仅 44 岁。我那时也忽然感到了生命的短促。我那年 30 岁，觉得离 44 岁还很遥远，现在忽然知道了心肌梗塞这种病，而且事先也无法检查，就感到了生命的脆弱。第四件事就是在广播中听到了中央乐团演奏的二胡曲《二泉映月》，让我愈为怀念儿时的好友咪咪，想起在新城广场新建的公共厕所里听他拉二胡，我和虎平等几个人围坐在厕所外静听的情景。咪咪和我一样大，也早早离开了人间，所有这一切，忽然间让人感受到生命的另一层含义一直是被死亡掩盖着的。当死亡的脚步临近时，生命到底是怎么一回事也就慢慢拉开了帷幕。不思考死的问题，就无法明白生的意义。因为死了就什么都没有了，所以要赶快，而且要说真话。当晚，中央乐团还演奏了贝多芬的第五交响曲。当然它也与死亡有关。但所有这一切美好的、能触动人心灵的东西，为什么要在文化大革命期间全部批判、悉数查封？其实就是要继续掩盖死亡所可能敞开的生命的意义。为了应对死亡，我去做了一次认真的身体检查，结论是神经衰弱引发的"阵发性心动过速、心悸"。忽然间也就觉得离生命的结束不太远了，自己反倒有了几分安稳。第五件事有点意思：在 1977 年 1 月号的《历史研究》和《北师大学报》上看到一个有趣的传奇般故事：1932 年 3 月的一天，姚蓬子和丁玲，分乘两辆"云飞"出租车来到鲁迅家中。姚蓬子怀抱一婴儿，即其子姚文元，和丁玲一起要鲁迅给这个婴儿写点什么留作纪念，说这个孩子乃"天才神童"，将来必有大作为。鲁迅遂编写了一首"赠蓬子"的诗：

<blockquote>

暮地飞仙降碧空，

云车双辆絜灵童。

可怜篷子非天子，

逃去逃来吸北风。

</blockquote>

我不知道日后当姚文元住进中南海、主宰全国文化界的生杀予夺大权以及 1976 年被生擒时，念起这段他自己当时肯定不会知道、但在以后又一定会知道的往事会作何感想！

当 "灿烂的朝阳已笼罩到海面，闪烁起万点的金光。阵阵的海波不断地向我唱着："你找到了救星，你有了国家了"" 时，下面的批斗会却依然照常。我们单位在批判一位姓郑的女青年，就是因为她一个人 1974 年办了那么一两期《挺进》小报，于是上批 "四人帮"、下要 "讲清楚" 的对象就落到了她的头上。一连好几天，每个人都得发言，有的人很激烈，好像又在搞 "文革" 大批判一样，什么事都成了思想问题，还公然搬弄是非，挑拨人与人之间的关系。郑态度很坚决，几次愤而离场，再叫回来，重新开始。有几个人想把我也说成办《挺进》的人，而且是事实上的主编。反正一个人要是显得有思想，或显得想有思想，就会很危险。这里是监狱，侦查手段很齐备，终于查清了我不但没有参与《挺进》报的编辑，而且是当时唯一出面和在私下劝阻她的人。尽管领导在会上说我当时的态度是对的，但却让我更感到恶心，几乎无地自容。这件事又一次也告诉了我，无论看起来 "灿烂的朝阳已笼罩到海面，闪烁起万点的金光" 有多么美好，生活在基层的人该怎样还得怎样，不能有半点马虎。"人民民主专政"，强调的还是 "专政"。后来，这位姓郑的女士患急性肠胃炎，打吊针时因葡萄糖过期和混有杂质而休克。她对我说，当她觉得她快死时，曾看见有两条腿在她面前走来走去，她挣扎着想写几个字作为遗言，但就是不行，才知道到那个时候，一切都已晚了。

6 月 27 号晚，又是集体看电影《开山的人》。这是一部很坏的电影，完全是连 "四人帮" 都看不上的拙劣作品，但下面的人却依然没有任何分辨能力，还在让大家看这样的电影，还有《反击》这样的电影。无论上面发生了什么，下面该怎样还是怎样，一切似乎未变。心中的愤怒简直不可言说。看电影时就偷偷溜回去，自己看《基辛格——一个智者的画像》，知道了基辛格的博士论文研究的是梅特涅。于是再找书看梅特涅。总感到自己有劲使不出，也不知该怎么用，用在什么方向上，但已经明显感到，只要自己一松手，就会迅速 "掉下去"。掉到哪里？市侩、享乐、无所事事，还能怎样呢？

阿尔巴尼亚开始猛烈地抨击中国 "变修了"，就与我们也曾批判过苏联一样。在《参考消息》上读着类似的文章，到底是否真想明白了这是怎么一回事？7 月 22 日晚 7 时，通知晚八点集中在厂部听广播："中共十届三中全会 7 月 16 日至 21 日在北京召开。通过四项决议：1.追认华国锋同志为中央主席，中央军委主席；2.恢复邓小平同志党内外一切职务；3.永远开除王、张、江、姚党籍，撤销党内外一切职务；4.今年召开党的十一大。会议通过了11大的政治报告和修改党章的报告以及党章草案。这是党内的第11次路线斗争。"我用毛笔把这件事重重写在日记本上，觉得也许一个新的时代即将到来。

中国共产党第十一次全国代表大会于1977年8月12日至18日在北京隆重召开，主席团主席华国锋，副主席叶剑英、邓小平、李先念、汪东兴。

大会宣布文化大革命结束。我用红字把这一点标明，尽管知道它事实上早就已经结束了；当然，文化大革命也日常生活化了。它已变成了我们的生活与话语方式。

读第三期《历史研究》，有许涤新的《忆董老》，里面专门提到"皖南事变"后，毛泽东给南方局的指示是"隐蔽精干，长期埋伏，积蓄力量，以待时机"；南方局在周恩来和董老的领导下，又把毛的这一指示具体化为"勤业、勤学、勤交友"三原则。这大概也就是抗战时期八路军、新四军的总的指导思想。当然那个时候并不懂这些，但我还是把这几段话抄在日记中，觉得有点意思。因为它与全国局面下的抗战形势并不那么一致。

后来的日子就越过越快了，一切都似乎在揭开新的一页。具体而言，有这么几件事说一下：一是8月28日看电影《大浪淘沙》。这是"文革"前拍摄的一部电影，但一直未能上演，今日重看，感慨万千。二是读第四期《南开大学学报》，有向华关于《列宁是怎样认识和对待按劳分配的》一文，里面说，"无产阶级获得按劳分配的原则是不容易的，必须保卫按劳分配的资产阶级法权"；毛主席说："列宁说建设没有资本家的资产阶级国家，为了保障资产阶级法权。"这就与后来张春桥等人的主张拉开了距离。40年后，我在指导博士生们读黑格尔《法哲学原理》时，专门讲到了"文革"时关于资产阶级法权的讨论，但并不知道自己在1977年9月4日的日记中曾记载过向华的这篇文章，而且专门说的是资产阶级法权问题。还有一篇王梓坤先生的文章：《科学发现纵横谈》。心中大喜，觉得以前根本就见不到可以有这种写法的文章。作者说，过去讲"德才兼备"，"德"指的是政治立场和态度，"才"指的是才干。其实在"才"里面还可以细分为识、才、学三个方面。他用"识"代替了过去所讲的"德"，认为"识"就是思想路线和科学预见的能力；"才"自然指"才能"，具体来说，指的是你的长处在观察、实验、操作，还是归纳、分析、推理；"学"自然是指学问、知识，《文心雕龙·神思篇》中有"积

学以储宝，酌理以富才"之说。他概括为"才如战斗队，学如后勤部，识是指挥员；才如斧刃，学如斧背，识是执斧的手。"他用清代章学诚的话说："夫才须学也，学贵识也；才而不学，是为小慧，小慧无识，是为不才。"也许现在的人看到这些文字觉得没有什么了不起的，但在 1977 年，我却是第一次读到这样的文字，这样的表达方式。作者不明着否定"德才兼备"中的"德"，但却以"识"代之，让人真的耳目一新。我把通篇文章都几乎抄了下来，可见新鲜感之强烈。如牛顿这样耳熟能详的科学家，后半生用 25 年的时间证明上帝存在，这是我们从不知道的，在那个时候也确实让人不得不静静想一想宗教的力量到底何在。8 月底，铁托来到北京瞻仰毛主席遗容。华主席对他说：毛主席很想会见你，但可惜他去世了，来不及见到你了。铁托说：死亡是无情的，这是命运。不知当他说这句话时，可曾想到在他去世后的南斯拉夫，竟混乱得打成一片，分裂成这个样子。这是不是也是一种命运呢？第三，就是要专门说一下：10 月 21 日一早六点半，从新闻中知道了教育部召开全国高等学校招生工作会议，然后《人民日报》有社论：《搞好大学招生是全国人民的希望》。我到西安，发现新华书店里所有的工具书都被抢购一空，餐馆和食堂里排队吃饭的人都手捧着书在读。然后陪一朋友去西北大学旁听，见到那些被打倒了十多年的老教师又登台讲课，心中真是被深深激动了，感到我们这个民族又正在活过来。24 号从西安回到石碴厂，田野等人督促我立刻报名报考。那年整整 30 岁的我也立即给二黑、宪文发信，约定一起高考。总共只有一个月的时间，我要完成关于罪犯思想汇报的文章，同时也复习功课，准备高考。11 月 1 号，在《文汇报》上忽然看到上海不招收高六六、高六七的学生。具体原因不明。报名时间是 11 月 6 号至 8 号，考试时间是 12 月11 号和 12 号。我是想往上海考的，他们不招高中的两届学生，让我很灰心。到 11 月 5 号，知道了陕西也把考生的年龄限制在 30 岁以内，指的是 1947 年9 月以后出生的才行。当天大雨，广勤冒雨前来我处，给我看两份材料，一是全部大学的招生名单，二是国务院的 112 号文件。在文件中，我看到要招收研究生，特别是哲学、社会科学方面的研究生。我一下子又激动了起来，感到自己也许考研究生更有把握。当下给教育部写信，询问此事，同时报名。但教育部根本就不会回信。自己要考研究生的事在厂里也引起了轩然大波，众说纷纭。而我，夹在考大学、考研究生、什么都考不成之间。感冒、咳嗽，少华也病了，陈述轻微肺炎，妹妹在草滩农场插队，想调动工作，要我前去，而我正在写犯人冬季教育第一讲，关于无产阶级专政下的继续革命问题，还是陈旧无比的老问题，老讲法。11月25日，在县招生办公室，办事人员告诉我，高六六的可以扩大到1946年10月1日以后出生的，高六七的必须是1947年10月1号以后出生的。我不合乎条件，取消高考资格。我似乎觉得这一条专门就是针对我的，但毫无办法，只有回家大哭。少华也哭着给我烙盒子吃。但我一口也吃不进去。看来只有考研究生了。世忠告诉我，年龄不是限制，许多超龄的人都报名了，让我努力。但我还是放弃了，决心直接考研究生。12月10号是省里高考结束的日子。这一天，我负责转移200名罪犯到崔矿；厂里开展"一打两批"运动，把我们十个人招进石渣厂的贺组长成了一个重点人物。关在禁闭室。12月15号早上遇到我，幽幽地问我失眠怎么办。我说那就吃安眠药。他说，厂里不给他安眠药。我也不好问他到底犯了什么事。在监狱待久了，就自然知道关于案情之类的话题是绝对不能相互打听的。过几天，就听说他自杀了，是自缢，把自己挂在窗子的铁链上。他把我们十个人招进了这个劳改单位，告诉了我们纪律、规则以及各种注意事项，最后自己吊死在禁闭室里，几乎没有一个人表示同情或理解，就如从来就没有过这个人一样。这就是死对生的教诲。这一年的最后几天，我一面不太在意地准备着研究生考试，一面动手写另一个剧本：《隆冬季节》。这两天在上海的电视台上看到1978年宗福先创作的《于无声处》大受赞誉，我就想到了我的《隆冬季节》。但由于远在华县，根本就不可能找到任何排演、修改的机会，所以剧本也就一直默默地躺在我的书桌里。我这一年的最后一篇日记是12月29日，写着这么一句话：我的《隆冬季节》，实际上就是对《反击》的反击，但只能是默默地在心里进行着的自己对自己的反击。之所以在"隆冬季节"里有反抗、有挣扎，是因为相信，可能过不了多久就会有春天的到来

1978—2008
中　册

1978：

30 年前的命运转折

（一）公元 1978 年的元旦社论是"两报一刊"的《光明的中国》。

今天的大学生们已经不知道"两报一刊"（《人民日报》、《解放军报》、《红旗》杂志）在那个年代所享有的至高无上的权威性了。

这种权威性来自于一种声音——党中央的声音。

中国那么大，声音又那么嘈杂，但有一种声音是必须仔细辨听的，那就是来自党中央的声音。

从文化大革命中过来的我们已经知道了"党中央"并不只会发出一种声音，所以就需要仔细辨听，这种能力的训练应该说是刻骨铭心的，特别对于我们这些关心国家大事的人来说尤其如此；一般来说，什么声音最大（所谓"时代的最强音"），我们也就相信这就是党中央的声音了。和平年代，人们在硝烟后面争夺的是看不见的声音，以后也把它叫做"话语权"。

1978 年，经过一轮又一轮地阶级搏杀，在刘少奇、林彪、四人帮等一个又一个"反党集团"被粉碎（也就是声音的消失）后，"声音"自身的权威性也就得到了了足够的保证。所以那时候的"两报一刊"自身也就象征着"光明"。

重提"光明"与"黑暗"的决战，说明"光明"必将、而且已经战胜了"黑暗"，这样的"重提"早已成为一种思维的定势，话语的定势。人们自然而然地就相信着"前途光明"和"光明必胜"。

这是一种历史观，决定人的世界观、方法论、立场、观点、价值观等等一切的历史观。

近代哲学在某种意义上来说就是一种历史哲学，因为"历史"无形中成为了一个谁也回避不了的"事实"。没有人会想到这一"事实"其实是被人用语言建构起来的，古人并不如我们这样看待过去、现在与未来。当然，从这种历史观出发，我们也可以说，那是因为他们愚昧、落后，因为他们不懂科学。这种回答方式，等于本身就证明了我们现有的历史观的先进与科学。当然，"先进"与"科学"这两个词本身的"先进性"与"科学性"就已无可置疑。

这个话题先放在这里。仅就"光明"二字而言，在过去的那个年代，给我印象最深的，还是林彪 1968 年 10 月 26 日的一次关于《中国革命与世界革命》的讲话，这个讲话后来在《新华月报》1980 年 5 月号上重新刊出，其中有一段话是这样说的："现在，我们可以高瞻远瞩地看到全世界上的远景，看到一个国家能够空前地影响全世界历史、人类命运的，推动世界向前进的，促进世界革命，帮助世界革命的，成为世界上最强、最大、最持久的国家，影响世界各国人民命运的，那就是中国。所以中国在世界上的作用，一方面从革命方面说，那是最大的，超过苏联的；那么，就是从实际力量的影响上，它超过西班牙，超过英国，超过美国，成为世界上最强大的国家，最革命的国家，最影响人类命运的国家。"

（回想起来，在我的记忆中，真正感到自己作为一个"大国""崛起"了的，还是 1958 年的大跃进和 1966 年开始的文化大革命，那时候真是热血沸腾，激情澎湃，似乎"大国崛起"之梦在做了一百多年后，终于梦醒了，实现了）

我之所以重提这段话，是因为 1978 年 4 月 6 日的《参考消息》上刊登有美国办公厅主任哈得曼的回忆录《权力的终结》，里面说 1969 年苏联想对中国的原子工厂进行一次"外科手术"式的核打击，美国从空中拍摄到了数以百计的核弹头成堆垒在一起，一万八千个帐篷一夜之间在九英尺深的雪地上架设了起来。

这就是 1978 年一开始所带给我的习惯性的期待与恐惧。

（二）提到 1978 年，就不能不说说那时候所看的电影。

1978 年 1 月 15 日晚，我妻子的工厂露天播放南斯拉夫电影《桥》，当时天降大雪，雪真大，密密麻麻，漫天皆白。那是真正北方的大雪，可比这些日子给南方造成空前灾难的雪大多了。但由于人们已经习惯了，而且所有设备似乎也"习惯了"，所以并没有造成什么恐慌与破坏，唯一的，就是影响了那场电影。

但还是有至少上千人坐在野外看那场电影。大家都自觉地不打伞、不戴草帽（那时候的人的自觉性与安全感也超乎现在的想象，当然，前提是人们什么东西都没有，所以也就可以夜不闭户；由于这场电影与每个人的切身利益关系太大，于是每个人也就都有了不得不遵守某种不成文法则的自觉性）；我每隔5分钟就必须把妻子和儿子身上厚厚的积雪掸下去，儿子不到三岁，只露两只眼睛在外面，惊恐地看着画面上的枪击、格斗、爆炸。这场电影的内容，在我的记忆中早已忘记，但这一幕，在我的一生中却永不能忘。

那个年代的人们到底在渴望什么呢？自由、平等、幸福、公正，都太抽象、太遥远。其实，比如我这样的人所想的，或者说在那个时代还感到不满足的，其实就两件事，一是每月的肉票、油票多发一点；二是能有更多的精神享受，如多有些书看，多有些电影看———当然最好是外国的，但这只能在心中默想，或者祈祷，总之是太过于奢侈的梦想。那时候能看到南斯拉夫、阿尔巴尼亚的电影就已经是一顿精神大餐了。

以后，在那个精神生活极度贫乏的年代，也只有电影才能带给人些许欢乐，但那都是些什么电影啊！《六号门》（只有里面的天津话在音调上让我记忆犹新）、《汾水长流》、《征途万里》、《朝阳沟》、《同志，感谢你！》、《奴隶的女儿》、《暗礁》、《人欢马叫》，几乎全都看不下去，但依旧每演必看；后来"解禁"的一些电影如《羊城暗哨》、《阿诗玛》、《五朵金花》、《东港谍影》、《黑三角》就觉得好多了；再后来，就开始拼命看外国电影：《百万英镑》、《追捕》、《雾都孤儿》、《巴黎圣母院》、《白痴》等等。这里要特别提一下日本电影《望乡》在当时所引起的全国大辩论，因为从主题到里面的一些镜头都超出了人们可接受的程度，非常类似于今天的《色·戒》。那时我刚到武汉读研究生，也卷入了辩论之中，想想真是好笑，后来看删节版《望乡》时的感受，也类似于今天看删节版的《色·戒》一样，一切都似乎在重演。只是把电影《红楼梦》一连看了五遍的事是再也不会发生了。

（三）1978年，有几篇文章是不能不提的。

首先是2月17日的《光明日报》上刊登了徐迟的一篇长文：《哥德巴赫猜想》。

这篇文章简直如晴天霹雳一样把人惊呆了：文章竟然可以这样写！世上竟有陈景润这样的人，竟有这样一些稀奇古怪的问题需要解答！一切都匪夷所思！最让人震惊的还是那种文体，那种介乎中文与译文、小说与人物传记、理论思考与报告文学之间的自由洒脱与豪迈大气。我当时拟出了十个可供讨论的问题，感觉到那种唤醒某种情感，让人在联想中进一步思索的力量才是最伟大的力量。

几乎自那以后，我就一直在想：哲学，或者说哲学家的传记，能不能也这样写？后来看苏联的哲学家阿尔森·古留加所著的《康德传》和《黑格尔小传》就有了类似的感觉，特别是前者，真正精彩；当然，这也和贾泽林他们几个人的译笔有关，后来见到贾先生，我还多次提及此事，而且从不少新入学的研究生口中，也知道了这两本书的影响之大、范围之广。至于由此而造成的"误读"，就该是另一个问题了。

再就是当时曾对比着读了波兰作家显克微支的长篇历史小说《十字军骑士》与姚雪垠的《李自成》，想从中发现我们文学创作之所以不能成为世界名著的问题到底出在哪里。

就在前几天，我在报上看到，姚老当年的助手重新修改、完成了这本书。我不知道修改后的《李自成》是什么样子，但依旧不想去再看。为什么？不知道。也许与年龄有关。人过了那个年龄，也就没有了那种兴致。

那年5月4日的《人民日报》上发表了一篇"特约评论员"的文章：《科学和民主》，让人精神为之一震。"特约评论员"的权威性尽管远远比不上"两报一刊"，但也不可小视，因为伟大如毛泽东这样的人物，也曾化名"特约评论员"写过文章。但如此文这样明显打出"德先生与赛先生"旗号的，以后每到"五四"，就似乎再也没有刊登过了。

5月8日的《参考消息》上刊登出了一篇雷震致蒋经国的长信，有一万多字，详尽论述了解除党禁、开放言论、维护法制的必要。我把它保留下来，觉得很有价值（价值在哪里？当然也不可料知，至少绝对想象不到它会导致国民党失去在台湾的领导地位，当然更想象不到这种"失去"本身却在艰难中确立着另一种不为我们所熟悉的对"话语权"的争夺方式）。

6月14日的《参考消息》上转载了香港《争鸣》杂志的一篇文章：《话说浪费人才》，看了让人欲哭无泪。那时的《参考消息》不是谁都能看到的，而凡看到的每一份，都如珍宝似的密藏着。

那时候的人才，都指的是"有特殊才能的人"，当然首先是自然科学家。这一点很奇怪，不知怎么形成的。但我相信，恐怕没有谁会给出一个有关"人才"的定义。

6月12日郭沫若逝世，终年86岁。追悼会很隆重，叶剑英主持，邓小平致悼词。这位应该与鲁迅先生、胡适先生差不多算是同时代的人竟多活了这么多年，但这到底是福还是祸？郭老的临终遗嘱是让把他的骨灰撒在大寨的土地上。那可是个神奇得不得了的地方，基本上代表着全中国整个的农村。他也终于想回归大地了。

鲁迅、胡适、郭沫若，三个人以各自不同的方式介入政治，同时也以各自不一的方式对待西方文化和传统文化，其间可说的话似乎很多很多。

这一年的第七期《大众电影》上有白杨的一篇文章，提到1957年郭沫若曾送给白杨一幅"荷花"，上面亲笔题写了"出污泥而不染，亭亭玉立，香色雍容，为人民带来祝福，愿世界早进大同"几个字，让人忽然在普遍的阴暗中感受到某种美好的东西。那应该是一种很浪漫的情怀。郭沫若就应该是让这种情怀滋养大的。相比较而言，胡适要冷静许多，但最冷静的，恐怕还是鲁迅。但谁又能预计出个人的浪漫情怀在某种语境下到底会有多少种表现形式呢？

当年的《天安门诗抄》也已作为手抄本流传到我手中，印象最深的是一首类似于"打油诗"式的《向总理请示》和另一首《儿歌》：

"黄浦江上有座桥，江桥腐朽已动摇。江桥摇，眼看要跨掉。请指示，是拆还是烧？"

"蚍蜉撼大树，边摇边狂叫：'我的力量大，知道不知道？'大树说：'我知道，我知道，一张报，两个校，几个小丑嗷嗷叫。'"

最值得记下的，就是在1月10日的日记中，我不知道根据从哪里看到的材料，把有关社会主义的复杂理论概括成6个问题：（1）1968年苏联入侵捷克斯洛伐克的原因到底是什么？（2）生产关系和生产力的矛盾为什么可以说表现为市场经济与计划经济的矛盾？（3）为什么说"计划经济与市场经济"

的矛盾既不是一个经济形式、也不是一个法律形式的问题，而是一个基本的社会关系即阶级关系的问题？（4）出现国家资产阶级的根本标志就是群众的非政治化，苏联社会的保守性是否与整个社会的"非政治化"有关？（5）苏联社会的演变过程，"阶层"与"阶级"这两个概念的区分与联系；（6）关于社会的历史决定论与意志决定论的关系问题。这篇日记密密麻麻写了12页，不知出处，但从文章中可以看出是引自一个叫保罗·斯威齐（美国经济学家，《每月评论》主编）和夏尔·贝特兰（法国经济学家，法中友协执行主席）的有关言论。

（四）1978年，国家的命运发生着转折，我个人的命运也同样发生着转折。

年初，我即获知我无法参加"文革"后的第一届高考，具体原因始终不明，只有各种各样的猜测；我的好友王世忠参加了，语文、政治都是80分，史地72分，数学58分，平均73分，录取分数线是58分。这件事让我极为兴奋，几乎彻夜不眠，一连写了好几首诗词抒情、祝贺。

4月18日，决定报考武汉大学外国哲学史专业研究生并获批准，于是开始复习俄语，最兴奋的，是知道考试时可以带词典。单位开展了轰轰烈烈的"一批两打三整顿"运动，具体内容未记，但整天开会，每个人都在清查自己；把我招进这个单位的管教科副科长贺玉祺畏罪自杀。那时我在陕西省某监狱工作，犯人都管我们每个人叫"政府"，所以贺玉祺的自杀在犯人中也引起了不小骚动，传言"'政府'吊死了自己"。

那年农村旱情严重。每次外出看到田野里的荒芜景象，都心情沉重，觉得农民又没有了盼头。

我5月15号在县城的城关小学参加研究生考试，"四个人围坐着一个乒乓球台各考各的，始终伴随着考试的，就是无数小学生们在四周唱歌、跳舞，在腿下钻来钻去。15号上午政治，下午外语，16号上午基础课，17号上午专业课。"

回来后凭记忆把所有考题记录在自己的日记本上，"政治题"中有"为什么说实践是认识论的首要观点"和"为什么说科学技术是生产力"以及"有关三个世界的内容和指导意义"，可见"试题"都与"现实"结合得很紧密。这种考试的习俗或惯例也一直延续下来，所以许多人也就都学会了"猜题"。当年的"基础题"中问了"马克思的辩证法与黑格尔的辩证法的区别"，问了"中国古代'两点论'与'一点论'的代表人物的代表思想";"专业课"考了德谟克利特、柏拉图、唯名论、百科全书派、四因、我思故我在以及康德的认识论。最有意思的是在附加题中问:"四人帮是如何继承实用主义的衣钵的"。这最后的"附加题"在今天会把那些研究"实用主义"的人(比如南京大学的陈亚军)活活气死。但,这就是30年前的"现实"。

然后就是焦急地等待。

6月27日收到复试通知。

7月13号来到武汉大学,180多名复试人员集体住在体育馆里,热闹非凡。那年夏天,武汉极热,考试的教室里用冰块降温,每天晚上每个人都光着膀子述说着自己的革命历史和坎坷经历,淋浴处3个水龙头下24小时水声哗哗不断,那种兴奋,那种莫名的冲动与憧憬让几乎所有的人在整整三天时间里无法入睡。

我知道了我"初试"的成绩,"专业课"的成绩名列第一,这件事让我兴奋得在随后的"复试"中有些手舞足蹈。真正的打击是外语的口试。陈老师和杨老师其实也不懂俄语,拿出那篇列宁的《向报告人提十个问题》,让我读一遍,说出大意。勉强读完后(俄语好读),我只好承认不知道什么意思,只知道标题。这件事,又让我的情绪一落千丈。

但一考完,我还是去参观了"红楼"(辛亥革命纪念馆),并与刚刚结识的一位朋友丁毅华(他2007年夏天病逝,生前是华中师范大学历史系的教授,那年未被武大录取,后再考两次,最后终于在兰州大学读完硕士。在此谨以此简短的文字致以沉痛哀悼,因为在后来的岁月中,只要有机会,他就会向我提及这些往事,以后,就只有我自己孤独的回忆了)一起去了庐山。

上庐山不是去欣赏风景或解除紧张(口袋里已经没有什么钱了,这才是最大的紧张),而是因为在那里开过两次决定中国命运的会议。

然后就又是等待,那种焦虑,那种祈祷中的期待,那种即将爬到山顶但已无力向上的绝望、懊悔,几乎挣扎在日记的每一个字中。

9月24号,老友二黑专程来陪我等待消息,三天后悻悻离去;也就在他登上回去的火车前,我收到了武汉大学的录取通知书。

追赶,告别,用毛泽东才发表的一首词中的"热泪欲零还住"不断向自己所熟悉的过去告别,似乎一切都将重新开始一样。

10月6日，我到武汉大学报到。

1976年10月6日，国家发生了突然事变；1978年10月6日，我成了"文革"后的第一届研究生，而且所学的正是自己所最感兴趣的外国哲学。

这里面是不是有一种因果关系呢？没有两年前的10月6日，也就没有两年后的我？

到校后就开始用各种看过了的小说交换《英汉字典》，所有书籍的交换价值都自然形成，比如《红楼梦》、《战争与和平》、《唐·吉柯德》是第一等，三本合起来换一本精装的《英汉词典》；《三国演义》、《红与黑》、《安娜·卡列尼娜》三本交换较小的词典，或者换《俄华辞典》。我在那里徘徊良久，最后狠狠心，用一本《吉尔·布拉斯》和《切身的事业》换了一本价值4元的薄薄的《英汉词典》，这本辞典伴随我度过了三年研究生的英语学习。

入校后的第一天晚上，我的导师陈修斋先生就与他的公子，也是我的同班同学、至交好友陈宣良一起到12舍来看我，解释了为什么录取通知发那么晚。在当天的日记中，我记下了我的准考证号码是1048，学生证号码是78207，校徽是04532；并用程光锐先生的一首《沁园春·题东汉出土铜奔马》的最后几句表达了自己的心情："一觉醒来，人间换了，日耀山河别样红。重抖擞，送风流人物，跃上葱茏。"

还是那种"光明就在前头"的逻辑与情感。在以后的读书生活中，要使自己从中挣脱出来，而且意识到自己挣脱了出来，并不是一件容易的事；当然，挣脱出来并不就意味着好。在"前头"等待着自己的将是无尽的徘徊、相对、无助与困惑。

（五）读研究生的第一学期，人依旧处于紧张与兴奋之中，11月8日听陈修斋和杨祖陶老师传达"芜湖会议"精神。那时开会讲究传达，而"芜湖会议"据说对我国的哲学研究有巨大的思想解放作用——我前不久也受到了中国社科院哲学研究所的通知，说今年4月要重在芜湖开会，主题是"中国哲学界思想解放三十年——纪念芜湖会议暨两学会成立三十周年学术研讨会"。

除了紧张的学习（压力来自外语），在当时最让我全身心投入的，还是集体声援黄克剑的"业余行动"，要求学校一定要录取他（具体原因不详，总之是些与成绩无关的外在原因，而几乎所有的人在一开始都想表达出自己的某种正义感）；11月28日终于在武昌火车站接到从新疆风尘仆仆赶来报到的他，而他到校后的第三天，就感受到了另一种潜伏着的危险与争斗——依旧是话语权的问题。这种感受，也使我慢慢从兴奋与狂热中冷静了下来。

但紧接着就是北大的郭教授来校讲《关于思想再解放一点》的报告，这个报告引起轩然大波，几乎所有的人都卷入激烈辩论。北京的局势动荡不宁，"十一届三中全会"召开，大家又是激烈辩论；研究生人心浮动，中哲史的一位名叫高广的人走了，据说再也不回来了。黄克剑也要走，我死死挽留，觉得这不仅仅只是个人的事，要想到妻子、孩子，想到可能会有的未来（除了"光明的未来"，我们几乎不会说出任何别一种鼓励的话）。

几乎每天晚上，我们都在严寒中沿"巴士底狱"（正式的名称是"樱花大道"）走来走去，讨论着国家的未来与自己的命运。那时的人们自觉地都把自己的一切与国家连接在一起，这是一种政治激情。这种政治激情是共产党教育的结果，具体说来又与文化大革命中的经历有关。也正是这种激情使得我们对祖国的未来抱有信心，使得我们热烈支持诸如"四五运动"这样的天安门事件，并在以后的读书与思考中贪婪地阅读和吸取着一切外来的知识，有着强烈的求知欲望；当然，也正是这种激情，使我们对周围的一切（包括自己）始终怀疑着、幼稚着，一直到今天。

让人高兴的事也有，这就是 1978 年 12 月 16 日中美正式建交。我用大字，用刚刚学会的几句英文把这条消息写在自己的日记本上。

1978 年 12 月 29 日，有人给毛泽东贴出了大字报，哲学系所有研究生在一起以开会的形式辩论十一届三中全会公报。

还有没有阶级斗争？有没有阶级敌人？

难道阶级斗争说消失就消失了？我们刚刚"天天讲、月月讲、年年讲、时刻不忘的一个铁一样的事实"，怎么说没有就没有了？我们到底是在用语词说语词，还是用语词说不同于语词的事物？"阶级斗争"仅仅只是一个概念吗？

工业不学大庆，农业不学大寨，你说工业、农业该怎样发展？

没有人能给出答案。

这里面已经涉及到一些最为"尖端"的哲学问题，还需要我们在以后的日子里仔细思考。

我是毫无保留地支持十一届三中全会的，但也有了另一种自我解脱的方式。于是尽可能地不说话，我忽然发现自己也真的生活在了一个比过去的危险性更大的环境之中。

还是这一年开始时的期待与恐惧，还是在电影世界中的欢乐与悲哀，但这时所看的电影已经是以前连想都没有想过的外国电影了；虽说还都是"旧片"，但对当时的我来说，就已经足够"新"了。

以前只存在于梦中的幸福就是吃与看，而这两点，竟如此快捷地得到了满足。但生活难道仅仅就只是这些吗？

我觉得这一年几乎就是以后的 30 年的浓缩。

晚，1978 年的第一场、也是最后一场大雪让我想起了幼时就熟记了的《水浒传》中的那几句话来："正是严冬天气，彤云密布，朔风渐起，却早纷纷扬扬卷下一天大雪来。"

1979 年，似乎就没有了惯常的"元旦社论"，提不提"两报一刊"，日记上也没有，可见这一切正在从人们的视野中淡出、遗忘；现在只记得 1978 年 12 月 31 日晚看的电影名叫《激战前夜》，具体内容也早已不记得了。

1979：

那渐渐远去了的风声、雨声、读书声……

1979 年的形象远没有 1978 年那么鲜明。

1978 年因为有了十一届三中全会、考上研究生和《哥德巴赫猜想》而让人永不能忘。

1979 年有什么呢？如果以此类推，当然有十一届四中全会，有研究生期间的苦读、失眠、念家、出游和《人妖之间》的横空出世。

但在这几件"要闻"后面，又分明显露出张志新与蒋爱珍两个完全不同、但又同样震撼人心的面容，还有就是遥远的枪炮声和一首几乎所有人都喜欢的印度电影《流浪者》中的"拉兹之歌"。

"我一直以为我是最坏的人，可现在我知道还有比我更坏的人。我敢保证，你要比我坏好多倍！"这就是拉兹在法庭上对大法官所说的一席话。

铿锵有力，义正词严。

但"好"与"坏"的标准究竟从何而来？是普遍适用和永恒不变的吗？

在长久的迷惑与不求甚解中，所有的一切也就渐渐远去，在模糊中被人们所淡忘。

（一）1979 年一开始，就是对越自卫反击战。2 月 17 日，听传达中央 11 号文件，等于是听"战争动员"。这是我们第一次听"战争动员"，所有的人都屏住呼吸。越南欺人太甚，我们忍无可忍，这也许是"实情"，因为在我的记忆中，献血、捐钱、捐粮，把最好的东西留给最需要的越南朋友早就是大家耳熟能详的日常用语；在文化大革命中，不知有多少学生自动跑到越南去"援越抗美"，有些人更是把生命都留在了那块土地上，今天，怎么能这样以怨报德呢？然而，一个社会主义大家庭中的同志加兄弟，到底发生了什么事啊？还有，苏联会作何反应？也要打吗？"我们会不会也上战场？"旁边一位同学小声问我，我说恐怕不至于，小小越南，值得我们这样兴师动众吗？

那时，对发生在柬埔寨的"红色高棉"的事还一无所知。

然而，无形中的压抑与沉重，已让我无心打听任何战况，甚至不想知道双方的伤亡，就连2月25日在看电影前播念"战报"，说23日全歼越军一个"英雄团"的消息也无法让我兴奋起来。3月4号，说是攻占了谅山，大家都围着世界地图寻找这个城市。到3月24号，我们"非党人士"才一连听了三个中央文件的传达，其中一个就是宣布对越反击自卫战胜利结束，另两个则涉及到舆论的控制，说是不准再对毛泽东说三道四。还有就是要注意生活作风。这后两个问题显然更能引起我们的关注，但大家的反映，似乎也只有沉默不语。

为配合这场战争，各个电影制片厂赶制了一大批电影，片名一概忘记，只知道其效果还比不上宣读一份"战报"。

（二）那年寒假过后，我是绕道汉中，经十堰回的武汉，就为的是见见二黑这个老朋友和 1978 年在武大考研时落选并新结识的丁毅华。

从西安到汉中，经安康到十堰，一路上全是连绵不绝的崇山峻岭。火车在山间穿行，放眼窗外，严冬中的荒凉格外刺目；也许只有星星点点的梯田才显示着当年"农业学大寨"的成果，而墙壁上残留的大标语，比如"贫下中农主力军，批林批孔有决心"、"大批促大干，大干促大变"的口号却顽强地保留着另一种记忆。

坐火车旅行的一大好处就是可以沿途搜集过去遗留的标语口号，于是发现越贫穷的地方，标语口号就越多、口气就越大，斗志和决心也就越昂扬。

远远的有几名妇女，缠着头布，背着沉重的背篓，在山间小道上攀援；因为要"以粮为纲"，所以山上的树木基本上被砍伐殆尽。到处是什么植被都没有的一片荒芜。这就是《李自成》一书中所描写的陕南吗？也许这三百多年间的中国农村真的就几乎没有什么变化，变了的就只是那些墙壁上的标语口号所留给我们的记忆。

但留在我那天日记中的，却是对这片土地的爱，那种让人流泪的爱。

城乡间的巨大差别已经越来越让人有些触目惊心了。

在武汉与西安之间，来来回回，在那些年里我一共跑了几十趟，明显感到一入河南，上车的人就如难民一样，拖家带口，席地而坐，而车上的任何服务也便宣告终止。

这些人都在奔向哪里？我当时还意识不到一场巨大的、涉及城乡关系的社会变革就发生在自己的眼前。

城市里面的风气也发生着越来越明显的变化。西安钟楼附件还有些大字报，大都涉及男女关系与对法院的什么判决表示不满；人们衣着上的变化最大，特别是一些女孩子的高跟鞋最是醒目，但交通越来越拥挤，人们的脾气也越来越大，公然插队和当街斗殴已是家常便饭。当众人提及某某由于有办法可每月多得一百来元时，都羡慕不已；冷饮店的餐具要先交押金，火车上再也没有了茶杯之类的设备，只要是无人看管的"公家的东西"，基本上必偷无疑。在武汉，我的一个红卫兵串联时的小皮夹被偷，里面有6元钱、30斤粮票，这就是我一个月的全部费用。每次在水利电力学院看电影都要冒生命危险，因为总会爆发各种各样的群体斗殴，有一次双方打得难分难解，板凳横飞，尘土飞扬，大家自动让出一片空地让他们打，而银幕上照样在播放《306号案件》，结果，我的一个同学王其水被飞来的砖头打破了头，而另一名外语系的女生则被踩倒在地，昏厥过去；一位名叫吴健的研究生在书店抓到一个小偷，在扭送治安处时反被小偷打得半死。

6月，在武汉风传一高干子弟的公安民警在15路汽车上用枪打死了售票员，众人议论纷纷，但事情的真假一直得不到落实；10月22日的《人民日报》上终于有了一条这样的报道，说新疆石河子的蒋爱珍用枪打死了三个人，大约也是为男女关系与"人言可畏"的环境所迫。无论是报纸还是大家的口碑，似乎都站在蒋爱珍一边。我们几乎要替蒋爱珍说出拉兹在法庭上所说出的那番话了。

那时候，我们都自觉站在"穷人"一边，像今天如有些人所说的那样要站在"富人"一边，在当时简直匪夷所思。

这样一种思想感情的模式是怎样形成的？我们都是1978年以后所发生的事情的受益者，但我们为什么总把自己视为"社会下层"，而且自觉地不与"当权者"或"富人"同心同德，这里面既有共产党的长期教育、包括文化大革命的影响，是不是也与长期所受人文主义思潮的熏陶与培养有关？比如《巴黎圣母院》、《悲惨世界》、《基督山伯爵》，还有大量俄罗斯的作品，作为电影与小说，哪一部不让我们在思想与感情上更站在"被侮辱与被损害的"人一边？这是一个大问题，容后再提。

（三）1979年，对人的心灵震撼最大的，还是张志新一案的披露。

她把带血的头颅，放在生命的天平上，使所有的苟活者，都失去了重量。这是当时一位名叫韩瀚的诗人写下的著名诗句。

然而，既然是"苟活者"，当然也就不在乎重量不重量。

而且，更不知道有多少"苟活者"只能悄悄地掩埋掉自己同样带血的头颅；在他或她的名字为人所知以前，生命的天平显示不出任何倾斜。

6月21日的《人民日报》上刊登出卢士超的文章，认为国家应该废除"思想罪"。

"思想罪"？一个很含混的概念：是不准想，还是不准说？是说有些人的思想生来就有罪，还是被污染，学坏了？

我1979年日记本的扉页上就贴着张志新的一张画像，旁边用英文写着"At Twenty past Ten of April Fourth Nineteen Seventy Fifth"，大概是张志新被处决的时间。

1980：

回望上世纪八十年代第一春

无论如何，上世纪八十年代都是会载入历史的，但不是因其辉煌的成就，而是因其捉摸不定的诡异与充满变数的可能。

海德格尔说：可能性高于现实性。

只是在这一意义上，上世纪八十年代将会是一个值得不断回望的十年。

（一）七十年代的最后一年，许多不知来自何处的力量就已经启动了，而且不知在向哪个方向汇集；那一年8月27日的《参考消息》上刊登出了一个美国人的这样一句话："他们在设法把一个有洞的气球吹起来"。

——从省上到中央，开了一系列的"理论务虚会"，意在激发人们的理论热情，但讨论的主题却变成了"歌德"与"缺德"之别，党性与科学性的统一；

——给张闻天开了追悼会，说遵义会议后党的最高领导人就是他；

——以中央文件的形式给安东尼奥尼平反，说他拍摄的《中国》并不反动；

——西单的"民主墙"被查禁，魏京生被判刑；有了《生死恋》、《简·爱》、《女英烈传》这样的好电影；接着在八十年代就看到了《蝴蝶梦》、《砂器》、《塔曼果》、《冰海沉船》；国产影片中的《茶馆》、《归心似箭》也好看了起来，《生活的颤音》中郑长河与徐珊珊接吻的镜头竟引起全场的骚动；而小说《调动》、《飞天》、《假如我是真的》、《大海作证》、《波动》等更引起了全社会的骚动。

（二）继张志新后，7月的大暑天，《光明日报》发表了《一颗划破寒冬的陨星》，这里说的是遇罗克；接着，《当代》第三期上就发表了遇罗锦的《一个冬天的童话》。依旧是带血的头颅，依旧是天平的倾斜。在这一年的第十期《诗刊》上，顾城、舒婷、高伐林、王小妮等集体亮相，而舒婷的诗句"可是，七十二个人被淹灭的呼吁 / 在铅字之间 / 曲曲折折地穿行 / 终于通过麦克风 / 撞响了正义的回音壁……盛夏时分 / 千万颗心 / 骤然感到寒冷"已经在大学生中传诵一时。

听戈宝权讲鲁迅，听聂华苓讲台湾，听井上靖讲日本。

5月4日铁托逝世，5月16日，在文化大革命发动四年后的这个日子，为刘少奇正式平反，10月11日，赵丹撒手而去，留下了一句石破天惊的遗言。然后在这一年的年底正式审判江、张、姚、王、黄、吴、李、邱、陈、江。

12月29日，几乎所有的人都围着研究生楼那唯一的一台电视机观看审判江青的实况。法官说江青是反革命，江青说对方是修正主义。双方的话语方式一模一样，都频繁使用着"混淆黑白，颠倒是非，攻其一点，不及其余，恶毒诽谤 企图……"的套话。所有的受审者中，只有江青装扮整齐，显然在利用最后的机会企图完成自己一生中最后的表演，听众中不断爆发阵阵哄笑，用20号的《参考消息》上的一句话说，这是一场"京戏"。

（三）我在听张世英先生讲黑格尔《逻辑学》，同时把毕业论文从社会契约论改为斯宾诺莎的伦理学。10月4日，在武汉开了一个专门讨论"唯理论与经验论"的学术研讨会，汪子嵩、汝信、王太庆、顾寿观等诸位先生都来了，北大的几位研究生们站在经验论也就是英、美一边，我们则是一些欧洲大陆的唯理论者；前者强调利益、权利，后者从前提、逻辑出发，各有各的说法。那是一个又一个的不眠之夜，大家在东湖上荡舟，荡来荡去，反复争论；但双方在这一点上是一致的：你可以这样说，也可以那样说，这都不要紧，要紧的只是得让对方说；这就是游戏规则，谁犯规罚谁下场。政体、制度、法律，等等，都必须维护言论自由，都是为了使人消除恐惧；有了这一条，什么都会有，没有这一条，已获得的一切也可能得而复失。

我们都知道，虽说在读西方哲学的研究生，但心中所想的始终是中国自己的问题，想为中国的"新时代""移植"一套适用的"新原则"、"新观念"与"新方法"。野心勃勃，让人乐观，也让人感到好笑。

晓芒、克剑、中天、延武、世平、剑桥、佐成，我们这些人一起赏樱花，度中秋，看电影，谋出游，给眼花缭乱而又平庸紧张的独身生活凭添了友谊与眷恋。

11月，老友二黑来武汉，说钢厂自负盈亏，自谋生路，他来为铁矿的运输想办法。我陪他到东湖。望着一望无垠的大湖，他说：要是我们的妻子也在多好。

一句话说得我泪流满面。这在当时几乎是一个梦想。

陈老师让我看斯宾诺莎的《论神、人与人的福祉》，英文版，原属汤用彤，后来不知怎么流落到陈老师手中，让我爱不释手，特别是扉页上斯宾诺莎那"面带愁容的受谴责的形象"。

不少的人写文章谴责新译的小说《飘》，质问它将"飘向哪里"？

我的回答是"飘向坟墓"。

旧的正在瓦解，新的尚未建立，人们无所适从，有的人就在迷茫中记住了白瑞德的话："人要发大财，只有两个时代，一是国家正在建造，一是国家正在毁坏；建造时代的财发得慢，毁坏时代的财发得快。你记住我的话，也许对于你将来有用。"

那时的我正在《译林》上读日本作家五目宽之的中篇小说《看那灰色的马》，却牢牢记住了小说中的另一段话，并把它写在自己的日记本上：

"我看到了那匹灰色的马，骑在马上的人名叫死，相随在后的是阴间的冥府。"

那只是一种感觉。也正是这种感觉逼迫着自己拼命读书、思考、辩论，而在这一切热烈的追求与奋斗后面，又分明看到了那匹灰色的马。

所有的读书、思考、辩论，其实都是为了说服自己。

这一年，最激动人心的书是赫尔岑的《往事与随想》。

1981：

"团结起来，振兴中华！"

没有谁能想到，1981 年的几场体育比赛能带给人如此大的激情。

元月 5 号晚，又是几乎所有的人都围着那一台电视机观看一场足球比赛。在此之前，老实说，我对世界杯、足球赛基本上没有什么概念，也不知道中国男足的水平在世界上到底处于一个什么样的层次上；但由于这场比赛的双方是中国与朝鲜，而且我真的希望中国能赢，所以也就挤在人群中跟大家一起看，一起喊，一起欢呼，因为比赛的结果是 4∶2，中国队胜。看到港澳的同胞们立即打出"进军西班牙！"的标语，我才意识到这场比赛的重要。

这是 1981 年年初的事，到接近年底，10 月 18 日，男足再以 3∶0 胜科威特；11 月 12 日，更是以 4∶2 胜沙特，给人一种中国男子足球队战无不胜的感觉。

但最让人振奋的还是中国男女双方的排球队。

3 月 20 号晚，国际卫星转播的世界杯排球赛亚洲赛区的最为关键的一场比赛是中国对南朝鲜。

还是那台电视机，还是那么多人，但呐喊声、欢呼声震耳欲聋，因为中国队反败为胜，在先输两局的不利情况下最后以 3∶2 战胜南朝鲜。

比赛进行了一半，不知为什么不播放了；大家咒骂着只好去听收音机，到零点左右才知道了消息，而且在各自的想象中完成了对整个比赛的设想。

大家开始狂喊，敲打着脸盆，相互击打手掌，一个个在楼上楼下窜来窜去，几乎闹了一夜。一系列体育比赛的成就一旦汇集起来，便在人群中点燃了某种不可抑制的激情：童非一个人在巴黎的体操大奖赛中拿到三枚金牌、两枚银牌，一枚铜牌；中国冰球队（以前根本不知道我们还有冰球队）进军 B 组成功；射击选手迟宁文平男子小口径步枪世界纪录……

第二天看报纸，才知道北大更厉害：他们不但有手鼓、响铃，还点燃了篝火，进行了声势浩大的火炬游行，打出的标语中就有"团结起来，振兴中华"，这也是新华社记者毕靖、徐光耀所写的一篇"特写"的标题。文章说，最先是 38 号楼三层吹响了《义勇军进行曲》的嘹亮铜号，接着，就是全校的人如潮涌，歌声、欢呼声不绝于耳。

11 月 8 日，中苏男子排球赛，中国队以 3∶0 轻取苏联，最后一局是 15∶0，可谓大快人心事。

11 月 15 日，中国女排与美国女排之间有了一场提前举行的世界杯冠军赛，结果中国队以 3∶2 获胜。赛场上，女排姑娘抱在一起，哭成一团，我们也跟着流泪；那几天，大家嘴里全是郎平、张蓉芳、周晓兰的名字；到 16 号，当中国女排战胜日本队成为世界冠军时，大家都为周晓兰未获得应有的荣誉而愤愤不平。

体育比赛在我们心目中从来就不只是单纯的体育比赛。

我们这个民族暮气沉沉的时间太久了，我真希望人们借机发泄一下；无论以什么借口。

1981 年体育比赛的一系列胜利，在我们心中激起的反应是压抑中的情感爆发，是发泄中的心理快感，是表现中的自我满足。

也正是在那些日子里，报纸上正猛烈批判着白桦的《苦恋》，所用语言与"文革"时一模一样，5 月，风传各地都开始封刊，仅湖北就有《飞碟》、《钟声》等，反正我们都没有听说过，但说是要相互检举、搜查、交代、处理；6 月底，十一届六中全会召开，通过了关于若干历史问题的决议，统一口径，宣布此事到此为止。这里有一个小插曲：11 月 30 日在电影场看电影时，播音员预告 12 月电影，当念到有《午恋》时（有这部电影吗？），大家都站起来欢呼，原来是错听成了《苦恋》。播音员不得不再三更正，说是"中午"的"午"，而不是"苦难"的"苦"。那晚上的电影是日本的《风雪黄昏》，当死前的山口百惠惨淡一笑，让三浦友和"就像抱妻子那样"抱抱她时，我真的被感动了，对几个朋友说，也让我们就如是真要上映《苦恋》那样纪念这个日子吧。

5 月 9 日，"文革"时因写《中国向何处去》而坐牢十年的杨小凯（原名杨曦光）来武汉，我们几个人陪他到东湖，听他谈中国经济改革的途径与前途；晓芒、宣良和我徒步绕东湖一圈，想为第三次世界大战为什么不可能爆发提供充足理由。

从这一年开始，志扬、萌萌、萧帆、忠晶、尚阳、道坚、晓芒、亚林、克剑、中天，我们几个人的来往就已经越来越密切了，很偶然，刚好在9月25日鲁迅百岁诞辰那天聚集东湖，留下了一张很有纪念意义的照片；而萌萌的父亲、老诗人曾卓的几首小诗也无形中使人的精神之间有了交流与沟通。两代人，解放初的"胡风分子"与"文革"时的"五一六分子"之间竟都在"莫须有"中梦想着"团结起来，振兴中华"的一天。

这一年最应该记下的就是我们几个人的毕业论文答辩。

先是4月16日，中文系唐异明的提前答辩就已经给我们做出了榜样，他讨论的是魏晋文学的演变；10月6日，我们5个人依次登场，我的问题集中在斯宾诺莎因言获罪与"言论自由"的范围。最有意思的是宣良，有老师问：难道莱布尼茨与洛克的争论也能称为"两条路线的斗争吗"？宣良答："那我们就把它改为两条线路的斗争"。众皆大笑，哪怕这并不是一个好笑的问题。

毕业了。

我和黄克剑去华中理工大学哲学研究所，那里有一个诱人的口号：要把华工办成麻省理工那样的综合性大学。

更重要的，是这所大学答应解决我们的夫妻分居问题。后来晓芒告诉我，他专门向华工的书记兼校长朱九思推荐了我和黄克剑。

告别。

我用红笔记下了两首诗，分别是徐敬亚的《活着，并且发光》与顾城的《赠别》：

《活着，并且发光》

一幕很长很长的戏剧

终于结束了！

……主角们已经纷纷离去

我们，用迷离的目光

注视着他们的背影——

互相搀扶着爬起来

用两条腿支撑起一个简单的字！

《赠别》

今天

我和你

要跨过着古老的门槛

不要祝福

不要再见

那些都像表演

最好是沉默

隐藏总不算欺骗

把回想留给未来吧

就像把梦留给夜

泪留给海

风留给帆

1982：

上帝已死，我们再无托辞

1982 年，我和黄克剑来到了华中理工大学哲学研究所，所长是武汉大学哲学系的前系主任李其驹，书记是老华工的张平；我们来后，加上原先的柳延延、徐玲、王炯华、许苏民，接着数理逻辑学家康宏逵又从北大的第一届数理逻辑硕士研究生中调来了郭世铭、陈安捷，声势一下子就壮大了起来，大家也觉得似乎很可以干一些自己想干的事业了。

然而事与愿违，很快，分裂的苗头就显露了出来。原因自然很多，比如具体到每个人的结婚、分房、调家属、提职称，甚至，也包括这样一件事：8月 27 日，黄克剑要从校门入口处走出去，竟被三个守门人扭送保卫处，说他"走错了门"。当天，他就写了调离报告。

这样大一件事之所以显得如此严重，当然与整个国家的大背景以及华工这个学校的小背景密不可分。

一方面，电视上播放了英国拍摄的电视连续剧《安娜·卡列尼娜》，于是引起一场关于"安娜与卡列宁谁才是好人"的辩论，背后的潜台词就是"我们应该歌颂谁？"在许多许多人的心目中，谁是电影、电视剧的主角，谁就一定得是一个合乎官方标准或主流意识形态的"好人"；甚至，能上了电视的人，也一定非得是"好人"不可；于是，如邓丽君的歌，如《第四十一个》以及国内一些引起关注的小说，就显然应该属于查禁之列；这样，在"暗中"，就已经开始了自上而下渐渐推进的"精神文明建设"与"扶正气、压邪风"的"准运动"——6 月 18 日，听华中工学院院长的报告，说现在的无政府主义、自由主义、个人主义已经极其严重，要求各班主任通过认真抓学生干部获取真实情况，把华工建成"精神文明的坚强堡垒"。于是有两个人成为"坏的典型"，一个是在暗室偷着冲洗裸体照片，另一个则强奸幼女。大家都觉得应该积极行动起来，似乎离开这种方式，各级领导，特别是从事思想政治工作的人就不知道该做些什么，更不知道该怎么做；因为只有"运动"或"准运动"才能为诸如"查禁"这样的行为提供"合法性依据"。

仅就"礼崩乐坏，天下无道"这一现象而言，大家都感受到了，尽管一切还只是苗头，但归咎于外在的影响，污染、思想政治工作的松懈，还是从内在的机制，甚至从人性上寻找原因（"异化"就是一个有用的概念），则尖锐对立。

在此情况下的另一方面，就是"偏要这样，非拉你们下水，就是要让你们露出原形——你们如果真是好人，能被拉下水，能怕露出原形吗？"的声音也几乎成为了一种旷野中的呐喊，带给人一种很强烈的报复中的快感。我这里指的是遇罗锦的另一部小说《春天的童话》。里面就有这样一些话："何况我心中还有一个小小的隐秘——我这种出身的人能与老革命结合本身就是对血统论的挑战……那亲吻是多么奇特，竟在我脸上留下了一个个淡红的牙痕！我怀着强烈的好奇心，想使自己觉得幸福，可是，读者，我实在应当向你们坦白，在他的亲吻中，我觉得，似乎很有些无可奈何的复仇成分！"

到底什么人才算"坏人"？也许，在许多人身上，酗酒、情感上朝三暮四，就如咬指甲一样，都只能算是一些坏习惯，只有残忍、整人、栽赃、陷害、不惜一切向上爬才是真正意义上的"坏"，这是另一本小说中所表达出来的大意。

道德问题成为了辩论的焦点。就如英国人在海上打败了阿根廷人、以色列人在陆地上攻占了贝鲁特一样，我们心目中的"坏人"也正在"道德战线"上取得节节胜利。

但这种胜利仅仅是以通过行动的瓦解让社会更加腐败以及由此而招致的观念上的更加混乱为代价的。

在社会的巨大变革中，我们始终找不到如何在道德或更为广义的价值观念上进行"转变"的途径与取向，尽管"转变观念"早就成为了一个最响亮的口号。

文化，作为一个潜伏着的主题，其实正等待着人们的召唤；而所要召唤的，又正是"文明"。

那一年，我全力研读的是存在主义的著作与早年马克思的"手稿"；萨特、加缪、波伏娃成为大家追逐的对象，"存在的勇气"、"自由的宿命"以及"人学"、"异化"都无形中成为了日常用语，而这一切，又与约翰·密尔的《论自由》有了某种呼应。从黑格尔退回到康德，从"百科全书派"退回到卢梭，再向现象学进军，有了胡塞尔与海德格尔的分手与著名的德法之争；在英国，则把注意力更多转向洛克的《政府论》与"苏格兰学派"，直至以赛亚·伯林的"自由四论"，这大约就是我个人的一个大致上的学术经历。

而与这种学术经历相伴随的，自然是内心的惊恐与不安。

在 5 月 17 日的日记中，我引用了《存在主义哲学》一书中的一段话："让我们抵抗着死去，如果留给我们的是虚无，那我们也不要使之成为正义。"

我的体会是：上帝已死，不是说我们什么都能干了，而是说我们再也无法为自己的行为找到任何托辞了。

文化大革命中的我们，由于无精神自由可言，所以也就无道德责任可言；我们不为我们所做的一切负责，因为我们所做的一切都是为了响应号召，听毛主席的话，那时的我们，不响应号召和不听话才是有罪；现在，当我们意识到我们其实是自由的时，我们想为自己负责了，但，这可能吗？这允许吗？这是现实的吗？

邓丽君的歌是需要偷着听的，萨特的书并不需要偷着看，但，显然，事情正朝着逼迫你不得不偷着看书的方向发展。

当然，最好的办法还是禁书或焚书。

这就是 1982 年留给我的总体印象。

那一年的 9 月到 12 月，我参加了一个英语口语的培训班，三位英国人当老师，天天与她们在一起交流，日记也开始学着用英文写，好处是英语听说能力大为提高，坏处是今天再看那几个月的日记，简直味同嚼蜡，都是一些最简单的记事，汉语表达的那种意味，那种抒发个人情感时的全身心投入是再也看不到了。

另一个收获就是觉得这三位英国老师真好，带给我们全新的教学理念。这三个人名叫 Pauline Barr, Gail Ellis, Alison Piper；我与她们中的 Gail Ellis 在以后的日子里一直保持通信直到八十年代末，期间还领她去了尚阳的家，看了尚阳的画，让她惊讶不已，深切感受到中国人在艺术领域里的许多成就和特性就如"地下工作"一样不为外人所知——当然，这里的"外人"指外国人也许更确切一些。

1983：

立誓忘却，却是忘而不却

1983 年，我 36 岁，本命年。一切的一切，都显得那么灰暗、沮丧，那是一种很潮湿、闷热而又无处可逃的感觉，就如武汉的夏天一样。

从年初我就得病，胃痛，三番五次检查，就是查不出来什么毛病；医生说不排除癌症，我也已经做好了死亡的准备，只是在想还能做些什么，比如写一份长长的遗嘱，于是就打腹稿，斟酌用句，想表达清楚自己的真实想法，但又怕给自己的亲人带来什么麻烦。问题是：自己的真实想法到底是什么并不清楚。总觉得应该说出来，其实一旦让说，也不过就那么几句话，而且这些话其实也早就说过了，只不过无人注意，也不会有人认真领会而已——当然就是领会了也不过如此。如果再说，当然仍不过如此，于是又很无奈，以致绝望。

自己变得更加多愁善感，总是默默流泪，对周围的一切充满同情，但这又是一种弱者的同情，只不过想以自己的"同情"来抵御他人的"痛苦"而已。

这种"同情"其实很自私，说到底不过是一种自怜，或者说是对自己的同情。

我说这些话，是因为这一年的下半年，全国性的"清除资产阶级精神污染"的运动就已经开展起来了；而我所在的华工，无疑在整个武汉地区、甚或全国范围里都属严重的；到底为了什么搞得如此严重？无非是因为黄克剑写了一些关于马克思的文章，讨论了异化、人道主义的问题，使用了据说是犯了原则性错误的一个说法："林彪、四人帮搞的是假社会主义"（正确的说法应该说成是"林彪、四人帮反社会主义"）。

是"假"，还是"反"，或者说，用了一个"假"字，难道就开脱了林彪、四人帮的罪行，就污蔑了社会主义？

真是滑稽到了极点。

而"发现"并指出了这一点，在发言中慷慨陈词，罗列出一、二、三、四点要害，并真正显得义愤填膺的老师们，自己都在"文革"中吃了不少的苦，受了很大的罪。

我那时正在给在华工开办的哲学教师进修班授课，在哲学所内部也讲过几次个人近年的学习体会，还有每周到江汉区文化馆讲一次马哲（可得8元报酬），等等，自然也讲到了许多科学与哲学、情感与理智、宗教与信仰、历史与逻辑的关系问题，而且这种讲法本身也就自然而然地被归入"唯心主义"范畴；但由于我是非党员，所以暂时可以置身事外。

单纯讲理论，并不知道要达到什么目的（为理论而理论）；或者，先有了某种现实的目的，然后再以理论的形式为自己的目的做出一番论证；那么我们现在到底是只讲理论，就学问而学问，还是先有了目的再做论证？这是必须反省的一个问题；而且，在为目的做论证时，必须意识到从某个前提出发，在达到合乎自己的目的的要求中，是有无数"沟壑"跨越不过去的，或者说是填充不满的。我们怎么可能一下子就从一个理论的"前提"逻辑地推出一个现实的"结果"呢？

然而现实生活中的一切就这样"合逻辑"地展开了。你会发现，不管讲理论的人怎么想，当理论的"热度"聚集到一定程度时，就孕育着某种爆发，就如马克思所说过的：思想永远走在行动的前面，就如闪电走在打雷的前面一样。

同样，十一届三中全会后，一切机制都原封未动，插头只是暂时拔离了插座；这与把"帽子拿在手中"的道理一样，只要最高领导人想把插头插进插座，一切都会如前一样地运转起来。

这种必然性，到底是体现在理论自身，还是现实生活本身就具有着这种"合逻辑"的必然性？

这个问题，我百思不得其解，而且知道问题就出在我只做理论思考上；而事实上，它并非一个理论问题。

10月13号的日记上第一次出现了"全党整风"的字样，我意识到一场新的思想围剿即将开始；10月底，省委宣传工作会议召开，"清污"一词连同"反党反社会主义反马克思主义、毛泽东思想"的口号已经有些铺天盖地。

　　"Leaders call for waging an active ideological struggle ,clean up the pollution of bourgeois in ideological and culture"，这是我记在 10 月 30 日的日记本上的一段话，也许是从某张英文报纸上抄录下来的，总之感到问题重大。

　　于是，一些著名的诗人、作家纷纷讲话，谴责文艺界的"反现实主义倾向"；而周扬则做了自我批评，对他在马克思逝世一百周年上的讲话表示认错。

　　11 月 7 日，看《这里的黎明静悄悄》，深切感受到我们这里的一切也都在"静悄悄"中发生。我妻子的工厂里的一位师傅恰好在这个时候来看我，他走的时候说：只有疯了的人才会想到在大学这个鬼地方工作！怎么这么可怕！

　　11 月 13 日，院长不点名的批判了黄克剑，于是李其驹作为所长首先在支部会议上检讨；接着就是培训骨干，准备一次大规模的批判会议。所有这一切都驾轻就熟，得心应手，人与人之间在僵硬的笑容后面都潜藏着不可预知的你死我活。

　　哲学所的全体会议是 12 月 19 日（星期一）召开的，在此之前，已经开了无数次会，在院工作组的直接指挥下，黄在党内做了检讨，但事情并未结束，还要开全所的会议，对非党人士进行教育。那真是撕心裂肺的一天。我在事先就下功夫在《邓小平文选》中发现了邓小平也多次使用了"林彪、四人帮的假社会主义"这样的说法，但我们这里还在无休无止地批判着这句话。那一天，我声泪俱下地痛陈事情（也就是"异化"和"人道主义"这两个概念）的原委，翻出邓小平的话，引用马克思的话，怒斥学院、工作组以及所领导所全力推动的这场莫名其妙的整人运动。

　　事情到此结束。事后，我才知道"上面"已经决定对此运动"刹车"；张平、李其驹两个人赴京探听真情，回来后再未有任何动作。

　　直到第二年的 3 月，我才知道中央有通知，说"清污"的事不要再提了；当初邓小平只是说了"不要搞精神污染"，并未说"要清除精神污染"。

　　又是一字之差！

　　圣诞节，宣良代表陈老师专程来看我，问这里到底发生了什么事，我说，发生了让人哭笑不得的事——当然，哭在现在，笑在以后，那该是一种苦笑。

　　苦乐人生，苦笑人生，这一切，让中国人怎么可能不"恶搞"？

　　自那以后，我和黄克剑都没有再提起过这件事，包括 2007 年底在福州的相见。因为我们都知道，凡立誓忘却的事，一般来说总是忘而不却。

1984：

知的执著与思的迷惘

无论是事件还是事情，哪怕就发生在眼前，大家也不会有一个共同的认可，甚至就连这件事是否"真的发生了"也会众说纷纭。在这种情况下，我们该如何记录过去？也许只有以诗的方式来描述和解释历史最好。这就是我更多的灵感主要来自于小说、电影、诗歌、绘画、音乐的一个内在原因；也许只有在当时的某种情绪性的感受最为真切，因为我相信我所记述的只是我个人的历史———最好是能折射出时代中某种普遍性的东西，但我对此并不抱有奢望。我知道我的日记只具有一种抒发个人情感的作用，而不是历史学家的卡片。

生活中有更多的东西是远远超出我们的理解的。自从自然科学取得辉煌成就以后，人们就以为可以用自然科学的方法来解决社会、道德、政治、价值领域中的所有争端；或者说，以为可以通过一种方法把所有这些领域里的问题都变成"科学"。伯林认为，这主要是个人想推卸责任，既希望自己不被评判，也不希望评判别人，于是诸如上帝、领袖、阶级、民族、国家等等概念就成了最好的避难所。

在决定论、必然性、整体观中，没有了个人，当然也就没有了个人的责任。

最可怕的是失却了某种个人的敏感性，让大家在本不该相同的感受方式上也千人一面。

1984年，当我在春节晚会上听香港歌手张明敏唱《我的中国心》时，我就在想：我们这些人与海外游子对"中国"这两个字究竟意味着什么难道会有共同的感受吗？是他的"中国心"，还是所有人的"中国心"？然后，就是阿·托夫勒的《第三次浪潮》的电视片，大家忽然觉得自己终于赶上了最后一次"浪潮"；下来就是《走向未来》丛书的出版发行，我的学友李平晔的《人的发现》被列为该丛书的第一本，"未来"的"人"重又带给人新的希望。连同以后的《文化：中国与世界》丛书，共同汇成八十年代所谓"文化热"的浪花。还有就是第23届奥运会的开幕，尽管还远没有今天这样大的声势，但也给人带来了一种期盼；阿城的小说《棋王》，苏联电影《莫斯科不相信眼泪》都是那一时期的热点话题，就国家大事而言，当然要数"中英关于香港问题的联合声明"的发表，等等。

与自己密切相关的，就是华中工学院哲学研究所经"清污"后的七零八落与风吹云散：所长与书记、外来调入的与原就是本校的、站在被"污染"的人一边的与"清除者"一边的，如此等等，都是原先设想成为"麻省理工学院"时始料不及的。黄克剑、郭世铭、王炯华、柳延延和我先后都提出要调走；宣良到人民大学读博士，世忠一家去了新疆……

从1983年到1984年，我日记本中的事还真不少，有"二王"（王宗坊、王宗玮）到处流窜，持枪杀人，各地人心惶惶，神乎其神，全国通缉，前所未有；有1981年8月，台湾一名姓黄的少校驾一先进战机飞回大陆，于是举国欢庆，从福州机场到杨得志将军，为他接风不断，几乎每天都有他的消息；谁知后来就发生了一系列的"劫机事件"，不断有人外逃，终于在5月6日有5人劫持载有105名乘客的三叉戟飞往韩国，举国大哗；有了在合肥开"宗教—哲学研讨会"的经历，与张岱年、任继愈、汪子嵩等人对话；与余敦康老师一起在钱广华老师家吃饭，席间所论，皆为中国传统文化中有无宗教及宗教对一个民族的极端重要，有了返汉时在"东方红26号"客轮上尽饱长江风光的美好记忆；有了镇江会议，有了熊伟老先生在会议结束时激动万分的朗诵、沈少周先生慷慨激昂的总结与我们自以为得意的"真正的学术立场"的胜利，如此等等。

于是，就想关进小屋成一统，觉得也许只有翻译外国人的东西才最有保留价值。那一年，开始为陈老师主编的《欧洲哲学史上的经验主义与理性主义》写自己承担的章节，开始翻译罗素的《对莱布尼茨哲学的批评性解释》中的有关部分，翻译康德的《自然科学的形而上学基础·导言》，还有R.J.Hollingdale为尼采的《查拉图斯特拉如是说》英文版所写的"导言"。那是一种竭力想使自己沉静下来的无望努力。之所以说是"无望努力"，就是因为"知"与"思"、理性与情感、逻辑与诗意、科学与宗教、理论建设与现实的断裂、意识形态的统和与信仰的缺失，外国人的问题与本土经验的差异等等依旧纠缠着自己，前者总想在对象化的认知中找到某种具有确定性的东西，后者则在怀疑、迷惘、困惑与自我表现中想显露出更多不确定的可能。

所以，在湖北社科院筹办《青年论坛》以及我在这本刊物上所发表的《知的执著与思的迷惘》也就成为了一种特殊的记忆。

与此同时，我们与北京的朋友联系，想共同为毛姆的小说《月亮与六便士》写书评，以此方式让哲学有另一种面孔、另一种情怀和另一种话语。

> 我还记得高墙
> 还有高墙下那簇不知名的小花
> 忘了吗，寂寞的沙漠
> 连同沙漠里悠长的胡笳
> 在生活中让我前行
> 寻一处地方让思想扎根发芽

怀念远方的朋友，怀念我的老师、同学，怀念所有与我在这些日子里共同喜怒哀乐的友人。这一年岁末，我知道我的妻子就要调来武汉了，心中忽然充满感激。现在的人可能已经无法理解了，那时想把长期分居两地的夫妇调到一起，几乎就是一个不可想象的天方夜谭中的神话。

对我个人来说，这也许是"清污"的一个副产品，一个想把我继续挽留在这所学校里的特殊的恩赐。

1985：

西西弗斯的神话

1985 年在我个人的生命中具有着某种特殊的意义。

首先，这一年的元月 18、19 日，在华工的招待所召开了湖北省的哲学史年会。有人在会上提出了这样一个问题：1984 年第 8 期《人民文学》上可以刊登谌容的小说《杨月月和萨特之研究》，我们这些专门研究存在主义的学者们为什么就不能公开发表自己对萨特的研究成果？

这是一个很有些荒诞意味的问题。

作家们可以随便说，因为他们在虚构，在想象，在创作；但我们却不能那样说，因为理论研究不能有虚构、想象的成分，它必须是求真的、务实的；什么问题一旦成了理论问题，一下子就严肃了起来；而这种严肃，本身又给人一种很荒诞的感觉。真正的相声大师在说相声和表演喜剧作品时首先要让人看到的就是自己的一脸严肃。

什么叫荒诞？就是人与其生活之间的脱节、演员与舞台背景的脱节，就是人的呼唤与世界的默不作声之间的对立。

越想笑，就越与生活脱节；于是只好强调严肃；越严肃，也就越与这个默不作声的世界相对立。

这里面似乎有一个无法挣脱、周而复始的循环；于是有些人只好做出满不在乎的样子，说些"我是流氓我怕谁"的一语双关的大话；而另一些人则想到了同样面对荒诞的西西弗斯。

这一年的春节晚会已经很不好看了，竟然搞起了"赞助纪念券"；具体是什么内容我已经忘记了，只在日记中记道：我也买了一张，号码是

051073，得一金牛。那一年是牛年。

春节，作为传统的民间节日，也终于与其本身脱节，成了一个把金钱（露脸、名气、声望）与政治宣传完美结合起来的舞台，诠释了最为理想的"寓教于乐"的古训。

在我 11 月 20 日的日记中写着这样一段话：一切信仰的真正意义就在于在不相信人类始终在进步的前提下，相信人类会过上更美好的生活。

这也是一个悖论，或可理解为荒诞。

也许宗教就正是因某种荒诞而成为精神的必需。

有两年多的时间，我一直在研究叔本华，发表了好几篇论文，但又一直想从叔本华的阴影中走出。

文化是一个与传统密不可分的概念；凡想到文化问题，就先已有了一种价值取向，这就是对现状不满，于是想从文化或传统中汲取新的资源。

可惜我的精神中没有任何宗教的资源，那时也还没有注意到自身传统的转型或重新解释的可能，只是感到如文化大革命那样对待传统文化是肯定不对的。尼采与福柯是另一条"重估价值"的途径，但当时首先需要的是一种面对荒诞的力量，于是就想到了加缪笔下的西西弗斯。

西西弗斯是希腊神话中的柯林斯王，杀过人，劫过货，自然有罪，但为什么后世的千百万人也要无休止地受此惩罚呢？我们生活中的西西弗斯式的惩罚还少吗？

1985 年，我们武汉的几位同道一共集体外出两次：一次是应黄克剑之邀到福州讲座，同去八人，有志扬、萌萌、晓芒、军涛、苏民、万盛，再加上我们夫妇两人；再一次是应高尔泰先生之邀，志扬、萌萌、晓芒、道坚和我一起到成都参加一个美学研讨会。在福州，我讲的是时代的反省精神，在成都，大家的话题就始终集中在西西弗斯身上。

"我把西西弗斯放在山脚下，人们总是看到他的重负，看到他无望的一次又一次地把巨石推上山去，然后再看着巨石滚下山来"；很少有人注意到他始终面带笑容，更没有多少人知道"推巨石上山所要付出的艰苦努力，就足以使一个人的心里感到充实"。

这有点像我们的"重在参与"和"重要的在于过程"的奥运口号；但如果把这一过程理解为人生，理解为我们对生命的感悟，它的意义到底在哪里呢？

　　这一年的9月，萌萌在我的笔记本上题写了《命运：一个平凡的、西西弗斯的神话———以此祝福我的所有那些被判处了终身自由苦役的同代人的》的长诗，里面就有以后悬挂在她的灵堂两侧的诗句："饿了有石缝中生长出的绿色的、红色的果实，渴了有大地夜哭的晶莹的泪珠"。

　　这一年的9月24日，中共十二届四中全会闭幕，邓小平、陈云讲了话，大意是共产党的优势从来就不会体现在经济上，而是体现在政治上、思想上、文化上、精神上，所以这个根本的优势不能放弃。

　　而事实却又想证明，正是借助于共产党的优势，我们这么多年来才在经济上取得了如此骄人的成就，而几乎所有困难的问题，就集中在我们的政治、思想、文化、精神与经济的脱节上。

　　无论是把二者分离开来，说经济是经济，政治是政治，信奉彻底的二元论（这意味着国家应该从社会的经济活动中退出），还是在市场经济的基础上更新、创造出另一套与经济活动和市场运作相匹配的政治体制、思想文化（这意味着在价值观念上必须贯彻自由、平等、契约、选择、自愿、利益、诚信的原则），无论怎样，都可能让人看到消除这种脱节的努力，看到西西弗斯面带微笑地重新推巨石上山；当然，也可以退回到过去的计划经济，那也是一种匹配模式。

　　国家大事我们管不了，作为个人，当我们看着巨石一次又一次从山上滚落下来时，难道就只有站在山下哀号与无所作为吗？

　　我关心的，始终只是我们自身的文化事业，是传统的转型与精神领域的深入与提升。这里面也有一个悖论：越不能说，不让讨论的，就越想说，越有话说。

　　成都会议后，我一个人从成都到重庆，坐船经三峡到宜昌，沿途看两岸峭壁，眼前浮现的，就一直是那个模模糊糊的西西弗斯的身影。

　　这一年，我觉得最好的电影是苏联的《白皮姆与黑耳朵》，滕文骥导演的《海滩》，对我影响最大的小说是托尔斯泰的《伊凡·伊里奇之死》；这篇小说看了多遍，每次重看总有不同的收获，而且自认为自己变成了一个托尔斯泰式的"守旧主义者"。

1986：

人有一千个灵魂

　　这一年，国际、国内、身边的朋友连同自己的切身感受屡起波澜，接连不断，让人眼花缭乱，晕头转向。

　　首先，1月底，美国的"挑战者号"航天飞机在全世界的人的目光下腾空爆炸，那种爆炸的场面与电视画面上美国民众的惊愕与悲恸长久留在人们的心目中。那是一种完全不同于5年后的"9.11事件"的惊愕与悲恸：一个是逃生、救助，一个是彻底的无能为力；一个发生在自己身上，是他人造成的，一个发生在他人身上，是自己造成的；尽管同样是技术力量对人的毁灭，但一个是以胜利的形式表现出来，另一个则是失败。生活世界技术化了，技术在毁灭我们的同时，也让我们可以目睹到毁灭的现场，哪怕远在天边。到2月底，菲律宾的铁腕人物马科斯总统下台，一个柔弱的女子阿基诺夫人走上了前台。据说这一切都离不了美国的操控，让人意识到民主的唯一好处就是能依靠本国人民自己的力量并以相对和平的方式完成政权的更迭。乍得内战，就与今年（2008年）一样，依旧是反政府力量与政府的较量，但当时法国政府的态度很鲜明，这就是坚决站在政府一边。两伊战争已经打得不分伯仲，但我们那时并不大关心这场战争，连"逊尼派"和"什叶派"这些概念也很少听过，没有人能想到20年后，这两个国家作为美国共同的敌人而又把全世界的目光都集中在它们那里。

　　在国内，同样是1月底，第一期《大众电影》因为把朱琳半裸的照片作为了封底，于是引起抢购，引起举国辩论，引起"国将不国"的哀叹；7月1日的《报刊文摘》上有一篇文章《"维纳斯"向谁申诉？》，说的是南京艺术学院一女模特儿月收入 250 元，因无法忍受别人的风言风语而被迫到法院打官司，法院的判决是："你拿钱多，工作时赤身露体，这都是事实，怎么会构成诽谤？"这位"维纳斯"含泪败诉，不知所终。7月2日的《武汉晚报》上，又是一19岁的年轻女子因触电昏迷，一男青年对她进行口对口的人工呼吸，结果受到旁观者的大肆嘲弄，愤而离去，女青年不治身亡。

当"存在"（当然，这里所说的"存在"，按照海德格尔的理解，就只是"此在"（Dasein））从精神转变为肉体后，色情化了的肉体就与权力和金钱结合在一起对人们在精神上所构筑的防护栏发起了进攻，而且屡败屡战。

电视上连着播放了《双城记》和《大卫·科波菲尔》，让人看得入迷。我原先一直不喜欢狄更斯的作品，想不到电影竟完全转变了我的观念。残雪说："我终于对自己的声音入了迷"，于是一部接一部的作品问世，而我，也对她的作品入了迷。邓氏三兄妹连同大哥唐复华，自那以后一直到海南，一直与我息息相通。

这年夏天，武汉极热。宣良面对离婚，其间之曲折、对人心灵的折磨远非我的拙笔所能描述。"人的痛苦是不能为知识所同化的"，无论是翻译萨特的《存在与虚无》，还是写作《死与道德》（死于道德？），其实都化解不了他当下的困顿。

8月1日，我们武汉的一行人到贵阳开现代西方哲学的会议，与越胜、友渔、王炜、甘阳等密切接触，争论"现代西方的哲学问题"（也就是"存在"从精神转变为肉体后的问题）在什么意义上才能算做我们自己的问题？是把哲学作为一个"事业"，按部就班地一步一步做，比如从翻译、引进开始，还是表达个人的那种"富有哲学意味的情绪"，使之成为与自己的生活方式、生活态度密不可分的人生问题？

于是"文化"真正成为了众人瞩目的焦点。陈鼓应说，应把尼采的"will to power"译为"冲撞意志"，理解为人的潜能性的创造力；而任何一个民族的文化，自身也都具有着这种可以医治创伤、自我恢复的"will to power"。

海德格尔与尼采成为了现代西方哲学中最为热门的两个人物。

真理或价值的显示与创造代替了对其的发现与固守。

尼采影响中国知识界至少也有半个多世纪了，现在再加上海德格尔（其影响力一直到现在久盛不衰），这两位至少在现象上都与纳粹有着这样那样关系的、集德国式的理性主义与浪漫主义于一身的转折性人物，他们对宗教的拒绝，对现代性的批判，到底对我们来说意味着什么？是现代性－工具理性－惟利是图，还是现代性－民主化－全球化－历史的终结？

读赫尔曼·海塞的《荒原狼》，记住了里面的一句话："人有一千个灵魂"。

这既是我们因无法自圆其说而招致痛苦的根源，也是我们终究离不了哲学，需要用哲学来不断为所谓的"自我"，即"人格统一性"来寻求某种论证的必要性之所在——哪怕这种论证只是一种悖论，而这种必要则是彻底的虚幻。

这一年年初，看阿夫托尔哈诺夫所著的《权力学》，知道了 1917 年 8 月在苏共党的第六次代表大会上所选出的以列宁为首的 24 名中央委员，经历了三次大清洗后，有 11 人被枪决，1 人被杀害，1 人被捕，1 人自杀，2 人被敌人杀害，7 人自然死亡，最后作为最高领袖活着的，当然就只有斯大林一个人；他 1924 年在第 13 次代表大会上联合季诺维耶夫和布哈林战胜了托洛斯基；在 1925 年第 15 次代表大会上联合布哈林和李可夫战胜了季诺维耶夫；在 1930 年第 16 次代表大会上再最后战胜了布哈林。1934 年的第 17 次代表大会被称为"胜利者的大会"，但这一届代表大会所选出的 71 名中央委员中被枪决的有 51 人，占总数的 71%；候补中央委员 68 人中被枪决的有 47 人，占总数的 69%；其中伏罗希洛夫在军队中消灭了 5 位元帅中的 3 位，15 位集团军司令中的 13 位，85 位军长中的 57 位，195 位师长中的 110 位，406 位旅长中的 220 位，被杀害的中级指挥官的确切人数是 5000 人。书中对雅戈达、叶诺夫、贝利亚三人所先后主持的清洗工作的描写，看得人心惊肉跳，彻夜无眠。

书中说，苏联的意识形态中有两个最重要的概念，这就是"理想"与"物质"，它们都能起到把人的"一千个灵魂"整合为一个的作用；如果把它们合二为一，这就是"物质化了的理想"或"物质化了的意识形态"，因为无论是讲"理想"还是讲"意识形态"，都不仅仅停留在"精神"或"意识"的层次，它需要的是手中的枪、秘密警察、集中营、书报检查和集体农庄这样一些"物质力量"。

如果把人视为"用特殊的物质材料制成的动物"，那么"一千个灵魂"的问题本来就不应该是一个问题。

布哈林无疑是一个遭斯大林清洗的无辜者，但也正是他在《过渡时期经济学》中说"无产阶级的高压政治，在从死刑到强迫劳动的所有形式中，乃是——听起来似乎矛盾——从资本主义时代的人的材料中塑造共产主义人性的方法。"以赛亚·伯林在引述这段话时，特别提醒我们注意"人的材料"这个词。

"人的材料"经过"人类灵魂工程师"的设计，终于"物质化"为人的最高理想，然后再如这一年的切尔诺贝利核电站一样泄漏为各种意味上的不祥之兆。

1987:

"让世界充满爱"

动荡、起伏、焦虑、不安，风起云涌的学生运动，有的抵制日货，有的声讨贪官；中央一号文件，开除方励之、王若望党籍，后来再开除刘宾雁；元月 16 日，在湖北大学为张世英先生饯行，忽听有重要新闻，原来是胡耀邦下台，众皆无语，谁也不知该说些什么。晚坐车回华中工学院，见街道上熙熙攘攘，人来车往，一切照旧，方知政治已渐渐远离了人们的日常生活。我不知道这是好的现象还是不好的现象。是好，是因为我们知道西方人并不把谁在台上看得很重，竞选者须费很大的力气才能动员更多的人来投票，而到底谁会赢，说到底关系并不大；在我们这里，我长这么大还从未投票选过谁，但却对政治形势的变化如此的关注，让人一天到晚担惊受怕，心中真希望政治也能淡出人们的生活，让大家的日子轻松一些；但反过来想，我们这个社会一直就靠政治这根弦才能把大家的神经高度绷紧，一直依赖着意识形态的整合才能使社会具有一种外在的、价值观念上的一致，比如给善恶美丑提供标准；如果政治远离了人们的生活，这也就同时意味着价值观念的松动乃至瓦解。是不是我们也到了如尼采所说的"重估一切价值"的地步呢？谁来重估？以什么为标准？难道世间真存在着确定不易的价值标准吗？

元月 21 日在世南家聚餐，正琳大醉，酒后真言，方知人心之无所着落。

世忠一家去了克拉玛依，我的另一位老朋友广勤也定居于新疆且末，在那里为人家写"县志"，我们费了很大力气才在地图上找到这个地方，心中的悲凉无以言表。他是清华附中 1965 届的高中毕业生，由于家庭成分不好，随父来到华县，在县物质局当职员，后主动下乡插队落户于张家山，一个极为偏僻的大山深处；但又不算插队知青，就是说历届招工名额上都没有他；后入赘一农户，在多次被临时聘为乡村教师和被征调到华县写县志后，终于自行远去。

那真是一段动荡不宁的岁月，或如《共产党宣言》中所说的那样：一切固定的、古老的、素被尊称的观念正在瓦解，而新的一切该是什么样子又无人知道。

历史正在逼近一个转折点，而我们却如无头苍蝇一样寻觅着自己的去向。

我们在广州开会，被领着集体参观花园酒店、白天鹅宾馆，大家列队而入，一个接一个房间的看，嘴里发出由衷的赞叹：仅仅就是敞开大门，任人参观这一项，已足够让人大开眼界。

而这一切，显然都是殖民地加资本主义的香港带给我们的。

外面的一切到底是什么样子？

好奇归好奇，我却依旧愿意固守在这块土地上，这是一种很奇怪的心理，自己与自己过不去的心理，仿佛不这样就无法显示自己的与众不同似的。

杨小凯从美国来信，柳延延从苏联来信。冷战的格局依旧，但真正的冷战却发生在自己身上，一种内在的很冷的感觉。

从广州再去深圳；那时的深圳还未开发，去深圳的目的只是为了去沙头角，一个在九牛一毛的意义上能体现香港之繁荣的弹丸之地。大家拼命购物，主要是布料，为的是向自己的家乡人炫耀自己的东西是在香港买的。

我站在界碑处仰天长叹，当时的那种屈辱感，那种哑口无言但又愤愤不平的压抑与惆怅，真让人永世难忘。

这里面确有一种很可怕的情绪性的东西在酝酿。

志扬的朋友王振武去世，在汉口参加他的悼念仪式；回来后再与他聚谈。他说了他的苦恼与追求：甘阳有理性，小枫从诗意到神话再找到宗教，终于找到了上帝；维纲则相信他的语言分析。我们呢？我们有什么？什么是我们正在寻找的东西？那时的胡塞尔与现象学，已经渐渐浮出水面，成为大家关注的焦点，而我的注意力，也随之从古典哲学转向了现代西方哲学。

现代西方哲学中的什么精神？结构还是解构？激进还是保守？怀疑还是确信？作为"基底"的是意识还是肉体？是精神还是物质？抑或根本就不能使用"基底"（实体，substance）这个概念？

随后，就有了志扬主编的《边缘丛书》，包括有志扬的《渎神的节日》、萌萌的《在逻辑和想象的背后》，正琳的《快乐与理性》、宣良的《死与道德》、忠晶的《与萨特对话》、晓芒的《表演人生》、亚林的《诗与禅》和我的《浪漫与幽默》，还有两本论文集，分别是《风从两山间吹过》和《无常的毁灭与不朽的生命》。

"路，人不走不在，人走也未必在，要不，更多的人怎么会迷失在他们的常路之中？但我们总还得走，而且一旦开始，就得走下去。比较和选择其实很难的，人都有自己跨不过去的界限：绝路也罢，歧路也罢，常路也罢，也许正是界限使我们在各自的边缘相遇。"

要说这一年真正让人记住的，还是这一年的元月4号，在中央电视台的"星期音乐会"上听到了"让世界充满爱"这首合唱歌曲。

啊……一年又一年
想起来是那么遥远
仿佛都已是从前
那不曾破灭的梦幻
依然隐藏在我心间
是谁在默默呼唤
激起了心中的波澜
……

这首歌在唱出了我们心中的某种情怀的同时，也缓解了内心的某种冲突，特别是那种浪漫中的哀伤与希望。我是那么地喜欢这首歌，而且在以后的最最困难的时刻，总会想起这首歌，唱起这首歌，听同学们集体合唱这首歌，因为它给了我力量，给了我期盼，让我相信人世间毕竟还有某种美好的东西值得珍视。

1988：

边缘状态的自我意识

一个《大众电影》，一个《人民文学》，都曾因刊登朱琳的照片与马健、刘索拉等人的小说而引起抢购与争论；到 1988 年，《河殇》、《红高粱》、《一无所有》等作品，甚至包括黎汝清的小说《皖南事变》的登堂入室终于使人们在某种复杂的心绪下接受了"异端"或"另类"的眼光，让更多的人在渐趋平静中回复到自己的内在生活。

几乎整整一年，我都在为出版这套"边缘丛书"而与几家出版社进行联系，为此还应国伟之邀与志扬同机飞到了上海；最让人痛苦的就是必须一遍又一遍地重复那些大体相同的话，比如为什么要选取这样的角度，为什么要用"边缘"二字作为丛书的主题，为什么要在文体上介乎哲学与文学之间，为什么要描述那种近乎绝望的处境、状态、心境与情绪，然后又要把这些词语转变为哲学概念、哲学问题。

这一年的 4 月初，在湖北大学召开了一次关于德国哲学的国际会议。那时候在国内开这样大规模的国际哲学讨论会还不大为人们所习惯，我们全力以赴投入了筹备与接待工作，然后再在会上发言，主题是德国哲学中的主体性原则。

会前，去国十年的 G 教授来我家，大家相谈甚欢。G 先生详细谈到了自己十年后回国的感受，给我印象最深的是这样几句话："才到法国，最喜欢一个人在森林散步，但现在不敢了，主要是怕孤独"；"无论你到哪里，都时时处处感受到中国的存在，那些华侨，有的根本就没有到过中国，但也有许多习气显然与国内一模一样"；"这次回来，怎么觉得每个人的面孔都显得这么贪婪、凶恶"；"回来，总怀疑自己是不是真的回来了，一觉醒来，不知身在何处"，等等。

那些日子，除了最后完成《浪漫与幽默——反省中的哲学心态》一书外，就是写作思想随笔《人生天地间》，翻译一本名为《Mere Christianity》（基督教真义）的小册子；主要的精力放在厘清《哲学与现代人处境》上，向自己提出"上帝何以成为一个问题"，与别人展开"关于上帝的对话"。

上帝，对我来说还只是一个躲不开的话题，并未成为自己的信仰。

那一年的夏天，武汉特热，连续一周40℃的高温，而我的胃天天疼痛难耐，几次几乎昏厥过去。事后知道是胆囊炎；但我就是不明白，为什么在长达几个月的时间里，经过了内科、外科、神经科的重重检查，就是没有一个大夫告诉我可能是胆囊有问题。只要我说"胃疼"，他们就只检查胃，用钡餐透视、用胃镜，然后告诉我胃只是浅表性炎症，消消炎就好了。然而并未好，依旧是疼，饭后巨疼。我当然只知道人体有胃这样一个器官，那时对胆囊毫无意识，几乎连"胆结石"这个概念听都没有听说过。

我说疼，大夫说没什么大问题，留给自己的当然就只有绝望。

什么是现代人的处境？我们理解了我们这个时代的独特冲突——正是这种冲突给了这个时代以激奋与卑微的特质——吗？

理解了时代的独特冲突，下来就是：我们认同这样一个时代吗？"认同"在这里指的是一种欢欣鼓舞、张开双臂的姿态；"不认同"并不是说你可以跳出这个时代，而是指那种怀疑的、批判的目光，这被理解为知识分子的本色。

为什么？

我们都是从文化大革命中过来的一代"有为"青年；之所以要给"有为"二字打上引号，是因为凡是能够为"有为"二字提供证明的理想、热情、志向、抱负都应该在以后的日子里打上引号。

打上引号就意味着怀疑、批判；再向前跨进一步，就是虚无主义，它几乎成了这一代人的一个宿命。

这是一个巨大的落差。

在农村插队，在监狱当狱卒，无论日子多么清贫，精神多么贫瘠，但有信念，而且认为一切艰难困苦都是在考验自己的信念是否坚定。

真正的困惑始于研究生毕业之后，始于自己已经成了一名大学副教授，有了两室半一厅的住房，而且被人尊敬，受邀在各个场合发表自己的见解之后。

到底是什么东西使自己受到一些人的尊敬？名誉？地位？知识？收入？品行？自己追求的是什么？就是这些吗？什么是自己"真"的见解，而且这种见解只在某种场合下才说给某些人听？自己真有这样的见解吗？过去，自己所经历的一切到底都给自己留下了些什么？自己是不是已经丧失了对于苦难的感受？或者说，以前说的是世界上三分之二的劳苦大众，现在，不说世界上，只说自己的身边，苦难是什么？如果说以前挂在嘴上的"解放"或"解救"现在不说了，那么现在该是什么？无动于衷吗？

"哲学的主体性"，这是一个很熟悉又很陌生的概念。从笛卡尔那里我们知道了"自我"，从康德那里我们知道了"先验"，从胡塞尔那里我们知道了"纯粹"，但这一切到底是为了什么？是为了把目光从上帝转向人，转向人的意识的先验性和纯粹性吗？什么是我们直觉中的社会腐败，什么又是我们本能意义上的反抗或随波逐流？

"主体性"，在西方哲学家那里，其实就是对主体自身权利的意识，而且要求把这种权利以法律的形式固定下来；所以"文革"后期，张春桥才一再提出要"破除资产阶级法权"（这一点也深得毛泽东的欢心）。这其实是一次要从根本上泯灭掉人的"主体性意识"和"法治社会"的大规模的思想教育运动。但由于它太深奥，而且，说真的，也由于人们基本上还根本就没有权利或法权的意识，所以这样的批判才无异于"空对空"的对天鸣炮。

但现在，当我们由于能吃饱了故而对饥饿才更为敏感，由于我们自认为已经可以为自己追求到幸福故而才对一切压迫、障碍、阻拦、歪曲和限制感受到痛苦时，我们才知道自己所追求的其实就只是一种要求被尊重的感觉；因为所谓尊重，无非就是要求尊重自己的感受，特别是那种以前被视为"异端"或"另类"的感受或感觉——前提是我们必须承认每个人都有自己的感觉。

维护这种感觉的正当与权利，而且想以法的形式固定下来，在这种情况下才成为了一种对自我的意识。

没有人由于可以吃饱了就不相信还会挨饿，也没有人相信一切横在自己所要追求的幸福前面的压迫、障碍、阻拦、歪曲和限制都会消除，或者说都应该消除，但，那种信念，那种感觉，那种企图做出论证的努力，难道不正是人之为人的可贵之处吗？

1988 年的最后一个月，日记中就一个字："疼"。几次在半夜被送到医院打吊针，三番五次地检查，已经让我不得不装出比实际上的疼痛更为疼痛的样子来欺骗自己，企图蒙混过关。

但，那种疼痛毕竟是属于自己的，而且只属于自己一个人。

1989：

How to live above your problems

1989 年，我终因最后查明在胆总管处有三粒石子卡住胆汁流通而住院，接着就是手术，手术失败，重来，在医院住了一百多天；最后让从北京来的一位名叫张宝善的医生给我做了胆道镜手术，把最后残留在胆总管处的一粒石子排掉，算是最终解决了折磨我将近三年的这三粒石子。

整个过程充满了滑稽、荒诞，莫名其妙的浪漫与黑色幽默，就如我的那本书的书名一样。其间的血与泪，只有自己知道。

从 1989 年 9 月初到 10 月底，从听到"胆道镜"到实际上领教了它的作用，期间真是充满了失望、孤独与寂寞；而唯一可以转移一下注意力的，就是对文化大革命的回忆。那时总在想，无论鲁迅再失望，再孤独，再厌恶，但总不能上去打人耳光。我们在文化大革命时却越过了这个界限，那不是在捍卫某种学说，也不是把耳光打在某个阶级脸上。它就是在打某个具体的人的脸上，而打人，则是为了显示自己的某种状态，为了证明自己更进步，更勇敢。

那么现在，我拿什么来证明自己呢？

这一年的一开始，就是此起彼伏的"气功热"：到处有人传授，有人宣传，有人介绍；气功大师们轮番登场，个个身手不凡，各种各样的发功形式几乎包治百病。我由于胃疼（其实是胆总管结石），也被热心的朋友拉着参加了几次这样的活动，但每次都忍俊不住，在众皆闭目养神、气沉丹田时偷偷斜视他人，而且总想发笑，最后只好归结为"心不诚，功不灵"，无果而终。

关于那些日子里的所闻所见，我已在我的《沉默的视野》一书中有了详尽描述，这里就不多说了。

这一年四月，志扬、萌萌、肖帆、晓芒和我五个人一起爬华山，在西峰顶，气象站的人脚踏发电，我们围坐在那里看胡耀邦的追悼大会；然后在陕西师大参加一个与文化有关的讨论会，我发表了关于"上帝何以成为一个问题"的报告，志扬讲了"上帝与虚无"的问题，从中已见我想找到某个借以安顿自身的"实在"，而志扬则坚定将其"偶在化"的不同趋向。后来，我在医院死去活来，把新出的《人生天地间》送给志扬时，题写的就是这样一句话："当我们偷偷追求完美时，惟你看到了残缺"；在送给萌萌的书上，题写的是："如此不停歇地走下去，是追求前面，还是惧怕后面？抑或就只是对当下的遮掩？"

15年后，志扬把他的《一个偶在论者的觅踪》送给我时，书的扉页上写的是"西学界像支溃败逃跑的军队，要到哪一个人停下来，这支溃逃的军队才算停下来呢？总得有人一个一个地停下来吧……"

他决心停在自己的"偶在"上："停在"本身就是一种"偶在"。

而我，似乎一直像在病中似的想寻找到一种方式，使我能够"to live above my problems"（超出于我的困难之上或之外），问题只在于"how"（如何，怎样）。

此文的标题是一本英文书的书名，作者是 Oral Roberts（奥若·罗伯茨），该书于1974年在美国出版。

这是一位美国朋友海伦小姐回国前送给我、也是我在住院期间一直在读的一本书；它虽然讲的是基督教，但所涉及的却是每个人在日常生活中都会遇到并想获得某种解答的普遍性问题。

但我毕竟不是一个基督徒，而且成不了一个基督徒，就如我在练气功时"心不诚"一样，对宗教，我也做不到心诚——也许，和我还未到那一步有关。

我看这些书，主要是把基督教作为一个"哲学问题"来加以研究的，因为在我的生活中，"哲学问题"本身就是一个问题，一个需要"消解"、"超越"或"摆脱"（这些意思都包含在"above"这个英文单词中）的问题。

特别引起我的注意的是书中第68页关于他参观红场列宁墓时的一段描写。书中的原文是这样说的：

（不远的地方就是列宁去世的房子，他在那里度过了最后的几个月，房子里的一切原封不动，一切就如他去世时的样子。那里放着一本他正在阅读的书，也许人们会吃惊这竟然是一本关于我们的主耶稣基督的书——列宁生前曾说过他不信这一切。书打开并放置在那里。由于这是一本英文书，而大部分俄国人又不懂英文，所以他们就这样看着这本书，微笑着从书旁走过。他们不知道这是一本关于基督的书。他们把列宁作为去世的共产主义的领袖来加以崇敬，却不知道他们正在走过他的这本关于基督教信仰的书。

列宁死时紧握仇恨的拳头。

耶稣死时张开爱的双手并愈合每个人的创伤。）

我没有去过俄罗斯，不知道这是一本什么书；就是确有这样一本列宁正在看的关于基督教的书，也说明不了任何问题，正如我在读他的书并不说明我信从基督教一样。

但，当历史揭过了这一页，当柏林墙倒塌，昂纳克、日夫科夫相继下台，齐奥塞斯库夫妇被处决，当中国足球队先后败于阿联酋、卡塔尔，而且都是先进一球，在最后三分钟或五分钟被对方连进两球，终于失去进军世界杯的最后机会，而全国却鸦雀无声、表现出空前的冷漠与寂静时，我真的想到了"耶稣死时张开爱的双手并愈合每个人的创伤"这句话。

不管怎么说，1989 年就这样揭了过去。但几乎所有早于 70 年代初出生的人都会知道我在这一年里有意避开了一个什么事件。

在整个人类历史上，恐怕还没有任何一个年份如同这一年这样，在人们自觉或被迫的"避开"中就成为了这样一种天然的禁忌。

随着这一年就这样被揭了过去，整个八十年代也就如此这般地宣告了结束。无论后人将会怎样赞美、怀念、歌颂自 1949 年以来还从未有过的这样的十年，请还是不要忘记西西弗斯神话，不要忘记几百万乃至上千万人的游行、呐喊、呼吁，以及回应这种声音的隆隆驶过的坦克和枪炮声。因为 80 年代就是在这些声音的混合中缓缓闭合了它历史的大幕。

哪怕我们依然相信"耶稣死时张开爱的双臂并愈合每个人的创伤"。

AMEN！

1990：

两个关键词：“祥和”与“足球是圆的”

　　“祥和”一词与这一年的春节晚会有关；“足球是圆的”则是从第14届世界杯足球赛中凝练而成的人生格言。

　　这一年的春节晚会可能是记忆中最少政治色彩的一次；具体内容早就忘了，日记中只记下了这么几个字，就是要带给人纯粹的欢乐。那些日子里通过大力宣传，“祥和”一词已搞得家喻户晓，人人都挂在嘴上，就如今天的“和谐”一样，一下子就铺天盖地而来。“祥和”讲的是一种主观感受的气氛，“和谐”讲的是一种客观关系，但都表达了自上而下的美好愿望。

　　当我们自感处于“强势”时，就大讲政治，甚至要重提阶级斗争；当我们自感处于“弱势”时，要的就是欢乐与祥和。

　　“强势”与“弱势”都是一个相对而言的概念，而且会转换，在不同的人那里也会有不同的判断。比如与欢乐相伴的就可能是享乐，与祥和紧邻的则是对世事的不闻不问。这种趋势，正慢慢演变为时代的“主旋律”。

　　这里的“强弱”，大约只与“道理”上“是否占理”有关，与现实生活中事实上的“强弱”无关。比如今日之“农民工”，所谓的“弱势”，其实也只就他们进得城来，先自感低人一等这种心态有关，再就是话语权上的无能为力（弱势）；而这些均非他们自身所造成，也非短时间内所能改观。至于经济上的“弱势”，当然也是一个事实，但这种“弱势”也只有在通过比较，在转化为一种心理或心态上的“弱势”后才有意义。由此可见，真正的“强弱"是只就一种精神上的"自感"或"自我意识"而言的。我们在农村插队时，虽很贫穷，但精神上一直自认为是一个强者。这些年来我们在经济上确实富裕了许多，但为什么依旧感到自己不那么理直气壮（当然也有许多人开始在国外威风八面了，因为能掏出大把的银子）？其原因大约就与精神上的贫乏与苍白有关，与某种在价值观念上的哑口无言有关——当然我们都知道，这种哑口无言至少在自己人面前是不会承认的，因为它没有指标，无可衡量。

但人活在世上，最后总要靠你能讲出多少道理来定强弱；国家也一样，难道真的只在经济和军事实力吗？有了法治，体力的强弱已经受到了限制；有了核武器，"常规武器"其实也已经不起多大作用了。但我们却习惯于把强弱单纯理解为"物"的较量。

"足球是圆的"这句话是通过第 14 届世界杯足球赛而为更多的人所熟悉的。也许它出自某位足球教练、运动员或评论员之口，但非常投合人心，因为给自己找到了一个台阶，所以一时间也就成为了全社会的流行语。从那一届世界杯来看，确有许多出乎人意料的事，比如巴西是第 10 名，荷兰是第 15 名，而喀麦隆是第 5 名，爱尔兰是第 8 名，等等。但"足球是圆的"的真正意义在于它能进一步引伸为"舌头是软的"，意即世事难料，"怎么说都行"。这实际上是在给自己没有多少话说找一个台阶下。每个人都在为自己找着各自的台阶。从这一届世界杯起，我就成了一个球迷；世界杯期间总是通宵看球，哪怕第二天有课，球也不能耽误。这与个人的心情有关，因为总想找到某种可以发泄、让人激动不已的场合。

要说寻找"发泄的场合"，那一年最好的舞台还是崔健的全国巡演。3月 23 日来武汉演唱，在洪山体育馆，真是人头攒动，声嘶力竭：学生们打出"从头再来"的横幅，崔健自己也在开唱《投机分子》前说"一有机会，我们就要表现我们的欲望，展示我们的力量"，台上台下相互呼应，我是一个字也听不见，而且实在担心他们会一把火把体育馆烧了。

崔健走后，一切恢复正常；但我也开始喜欢上了摇滚乐，就如从那一年开始喜欢上足球一样。

"足球是圆的"是说什么都可能发生，"地球是圆的"是说地球上离了谁都照样转动，"三十年河东，四十年河西"是说风水轮流转，说不定哪天你就会求到我的门下，还有"话说天下大势，分久必合，合久必分"之类的古训历来都是作为我们的处世格言而被传诵的，所以尽管在历史上"从俗儒、陋儒、贱儒，到纵横捭阖之士、气节之士、帮闲清客，这类知识分子，都不能免掉被杀或被辱的命运"，但前赴后继者总不乏其人。这话是牟宗三先生说的，因为那些日子电视上正大放《雍正皇帝》和《唐王开基》，我便把它记在自己的日记本上。

难道真就没有活路了吗？也有，就看你怎么活着了。比如这一年电视连续剧《围城》大红大紫，而其作者、真正学贯中西的钱钟书先生却处"红"不惊，稳如泰山，拒不发表任何言论，那种涵养着实让人佩服。在现代知识分子中，钱先生，加上黄永玉老先生，真是两位各有风采，但又很有些"另类"的知识分子；他们都有各自一套独特的生存方式，既不反抗，也不应和，既不做"气节之士"，也非"帮闲清客"，总之还算混得可以，至少免却了"被杀"的命运（是否"免辱"则不敢说）。他们肯定都万万想不到在自己生前就能如此走红、如此富裕。但真到了这一天，也便如此安然，似乎早就看透了人世间的一切。对于钱先生来说，有了《围城》与《管锥篇》的对比，今日中央台的《百家讲坛》该走一条什么样的路自在情理之中；而对于黄先生来说，一开始走的就是一条把《管锥篇》融入《围城》之中的路数。

张正隆的小说《雪白血红》，胡适对"不着一字，尽得风流"所发的那通关于"世界上有这样过日子的人吗？请大家自问自思一下"的议论，还有昆德拉的小说，号召弘扬传统文化以及保护大熊猫和金丝猴的呼吁，亚运会，省大运会，千家驹先生重新公布当年黄炎培先生与毛泽东在延安窑洞里的那番关于"其兴也浡焉"、"其亡也忽焉"的对话，都是应该进入个人记忆之中的事。

在普遍的冷漠与麻木中，人的本能的生命活力正寻找着新的决口之处；就如1978年的寻找但又不知寻找什么一样，一切都在"从头再来"中积蓄着力量。那该是另一种形式的、能让我们忘记过去的一切并彻底沉溺于其中、从而也就显得是一种"不讲道理"般的狂热。

但我显然还依旧停留在某种怀旧的情感之中。这一年的9月13日至20日，志扬、萌萌、友渔、于奇、占春、鸿生、小曲、艾云和我一行9人走神农架，沿香溪河到长江，三过夔门，最后坐船回到武汉，此行给我留下的就是这样一幅楹联：

野人美人骚人沿香溪一路入浊流
诗学文学哲学走夔门三道觅旧踪

　　这里的"野人"指神农架，"美人"指王昭君，"骚人"原来写作"伟人"，指屈原，那就是我们一路行走的路线。

　　可惜，有些地方随着三峡大坝的建成永远永远消失了。

　　经尚阳之手这副对联至今仍悬挂在我的书房中最显眼的地方，让我一抬头就能看到，为的是存留住那点记忆。

1991：

"猛拍阑干思往事，
一场春梦不分明"

1991 年的一切都充满了戏剧性，接连两部大戏里面有个性鲜明的正面人物、反面人物，有峰回路转、起伏跌宕的故事情节，也有刀光剑影、命悬一线的危急关头；而自己的哲学信念也渐趋明朗，终于形成了个人的立场、态度与方式。这两部大戏就指的是海湾战争与苏联的剧变，这是两件让人在其过程中紧张得喘不过气，但在结果上又完全出乎所料的翻天覆地的巨大事变。

1 月 15 日是给萨达姆规定的从科威特撤军的最后期限。我们都静静等待着最后的消息，估计萨达姆这位铁腕人物不会屈从任何压力，因为他太习惯于唯我独是了——在一家香港报纸上就见他们把 "Saddam Hussein" 译为 "傻蛋.胡三"，可见汉语之妙与人心之向背。一笑。

一场战争的胜利变得如此快捷，让人不得不重新思考与战争有关的一系列问题，比如在 "人的因素" 这一总题目下的民心、民意、素质；在 "物的因素" 下的现代战争的特点、武器装备的压倒性优势；在 "战争的正义性" 下的主权、侵略、以强凌弱；在 "战争的目的" 下的石油、利益、借口；在 "民族关系" 下的库尔德人、以色列人与巴勒斯坦人的生存处境，以及什么是阿拉伯兄弟国家中最重要的因素，包括 "民族" 与 "主权国家" 的关系（血浓于水吗？），为什么说犹太人问题构成了现代性的核心问题，等等。

这场战争使得三毛之死变得不那么显眼，当它不到两个星期就结束了时，人们才如梦方醒似的意识到战争依旧是这个世界上最大的事；这让我不断想起谁所说过的话：我们脚下这片土地，早就超负荷了；不要只想到个人的恩怨，也不要只追求自己的正义，任何大的社会变动，都会有成千上万的人倾家荡产，饿死病死……

对发生在苏联的事也应作如是观。

8月20日，晴天霹雳，一个以亚纳耶夫为首的8人"紧急状态委员会"拘禁了戈尔巴乔夫，宣布接管政权，于是坦克开进莫斯科大街，人们则立即上街游行。但这次事变的结果比"海湾战争"结束得更快，当人们还没从惊恐中缓过神来时，政变集团已经垮台，戈尔巴乔夫重新执政。

那是一个让许多人无所适从的时期。

《渴望》还在热播。这让我想起日本的《阿信》、《啊，野麦岭》和《望乡》，觉得在这些电视或电影中，你能看到日本"阿信"们的高尚：这是一种为了民族、为了人民今天的好日子甘心奉献自己的一切的高尚，让所有的日本人一看到自己现在的日子，就会想起前人，想起"阿信"、"阿崎婆"这样一些人在当年的辛酸与辛劳。

但《渴望》在告诉我们什么呢？刘慧芳式的道德就是相夫教子中的委屈与忍让；它的新颖之处在于没有了那么多大道理，但这一切在告诉人们应安于现状的同时，也进一步使得社会平庸化了。

所有这一切，使我想到了人类的普世价值问题。哪怕学习马克思，也应该想到应该努力揭示那种人类社会中普遍的、深层次的共同问题，比如社会结构、分配原则、交换规则、利益博弈、道德与法律、权力与权利、个人与共同体、人性中的本能与教育、文化的传承等等方面的问题。

世界上的主流话语掌握在西方人手中，普世价值都是由他们定义的，这是一个无法更改的事实；但这并不是说我们就不要普世价值，就不能通过给我们传统的价值观念以普世性而走向世界。

那么这种价值的普世性应该以什么为"基底"呢？自然世界的规律（自然律），上帝的命令（神律），还是人性的法则？或者，是语言自身的形式规则？

5月22日清晨，在广播中听到了拉吉夫·甘地遇刺身亡的消息。我专门提及此事，是为了纪念前不久也同样遇刺身亡的英迪拉·甘地。在我那天的日记中，我就对圣雄甘地与尼赫鲁一家表示了我最大的敬意。

在这一年3月，我们应鸿生之邀来上海进行学术上的"部落互访"，与肖功秦、许纪霖、朱学勤、严博飞、刘擎、陈克艰、罗义骏等人有了愉快而深入的讨论与辩论；还去了邵敏和余红的新家———他们去年旅行结婚时特来过武汉，我给邵敏题写的是"世事无常情有常"，给余红题的是"一抹情怀万般默契"；那天在他们新家看的是电影《莫扎特》；还去国伟家看了巧巧姐弟的画作。

11月，再应枢元之邀到平顶山开会，除过河南的老朋友，还新结识了叶廷芳、秦晖、北村、南帆等新朋友。

这两次会议的主题都是语言问题；而我的发言，也从"上帝何以成为问题"改换成"语言何以成为问题"。"上帝"与信念的缺失与无助有关；"语言"则涉及到手段（工具）与目的、语义与语形、语用的关系，拼音文字中的形式逻辑与表意中的逻辑与隐喻、概念中的直观与诠释等方面的关系。当"上帝说了什么"变成上帝的"说"说了什么时，理解与释义当然也就成为了最紧迫的问题。这也是志扬与我正在写的《形而上学的巴别塔》的一个主题。"艺术不是创造的而是发现的，真理不是发现的而是创造的"，这大约是一个哲学与艺术都必须加以仔细讨论的问题。

那些日子正在看一本《中国近代史上的关键人物》的书，里面谈到恭亲王时，引用了他的许多诗词，里面就有"猛拍阑干思往事，一场春梦不分明"两句，相关的，还有"水流心不竞，情尽口长缄"，"千古是非输蝶梦，到头难与运相争"，"金紫满身皆外物，文章千古亦虚名"等句，都深得吾心———你看，我骨子里还是一个地道的中国人。

1992：

在乐观与悲观之间

  这一年的大事，回头去看，总与"南下"二字有关。从整个国家的角度看，最大的事自然是邓小平的南巡讲话与十四大开幕；就世界范围内的影响而言，这一年有克林顿的当选总统，有泰国的"动乱"与另一个铁腕人物索金达的下台，再就是南斯拉夫的炮火连天，还有卢刚在美国的杀人案；自然，还有"欧洲杯"和"亚洲杯"的足球赛和在电视上看到台湾"民进党"在议会上大打出手。我们当时播放这些镜头的目的是为了说明"议会制"的"恶劣"，是为了说明国民党在台湾如何不得人心。那时候每到"2.28"，总要大规模纪念一下，而且一定是站在"台湾人"一边来谴责国民党当局。没有谁会想到日后的国民党会成为台湾的执政党，于是"2.28"也就不怎么说了。就我个人而言，这一年最大的事就是在去深圳还是去海南之间做出抉择。

  关于邓小平的南巡，在我 4 月 4 日的日记中占了多半页，大意是说：今天清明，扫墓与春游的日子，妻子与儿子都出去了，我一个人在家看书。人大与政协的会议结束了，忽然传来邓小平的南巡讲话。讲话里没有了"反和平演变"、"反资产阶级自由化"这些听惯了的套话，有的却是加快改革、开放的步伐以及十来年前在改革、开放之初就反复说过多次的话。看来中国的变化注定了就只能在"进两步退一步"中摸索前行，让人悲哀的就是在这"退一步"中不知又有多少"先行者"沦为罪犯，甚至丧失了自己的生命。关于三峡工程，有一百多人反对、六百多人弃权，这也是前所未有的事，等等。那时，当然也意识到了邓小平南巡的意义，但还停留在传统的"政治局势"的框架内思考问题，意识到邓小平肯定对当下的现状不满，于是也就如毛泽东当年发动"文革"一样离开北京，在外地另开局面。其实真正把邓小平的南巡讲话变成了今天这个局面的，应该是地方上那些有远见卓识的领导者与积压在民众心中已久的某种想挣脱束缚的欲望与激情。

出现在祖国最南端的那种经济发展的格局与社会变迁，主要是通过衣着（那里不冷，所以衣服的样式都很新颖，色彩也很鲜艳）、饮食（粤菜自古闻名天下）、城市建筑（只要有几栋超越了内地千篇一律的楼房模式的建筑，就已经很引人注目了）、交通工具（那时的摩托车真让人眼花缭乱）以及相应的价值观念上的变化（比如"时间就是金钱"之类的口号），都对我们有很大的吸引力。

当然，最重要的，还是我已经实在想离开武汉这个地方了。

武汉是给了我学术生命的地方，有我的老师和同学，有武大的樱花和东湖的浩淼，还有我已经十分习惯了的"热干面"；但，这又是一个过于市民化了的城市，城市大而无当，粗俗的、日常化了的口语，特别是从女性嘴中说出，实在让人无法忍受。气候肯定是不好。我罹患"血粘稠综合征"，一到冬天，皮肤就起红斑，几乎无法出门。所有这一切，都使我下定决心离开这里，到南方一个温暖的地方去。在那一时间，武汉的朋友也几乎走完了：有伯去了湛江，正琳回北京，世南去深圳，尚阳、道坚到广州，余虹、三夕也要南下，而志扬、萌萌和我则决意在海南大学重立门户，"一生再浪漫一次"。

这里特别要说明的就是海口当时给我们的印象很好。广州过于繁乱，特别是火车站，几乎就是一个令人恐怖的犯罪地带；从琼州海峡坐船一到海口，真是另有一清静世界，风清月朗；那里除了沙滩、椰树外，还有我的一个情结：1971年我曾在此培育杂交玉米半年多，内心深处一直怀念着这里。这一年，我们也曾奔赴海口"考察"，发现这里最大的新华书店里只有一本外国小说，心中蒙上了一层阴影，但一家名为"金棕榈"的电影院却天天在放外国影片，都是一些在内地根本看不到的影片（其实是盗版碟片，只不过我们不知道而已），比如我就在那里看了《硒鼓》，看了《海湾战争纪实》等等，尽管十元一张门票，心中还是很高兴。

这里要特别提及的，就是那段时间我曾看了唐德刚教授的《细说辛亥革命》，里面提到把君权换成民权，从英国的"光荣革命"（1689）到美国独立（1776），约为80年；从法国革命（1789）到第三共和的确立（1875），约 80 年；俄国从 1917 年的革命到戈尔巴乔夫逊位，共 74 年，估计确立民主共和制至少也得 80 余年；日本自 1868 年的明治维新到 1945 年战败也是 80 余年。那么现在，当民意有了更快捷的沟通手段（互联网），历史进展的脚步自然也就会加快。唐先生是著名的历史学家，他写的东西我一直都十分喜欢看，但对此说却并不完全认同，因为诸如什么才叫民主制度（核心是大众参与政治的社会形态），包括立宪、民权、议会、三权分立等等概念，我们都恐怕得有一套新的话语框架与理解框架才行，而这套框架，即古人所说的"礼"，一套世俗的行为规范，不但远未成型，更重要的，是知识分子都还在躲避之中，既躲避任何规范的约束，更躲避理论，特别是政治理论的建构，因为这是一个有着太多危险的领域。

但不管怎么说，这一年发生在南疆边陲的变化，还是又带给了人新的希望，尽管我依旧认为一个忧心忡忡的乐观主义者比一个愉快的悲观主义者的日子过得更艰辛。

1993：

"后"之情绪性体验

　　对1993年的回忆，只有参照其以后的那么多年才能有一个大体上的把握。我这里主要指的是一种心态上的转换。以后的那么多年在精神上大体是一个什么样的状态呢？我想，恐怕就是对传统所信守的一切——这里主要指的是我们这一代人在解放后所受的那一整套的教育——在冷漠、茫然与嬉笑怒骂中的颠覆与瓦解，王朔的作品是一个信号，而"渴望堕落"则无形中已经成为了人们彼此心照不宣的呼应，尽管对更多的人来说，主要还是为了给自己在心理上找到一种慰藉或解脱的口实。

　　那一年，我们几个人实际上已经调到了海南大学，但关系还在武汉，其间因住房、户口、配偶工作的安排等问题而招致的手续之繁琐、情感之纠缠也几乎到了让人绝望的地步。

　　我已经开始给海南大学的几位研究生上课。每周两次，骑单车过和平桥到海大，晚上讲完课，在海风吹拂中回到一个名叫"明苑小区"的临时住地，然后就开始看影碟到深夜。《今生情未了》（一颗冬天的心）、《本能》、《生于七月四日》、《情人》等等都是那时候看的。

　　这一年的5月6日晨4时，母亲病逝于华县家中，当时一人独居，想来是觉得心脏不适，伸手取药时猝然不及，撒手而去。

　　父亲1954年因"历史反革命"的帽子清除出西安市电信系统，发配到华县物质局当一名职员，到1981年逝世，在华县待了27年；我母亲1966年在"清理城市人口"中也因父亲在外地而被驱逐出西安市，被迫来到华县，在百货公司上班，到1993年逝世，也是27年。父母二人不仅不和，而且几乎就是对头，结婚25年，在一个屋檐下合住的时间不及40个月，这是母亲写在她的"记事本"上的一段话。对丈夫，不爱，但也不能离婚，后来想离了，又在"文革"中，办不成手续；对子女，从生活到教育，也谈不上关爱——那个时代就都是那个样子。她一天到晚在忙什么？其实就是为"公家"办事，那里有她最正当的去处，也有她唯一可找得到的排遣忧愁的乐趣。当人几乎没有了私人空间，在家庭关系尽可能淡漠、住房极度紧张、经济普遍贫乏的情况下，人大约就只有一个心思扑在工作上，美其名曰"一心为公"。

那晚我与妻子、儿子为母亲守灵，想起这个也算出身大户人家的"大小姐"苦难的一生，哭了整整一夜。

还是这一年的8月23日上午5时半，我的敬爱的陈修斋老师也永远离去了。在他生病住院期间，我曾无数次去看望过他，也听他仔细讲述了自己的过去与各种各样的遭遇，包括在西南联大与北大时与贺麟的相识、交往，与汪子嵩、王太庆的友谊，对我们这几个同学的评价与期待，对尚未、而且看来已经无法完成了的对莱布尼茨哲学进行一次系统述评的遗憾。

我在武汉大学读研究生时，陈老师还没有我现在的年龄大，但当时已经全然是一位老先生了，穿布鞋，慢慢走路，说话也慢条斯里；更多是由于宣良，我常去他家，也在那里与他们家一起吃饭，心中揣摩着这位老先生的性情与爱好。

后来，他入党了。那天我正好在他家一起吃饭。当他告诉我这件事后，饭桌上的谁也不说话。停了好久，他忽然说：我是要以此证明共产党整如我这样的知识分子是完全错整了。还是没有人说话，一直到结束。

"共产党"是一个说抽象就很抽象，说具体又很具体的概念。"谁是共产党"？如果有一种赔礼、道歉、纠错的机制，该由谁来赔礼、道歉、纠错？我们能怪那些在下面具体执行的人吗？

这几乎就是我后来一直在想的一个问题。

这一年临近结束，邓国春，湖北大学德国哲学研究所所长，一个属于在下面"具体执行政策"、但也正因为有了他，才因此保护了我们这些人免受更多磨难的真正意义上的好人，在从湖北医学院附属医院转院到肿瘤医院后不久，也于这一年的10月底去世了，当时我们正在前往海南的路上。

"后"，在这些我身边最亲近的人离去后，我自己的心态发生了一个怎样的变化？

国际上最大的事就是俄罗斯的全民公决，最后以叶利钦的全面获胜而告终；在国内，最大的事莫过于申办奥运了，为了在迎接考察团时使空气洁净，竟不许北京市民生活取暖，导致埋怨声、笑骂声不绝于耳。

这些当然都是后话了。

为北村的小说《施洗的河》写一评论，引用了陈寅恪的《玄菟》一诗，其中前四句最能表达一种朦胧中的心态："前朝玄菟阵云深，兴废循环梦可寻；秦月至今长夜照，汉关从此又秋阴。"

作为一个时代背景，是因为那时候"后国际共产主义运动"、"后马克思主义"、"后社会主义"以及对于我们中国来说的所谓的"后毛泽东时代"，这些意在概述某类新出现的社会现象的新鲜名词也已纷纷出笼，让人真切感受到时代的巨大变迁。

原先王，法后王；"后王，近时之主也"；历史与学术就这样跟跟跄跄、迂回曲折地前行着。

在哲学研究上，那一时期我们读的也全是一些与"后"有关的著作，即所谓的"后现代主义"或"后结构主义"，如福柯、德里达、利奥塔、巴特尔以及美国的罗蒂等人的著作，一时间"post"与"after"这两个英文单词在含义上所能给予我们的逻辑上的先后关系与时间关联上的前后之间就成为了一个热门话题。当然，更多的，还是那些人人耳熟能详的与中国历史有关并以"后"字来命名的朝代与书籍，如"后汉"、"后唐"等等；而这里的"后"字又多与某种奢靡之气相关："人生之生也，奚为哉？奚乐哉？为美厚尔，为声色尔。"这一年的2月，《文汇报》上曾刊出一文，说北京与广州各有一大款比吃，其中一方的一桌酒席竟报出35万元的高价，最后以酒家只能做出18万元而告胜。大家想想，还是不是有点太像晋武帝时的"石崇与王恺斗富"？

当然，在此离别武汉之际，最能让人忆及的，还是那位史称"南唐后主"李煜的《相见欢》："无言独上西楼，月如钩。寂寞梧桐深院锁清秋。剪不断，理还乱，是离愁。别有一番滋味在心头。"

1994：

钟声为谁而鸣？

1994 年，在武汉、海口、西安、南京之间来回穿梭，办调动、补手续、装修新居、参加第一届现象学年会，与友渔等人一起酝酿有关"文革谱系"的系列论著，讨论现代性困境，关注后现代理论，一切的一切都在匆忙中化作过眼烟云。但有两部电影和一部电视连续剧是不能不提的，这就是《凤凰琴》和《蝴蝶君》，前者使人悲哀，后者让人恶心；一部电视连续剧就是《9.18大案纪实》，关于发生在开封的一起文物盗窃案。这似乎是第一部引人注意而且是由公安人员亲自主演的连续剧，所以引起了人们很大的兴趣。一个名叫沈太福的长城机电公司的总裁被处决了，同时也给国家科委的一个名叫李效时的副主任判刑 20 年，似乎是为了刹住某种正在愈演愈烈的官商勾结、贪污腐化的"时代逆流"，起到杀一儆百的功效，但显然，正如电影《诱僧》中的"陈冲"再也不是过去的"小花"了一样，某种被金钱引诱着的力量也势不可挡地冲决了人们的心理防线———这是一条自古以来就建筑在对伦理共同体的美好诉求上的心理防线，它的脆弱性与伪善性终于使得全社会在严酷的社会现实面前无所适从。

这一年，应该为我们所有人永远牢记的是大火中的哀号与哭救，是可怕的凶残与无助中的毁灭。

这一年的 4 月 22 日，在新闻联播中终于公布了关于千岛湖杀人案的调查：三名年仅 20 来岁的农民用猎枪、斧头把"海瑞号"游船上的近 30 名台湾游客洗劫一空，然后再把他们全都驱赶舱底，一把火将所有人全部烧死。

这几乎是一起惨绝人寰的惊天大案，在我的有限想象中，这样的事是应该全国下半旗致哀的，因为这些人死得太惨、太冤、太不可思议！

然而全国鸦雀无声。

由于死者全都是台湾人，事情也就显得格外敏感。前几天最先报道此事时，特意强调了大陆居民不会在政治上"歧视台湾同胞"，但这样说的结果又恰恰起到了把一场血淋淋的屠杀变成"政治歧视"的结果。

把将近30个人活活烧死，这与这些人是些什么人完全无关；无论是"种族歧视"还是"政治歧视"，这都是一起谋杀案件，一次出于最简单的抢劫财物、杀人灭口的重大刑事犯罪。

但真正让人悲哀的，还是举国上下的漠然与无语。

苏联、东欧巨变，海湾战争、波黑的塞族正在与穆斯林交战，北约的轰炸，美国战斗机在伊拉克边界击落两架载有联合国工作人员的直升飞机，等等，这一切的一切，都似乎与我们的老百姓无关；就是有关，我们也不知道该说些什么，能说些什么。这是一个民族真正的悲哀，而一个处于这种状态中的民族，怎么可能具有道德上的自我意识？现在，这么多台湾人被活活烧死了，我们能说些什么？谁又能知道该说些什么？

以后，死人的事就经常化了，几个、几十个、几百个，全国依然鸦雀无声。

这一年的12月10号，星期六，晚十时，好友世忠打来电说，说克拉玛依发生了天大的惨祸：几百名克拉玛依市最优秀的中小学生在"中苏友谊馆"举行纪念"12.9"的文艺演出，结果失火，几百个孩子都被活活烧死在里面。他简单向我描述了一下惨祸经过，说他正在处理遗留问题，声音已经完全嘶哑，音调极其悲哀，不停说着"太惨了！太惨了！"

我真的被惊呆了，说不出一句话，双手颤抖，一夜无眠。

又是大火！眼前火光冲天，有台湾人的哀求，有孩子们的哭喊，有远在海峡对岸和戈壁深处的亲人们、特别是母亲们孤苦无助的泪水；这一切，发生在离我们很远的地方，但也就发生在我们心上。

问题是：不会再有当年舒婷那样的诗句了——

"可是，七十二个人被淹灭的呼吁 / 在铅字之间 / 曲曲折折地穿行 / 终于通过麦克风 / 撞响了正义的回音壁……"

"钟声为谁而鸣？"伊利亚·爱伦堡在他的回忆录《人、岁月、生活》中说："海明威这部长篇小说的名字取自17世纪英国诗人约翰·多恩的诗句，它还有这样一段卷首题词："没有一个人能像一个小岛那样独自存在；每一个人都是大陆的一部分，陆地的一部分；倘若海浪冲走了一座岸边的悬崖，欧罗巴便会变小，倘若冲走一块海岬或毁掉你的朋友的房子，情况也是一样，每一个人的死亡也会使我变小，因为我和全人类是一个整体，所以你永远别问，钟声为谁而名，它是为你而鸣的。'"

钟声其实在为我们自己而鸣。

十多年后，我来到千岛湖，在游船的船头，眺望远方，碧波荡漾，我曾想与船老大或身边的人交谈一下这些往事，但看到没有人有兴趣，只好一个人默默地在心中为那些死去的台湾人的亡灵祷告，愿他们原谅这原本美丽而又无辜的湖水。再后来，我又在网上看到一首《中国孩子》歌词和《南方都市报》对歌词作者周云蓬的采访，下面就是采访时的一段对话：

"南都：《中国孩子》这首歌让很多人感到震撼。但有人评价说，你周云蓬也是中国的孩子啊，你怎么叫人'不要做中国人的孩子'？

周：我这个歌不是想让人们觉得：你生在中国，你就没办法了、你就是不幸。我没有这个意思。这样写，只是一个修辞的问题。如果有人这么觉得，这歌对他来说就没有意义了。

写这首歌，首先是我很爱这个生存的空间和环境，可以是那种由爱生恨。如果说不爱中国，我就没有必要写，没有必要这么愤怒了。我想说的是：从大人的角度，你对孩子、对那些受苦难的孩子，你心里应该有一些忏悔。

南都：有一种说法：《中国孩子》能广泛流传，有社会背景，2007 年充斥着矿难和黑窑奴悲剧。这首歌代表了音乐的良心。

周：我也留意过网上其他一些关于《中国孩子》的评论。比方说，不喜欢的人说这首歌是投大众所好，有投机性。

如果大家都记得克拉玛依大火烧死几百个孩子的事，而且都很愤怒，那我是投其所好，那我也愿意投，我觉得中国也非常进步，也不会有那么多围观看客见死不救。实际上，很多人不知道这个事情，我投谁所好呢？！

如果有人听了《中国孩子》这首歌，能稍微去看看那些惨痛的事情是怎么回事。我觉得能达到这个社会意义就不错了。"

1995：

时有微凉不是风

1995 年是在连续的地震与余震中揭开帷幕的，震中在北部湾，我们居住在海口，感觉明显；眼看着房子在晃动，一次次逃到室外，然后再回去，还修了一个小小的防震棚，但这一切都是在说说笑笑中进行的，并不当真，与记忆中的 1976 年完全不同。

这一年的大事很多，除了"埃博拉病毒"、李登辉访美、王宝森自杀、陈希同下台、金瓶制签，寻找到班禅的转世灵童这些同样在说说笑笑中发生的事情外，波黑的紧张局势、邓丽君的逝世和拉宾的被刺身亡却是一些无论如何也让人心痛不已的大事，尽管似乎都离我们很远。

在波黑战争发生之前，我们对于塞尔维亚、克罗地亚、科索沃这些概念都很陌生，更不知道塞尔维亚塞族人、克罗地亚克族人、波黑克族人、波黑穆斯林、波黑塞族人，还有东正教、伊斯兰教的信仰与东欧、苏联之间年代久远的历史恩怨。那时候只知道南斯拉夫与苏联不合，而我们认为铁托是一个修正主义分子。但因为他反对更大的修正主义分子苏修，按照"敌人的敌人就是朋友"的逻辑，又成为了我们心目中的英雄。这些可怕的抽象概念把一切活生生的经验与求知的欲望都扼杀了，而我们就是在这样的学习环境中长大的。邓丽君逝世后，尽管报纸上说她一直就是国民党特务，但我还是在 VOA 中一边流泪，一边听着她甜美的歌声。那时，只有 VOA 是通往外部世界的唯一通道，为了能收听到一些消息，不知买了多少短波收音机，而且那时，自己的外语水平，也基本上达到了能听懂的水平。邓丽君永远活在我们心中，还记得读研究生时，大家曾在一起半真半假地说过：真正在人们心目中结束了"文革"的应该是"二邓":邓小平以他的硬,邓丽君以她的软。

这一年,德国总理科尔到以色列向犹太人致歉,当我在电脑上打出这些字时,德国历史上的第一位女总理默克尔也才刚刚用希伯来语在以色列议会中说了开头的一些话,并让人永远记住了她向以色列人当面鞠躬的身影与留存在议会大厅里的警世格言:"大屠杀是德国最大的耻辱"、"大屠杀导致文明的破裂"。记得那时候的报纸(主要是《参考消息》)上连着刊登出许多关于"日本人为什么不道歉、不清算自己的过去"的文章,从日本这个民族的学西方与反西方的双重情结一直分析到国家本位的意识形态统治。大家交流一下,也只好沉重地笑笑。

还是在这一年,《书屋》创刊,我认为在出版界,这是继《读书》后的又一大事,该书的几位编辑,特别是周实的闯荡起伏,更是可供后人研究的历史个案。

在海口,我几乎天天晚上看影碟,《辛德勒名单》、《因父之名》、《本能》、《情人》、《宾虚》(Ben-Hur)、《暴雨骄阳》(Dead poet society)、《苦月亮》、《阿甘正传》、《义海雄风》(A few good man)、《纯情年代》、《印度支那》、《闻香识女人》、《烈日灼身》、《今生情未了》(一颗冬天的心)等等都是那时候看的,每有人来,就在家中举行电影招待会;人性的问题,制度的问题,情感与欲望的问题,纯情与伪善、习俗与道德、历史的因果与性格的多变等问题都是在看完电影的讨论中成为了哲学问题的;与这些问题相关的,就是在那一时期,自己拼命攻读哈贝马斯和吉登斯的著作,企图对现代性的认识形成一个概念。

躲在天涯海角的一个小角落,无论是"椰子节"的盛大开幕,还是有关"南中国文化圈"的宏伟理想,似乎都离自己很远,那里给人留下的最深刻印象,还是无始无终的在炎热的盛夏与"时有微凉"的夏初、夏末间的转换,当然,就连台风突袭时的暴雨,也成为人们心中的一种期盼。

但"时有微凉不是风",真正能让人"沉重地笑笑"的,还是几件见之于报刊的记载:

一是8月19日《羊城晚报》上有《邓小平的幽默》一文,说当卡特与邓小平举行第三次会谈时,卡特以向中国提供一万名记者相威胁,邓小平说,那好,我们就向你们输送一千万个中国人,最后双方哈哈一笑了之;其实让卡特万万想不到的，就是这一万名记者只要在中国生活上几年，就会以说中文为资本而成为各个电视台的当家主持人，并跟着大家一起高唱《我爱北京天安门》；而跑到美国成为了"美国人"的是中国人，不到一千万也有上百万了。

二是6月21日的《文汇报》上刊登出一则消息，说中央电视台等三大台决定"暂停对江珊史可的宣传"，同时不再播放他们过去录制的任何节目；在此之后，著名漫画家方成的《武大郎开店》据说有什么问题，也被从他的作品中取消了，让所有的名人都意识到能让你出名的地方，也就同时拥有让你消失的理由；

某学校有43.8%的中学生在《我真（）》的括号里填的都是《我真烦》；湖南省工商银行发现"私欠公款"之风已经越演越烈，某县一个小小行政单位四名正副局长，每人欠公款四万元以上，给自己在县城修建豪华别墅；但区区四万多元，在今天看来又算什么！到这一年的11月14日，《羊城晚报》上已经有了这样的消息：在324国道上，竟有穿着"计生制服"的人公然在大客车上检查任何怀孕或怀抱婴儿的女性的结婚证与准生证，没有者一律罚款3000元。

这一年，在我看来属于最差电影之列的《天地人心》却给我们这个社会留下了一句普遍信从的至理名言："男人有钱就变坏，女人变坏就有钱"；于是，我在武汉时就久仰其名、头上早已罩满官方封加的各种耀眼光环的著名企业家于志安携款外逃，一时间报上纷纷扬扬，消息传到我们这里，大家也是一头雾水，不知所以。

当然最有意思的还是一些与公厕有关的事：先是某繁华地段的公厕上出现这样一副对联："效率即为生命，踞蹲务必审时度势；时间就是金钱，排泄应该夺秒争分。"横批是"只争朝夕"。到5月9日的《羊城晚报》，已经有人开始给公厕想出各种"化腐朽为神奇"的"雅名"：如男厕为"观瀑亭"，女厕为"听雨轩"，这与今年3月20日《东方早报》上登出的上海佘山月湖雕塑公园里据说造价500万的公厕"逍遥涧"（男厕）、"轻松坊"（女厕）的水平几乎不差上下，因为从那时起，大家就已经开始回头在国学的妙处彰显汉语之神奇；而我，在酷热难当中，记在自己本子上的也就是这样一首宋人的绝句：

夜热依然午热同，
开门小立月明中；
竹深树密虫鸣处，
时有微凉不是风。

1996：

三十年前那一天

在我翻阅过去的日记时，多次感到时空的交错，不知今夕何年；至少，历史是那样的相像，仿佛每过多少年一切就会重现一次一样，比如，1996 年也是鼠年，我的日记本上专门贴有一张黄永玉先生画的"鼠年大吉"的水墨画；那一年，也是"两会"的伟大胜利，而且台海危机、军事演习；台湾总统大选，最后的得票结果是李登辉、连战，5813699 票，得票率 54%；彭明敏、谢长廷，2274586 票，得票率 21.3%；林洋港、郝柏村，1603790 票，得票率 12.9%；陈履安、王清峰，1074044 票，得票率 9.98%；李登辉、连战代表国民党获胜，李登辉成为了台湾地区历史上的第一位"民选总统"。到今年，马英九、萧万长依旧代表国民党获胜，得票 765.87 万张，得票率 58.45%；民进党候选人谢长廷、苏贞昌得票 544.52 万张，得票率 41.55%，两厢比较，可见 12 年过去，台湾地区的选民投票率与理性选择都有了足够大的进展，这毕竟是一件让我们感到由衷高兴的事。

这一年夏天，我和少华在法国住了两个多月，期间所见所闻，都写在《在国外的日子里有所思》（上海文艺出版社 1998 年版）一书中，这里就不多说了。想特别强调的，就是在法期间，一直有两句话萦绕在心头："异地异国惟斯道"，"乡园多故，不能不动客子之愁"。

这一年，"塔利班"在阿富汗终于获胜；而人大常委会副主任、民革中央副主席李佩瑶和著名作家、写出《人啊，人》的戴厚英先后被杀也是大事；香港奇冷，多人冻死；还有《文论报》上刊出一篇署名"黑马"的文章，说萧乾先生"文革"时多次想自杀，文洁若就给他写了一句英文纸条"We will outlive them"，这句话可做多种理解，也给我留下了深刻印象。但这一切都不是我想说的，在这一年，我最想说的还是三十年前的文化大革命。

"三十年前那一天"指的是 1966 年 5 月 16 日，那一天，是文化大革命正式开始的日子，也是我与母亲离开西安，迁居华县的日子；其间之悲欢离合的曲折故事，这里也不去说了。要说的是李媚主编的《焦点》，在那一年出了一期"蓦然回首看文革"的专刊，说是要"再一次为了忘却的纪念"，里面有徐友渔、申晓辉、王东成、曾又、李振盛、王宁德和我所写的文章，所提供的照片。

《焦点》因这一期而被查禁，但经历过"文革"的人还在，思索也仍在继续。

关于 18 世纪的法国大革命，托克维尔曾说，它作为共同的源泉，生成了两股巨流，这就是追求自由与追求权力。

发生在 20 世纪的中国文化大革命，也生成了两股巨流，这就是逃避政治、享乐人生和不畏艰难、寻求改革；1978 年的改革开放同时为这两股巨流提供了社会经济基础的或物质条件上的可能。

文化大革命，对我们这一代人，也许更确切地说是对我个人走上哲学之路有着非凡的意义：第一，它使我们把自己的命运与国家、与人类的命运联系在一起，关心天下大事，生命中充满了政治激情，也正是这种激情赋予生命以意义；第二，心中模模糊糊地有了一个"巴黎公社"的抽象原则，同时也亲眼看到了当各级政府组织都陷于瘫痪时，社会依旧可以正常运转这一事实，这一点是我们必须重新思考社会、国家、契约论、目的论上的各种问题；第三，在"造反有理"的口号下对现代社会所谓的"科层制"，即"文革"时所理解的"官僚体制"有了一种不乏浪漫主义的反抗情绪，这一点，体现在毛的身上，但在法兰克福学派的批判理论中却可以寻求到更多的理论依据；第四，"文革"最后终结了我们个人崇拜的民族情结，自毛以后，要想让我们那样不假思索地一味盲从，是再也不可能了。

几千年积累下来，而且早就圆熟了的统治术是如何与现代意识形态完美结合在一起的，这当然依旧是一个研究话题，但政治热情、个人崇拜达到顶点后的巨大反弹却使我们这个民族走向了另一个反面，这就是在"不讨论"这一前提下的"理论淡泊，无可收拾"。

历史观、使命感曾经使我们这一代人相信我们正处于某个转折关口，这是一种莫名其妙的信念；在这种信念的支配下，哪怕就是日常生活，当然特别是政治的理想与热情，一直就具有着某种宗教的热情。反省、批判、自我清理，所有这一切都是我们学术的动力，但几乎整个民族日渐趋向的流俗化、浅薄化又终于让我们不得不把与现实的搏斗转回了自己的内心世界；而在外部世界，在人与人以及人与社会、国家的关系上，信任感、同情心、责任意识、忧患心态，已经越来越成为了全社会的"稀缺物质"。

作为我们这样一个独特阶层的利益诉求，其实很简单，就是要研究现实，提供理论，且不谈能否为人们的生活方式提供某种具有着某种正当性原则的理论辩护，就连是否有这样原则存在，现在也早就是一个无法回避的问题了。

"文革"是一次天翻地覆的革命，它到底要达到什么目的？在这一过程中我们这个民族经受了怎样的磨难，有了怎样的长进；人到底可以坏到什么地步，如何避免最坏的可能，怎样通过对个人行为的反思来认识社会的力量，所有这些问题难道不是人们用鲜血和生命换来的宝贵财富吗？

在米涅所写的《法国革命史》中有这样一个细节：拿破仑称帝后，举行盛大宗教晚会，人民载歌载舞，欢乐无比。拿破仑问身边的戴尔马将军感觉如何，这位将军回答说：是不错，只是少了一百万人，这一百万人所推翻的，就是您今天所恢复的。

这是一个具有某种象征意味的小例子，我常常想起"文革"，想起三十年前的那一天，特别是在 1996 这一年。

1997：

"真小人"与"伪君子"

（一）1997 年 2 月 19 日 21 点零 8 分，邓小平逝世，享年 93 岁。

不知该说些什么，心中异常沉重。一切机会都曾握在他的手中，而他，在我们心目中，也是一位真正改变了中国的人，至少改变了我们这些人的命运，尽管他对于造成我们及我们上一代人的不公正命运也负有应负的责任。

毛泽东逝世时，我们根本不知道前面的路在哪里；邓小平逝世后，我们却已经知道了该向哪里走，问题只在怎么走。

当过去的一切都成为历史时，也许就如黑格尔所说的那样，回头去看，一切都是"理性的狡计"；黄仁宇的"大历史"也持这种观点。

2 月 24 日的《参考消息》上有一篇《中国与邓小平告别》的文章，里面说邓小平对自己一生功过的评价是"六 / 四开"：功为 60％，过为 40％，似乎比毛泽东的"七 / 三开"更为谦逊一些。而"六 / 四开"，似乎更具有某种隐喻意味。

我不知道在他以后的领导人当如何评价自己的一生。

（二）这一年的 5 月 16 日，晚间新闻上播放了一则消息：美国总统克林顿在白宫向 40 年前的 4 位美国黑人当面道歉，因为 40 年前他们身患梅毒，但当时的美国政府未用青霉素进行有效治疗，而是在他们身上进行了另一种药物实验，致使有人不致而亡。此事与克林顿无关，但他必须代表美国政府对此事进行道歉。

（三）这一年的第 3 期《莽原》上的封面人物是张承志，该杂志主编说，有了张承志的《心灵史》这部小说，当代中国文学就无愧于历史；同期《书屋》

上余开伟撰文，认为批评"痞子文学"是对"整个九十年代文学新人的南京大屠杀"；苏双碧、王宏志认为吴晗的一生是"真诚的人犯了真诚的错误"；而萧元、韩少功则认为如果我们把一些最基本的道义原则视为宗教狂热或"极左"的话，那就是在"世俗化"、"通俗化"口号下对"车匪路霸"式的人物的容忍。

（四）6月1日，香港的柯受良驾摩托车飞跃黄河，当时的现场很惊险；柯受良从垫子里爬出后第一句话是感谢自己的家人，这给我留下的印象之深甚至超过了飞跃本身。

（五）6月29日，泰森在与霍利菲尔德的拳击比赛中，咬伤了霍利菲尔德的耳朵，一时间赛场大乱，泰森右臂上毛泽东头像的纹身赫然醒目。

（六）7月1日，香港回归。一连好几天的倾盆大雨，实乃香港自1840年有史记载以来从未有过的景象，4天时间就下完了整整半年的雨；我们在电视上看到的香港，与广州人在香港电视上看到的自然很不一样，所以后来听广州的朋友讲起那天的情景，宛如海外奇谈一样让人感到新鲜，主要是普通市民的情感流露以及江泽民拒不与彭定康握手、扬长而去的细节，都是我们看不到的。后来，听人说选定7月1日为香港回归日并不妥当，因为这一天是当年把香港租借给英人、法定归还的日子；选定这一天，等于承认了当初的不平等条约；后来，又有人说香港回归，大陆人有三重耻辱：当年割让香港是其一，香港在英人统治下比大陆繁荣是其二，香港回归后享有大陆人所享受不到的种种特权，是其三。其一是国与国，其二是地区与地区，其三是自己对自己。说到这里，我必须赶紧补充一句：现在情况好多了，似乎我们一般的人终于也可以去香港走走了，而北京、上海的繁荣一点也不亚于香港。

（七）从9月到11月，一直密切关注世界杯的预选赛，中国、伊朗、卡塔尔、沙特四个国家打来打去，中国惨败，期间心潮的起伏与不安简直搅得人寝食不安，那时的主教练是戚务生。10月19日晚看电影频道的好电影《猜猜谁来赴晚宴》，大家都改成"猜猜谁能救中国"。

（八）5月10日晚在电影频道看法国电影《德雷福斯案件》，让大家又开了一次"文革研讨会"，主要是知识分子是如何在"文革"中充当帮凶的；那种为"文革话语"所特有的论证方式、话语口气、推理性构成的现实感受不能不让我们为自己而感到羞愧。

（九）一位退下来的干部对我说，他理解的"一个中心，两个基本点"就是"身体健康是中心，国家的事要马虎一点，自己的事要当真一点"；如果说 1995 年 11 月 6 日的《报刊文摘》上说一中学的 43.8％的孩子都填了"我真烦恼"还并不十分让人吃惊的话，到今年(2008)3 月 31 日的《中国青年报》上，上海青少所的一份统计已经告诉我们通过对上海 986 户"80 一代"、"90 一代"、"千年一代"的统计，已经有 46.1％的未成年人认为"诚实就意味着吃亏"。1995 年的统计的题目是"一个值得深思的问题"，今年的标题是："何以至此？"

（十）一种几乎无可掩饰的社会现实已经逼迫着我们每个人都必须在"真小人"与"伪君子"之间做出选择。这一年的 12 月，北京一位老朋友来海口参加一个商业活动，看到我们一脸清高的样子，就以他的人生经验，把知识分子区分为可敬、可爱、可怜、可耻四种类型，然后比较分析了陈布雷、陈伯达、田家英、胡乔木的性格特征，说自己不过是一个"可怜稍加可爱"的人而已。他问：你到底是做计划经济体制下的"伪君子"，还是做市场经济下的"真小人"？他的答案显然是后者，于是在可怜、稍加可爱之上，再稍加上了一点点可敬。

我们并不是一脸清高，当然更不是一脸茫然，只是不置可否而已，因为就是下决心做一个"真小人"，也并不是谁都能做到的。

1998：

共和国第三代人

1998 年，已经有了一种临近世纪末的感觉。元旦那天，在日记中从欧洲 1848 年革命到中国 1898 年戊戌变法，一直说到 18、28、38、48、58、68、78，似乎每个年头都意义非凡。

但这一年，在我个人的记忆中，最应该说一说的还是大型纪实性政论片《共和国第三代人》的拍摄。

那是 5 月里的一天，在海南大学的家里，忽然来了几个人，提着摄影器材，说是受共青团中央的委托，西安电视台让他们几个人（总策划杨元洲、编导陈忠宪、摄影蔺宏、摄影助理任伟）来筹拍一部《共和国第三代人》的大型政论电视纪录片，作为向建国 50 周年的献礼节目。

于是开始了对话、讨论，最后基本达成一致：经历的苦难或多磨不一定就是财富，在理想、热情、献身精神后面还有怀疑、困惑和挣脱中的执着，所以更多需要的是思索；于是，他们就拍摄了我上课时的情景：当我问课堂上近两百位大学生们："今天，5 月 16 日，是个什么日子"时，没有一个人能回答上来。

这就是我们这代人与下一代人之间的鸿沟，它并不仅限于对这个特殊日子的记忆，这里凝聚着整整一代人在一个被共同的符号所模写的世界里的共同的情感与渴望，共同的思维方式与表达方式。

我们被称为"共和国第三代人"，同时也被认为是共和国的同龄人，也就是说，当共和国成立时，在我们上面还有两代人：开国元勋与 50 年代的大学生。在我的理解中，所谓"一代人"不一定仅限于年龄上的界限，它指的是共同经历的某件"大事"，正是这一"大事"决定或改变了他们以后的人生道路。对我们来说，这里所谓的"大事"，当然就指的是"文革"。

后来，我就收到了这部六集电视片的DVD。赵忠祥解说，从儿童时代一直说到改革开放，"文革"这一阶段主要的被采访者有友渔、学勤、西林、许明、周为民、郭齐勇、胡发云、李明华、宁夏的陈通明和我，包括南京《知青之歌》的作者任毅，总的感觉还不错。可惜后来又不让上中央台了，只好在陕西台播放，据说反响强烈，连播几次。由于各种原因，对这一代人的经历感兴趣的人尽管很多，关于"文革"，后来也看到了不少的纪实性政论片，但由于彼此缺乏交流，只好浪费资源，让整体水平原地踏步：能挖掘的资料就那么多，而理论探讨又无法深入，于是那段历史，也就是我们的生命，也就只能被冻结在那里，让它慢慢死去，然后再被静悄悄地埋葬。

那段日子里，我总想起据说是杜勒斯说过的一段话：要把改变中国颜色的希望寄托在第三代或第四代身上。

我们就是共和国的第三代人，且不谈我们的下一代，也就是70后或80后的那一代，就是我们，改变没改变颜色呢？或者说，我们还是过去所理解的共产主义接班人吗？这种改变是我们自己变了，还是被他们改变了？

这一年在海南的生活丰富多彩，有意思的是，与我们这代人多有来往并有着共同语言的，竟大都是共和国的第一代人。

4月2日，萌萌的父亲曾卓和牛汉来到海南，大家相谈甚欢，其中的一个话题就是林贤治发表在《黄河》第一期上的关于"胡风集团"的长篇文章，于是就从毛泽东、郭沫若、胡乔木、周扬、林默涵一直说到舒芜，涉及到什么是"五四精神"、"鲁迅精神"，如何理解马克思主义中国化以及人格、品行是如何出于政治需要而被"手段化"、"工具化"的，也涉及到如何理解个人的忏悔等方面的问题，因为他们那代人的经历在某种意义上又一而再地重现于我们这代人身上。

在我的日记本上，抄录有绿原和曾卓的各一首小诗，今天重读，更是感慨万分：

绿原：人淡如菊

故乡就在我们心里

我们流连忘返于湖边

湖水粼粼，隐约回响起

那支久已失落的

灵魂之鸟的歌

歌浓如酒而

人淡如菊

曾卓：我遥望

当我年轻的时候

在生活的海洋中，偶尔抬头

遥望六十岁，像遥望

一个远在异国的港口

经历了狂风暴雨，惊涛骇浪

而今我到达了，有时回头

遥望我年轻的时候，像遥望

迷失在烟雾中的故乡

　　还能再说些什么呢？第二期《新文学史料》上有《黄秋耘谈中国作协反胡风运动》，文章的最后是这样两句诗："开国应兴文字狱，坑儒方显帝王威"。

　　这一年的夏天，海南特别热，电力不足，加上还没有空调，真是酷暑难当；我是白天读舍勒，晚上看世界杯，尼日利亚和南非分别战胜西班牙和丹麦，大快人心；而阿根廷与英格兰、法国与意大利、巴西与荷兰都是点球决胜，让人热血沸腾。这年十月，我们三人再飞成都，与兴明、荣昌再次聚首，并最后与方正兄、友渔、李杨，加上我们三个，一起去了黄龙和九寨沟，当时那张照片一直压在我书桌的玻璃板下。那真是一段美好而难忘的经历："有泪尽洒山野王，无语话别菜根香"。

这一年，克林顿刚刚在西安南门参加完一个盛大的"入城式典礼"，回去不久就有了人们津津乐道的"拉链门事件"；而俄罗斯的叶利钦也深陷与国家杜马及车臣战争的紧张关系中无法自拔。但这一切，真的与我们有关吗？哪怕到了年底，美英联军开始轰炸伊拉克，我们也依旧置身事外，关心程度甚至远不如在亚运会上中国足球队以 0：1 输给伊朗。

那种普遍的冷漠乃至麻木，已经在"不讨论"的理论窒息中使人的感知器官近乎痴呆；周围全是一派歌舞升平的欢乐、娱乐，所有的人都把完全可以正当争论的问题变成了玩笑式的窃窃私语。

这一年元月，宣良一家首度来琼，带来了刚刚几个月大的 stella，他们万万没有想到海口的冬天竟如此之热，小 stella 昼夜啼哭不止，只好匆匆离去。

在这一年 2 月 6 日的《中华读书报》上有耿彪的"回忆录"，里面说"文革"期间我国共给阿尔巴尼亚这盏"欧洲社会主义明灯"援助了 90 多亿人民币，阿共有人口 200 来万，平均每人 4000 多元，而且每亩土地还至少援助了 400 斤化肥；除此之外，阿还要让他们的每个农业社都能看上我们生产的电视机，而当时的北京、上海尚且达不到这样的水平；在 2000 年 3 月 30 日的《报刊文摘》上，有曾任阿尔巴尼亚驻中国大使马利列所著的《我眼中的中国政要》一本摘要，里面说 1962 年，在中国最困难的时候，刘少奇、李先念曾下令航行在大西洋上的几艘刚刚从加拿大购买的满载小麦的轮船改变方向，支援阿尔巴尼亚。读到这里，我曾泪流满面，因为我依旧记得那一年的惨景，尽管我无法知道中国到底饿死了多少人。

这一年，海南大学与南京大学合办的"研究生班"开学，我主讲"西方哲学与西方文化"，自那以后一连三届，让我有机会结识了许多校外的各方人士，他们中的一些人与我的友情一直维系到今天。

还是这一年的 8 月，陈希同判刑 16 年；10 年后的今天，与陈希同地位相当、罪名一样（但数额、性质显然严重得多），姓氏笔画也完全一样的陈良宇判刑 18 年。

10 月 31 日晚电影台播放的《欲望号街车》就这样横冲直撞地让几乎所有的人都完成了从目瞪口呆到习以为常的转变。

这一年 12 月初，在海南文昌铜鼓岭的云龙度假村终于开了一个"现象学与语言"的年会，能来的人基本上都来了，祥龙、东明、重庆、伯凡、志林、舒炜等都是第一次见面，我也借机邀请了我个人的朋友劲松、宪文前来海南，大家终于在海边有了一个团聚、叙旧的机会。

维特根斯坦为什么认为"想象一种语言就是想象一种生活方式"？我们真能想象一种语言吗？

1999：

世纪末独白

　　"世纪末"，一个颇有些不祥的字眼，营造着某种过于暧昧的语境，它在让一些人想到了"走向新世纪的豪迈"的同时，也会让另一些人联想到某种"末日审判"的意味；正是对"末日审判"的意识，使我们把历史从圆圈变成了直线，有了一个历史的进步观与发展观。所以按照卡尔·洛维特的说法，我们现代人所具有的历史观，其实就起源于对《圣经》中"末世论"的信仰与践履。

　　洛维特这本书留给我印象最深的是这样一段话：假如历史的意义在历史事件中已经自明，那么就根本不会存在历史的意义这一问题；但另一方面，只是就一种终极意义而言，历史才可能表现为无意义。只是在有所期待的时候，才会产生失望，"末世论"或"末日审判"就是这样一个在让我们有所期待的同时又会产生失望的观念。

　　尽管我们并不信仰《圣经》，但只要想到历史的终极意义，就免不了会摇摆于希望与失望之间；而 1999，就是这样一组具有某种隐喻意味的数字，它让我们每个人都想说些心中的"私房话"。

　　所谓"私房话"，就是一些避开了"大事"，特别是国际（我驻南使馆被炸，3 人死亡，20 多人受伤）与国家大事（一群名为"法轮功"的人在中南海门前静坐示威）的个人的情绪性"独白"。那一年，留在我记忆中最深的就是"声讨"与"批判"。尽管我完全理解它的必要，但从文化大革命的年代中走了过来的我们，也完全知道当仇恨的表达成为一种需要层层加码的竞赛时，它就往往会与愚昧、狂热和某种可怕的心理满足联系在一起。

所以到这一年，萌萌主编的两卷本《1999独白》就终于算是出齐了——原书名是《世纪末独白》，为了避嫌，改为《1999独白》；必须是乐观的、昂扬的、向前看的，必须自觉抵制一切不健康的思想情绪，这无形中也已经成为了一条写作与出版的纪律，而且几乎所有的人都一直在自觉执行。所以诸如"世纪末"这样的词语就不能用。但把"世纪末"改为"1999"，是否就能抹去这样一种人为规定或完全为一组数字所偶然构成的那种暧昧所想传达出的情绪性体验呢？

"当这个世纪即将过去的时候，这本书将把我们每个人有关时间与空间、自我与他人、生命的存在与意义的体验记录下来；它是说给自己听的，但这个'自己'就是每一个具有了自我意识的个人。"

这就是我写在书前的"序"。

"什么是中国哲学或汉语思想的'现代性'？其现代性的维度与特质是什么？其现代性的现代学形态是什么？"

"近代历史哲学的核心，是以历史的进步观取代了古代的自然秩序观；但这一进步概念是不是恰恰就具有着虚无主义的基因呢？"

这是志扬和小枫在当时所提出的问题。

"我们轻言细语，我们也乐于倾听，听和说把我们联系起来。"

这是友渔写在第二卷的"卷首语"中的话。

"'独白'不是私人语言。……但'独白'可以是个人语言，至少在这样两层意义上：一是你可以想别人之未想，说别人之未说；二是你可以把独特的视域规定为独特的范畴、命题和表达式，给公众的话语存在提供新的地平线。这不是不可能的，宁可说，它才是应予期待的。"

这是主编者萌萌所想强调的意思。

博凡在《百年明日》中说："我被各种各样的小册子告知：荒诞感是我们时代最深刻的感觉。……荒诞感与反信仰立场不仅没有必然的亲和性，而且在某个层次上的怀疑和荒诞感一直是信仰的必然成分。

在眼下仅存的无人地带上

我始终留意着

明天

穿过未曾觉察的隧道

那阡陌纵横的田园。"

王安忆在《接近世纪初》中说："我们是不是真是自己的掘墓人？我们奋力建造辉煌的宫殿，取土制砖，结果挖空了地基，动摇了立身之本。

也许一切都和世纪末无关，世纪末的说法，只是为自己的悲观情绪制造宽阔的背景，好有所依赖，也是软弱、生怕孤寂的表现。悲哀就是悲哀，绝望就是绝望，它发生在我们内心里，随着生命的周期按时出现，世纪末不过标明它发生的时间。"

彭德和叶舒宪都对自己在大变革年代中的"文化身份"提出了质疑：彭德说，按照传统的说法，我应该算是一个学者，"但 20 世纪的信息爆炸使学问在我心目中的神圣感变成了恐惧感。无休止的学问使我变得聪明起来还是更茫然、更愚蠢、更固执或更自以为是？这对我来说已经变成了一个无法判断的命题。"

叶舒宪和我当时都生活在海南，但他正在办理调到北京去的手续。北京是中国的首都，首都就是中央的意思，但"中央本身就是边缘。若没有意识到边缘在中央和中央在边缘的道理，消解中央的过程又怎么能展开呢？"他说，台湾和海南都把我们心目中的中国称为"大陆"，所以在美国，当一位台湾人问他是不是来自大陆时，他真不知道何以回答，因为从政治上讲，他是来自大陆；但从地理上讲，他并不来自大陆。他不知道他来自哪里，一条区区 20 来公里的琼州海峡竟能在文化身份上把人划分出如此遥隔的界限；后来他到了台湾，从中国的第二大岛飞到第一大岛，才发现开会的地方叫"中央图书馆"，座谈的地方叫"中央研究院"，访问的大学是"国立政治大学"和"国立清华大学"，走访的出版社叫"国立编译馆"，日常普通话是"国语"……他真的感到了远比海南岛更为边缘化的台湾却更有一种"中心感"。那么，特定文化塑造的我到底是谁？人的"中心感"或"中央感"到底是如何构成的？

我更喜欢的是叶秀山先生的文章。那时的他，就是现在的我的年龄。

叶先生在《六十岁的祈祷》中说："人有早熟的，也有晚熟的。一般说，50 岁是个分水岭，孔子'五十而知天命'，康德第一批判的出版在 50 岁以后，牟宗三先生在 50 岁时有一个《自述》，标志着思想的成熟；不过我们这一代人的'成熟期'要往后推推，所以，我在 60 岁已过的时候，只能写一篇短文章，而它只是个'申请书'，或是一篇'祈祷文'：希望我们这一代人能在地球上多滞留几年，祝福新一代的人能不失时间地走完自己的'心路历程'。

　　完了，阿门！"

　　阿门！

2000：

数字化与全球化

新世纪开始了。

利用开会的机会，天南地北的朋友们聚集在海南，海阔天空，但话题却不知不觉集中在数字化与全球化这两个关键词上。

这个世界到底是物质的还是精神的，曾是一个争论不休的哲学问题，谁也没想到，当我们说世界是由事实而不是由事物构成的时，我们在逻辑上就必须承认所有的事实都可以归结为 0 和 1 这两个数字，也就是这两种信息；于是阿拉伯数字的引入不但对于音乐记号中的休止符或静止符，对于国画中的"留白"，对于哲学中的有与无、善与恶、轻与重、远与近、快与慢有了新的理解，而且还可以把这种理解扩展为氨基酸的分子语言，蛋白质、DNA的编码系统；有人就认为，以这样的方式，人们甚至可以孕育出整个世界，因为科学家的工作不过就是按照某种协议原型编码为 0—1 序列。当然，0 的引入也会给我们造成无穷无尽的困惑，至少我们不相信会有公元 0 年，而 2000 年对计算机的运行到底造成了多大的麻烦，我是不大懂的，能懂的，倒是黄仁宇先生在他的历史观中所反复强调的：中国政府和国家的道德色彩、理想的正义、沉湎于伪装等现象，都肇因于在数字上无法管理的局势；如果没有掌握这一点，我们也就很可能误判中国近代的发展。

与全球化有关的，一是中国积极申请加入 WTO，二是美国给予中国永久性最惠国待遇，三是网络文化的兴起，就连我这样的人也被吸引进去，而且忽然进入一个全新的天地；不少的人告诉我，这是自活体印刷以来人类在传播信息的方式上所迈出的最大的一步。伯凡对我说，他现在就是"电子移民"：

身居国内，但在全球的互联网上打工挣钱。

全球化与民族国家，或者说人权与主权、普世价值与不同的文化传统之间的关系也随之成为了人们的共同话题。1969年，当我们在那一年开始"深挖洞、广积粮"，当苏联试验成功了远程导弹，可以直接打到五角大楼时，美国则开始了互联网事业：你就是摧毁了五角大楼，他们依旧可以在任何一个地方进行指挥。

如果说技术的发明最初是为了延长人们的手臂的话，现在则是为了"截肢"，以便不用腿走路而是用手、不用会面而是坐在家里聊天；"烽火台"、"消息树"、"曹冲称象的故事"，说到底不过是一个信息传播的方式和如何把石头或大象变成数字的问题。

但有些数字会让人感到恐惧和紧张：2月13日的《参考消息》上说，《菲共承认犯了严重错误》，因为菲律宾共产党在1986——1991年间，共处死了4000多名同志和同情者，其中2214名是正规军，1793名是同情者；而在美国，最高法院需要重新计票，在极微弱的拉锯战中确认布什当选总统；也是在这一年，普京以52%的优势竞选获胜；在我们国家，11月30日的《报刊文摘》上说，四川成都余女士状告居委会麻将扰民，最后表决是否可以在深夜打麻将，结果余女士以1比67的绝对劣势惨败，最后，余女士只好再把居委会告上法庭。另一则与数字有关的消息刊登在8月27日的《羊城晚报》上，说的是青海省西宁市虎台中学毕业生杨颖高考分数458分，全校文科第4名，但所报考的外省高校并未录取她，因为她的父母没有送钱给招生人员，尽管这所高校的录取分数线是456分。杨颖一气之下打开了家里的液化气罐……。

之所以关注这一年的高考，是因为这一年我与少华也"假公济私"，一起到陕西招生；也是这一年，楠楠和洋洋都参加了高考，而且都十分让人挂念，尽管结果还算满意。

在这一年8月27日的日记中，我这样写着："这几天，最让人心灵震撼的就是俄罗斯核潜艇'库尔斯克号'的沉没与118名水手的罹难了。在某种意义上，他就如上个世纪初的'冰海沉船'一样，成了技术发展的不祥之兆。"在8月23日的《参考消息》上有一篇文章谈到了《全球化使无政府主义卷土重来》，认为计算机和互联网肢解了社会，创造了新的社会分工，在要求更高效率的同时，也为人们创造了更多闲暇时间；于是，这篇文章便把激进的环保主义与极端的反技术立场结合起来，反对跨国公司、世界银行、世界贸易组织、国际货币组织在世界范围内的肆无忌惮，主张"回到石器时代"。

"石器时代"仅仅只是一个"技术"概念吗？云南巧家县马树乡小米地村极端贫穷落后，生活在半原始状态之中，肖梦东和肖桂香是邻居，相亲相爱，但由于都姓肖，按族规同姓不婚，于是只好逃到原始森林，14 年过去，生有一女两儿，但 1999 年 12 月 29 日，为了严肃族规，清理门户，四名打手还是将肖梦东、肖桂香及他们的 11 岁、还从未见过外人的女儿杀死，然后卖掉两个儿子，题为《'灭'尽一家五口'祭'族规》，刊登在 9 月 4 日的《羊城晚报》上。说出女儿藏身地点并主张灭掉他们的肖桂香的父母，事发后双双上吊自尽。

这一年五月，我们去了西沙，在那里看到一片"将军林"，说是凡去过西沙的有名有姓的人物都在那里植一棵树，然后在上面永久留下自己的名字；回来不久，就见上行下效，山西省浮山县史演河乡听说一位副省长要来植树，便事先在那里竖起了了一块巨大的石碑，上书"省长植树碑"，字为魏体，赫然醒目。结果是副省长并未来，此地空余纪念碑。

翻云覆雨，声名大噪的牟其中判无期徒刑，也让人瞠目结舌。

无论是政界人物还是崛起大亨，"上午做报告，下午带手铐"已成常态。

接近年底，凶案不断，先是看 20 集电视纪实片《12.1 特大持枪杀人案》，说的是陕西以董雷为首的 4 个人 5 个月杀死十多人，手段越来越残忍；再是一个名叫张君的恶魔在 5 年间杀人 24 名，案迹遍及重庆、湖南、湖北，被捕后受害者家属纷纷要求挖其心、吃其肉，说是不如此不能平民愤，但这种要求又恰恰与张君的杀人手段一样野蛮、无知……，让人看后欲哭无泪。

这一年，有了"七十年代新人类"的称呼，并预见到"八十年代新一代"将会是"新新人类"。

5 月，陈水扁在孙中山遗像前宣誓就任"中华民国第十任总统"，10 月，米洛舍维奇下台，南斯拉夫开始了其逐渐解体的历程。这一切，我都是在香港凤凰中文台上看到的。

也有让人高兴的事：悉尼在开奥运会，金大中由于与金日成握了手，所以获得这一年的诺贝尔和平奖；获得诺贝尔文学奖的则是一个我们都不大知道的华人高行健。

2001：

"过去是不会死的，它甚至还没有过去"

新世纪到底是从 2000 年算起，还是 2001 年？有过争论，但似乎没有结论。有人会说，这样的争论没有多大意思，从哪一年算起都可以，无所谓。

但就具有着某种隐喻意味上的"开端"来说，2001 年显然更合适，因为这一年所发生的一切，几乎都会影响整个世纪的形象。

先从国际上的大事说起：这一年一开始，不知从哪里，就开始流传一个名叫诺斯特拉达慕斯（Nostradamus）的人在 1555 年所做出的恐怖预言，据说好几件事都应验了；3 月，塔利班在"灭佛行动"中炸毁了有百多年历史的巴米扬大佛；4 月，米洛舍维奇被捕，接受审判，抓捕他的，自然是美欧联军；也是在这一月，中美飞机在空中相撞，我飞行员下落不明，中美关系降到冰点；6 月，尼泊尔王储忽然枪杀王室所有成员，具体原因至今不明；也在这个月，美国判处俄克拉荷马城爆炸案的元凶蒂莫西·麦克维死刑，注射而死，那几天的凤凰卫视天天都在播放这个消息，麦克维以英雄的形象出现在大家面前，说美国政府是反人民的，而他则坚定地站在人民一边；9 月，就有了举世震惊的"9.11 事件"；10 月，爆发"阿富汗战争"，这一年的 11 月，本·拉登正式承认"9.11 事件"是他策划的，而且说还要有更多的恐怖袭击，于是有媒体认为世界从此进入了一个"不对等的冲突时代"，又称其为"第四代战争或非国家战争时代"，就是说，战争的主体不再是单独的国家，而是某种具有国际纵队性质的盟军或游击队。

　　在国内，春节晚会上赵本山的小品《卖拐》使得"忽悠"一词风靡全国，至今长盛不衰，在某种意义上几乎就成为了搜索我们时代风尚的"关键词"。3月，在"午间一小时"节目中，听主持人张斌说我国的骨髓移植库存量的单位是2万，台湾是20万，美国是380万，因为只有超过10万才能用，所以我们的2万是没有用的；5月，忽然得知河南因卖血而导致的艾滋病患者已逾几十万；5月24日的《海南特区法制报》上说，《毛主席语录》是迄今为止我国在印刷与发行量上均开创记录的书刊：汉语有7个版本，少数民族5种，外文37种，总发行量超过50亿册；这一年的7月，"榴莲"、"龙特"、"玉兔"三个台风相继袭击海南，自然界开始向人类示威；这一年的中秋与国庆是同一天，专家说，下一次重合要到2020年；最让国人兴奋的事就是在这一年，我们成功申办了2008年奥运会。在此之前的6月23日晚，世界三大男高音歌唱家在北京紫禁城的演唱为这次声势浩大的申办活动拉开了雄伟的帷幕；尽管中国的著名指挥家卞祖善说这次耗资一千万美元的演唱是"瞒天过海"，但对我们一般的老百姓来说场面还是足够壮观的；也是在这一年，我们加入了WTO。当然，台湾也同时加入，只不过我们一般的人不关心而已。在同一年里几乎同时实现了这两件大事，着实可以让我们这个"千年古国"找到了一个扬眉吐气的机会，于是"21世纪是中国的世纪"也便成为了一种预言。

　　作为一个小插曲，应该提一下：在这一年9月1日闭幕的第21届世界大学生运动会上，我国共拿到103块奖牌，世界第一，其中金牌54枚，是第二、三、四名，也就是美、俄、日，甚至包括乌克兰或意大利等国的总和。

　　2008年的奥运会会重演这一幕吗？

　　就我个人来说，这一年出版了《沉默的视野》。这是一本历经坎坷的书，至少有四家出版社先后都说要出版它而最后落空，这一年，它终于作为《书屋文丛》中的一本出版了，但最后，还是因为丛书中有一本《我有这样一个母亲》而集体惨遭查禁。

　　但我还是把这本书寄给了所有能想到的人；萌萌的父亲曾老身患癌症，卧床不起，我在送他的这本书的扉页上题写了东山魁夷的一段话：冬天到来之前，树木燃烧起它全部的生命力，将群山尽染，一片灿红……

　　那些日子，我一直在想这样一个问题：如果说上帝总是沉默的，那我们人类就应该发出使这种沉默具有意义的声音；当然，这取决于你真的听到上帝的沉默了吗？

任何一个人都可能不得不面对一个并非由他个人所造成的局面而不知所措，因为在这种局面中，无论他自己怎样努力，都无法去做正确的事；而且，更重要的，在于他自己已不再知道什么是正确。

11月，在北大开现象学年会，同时还有一个在人民大学召开的"世界伦理大会"；这两个会的主题即：它们对当代中国来说到底意味着什么？

如果说社会科学研究的是有目的行为与无意识后果之间的关系的话，那么哲学作为一种后设的、评价性的思维方式，就必须追问这种"目的"在理论上的根据（reason）而不是时间中的原因（cause）。

问题是，这种"根据"真的具有理论上的普世价值吗？

俄罗斯有句谚语，说再没有比等待与追赶更糟的事情了；而俄罗斯人就是在漫长的等待后开始了追赶的；应该问一句：如果没有了目标，是不是也就没有了等待与追赶这一"最糟的"状态呢？

有专家说，许多疼痛是学会的：由于神经系统在传导疼痛的信号方面已经变得过于敏感，所以本来是一些微弱的信号就可能被放大，使人们的疼痛感超过了它本来应该体验到的程度。

但相反的说法也成立：由于信号总是被放大，敏感就可能变成迟钝，最后的结果就是失去了疼痛感。

我不知道哪种说法更对，更适合于我们当下的体验。

"过去并没有死去，它甚至还没有过去"。

前一个"过去"是名词，后一个是动词；而"生命"本来就是一个动词。生命就是经历生命。再说，就连死亡也并不死亡，它会一直看着我们，直到我们死去。

这一年4月20日的《参考消息》上刊登了著名的理论物理学家朱利安·巴伯的一篇文章，说时间并不存在，因为在黑洞附近，时间会停止下来，所以我们以为时间在消失，这与我们以为地球是平面的一样可笑。

我想不明白这是怎么一回事，只知道人会老，老了就会死，这总不会太可笑。

人类其实一直都在与时间做斗争。11月15日的《文论报》上说，人类共有三种对付时间的办法：一是佛教通过寂灭来摆脱时间的烦恼；二是通过对日常生活的诗意超脱来获得神性以便战胜时间；三是沉溺于感性生活之中，装出忘掉了时间的样子。

不管怎么说，2001总是一个时间概念，它标识着一个新的时间的开始。

有"新的时间"吗？

就看"过去"，20世纪留在记忆中的一切，对我们来说意味着什么了。

2002：

经验之为经验

经验是什么？经验不是指发生在你身上、发生在你周围、被你所感知的那些事，它取决于、表现为你如何处理这些事。

我们说一个人有经验，就指的是他或她会处理这些事。会处理，在理论上说，应该先要有某种"先验"的东西。

但这是就一般意义上的经验而言的；我们更感兴趣的，是哪些独特的、一次性的、无可比拟的经验；于是我们又发现，几乎所有的经验都是独特的、一次性的，而且你的处理方式也是独特的、一次性和无可比拟的。

这里首先需要的就是要使自以为很熟悉、很习惯了的经验陌生化，于是才有惊讶，才有不理解，不知如何下手，才有进一步的深思。

我几乎认为生活在我们这个时代、我们这个国度的人的最可怕之处，就是把一切都习以为常了；这里特别指的是那些大话，那些豪言壮语，那种惯常了的思维方式与话语方式。

我专门写过好几篇《"文革"话语研究》，想把文化大革命时期的那种话语方式清理一下，不仅指那些早就为人们所熟悉了的诸如"造反"、"打倒"、"彻底"、"火烧"、"受蒙蔽如何如何，反戈一击如何如何"之类的词语，也应该包括那种特有的声调与语气。"文革"时，许多群众组织的大字报和播音员都模仿过那种几乎可以说已成为了某种象征的语气与声调，我本人也写过不少那样一种口气的大字报和传单。

2002 年，许多自以为平常不过的经验又一次地让自己感到惊讶：

首先，新一期的《粤海风》上说"南京是中国最伤感的城市"，就这一句话，竟让我久久无法自制，甚至热泪盈眶，历史的画面飞速从脑际掠过，而且都与"伤感"联系在一起。

其次，2月11日的《参考消息》上刊登出了苏联的解密档案，里面说1940年屠杀15000名波兰人士的"卡廷惨案"是贝利亚根据斯大林的指示实施的，在命令上签名的有伏罗希洛夫、莫洛托夫、米高扬、加里宁、卡岗诺维奇等，全部材料被编在政治局编号为1的档案中。这条消息让我惊讶得喘不过气来，尽管我早就知道了这一惨案的事实真相。天啊！这曾是些多么光辉夺目的名字，怎么竟会是这样？这些人可曾想到过这些档案也会有解密的一天？

再次，2月22日，美国总统布什在清华大学作了演讲，那种在价值观上的自信与坚定让我们又一次领略到共和党的魅力；哪怕就是纷纷遭到别人的质疑，他仍然会说"I know what I believe, I will continue to articulate what I believe and I believe what I believe is right"，翻来覆去就是这样一个词"believe"（相信、信仰）。在这样一个信仰缺失的时代，怪不得世界各地的保守势力从新世纪一开始就做出准备大干一场的样子，其中就包括这位小布什，还有日本的小泉纯一郎、意大利的贝鲁斯科尼、奥地利的海德尔，甚至就连法国的勒庞也来势汹汹。

还有，3月16日晚，在凤凰中文台的"鲁豫有约"中，鲁豫采访了当年那篇几乎让所有的人都"误入窄路"的《生活的路为什么会越走越窄》的作者"潘晓"；现代的人可能已经不知道这是怎么一回事了，但对于正在读研究生的我和那一代大学生而言，这篇文章所激发的全国大讨论几乎就发生在眼前。但我们无论如何也没有想到"潘晓"是两个人（潘祎和黄晓菊），更没有想到此文的发表完全出于《中国青年报》的有意安排。报纸组织、安排了这篇文章，最后的结果不但把全国的热心人都拖入一场大讨论，而且让这两个人在以后的人生道路上吃尽了苦头，想来真是令人唏嘘不已！

这一年的"世界杯"由于有中国队的参加，所以格外引人关注；最后的"四强"是巴西、土耳其、德国、韩国；中国队在三场比赛中连一次进球的机会都没有得到，而韩国队在占尽天时、地利、人和后的恣意挥洒，更是让人对亚洲足球的未来失去了信心。

让我自以为不会吃惊，其实还是惊讶不已的一件事就是8月25日的《报刊文摘》上有一篇《想起了施罗德》的小文章，里面说德国总理施罗德与妻子合住一两居室的小屋，继女要是来了，就在床边另支一张床，三人睡一个房间，而且只要他是因私外出，就一定会乘火车，而且是二等车厢，每周只雇用一次清洁工，买菜、下厨、熨烫衣服之类的事都由他妻子承担。在读这篇小文章时，我一直在与脑子里的"虚伪"与"活该"进行着斗争，最后用"这只是个案和特例"说服了自己。

我觉得我自己也已经如施特劳斯所说的那样沦落到了这种地步：在小事上理智而冷静，在大事上却疯子似的赌博；最后零售的是理智，批发的则是疯狂。

什么是小事？什么是大事？什么是理智？什么又是疯狂？

这一年，我们几个人或我和我的家人去了贵阳、青岩、遵义、镇远、武汉、同里、周庄、杭州、上海等地，一路走去，见到了各式各样的大标语，比如在武汉付家坡长途汽车站，就写满了"以爱心对旅客，以真心对集体，以责任心对工作"；"真心换舒心，细心换顺心，诚心换放心，爱心换开心"；"用质量建立信用，靠服务造就品牌"；"带上我们的微笑诚心诚意，留下你们的满意诚恳诚实"等等的标语，但服务质量到底怎么样呢？我不说，大家心里其实都明白，问题只在于早就见怪不怪了。

世界上最好听的话都被说尽了，就如文化大革命时把"天大地大、爹亲娘亲"这样的比喻也糟蹋了一样，我们不得不以自己的沉默来抗拒自己的失语。

在另一个地方，赫然触目的是"不爱岗就下岗，不敬业就失业"的标语。

在武汉，见到了老朋友、苏州大学的蒋国宝，正是他，提出要把我调到苏州大学，使我一直就潜伏在心底的蠢蠢欲动之心再一次有了实现的可能，最后的结果就是来到了上海。

那一年我 55 岁，是可能调动的最后界限了；就如一个长途跋涉者，当他身边停下一辆车，司机告诉他这是最后一班车时，他通常的反应就应该是先上去再说，至于能拉到哪里，可以暂且不管。

这一年 6 月，因为我为萨拉玛格的小说《失明症漫记》写了一篇"中文版序言"而被葡萄牙文化交流中心邀请到澳门，住在前总督的别墅里；夜深人静，看着头顶上飘扬的葡萄牙国旗，才真正体会到不知谁说的"I love my homeland, but only from afar"的意味；1996 年在阿尔卑斯山脚下，我也有过这种感受。

　　留在海南的，就是我无尽的情怀和那套"海南大学人文丛书"，我的书名就叫《经验之为经验》，萌萌的是《情绪与语式》，余虹的是《艺术与精神》；而他们两位，已经在世界的彼岸，同情地俯视着我们在人世间的碌碌无为了。

2003：

非典型年代的非典型事件

（一）2月，我最喜爱的相声大师马三立逝世。马老先生的《逗你玩》不但在寓意上超越了传统的《狼来了》，而且更在戏谑中揭示出名、实间语义上的吊诡，让人在一种无可奈何中联想到相声演员与听众、小偷与孩子并通过孩子与母亲间所可能发生的"逗你玩"的关系：我们买了票，哈哈大笑，其实就是愿意被演员来逗我们玩；而那个支配了话语权，也就是最先给事物命名了的"小偷"，其行为就如"逗你玩"一样，可以轻而易举地把自己等同于"革命"、"爱国"这些"名字"，于是也就轻而易举地拿走了那些本属于自己的东西。只有事过境迁，我们才可能意识到这里面有一种残酷的"黑色幽默"，只是始终不可能知道在"逗你玩"的名义下达到另外目的的命名者或冒名者到底是谁。当现实生活中的一切都变得越发滑稽了时，唯独相声不再可笑；当真正的相声大师告别了人世时，唯独我们依旧生活在"逗你玩"的相声之中。

（二）2月、3月、4月，发生在我们夫妇身上的"逗你玩"的现实就是有关方面告诉我：我的妻子如果没有办理退休手续，户口就不能随我进上海，因为她不可能在上海找到工作；于是我就事先给她联系了一份临时聘用的工作，再让她办了提前退休手续；但当她办了退休手续来到上海后，却发现户口依旧不能进上海，因为她的退休金、医保费全在海南，上海不可能承担一个已经退休了的人的退休后的费用。就是在她业已正式退休了4年、在这套自己购买的房子里居住了5年后的今天，户口还是不能进上海，只能办一个长期居住手续。其实全部原因就在于这个有着1700万人口的国际大都市，不愿意白白承担一个不再正式上班的人的退休金和医保费，尽管无论在哪里都是共产党的天下，而且都是国家正式退休人员。明白了，也就只好一笑了之，就如听了一场"逗你玩"的相声一样。

（三）5月，看《走向共和》，大感兴趣，意识到我们今天所努力的一切，其实就是我们的前人、特别是革命者们所为之奋斗的一切，而且是他们早就把问题说得再清楚不过了的一切。可惜这部片子后面越放越快，等于不想让我们看。终于，我们谁也不知道最后是怎样结束的。

（四）5月底，圣彼得堡隆重纪念建城三百周年。当我在电视画面上看到涅瓦河、冬宫这些熟悉的画面，听到普希金、屠格涅夫这些亲切的人名，闪过安娜·卡列尼娜的面容时，心中真是百感交集，因为它同样让我想到了二战期间被围困的日日夜夜，想到了列宁格勒这同样可以在前面加上一个"圣"字的伟大名字，想到了基洛夫的被杀与斯大林的清洗。但这一切到底是怎么发生的？我们可曾想到应该给出一种解释？这种解释也许与圣彼得堡这座城市无关，有关的只是我们这个民族的精神。如果一个民族连最明显不过的现象都失去了探究的兴趣，都希望在遗忘、在谎言与欺骗中懵懵懂懂地活着，以为"足食足兵民安之"，那么我们这个民族的未来真是不可预测。

（五）这一年，在人们耳边流传频率最高的两个人名是蒋彦永和周正毅。周正毅，在5年后的今天终于水落石出，而蒋彦永这个人则始终是一个谜。

（六）和我的出生地有关的是两件事：摄影家侯登科1月份病逝与9月初渭河决口，华县一片汪洋。华县这个小小的县城一夜之间为世人所知，就是因为这场大水，因为温家宝总理亲临现场指挥抗灾。

还有淮河泛滥成灾，香港50万人上街游行，反对根据"基本法第23条"立法，但我始终不大明白这是怎么一回事，因为与香港人比较起来，他们所享受到的自由简直太多了。我们不明白他们为什么还不满。

在这一年，我亲爱的四姨病逝于天津；因为她的胆小，在我很小的时候，就知道了在出门时应该保护一个女性。那也正是我想练习武功的一个年龄段。

当然，所有这一切都可以理解为"非典型年代的非典型事件"，因为在这一年，与另两件大事比较起来，以上所说的这些事真的算不了什么。

这两件大事中的一件与蒋彦永这个名字有关，这就是2月中旬，在我的日记中忽然出现了"非典型肺炎"这个古怪的、从未听说过的病名，而且海口的醋一夜之间就卖到了150元一瓶，当然，就是出再多的钱也买不到。谁也不知道到底发生了什么事，谣言满天飞，人心惶恐，不知所措。

到4月，"非典"或"SARS"就已经成为了专名，而且大家终于知道了一系列的事情：因"非典"，奥运会足球预选赛在中国赛区的比赛因此取消，几所高校停课；接着，北京市长、卫生部长相继下台；再接着，我们的亲密邻邦朝鲜人民共和国由于他们"历来把人的生命价值看得高于一切"，所以拒绝与中国队在巴黎进行第47届世乒赛比赛，而朝鲜女队是唯一两次在世乒赛中战胜过中国女队的一支队伍；下来，北京的情况就开始真正牵动人心了，因为每天都有死亡报告，都有一百多人感染，就连上海，也终于发现了四例病人，一列从广州到达上海的K47次列车由于列车员感染了SARS而在全市寻找这列客车上的乘客；而北京的夜晚，在汽车灯光的闪烁中，宛如一座空城般的寂静与恐怖。李慎之先生在此期间病逝，当然并不是因为"非典"，但如何围堵"非典"，使其不致蔓延到农村已成为当务之急，因为谁都知道农村医疗设施的短缺与在卫生习惯上的不注意。

另一件大事就是美英联军正式攻入伊拉克。在电视画面上看美军进攻，看广场中央的萨达姆塑像被推到，看萨达姆本人毫无任何反抗地被活捉，看中国的军事专家们对这场战争发表各种评论，看那些"既反战也反萨"者们如何曲曲折折地表达自己的意思。

看尚长荣主演的《贞观盛世》，看北爱尔兰演出的《大河之舞》，虽然也应列为"非典型年代的非典型事件"，但毕竟在灰暗与炮火中给了人一些光明。

SARS过去了，美军入侵的事还在继续；而那一年揭幕的"奥运会徽"也终于迎来了实现的一年。

"既反战也反萨"，这是一种什么样的立场？作为一种日常化了的"非典型年代的非典型立场"，它在今天又应以怎样一种姿态出现？是不是就如有些人所说的那样"既不要大众主义也不要精英主义"？

2004:

杀死一只知更鸟

　　《杀死一只知更鸟》（to kill a mockingbird）是一部美国电影，2004 年 2 月 21 日在周六的"佳片有约"中播出，给我留下了极深的印象。

　　故事的大致情节是这样的：在美国南部的一个小镇，一名白人女子出于性目的让黑人青年汤姆到她家来帮她干各种杂活，结果被这名女子的父亲发现，非说汤姆强暴并且殴打了他的女儿，于是将他告上法庭。在有充足理由反驳汤姆有罪的情况下（女儿右脸受伤，但汤姆左手残疾，只能使用右手），陪审团还是一致认定汤姆有罪，结果汤姆在企图越狱逃跑时被狱警击毙。

　　格利高里·派克主演为汤姆辩护的律师，获 1963 年奥斯卡最佳男主角奖。

　　"知更鸟"是美国南部的一种小鸟，麻雀般大小，善模仿，所以字典上又称"反舌鸟"，喻其在模仿中有戏谑、嘲弄之意，声音极好听，对人类无任何害处。但就是这样一只可爱、可怜的"知更鸟"，被人用枪射杀了。

　　演得最好的是片中的一个小女孩（获奥斯卡最佳女配角），通篇故事都是从她的回忆和叙述中缓缓流淌而出；她的目光也就是我们每个人的目光。影片之缓重，就如美国南部的小镇一样平静。但也就是在这样的平静下面，发生着如此蛮横无理的谋杀事件，而且是完全合法的谋杀。

　　种族歧视，在异我族类，必欲杀之而后快的可怕心理下，政权和法律就成为了凶手；用汉娜·阿伦特的话来说，这就是一种"国家罪"或"政治恶"，它超出了人们从贪婪、怨恨、报复，从对利益的追求、对权力的渴望来判断善恶的标准、来追究行凶者动机的习惯，使我们在这种罪与恶面前无所措手足。

　　在无所措手足的情况下，个人的政治"抉择"是可能的、必要的吗？这就是 2 月 1 号电影台播放的美国电影《抉择》所给予我们的启示：维尔汉姆·福特门格勒是世界著名的指挥家，指挥柏林爱乐乐团。希特勒上台后，他既没有逃离德国，也没有参加地下反抗活动，更没有自杀，而是继续指挥他的乐队，企图以音乐向人们传递自由、正义、博爱的理念。这是他的真实想法吗？他在那样一个非常时期的抉择是对的吗？影片一开始，就是一位美军少校作为占领者对福特门格勒的审讯，那种口气和神态就如电影上的纳粹一样。

面对"国家罪"与"政治恶"，自己又毫无反抗能力，该怎么办？能怎么办？

福特门格勒 1954 年逝世，继任者即卡拉扬。

卡拉扬的名气远在福特门格勒之上，这是否与福特门格勒不幸生活在那样一个时代有关？

无所措手足的另一个后果就是对群体而言的社会道德体系的崩溃，它就明确体现在《杀死一只知更鸟》的 12 名陪审团成员身上。

也就是前几天，我才看了美国的另一部电影《12 怒汉》，它讲的就是这 12 个陪审团成员是如何从浑浑噩噩中通过说理、论争，最后由只有一个人反对有罪判决到最后全部认为这个"据说被有人目击到的杀人犯"无罪的。

伴随着证据的不断提供，更重要的是良知的唤醒，是每个人都事实上在进行着的自己与自己的对话，终于使最后一个要坚决判决这名孩子有罪的人意识到了自己深埋于心底的个人的心理阴影。

据说以这部电影为蓝本，俄罗斯也拍了一部《13 怒汉》，看得普京总统热泪盈眶。

陪审团的成员越广泛、越业余，也就越能成为衡量一个社会是否还存在普遍的价值观念的标尺。

他们为什么总能拍出这样深刻的影片？是因为发生了如此深刻的事件吗？

也是在 2 月 1 号，河南漯河中级人民法院判决杀人魔头杨新海死刑，立即执行。杨犯当庭表示不上诉。

当记者问他知道自己犯了什么罪时，他淡淡地说：杀了一点人。

一点人？

杨犯从 1999 年起，先后在河南、山东、安徽、河北等地作案 26 起，杀死 67 人，伤 10 人，奸 23 人，使用的只是剪刀、绳子、砖头等最普通的作案工具。

在2号晚上的"东方娱乐频道"中，仍有记者想探究杨犯的作案心理。杨也依旧淡淡地说：很简单，一开始领不到工钱，后来仅仅因为偷了一个塑料盒就被判劳教，于是释放后就开始漫无目的地杀人，因为找不着要报复的对象。

由法国著名影星比诺什和奥特尤尔主演的法国电影《圣·皮埃尔的寡妇》从另一方面告诉我们，在一个充满同情、理解和爱的环境中，一个真正意义上的杀人犯也会在等待断头机期间变得英勇无畏，敢爱敢恨。

我们无法判断人性的善恶，但"人性"这个词语毕竟标识着人身上的某种不同于"兽性"的东西；而这种东西，也一定会在"适宜于人性的环境中生长"。

所以问题不在争论人性的善恶，而在必须厘清什么才是"适宜于人性生长的环境"。

从那时起，从对"国家罪"、"政治恶"的关注起，我就把注意力从相对于个体人而言的善转向了相对于环境的、共同体而言的善，从康德转向了黑格尔，从道德转向了伦理，从对市场经济的赞美转向了关注于市民社会与国家间的关系。

2004年，有三本书是不能不提的，这就是章诒和的《往事并不如烟》、陈桂棣、春桃的《中国农民调查》和吴思的《血酬定理》。

这一年的5月底，我的妻子李少华因肝硬化正式离开了她心爱的工作岗位，开始住院治疗。一开始她不想住，因为她的父亲在49岁那一年也是因肝硬化而住院并死在医院里的。在这种情况下，她还是挺了过来，而且一天比一天好。

6月6号诺曼底登陆60周年，德国总理施罗德正式与会，此事标志着60年前的那一页彻底揭了过去

7月杨小凯逝世，10月，德里达逝世，11月，阿拉法特逝世。

11月9号，既是柏林墙倒塌的日子，也是当年那个发生在纳粹德国、因迫害犹太人而臭名昭著的"水晶之夜"的日子。

接着，就是陕西铜川煤矿的大灾难和更为可怕的印尼海啸，有十万人遇难。

而科学家则告诉我们，2029年4月13日，在一个黑色的星期五，一颗长400米、重1600兆吨的小行星有可能撞击地球，其威力相当于16亿吨黄

色炸药。12 月 25 号的《东方早报》用了一个很诗意、也很暧昧的标题来述说此事：《要命小行星 25 年后吻地球》。

　　在某种意义上我们可以说，人类在宇宙中的位置，只不过相当于一只知更鸟而已。

2005：

像一只鹅一样大声叫嚷

这一年总的气氛是沉闷、压抑。当然，这纯粹是个人的一种感觉，拿不出什么明显的证据，但似乎某种希冀，某种模模糊糊的东西在岁月的磨损中日渐消散了，这到底是什么东西呢？肯定是某种观念性的存在，就如信念一样的东西。

1月的上海，雨特别多。民间流传着"鸡年无春寡妇多"（春节前就立了春）的说法，所以有许多人要赶在鸡年到来之前结婚，这件事竟闹到需要官方媒体出面"辟谣"的程度。

1月17日，上海《新闻午报》上最显著的消息就是"大平和铜川矿难正抓紧调查处理"、"南川云华矿瓦斯突出，10人死亡2人失踪"和"浙大失踪女生确认被害，凶手勾某已被抓获"；无休无止、接连不断的矿难消息已让人的神经疲惫不堪，小的几个人遇难，大的几百人死亡，如2月14日（年初六）辽宁阜顺阜新矿业集团下属的孙家湾煤矿瓦斯爆炸，死203人，29人受伤，12人下落不明。一旦下落不明了，就会一直下落不明，不会再有后续报道的，就是有，除了失踪者的家属、朋友，恐怕也不会有多少人关心；再如赶在这一年过去之前，11月29日，黑龙江东风煤矿又爆炸了，至少150人遇难。在电视上偶尔看到了家属的眼泪流在脸上结成了冰凌，我和少华也大哭起来，让人相信世间真有"始信东风唤不回"的东西。相比之下，松花江污染和省长喝第一口水已经变得无足轻重了。这喝第一口水的英雄举动将作为榜样让后面的领导者"吃第一口什么"、"买第一个什么"、"坐第一个什么"和无数个"做第一个什么"。

要说大事，第一是连战和宋楚瑜相继来大陆访问。西安后宰门小学生的载歌载舞和那声"连爷爷"的称呼，让我难受了好多天。我毕竟是在那座城市长大的，而且后宰门小学离我们家很近，与我读书的中学就在同一条街上。

第二就是法国民众投票否定了《欧盟宪法》。作为一个发起国和核心成员，民众却不支持"欧盟宪法"，说明了什么？在全球化的浪潮中，什么才是更应该珍视的"普世价值"？"宪法"的权威总是无可质疑的，但，订立"宪法"的目的又是什么呢？如果我们对什么才是我们心目中的美好生活没有一个清晰认识，如果"一切权力源于人民，但他们只在选举日拥有它，此后就归统治者所有"，如果就如杰斐逊 1787 年 1 月 16 日在写给 Colonel Edward Carrington 的一封信中所说的那样："一旦我们的人民对公共事务变得漠不关心，你和我，国会和州议会，法官和总督，都会变得如狼似虎。"

第三就是我们开了一个纪念萨特、阿隆诞辰一百周年的学术研讨会。这两个冤家对头，曾在什么时候、什么情况下走到过一起？为什么？左派和右派在什么情况下会取得一致？"左派常分裂，右派多团结"，什么时候"右派"能把"团结"的范围扩大到"左派"，这真是一个值得研究的问题。

1 月 27 日是奥斯威辛集中营解放 60 周年纪念日。在电视上重新看到了集中营门前的那块"劳动使你自由"的巨大标语。

"劳动使你自由"比我们"劳动改造"的口号更冠冕堂皇，更具有哲学意味，当然也就更虚伪。

这一年的生日，第一次让老友世忠书写了陆放翁的一首绝句悬挂在自己的书房里："慷慨心犹有，蹉跎鬓已秋；百年殊鼎鼎，万事只悠悠。"

我开始写我的《哲学的基本假设与理想国》；少华在医院开始写她的《记忆一生》，病情时好时坏，万般无奈之下，只好转而求助于中医。

4 月，北大的王炜病逝。他是我的老朋友了，曾拥抱着我说：家琪，要是我们这代人不把我们的经历变成后人的财富，我们就对不起这个时代。

但他如此早地就离开了我们。后来，就收到了他的纪念文集：《长歌唱罢风入松》。

10 月 27 日，应邀去上海美术馆看了"刘宇廉画展"，主要是连环画，画的是张志新；解说词都是他个人拟写的，其中有这样几段话让人永世难忘：

"人民的监狱里，囚禁着人民的女儿；民主的旗帜下，扼杀了民主的声音"。

"你倒在血一般红的旗帜下，你倒在旗一般红的血液里；你牺牲在新中国的祭坛上，奉献给明天的共产主义"。

6月3、4、5号，一连三个晚上，在那种悠长的、不绝于耳而又典雅至极的哀怨诉说声中，在同济大学的礼堂里，我们看了白先勇先生亲自执导的昆剧《牡丹亭》。

"不来花园，怎知春色如许？不在中国，怎知岁月真真如梭？"

然后，9月25日，在上海大剧院看了法国巴黎国家芭蕾舞团演出的《吉赛尔》和《波莱罗》。特别是"波莱罗"里那种不断重复着的旋律，是我早就熟悉但又百听不厌的。

我忽然真的喜欢上了上海，因为它让我有机会看到这些在其他地方看不到的艺术精品，感受到了前所未有的心灵满足。

但不知怎么搞的，无论是看《牡丹亭》还是欣赏《吉赛尔》与《波莱罗》，我的心境都是那样的苍凉、悲哀，哪怕看到的绝对是美。

12月中旬，在海南开了一个《意向性：现象学与分析哲学》的专题研讨会。

萌萌已经卧床不起了。

于是，2004年9月中旬，我们在兰州参加一个共同的会议，会后我去西宁看我的老友中太，志扬、尚杰、郭大为与她一起去塔尔寺、青海湖就成了我们一起外出的最后记忆。

"像一只鹅一样大声叫嚷"是署名何郁的一首诗，发表在2月份的《文汇报》上，我在日记中留下了这首诗，但没有注明日子，因为我知道我永远也不可能像一只鹅那样大声叫嚷。

诗的最后几句是这样写的：

如果一个人

像一只鹅一样

快乐的时候，或者沮丧的时候

能够自由自在地叫嚷

——该有多好

更何况是在一所百年老校里

——那里有自由而浪漫的阳光。

2007年，就该是同济大学百年校庆的日子了。

2006：

狼奔豕突，天地玄黄

当我回顾 2006 年时，"狼奔豕突，天地玄黄"这八个字忽然就蹦了出来。什么意思？想不大清楚，但有一点可以确定，它纯粹是我个人的一种感觉，与我个人在这一年的经历有关。

粗略统计了一下，我这一年竟外出了 15 次之多。干什么去了？开会、讲课、聚会、座谈、纪念、聊天、旅游，等等，从年初到年末，几乎跑个不停：1 月份还在海口、深圳；12 月也依旧在武汉和上海，上海是我的家——但我却没有回家，而是在复旦大学开会，由一位老师傅在给我量体定做一件唐装。

我不知道我是在躲避什么，还是在寻觅什么；抑或，是因为觉得自己的一套想法终于成熟了，应该四处走走，讲给大家去听？

显然不是，所以我才想到了"狼奔豕突"这句成语；我属猪，所以"狼奔豕突"中的"豕突"就格外让我有感觉。

日子越过越快，日记越写越少，心情也似乎越来越暗淡，于是外出奔跑也就成了一种生活方式。

这一年，按理说"挤满"了国家大事："文革"40 年祭，于是到北京开了一个座谈会。大家都很认真，很严肃，40 年前的往事历历在目，但如何能跳出个人的经历（甚至包括恩怨）对"文革"进行一种理性的反思依旧是一个有待我们这一代人努力的课题。9 月 9 日，毛泽东逝世 30 周年，全国竟然鸦雀无声，因为这个日子与大家对"文革"的记忆是紧密联系在一起的。这一年的 9 月 17 日，第一次去了林彪的故居，那里有一个"林氏三兄弟"（包括林育英、林育南；林育英逝世后，毛泽东亲自为他抬棺，这是毛一生中唯

——次为别人抬棺）展览馆。看着一幅幅照片，真是心潮起伏。这一年的第8期《南风窗》发表了对我的专访，话题就是"文革"。

1月份在深圳的"中央教育研究院南山附属学校"第一次听了江苏省的特级教师周益民讲《逆风的蝶》，听全国特级教师窦桂梅讲《晏子使楚》，真让我感受到极大的震动：小学语文可以这样讲吗？真有人能讲得这么好吗？

我离开小学课堂已经将近40多年了，小学生活中的一切依旧历历在目，当然也还记得那时的课文，那时的老师，唯独没有想到，今天的小学语文已经讲到了这种地步，一种能让我全身心投入、而且心潮澎湃、不能自已的地步。

《逆风的蝶》是个凄美的爱情故事，《晏子使楚》则涉及到人的尊严与智慧。我相信孩子们都听明白了，而且受到了感染，这从他们可爱的小脸上就能看出来。

这所学校的校长李庆明多才多艺，有理想，有志向，有激情，有公民意识；以后，凡是他邀请的几次活动我都争取参加，并因此而认识了一些新朋友，包括刚刚去世的商友敬先生。

春节在西安，小学同学，也就是儿时的伙伴在"春发生"这家百年老店重新聚会，尽管几乎所有的人我都认不出来了，但那种亲切、那种感慨，那种彼此间情谊的自然交融，还是让我感受到天地间只有"同学"这个称谓最亲切。

后来，"同学"就变成了"战友"；尽管彼此还是不认识，但只要在"文革"中冲锋陷阵过的，就一概可以称之为"战友"。这时的范围已经扩大为全国，甚至有外国朋友参加；我指的是3月里的一天，我到北京参加了一个"文革四十年祭"的座谈会。

转眼间。文化大革命就过去四十年了。

在这几天，中央电影台播放了一部很好、很及时的电影《颅骨国度》，我当即写就《和平、真相、正义与和解》一文，发表在这一年第8期《读书》上。我觉得"和解"比"和谐"好，因为它以冲突或对立为前提；不承认这个前提，"和谐"就只能是表面上的掩饰。

6月中旬再到北京，在中国美术馆看许江的画展并参与讨论，第一次领教了可以把一家酒店的全班人马请到自己家给一百来客人做自助餐的气派。围墙、音乐、蜡烛、草地、红酒、美女，三三两两的漫步、交谈，轻声细语，宛若 18 世纪欧洲的贵族之家。

七、八两个月，让全国人民最揪心的就是重庆，因为连着 40 多天的干旱与高温，差不多把那个地方"烤熟了"。

老同学易中天在《百家讲坛》走红，而全国人民最大的事就是迎接奥运。

然后就是 8 月的贵州之行，开一个西方哲学史学会和现代西方哲学学会的联席会议。

会议的最后一天，地坤、祥龙、晓芒和我在主席台上正襟危坐，各自谈自己的观点：地坤是标准的学术问题，祥龙一身唐装，谈他与蒋庆的分歧，回答"文化保护区"的有关疑惑，晓芒依旧是他坚定的启蒙立场，而我则再谈现代性反思对我们意味着什么。

11 月，应吴炫之邀，再到杭州讨论现代性问题，会后去了千岛湖。而古老的淳安，则在 1951 年随着新安江水电站的落成而永远沉入了湖底。

在那里，我们不但凭吊了那座古老的遗迹，想起了方腊与宋江等一伙在彼此厮杀中的共同命运，也在心中默默为那些在 1994 年被抢劫后活活烧死在大湖上的台湾游客哀祷。

这一年，复旦大学和武汉大学的哲学系都举行了建系 50 年的纪念活动。我都去了。在武大，我拥着陈师母，亲切地叫了她一声"妈妈"，她紧紧拥抱了我；那种感情，真的无以言表，因为我们都知道这声呼唤的特殊意味是什么。那是一种心照不宣的默契，一种苦难中的彼此扶持。

这一年 1 月，我就知道了萌萌的肺癌已经转移到脑部；8 月 12 日上午 11 点 27 分，这位完全不相信自己会死，而且越到生命的最后关头反而表现得越乐观、越坚强的、孤独、奇异、美丽而又虚荣的女子终于撒手人寰，离开了这个她又恨又爱，但无论如何也想不到自己会先他人而离去的世界。

当时我与少华正在都江堰，接到志扬的通知，当即飞往广州；那晚为她守灵，我与少华基本上就哭了整整一个晚上，什么样的酸甜苦辣都涌上了心头。

这一年，我一去海南，两去西安，三去武汉，这也就是我一生中所住过的三个地方。

年终到了，我们买了一副挂历，万万没有想到，第一页上就是唐寅的一首诗，而这首诗的第一句竟是"岁月堂堂忽六旬"，于是，也就有了我在这一年年末写就的一首"六十偶得"：

岁月堂堂忽六旬，
天涯望断日黄昏。
玉关红柳梦魂远，
雁塔苍槐意念真。
卅载风云似反掌，
南飞东走且栖身。
自来不识路归处，
却话帆樯待丽晨。

这首诗后来也就作为了我《人生之心境情调》一书的"代后记"。

五十年间有与无

229

2007：

行走的梦想

　　这一年真的有些平淡。几十年来我们已经习惯了大哄大嗡，遇上一个这样的年头，一时还似乎找不到话说。

　　不知从什么时候起，就没有了新年钟声，电影台的外国电影又总是很晚才播放，中途还要加三次广告（从一次变成两次再变成三次），每次都很长，所有这一切，显然都是有意的（国产的、明知大家都不喜欢看的放在最前面的黄金时段）；而我们，也只能有意地在很小的范围里做出自己力所能及的反应，这就是去买那些盗版的影碟来看。这一年，真看了不少的电影，最好的就是《父辈的旗帜》（the flag of father），现在盛行军旅片，真希望我们也能拍出一部这样的影片，它的主题应该是彻底的反战，应该是战争中的英雄无名（《集结号》靠了一点边）。

　　高院收回了死刑犯的"最后核准权"，这大约每年就会少杀很多人。我没有统计数字，不好乱说，但我们杀死刑犯人之多恐怕早就是世界之最了。问题在于这种威慑方式并不能解决问题。历史上只有最愚蠢的政府才会想到使用震慑的办法来吓唬人———问题是它常常行之有效；而且，恐怕也和统治者想满足个人内心深处的某种阴暗的东西有关。"杀人偿命"或"以命偿命"能理解为一种公正吗？在人类社会中，"报复"或"报应"总是必要的，但这与杀死一个人却有所不同；"解恨"总是当下的，并不能成为"杀人"的正当性依据，所以在我的记忆中，"被杀者"一般都要被冠以"阶级敌人"（或因其出身、因其历史，并以此推论出他此种罪行的必然）的名号。一旦成为"敌人"，杀起来当然就理直气壮了。

4月18日7时15分，辽宁省铁岭市清河特殊钢有限公司发生钢水包倾覆特大安全事故，32人当场被滚烫的钢水烫死，那种场面想起来极其恐怖，世界上没有任何一部恐怖片能达到这样的效果，只要想想，就会浑身战栗；但死亡人数，与前些年的矿难比较起来，毕竟还不算多。

6月，沸沸扬扬地闹了一阵山西洪洞县的"黑砖窑事件"，尽管连"回到奴隶制"、"叛乱事件"这样的词语都用上了，但事情过去了，也就过去了，我们不知道下文，也没有人关心下文，因为——，因为中国发生的事情太多、太密集了。

"后续报道"、"追踪报道"一直是我们的新闻报道中所欠缺的，原因其实也很简单，因为总要到一个地方为止。

后来，我就知道有了一本章夫等人编著的《2007：中国平民日记》，中国文联出版社出版。余世存在前面写了"几句话"，大意也是说"2007属于雨水。无声无息"；如果起孔子于地下，他会写上"2007，王正月"，如果是太史公，他也会说"和谐元年，无事"，仿佛众神归位，不再喧哗，平常地自处并彼此相处，如细雨霏霏般润物无声。

当然，在这一年，围绕奥运的鸟巢是非、金牌图腾，围绕金融界的股票"涨跌"，围绕影视生活的"色·戒"、文化生活的"博客"，还有恢复高考30年，新农村的远景图案，都还有很多话可说，大家如果更想从平民而不是精英的角度了解这些的话，可以去看这本书及余世存的"这些话"。

对于我所在的同济大学，这一年百年校庆，温总理希望我们与他一样能"仰望星空"，并告诉我们"没有一流的文科就没有一流的理科，没有一流的理科，就没有一流的工科"。

不过似乎没有多少人接着往下说，大家记住的，倒是从他口中念出的艾青的诗句："去问开化的大地，去问解冻的河流"。

这一年是我的"耳顺之年"。我也有了一种空前的安逸感，春节在海南，去了霸王岭；6月在成都，登了贡嘎山；8月在庐山上住了一个多星期，真正的避暑，如周敦颐在诗中所说的那样"路盘层顶上，人在半空行"，"天风拂襟袂，飘渺觉身轻"；10月是乌镇，另一个僻静的所在——由于管理的问题，僻静到晚上空无一人的地步。在杭州也住了些日子，那些天总是有雨，而雨中的杭州又分外妖娆，总让我想起戴望舒的《雨巷》，那种悠长、寂寥而又彷徨的感觉。

　　正是在这种宁静的心绪中，我才有可能写了那么多与"普世价值"有关的文章；因为我深切感受到，这么多年教育的不成功，就在于我们未能在孩子们心中播种下普世价值的种子。许倬云先生说，中国一直就是普世文化的体现者，秦汉帝国四百年，使"中国之为中国"最后定型："中国有一个普世的秩序，由一个普世的文化笼罩，政权由天命获得合法性，也由天命约束而为规律。文官因察举而来自全国，经济由精耕农业及市场交易而纳入同一个全面的的系统，儒家的人文精神，辅以道家的自然，肯定了这个普世秩序的意义。于是'中国'并不是一个主权的单位，而是普世价值的体现"；"其危机不在文化的危机，不在萧蔷之外，而在其体制之内"：一是普世文化逐渐仰仗于普世帝国的政治权力；二是普世文化的传承者（儒生）因不满这种政治权力的统治，或质疑这套价值，或奋起反抗，这些反抗，"在子之室，操子之戈，原有已经僵化的普世秩序，当然就更显得无力延续了。"（许倬云：《观世变》，第 288 页，广西师范大学出版社 2008 年版）

　　人世间有没有普世价值，说起来似乎很复杂，但想想又很简单，因为所有的人毕竟都在追求幸福，而且归纳起来，就会发现人类所理解的幸福大体上并相差不多，无非是物质生活上的最低限度应该怎么怎么样，精神追求上起码应该怎么怎么样。如果只说些诸如生命、自由、平等、正义、机遇、和平、公正的概念，论证起来会很麻烦，但如果如联合国所通过的那些有关"公民权利和政治权利国际公约"中所规定的那样，在涉及到种族、妇女、儿童时，应反对种族歧视，不能有任何人格侮辱；要保护妇女合法权利、同工同酬、反对家庭暴力；要保护儿童，反对使用童工；要维护"移徙工人"（指在非国民的国家将要或正在从事有报酬活动的人）在宗教信仰、经济地位、语言交往、身份认同上的自主性与不受歧视，所有这些方面，我们，或者说无论哪一种文化背景的人，都是应该赞同的。这里需要说明的，就是我们国家在所有这些"公约"上也都郑重签了名，问题只在于不宣传，不讲解，不教育，不在此基础上求得全民的共识。能不能完全做到，是不是还需要加上新的"修正案"，这是另一回事，但相信只要是人，在价值取向上就有着可共同协商而不是武力征服或压制言论的基础，这首先就应该是一个教育的共识，尽管事实上往往并非如此。

我承认，它只是梦想，就如康德当年也做过关于"永久和平"的梦一样。

这一年，看了艾伦·布卢姆的《美国精神的封闭》，深切感受到我们三十年的开放有可能导致另一种形式的封闭，即对思想、对理论，对深度问题，连同对政治的封闭与厌恶。在一个几乎完全受舆论控制的社会里，如果"理论有禁区，娱乐无极限"（这是我在看一个低俗不堪的节目时随口说出的两句话），如果我们的大学不再是"思想自由的岛屿"（见索尔·贝娄为该书所写的"序"），如果我们的通识教育不是帮助学生们提出"人是什么"这一大问题，不去讨论学生们的潜能为什么一定会超越自身的限制，并由此思考人性问题，不去引导孩子们意识到"所有这些问题的答案既非一目了然，亦非无从寻觅"，但只有持续关注这一问题，"强烈的求知欲与严肃的生活才有可能"的话，"自我得意中的自我封闭"就几乎会成为一个不可避免的结局。布卢姆在"前言"中说了，"每个时代都有自己的问题，我不认为过去的一切都很精彩。我描述了我们现在的处境，我不打算与过去做任何比较，以此来赞扬或贬低我们自己，我只是想阐明什么对我们有价值，以及我们的处境有何特点。"

后来，我看到了一本书，书名就是《行走的梦想》，一个名叫兰泊宁的女孩子写的，十分感人。

对我们一般人来说如此简单的一件事对她竟如此的难，而我们，却并不懂得珍惜。于是，我就决定把普世价值理解为对我们所有人而言的一个"行走的梦想"。

这一年的年底，我飞去福州，参加一个有关"信仰的缺失"的学术讨论会，一切的一切，都让我把注意力集中在一个古老的问题上，这就是："如何认识我们的时代？"或者说，"什么才是我们这个时代的本质特征？""信仰与信念的区别是什么？我们有什么经验（休谟称之为活泼的印象）支撑起自己的信念？"

人无信则不立。

这里的"信"就指的是信念。如果说信仰指的是一种对至高存在和代表终极救赎的内心态度的话，信念则指的是一种根据概念性事实（休谟称之为一种活泼的印象或知觉）而作出的可然性推论，比如，我们知道我们已经被纳入了世界历史的范畴，我们的历史书写离不开人类史；特别是近代史更是与西方的历史发展紧紧纠缠在一起；比如我们知道只要是人类，无论何种民族、何种语言、何种时代、何种阶级、何种文化，都有自己表达对生死婚嫁的既定仪式；比如我们都知道在食、色之外，都还有对阅读、交流等不可见的精神价值的追求，等等。所有这一切，按照康德的说法，就是"共通感"，或人类所具有的"主观普遍性"。

这种"主观普遍性"作为一种价值观念，是如何具有了普世性的；为什么说它是道德绝对命令（就是说是出于义务而不是合于义务），而我们的教育观念又因为缺失了这种"主观普遍性"导致了怎样的后果，这恐怕真是一个时代所回避不了的问题。

我承认："共通感"、"主观普遍性"、"普世价值"，作为信念，你永远无法证明其存在，但又正是我们这些残缺不全的人所必须或应该具有的"行走的梦想"。

2008：

只说小事

2008 年的大事太多，我这里只说小事。

"小事"之"小"，总是相对于"大事"之"大"而言的；我们习惯了认为"个人的事再大也是小事，国家的事再小也是大事"的思维习惯，所以常常把"小事"与"个人的事"联系在一起。比如，这一年的元月我就开始写我的《三十年间有与无》，这当然是很小的事，之所以到现在还没有刊登完，就是因为这一年的"大事"太多：自然灾害、人为破坏、两会召开、十七大、奥运会，每遇大事，小曹都不得不满怀歉疚地说：对不起，一切都得让路，你的连载不得不暂停……

我自然是个通晓事理的人，不但欣然应允，而且也不得不满怀歉疚地说：知道，我懂，让你受累了……

既然是小事，就要把它当成很小的事来看。在今年 2 月上半期的《社会科学论坛》上有张宝明的一篇文章：《"思想"能决定"尊严"吗？》说潘光旦先生曾用四个英语中的"S"来总结自己的后半生，这就是 surrender（投降）、submit（顺从）、survive（幸存）、succumb（死掉）。这四个"S"让我沉思良久，久久不能释怀，尽管它真是一件仅属于潘光旦个人的小事。后来，我读《布罗茨基谈话录》（东方出版社 2008 年 4 月版），知道他早年因"不劳而获罪"被判刑、流放，1972 年被驱逐出境，1987 年获诺贝尔文学奖，今天的圣彼得堡，在他的故居前有巨大的大理石纪念牌。他也说，回想起来，当初在苏联流放时，竟是他生命中最好的时期之一（第 76 页）；而到了美国后，生命中的一切对他来说"不是为了生活，而是为了过完余生"，因为"我们这些年纪上的人，自主或不自主地就已经是定型的生物了。基础、起跑——都发生在祖国。我们在俄国的存在是原因。今天所获得的是结果。"（第184页）我同意他们的话，不管是四个"S"也好，还是"过完余生"也好，个人的事不过如此。

也还有些并不完全属于个人的事，但也一定会被划归"小事"之列，比如《"华南虎"为什么跑不过"范跑跑"》（6月24日《新华每日电讯》的一则标题），比如《摄像头时代，我们如何生存》（6月25日《东方早报》的一则标题）的问题，还有贵州一位名叫杨贤祥的农村代课教师，办学22年，年薪365斤包谷（7月31日《新华每日电讯》）等等。进入今年"流行语榜单"的还有"飞机集体返航"、"京剧进校园"、"限塑令"、"周老虎"、"许霆案"、"中华文化标志城"等等，与今年的诸多大事比较起来，自然也是小事，恐怕能记得的人已经不多了。至于挪用公款4.6亿元的双钱股份董事长范宪，受贿1000多万，挪用1000多万的吉粮集团董事长兼党委书记刘宪鲁被人遗忘更在情理之中，因为这样的事毕竟太多了。

但我特别关注的是两件"国家小事"：一是原美国援军第十四航空队（飞虎队）成员唐纳德·克尔的座机在被日军击落后，他在身负重伤的情况下被一位年仅14岁的中国少年李石救起，藏在深山密林中，躲过了日军的搜索。克尔1977年逝世，2005年，克尔的儿子戴维找到了李石老人，还有另一名当年参与营救的邓斌；两个月后，戴维再次带着他的妻子、女儿前来拜访这两位老人，当面向两位老人的救命之恩表示感谢，说克尔最后的遗言就是"我们爱和平"。但此时的李石已经失忆，对当年的事全然不记得了；邓斌也已87岁，垂垂老矣，并不知道这句话意味着什么。当我在电视上看到这一幕时，禁不住热泪盈眶，忽然间对"感恩"和"失忆"这两个似乎全然无关的词语有了全新的理解。因为在大讲"感恩"的日子里，我真的想到了生理功能上的"失忆"或广义的"失忆"：在以后的岁月里，不知还会有多少人在失忆后，才会被人想到感恩；而这些事与人，是今天的我们所不可能知道的。

再一件事更小，但也是国家大事，这就是中国驻大阪的领事代表8月7号首次出席了广岛原子弹爆炸纪念仪式。这件事很小，小到在报纸上只有一行字，而且我们也不知道驻大阪的领事代表是谁、去了几个人、有些什么活动。但这件事却与上面那件事连在一起，让我们超越了战争的对错、正义与非正义而想到了对生命的珍重。差不多同一天的报纸上还有一条小消息，这就是罗马教皇本笃十六祝愿北京奥运成功，说他一直"满怀情意地关注着北京"，希望奥运能展现人间的友爱与和平。

我希望在这样的祈祷声中揭过 2008 让人永世难忘的一页。

奥运会前的 5 月 19 日下午 2:48，汽笛长鸣，行人肃立，全国下半旗向汶川地震死难者致哀，我不知道这算不算"小事"；我之所以也想把它列为"小事"，是为了让大家都记得在那些大轰大嗡、惊天动地、举国欢庆的"大事"的同时，也不要忘记在这短短的两三秒种里，我们都曾经低了自己高傲的头颅。

6 月 4 日，无事之中，看到舒芜过去的一首诗，就擅自改动，变成自己的抒怀：

> 不信唯物不参禅；
> 也尽人为也信天；
> 无泪可挥无话说，
> 有鬓已白有喟然。

5 号，《书城》有一茶座，在咖啡室聊天，吴亮、王安忆、蔡翔、陈子善、郜元宝、张生、贺圣遂、邓正来、邓安庆以及《书城》的几位主要人物都来了，这种形式在上世纪八十年代曾出现过，想不到差不多 20 年后死灰复燃，同人学者们又开始在一起"清谈"；不过八十年代时大家的精神意向大体一致，而现在则分歧很大，那时都很认真，现在则多了些调侃与幽默。大家都在适应新的相处方式。约定了让我主讲一次《普世价值与当代中国》，我自然也很高兴，觉得某种小型的公共活动空间正在形成。

还有一件小事也应该记下：6 月 30 日，上海大学举办第三届"文学周"活动，纪念汶川地震，捐书捐款，还举办了晚会，让我听到了赵长江、阎连科、孙甘露、王安忆、李锐、蒋韵等人的诗朗诵和即席演讲，特别是梁波罗和狄菲菲两位专业演员的朗诵更是把晚会推向了高潮，但这些专业演员的"专业"之所长恰好也就是其"所短"，因为让我们看到了那种专业训练和不断演出的痕迹。

如果一个人一直这样训练和演出，他或她在情感上的消耗能有多大呢？

7 月 12 日，到北京参加《普世价值高端论坛》，已感到北京森严戒备，连个开会的地方都找不到，只想着赶快回家。

昆明的两起汽车爆炸、云南普洱市孟良镇的闹事、新疆喀什边防支队的被炸事件已是赶在奥运会前夕最后想干扰一下"大事"的不足挂齿的区区"小事"了。

就这样，在我的心目中，2008 就算过去了，

1978 到 2008 是 30 年，十一届三中全会到十七届三中全会也是三十年，有许多的机构和个人在记录着这三十年的大事，我，恐怕就只能说这些了。青年时代的诗人奥登在生命即将结束时说：我所写下的反希特勒的东西没有挽救一个犹太人，我的诗句也没有令战争提前一分钟结束，我有什么用？布罗茨基有些忧郁地回答说：让我们把眼光放远，延伸到世界的极限，在那里，你就会发现诗人的语言，他的发言吐字，他的思维方式，就可能间接地改变世界，因为那时的人没可能意识到，总有人在用自己的语言取代官方的、政府的语言，就如现在的意大利人使用的是但丁的语言而不是教皇或皇帝党的政论语言一样。他说："苏维埃政权可以为所有方面而得意洋洋，除了一点——语言。"（《布罗茨基谈话录》，第 92-93 页）

下来，就该看奥运开幕式了，让我们看看那该是一种什么样的语言风格。

下　册

2009：

"我们在消灭单词"

2008年那一年写的都是"小事"，题为"只说小事"。

当然，"事"之大小，也要看对什么事、什么人而言。十年后2018年，我在5月12日的日记中就记有李承鹏的这样一段话："我从2008年发生变化。如果晚年写自传，我会以2008为基点。在此之前我是一个混蛋。"由此可见2008年对他的重大。

这是2018年的日记，也是这本《五十年间有与无》的最后一年，我个人命运中的又一个转折点。看来我个人的命运总与"8"这个数字有关，比如这本书的起点是1968，《三十年间有与无》的起点是1978，这本书将写到2018年为止。

当然，个人的事再大，在国家眼中也只能算是小事。

到了2009年，总该说些大事了吧，但把日记翻遍，仍然看不出什么事情算是"大事"，什么事情算是"小事"。在这一年4月13日的日记中，记着这样一件事：4月6号，还在清明假期内，那一时期因云南发生了人犯在监管中"躲猫猫"而死之类的事，于是关于"牢头狱霸"作恶多端的事一时成为热门话题。也不知是从哪里获得的信息，反正"东方卫视"知道了我曾当过七八年的"政府"（小注：《水浒传》中说，宋时金陵一路节级，均称"家长"，湖南一路节级，均称"院长"。但当年我在劳改队做教员时，犯人一律称政府工作人员为"政府"），就把我请到东方卫视做了一次访谈，具体内容大都忘记了，只知道谈的是一些当时监狱里的管理、教育情况，也涉及到"牢头狱霸"的横行与当时的一些管理措施。说好了当晚十点半在"深度105"节目中播出，让我注意收看。于是等到十点半，发现并没有这个内容。我以为在上海收看的东方卫视与外地不一样，或是我并没有找到东方卫视（可见平时还真未看过《东方卫视》），于是就打电话询问当时访谈的主持人潘某。她很抱歉地告诉我说，刚接到中宣部的紧急通知，近期有关"牢头狱霸"的新闻或评论一律不准播出，这是一个敏感话题。她说，现在风头正紧，过一阵子吧，时机合适了我们再播出，一定会通知你的。你如果想要录像带，我们提供。我说，那就算了，我也不要录像带了，就等"风头"过去吧。谁知这个节目自此就再也没有找到播出的"时机"，也就是说，"风头"一直很紧，紧到十年后的今天，当然，所有的人都知道，现如今的"风头"可是比十年前更是紧多了。

我倒不是觉得自己的访谈有多么好，未播出是多么地可惜。访谈真的没有多大意思。我只是以此说明，所谓的"大事"、"小事"之分，正如"风头"的紧、松之别一样，其实是很难区分得开的。所以 2008 年的"小事"，看起来并没有写奥运会之类的"大事"，其实也就是一些对我们的日常生活而言的"大事"，而我想写进 2009 年的"大事"，充其量也不过就是那么一些个人记忆中的"小事"。

但我还是把日记大概整理了一下，发现有这么两个题目是这一年谈得最多的。一是互联网，也就是微信的功能与作用越来越引起我的关注；二是一些与"文革"有关的话题很集中，主要是一个如何重新反思的问题。至于自己在这一年的旅游、外出开会，所见所闻，很有些感想，这个可能比较有趣；还有就是大规模的拆迁和建设，主要倒不是上海，而是西安，涉及到一些有关未来（其实也就是十年后的今天）所要实现的目标。那么今天回头去看，我们是否已经忘记了当初的宏伟规划？或者说，这些宏伟规划已经基本完成，我们兑现了自己当初向民众允诺的目标？

我个人的怀疑是：那些做出各种允诺的人，真的相信自己的允诺吗？

十年过去了。我们在已经大体知道了"结果"的前提下，回头去看过去，一个是想寻找原因，用原因说明今天的结果，最后一定会发现原因绝不是单一的。当然，这里先假定了"现在"就是某种意义上的"结果"，于是按照一种自然科学的思维方式，认为在某种"结果"的前面，一定有造成它非如此不可的"原因"。再说一遍，这种思维方式是否行得通，"结果"是否就可以用"原因"加以说明，这本身是一个可以讨论的问题，但我们不妨先假定可以这样想问题。再一个，或者说，更重要的，是我们到了今天，必须想一想 40 年的改革开放的目标到底是什么，这里面应该有一个从模糊到清晰、从抽象到具体的过程。一个是往后看，一个是朝前看。走到了今天，当我们忽然发现前面的路已经越来越难走，所谓改革开放终于走到了"深水区"的一步，也就是说已经摸不着"石头"了（其实很多很多的人早就料到了这一步，而且，不是有那么多国家都涉过了这条大河吗？）时，那么怎么办？又能怎么办？也就是说，朝前看更要紧：我们心中还有没有对一个"美好社会"的向往以及与之相关的路径、措施，这恐怕才是一个更为重要的问题。往后看也是为了朝前看。海德格尔说，时间是从未来向我们的今天走来的。我想，回头看十年前的日记，其全部的意义就在于想知道经过这十年，是这样一个就摆在了我们眼前的结果（在某种意义上，可以说我们已经真的看到了结果，而且可以据此推测出再过十年或二十年，如果还是这样"改革"下去，大概会是一个怎样的结果，这样一种预测，对于十年前的我来说，恐怕尚在怀疑与犹豫之间），那么，怎么办？又能怎么办？至少，当我重看自己这十年前的日记时，是有这样一个"预先的"或者说"先验的"念头的。我承认，这种"先验的"念头或眼光在很大程度上决定了我到底能看到些什么，能领悟到些什么，又一定会错失些什么。而且我确信，每个人的这十年，在每个人的眼中都不一样，至少是所看到的东西及其所具有的意义是完全不同的。

我想，我们之所以关注历史，想谈谈过去的事，包括重看自己的日记，大概都和自己"想"看到什么的"想"有关。而这个"想"，其实就应该是十年后的"所想"。

先说微信。我是个比较迟钝、笨拙的人，对新事物接受很慢。十年前的 2009 年，我还主要靠电子邮件与人交流。但微信已经出现、流行很快，而且其作用也显得越来越强大。于是这一年的 1 月 2 号，就去国和路的中国移动营业厅买了一部诺基亚手机，后面注明"6122C"，已经不知道这是什么意思了。反正按营业员的介绍，使用动感地带的套餐，慢慢学着使用，每月扣我 27 元。

很快，我就发现了在微信上看消息，是电脑中的 email 所不能比的。简直就如文化大革命时看大字报一样，似乎怎么也看不完。因为它就在你手边，手机可是比电脑方便多了。那时给我发微信的主要是老朋友萧凡，而他的消息，又主要来自一位更老的朋友徐医农的归纳、整理。徐老太太当时住在北京，她的眼光、编辑能力和信息来源之广阔，都远远超出了我的想象。也正因为有着这样一段经历，今天的我也才深深明白我所转发的一些信息对某些人来说有多么重要，尽管会占用我的大量时间，而且要冒很大的风险，但我还是这么做了，因为正是十年前有人这样做了，才使我有了不同的眼界，成了今天的我。

十年前，还不知道微信也可以封锁、屏蔽、销号、约谈、喝茶甚至拘留之类的事。那时觉得有了这样一个平台，人们就可以相对平等地在上面传播信息，自由讨论，商讨问题，形成共识，培养互信。由于完全是"民间"的自由活动，就不必那么认真，所写文字也毕竟不是论文；而它所带给人的震撼，也就如"文革"一开始的大字报一样，就像打开了一扇封闭已久的天窗，大家的兴奋简直不可形容。

那时在微信上学到的一个新词就是"山寨"，说某某东西是山寨货，就是说是假冒的、仿造的；它引起我的注意，是因为不仅可以用这个概念说某个东西、某种产品、某件货物，而且可以引申为某种制度、某种价值观、某套说法、某种理论。当假货、假药横行无忌，人们已经见怪不怪了时，想想十年前广泛流行的"山寨"这一概念，还真有点让人感慨不已。记得有一次和几位朋友在一起聊天，我发现他们的手机铃声很大，而且显得与众不同，询问究竟，回答是"山寨手机，在深圳买的"。为什么？因为只有山寨手机才可以摆脱某种监控。于是才知道了使用手机的人随时随地都处于某种受监控的状态之中。这就让人感到了某种恐惧。倒不是因为自己会带着手机去做什么坏事，而是受监控本身就是一种让人很不舒服的感觉。于是，自己也就到深圳买了一部"山寨手机"。但后来还是很快就放弃了，因为又是在微信上看到"山寨手机"常常会引发爆炸。问那几位朋友，他们说："微信上的消息你也信？"于是，自己就只好生活在信与不信之间。到现在，这恐怕早已经成为了我们的某种常态：生活在微信世界的信与不信之间。对什么东西都是这样，小到日常用品、瓜果蔬菜，大到政策方针、宪法国策。按理说，这是一种让人很难受的生活状态，就如受监控一样，但慢慢地，我们竟然也就都适应了，而且乐在其中。人是一种适应能力超强的动物，而中国人的适应能力又更要特别一些，因为能"忍"。"忍"就是心上一把刀，心上有了一把刀，还要想着法子苦中作乐，或自得其乐，总之要能在"忍"中活出"滋味"来。我们的前辈、古人，也是一直这样教导我们的。"阳春三月踏春阳，何处春阳不断肠"，"我本将心对明月，奈何明月照沟渠"，这些美好的诗句其实就是人的生活常态。

慢慢的，微信也就取代了报纸、书籍、电视，取代了一切阅读、观看的文字、图像，主导了我们生活中的方方面面。无论什么人，也无论在什么地方，中国人总是在看手机。看手机的人可以堂而皇之地不让座、不助人、不理窗外事，哪怕旁边的人已经厮打得死去活来，或正在讲解刚刚发生的一件惊天动地的事情。无论在国内还是出国，中国人总离不了手机，而且总在看手机。在以色列的"哭墙"、彼得堡的皇宫、维也纳的音乐厅和莫扎特的出生地、罗浮宫、凯旋门或罗丹纪念馆，中国人或用手机拍照，或在看手机玩游戏，总之离不了手机。现在更多的是购物，不会用微信和支付宝付钱的，几乎就一定是"不识字的孩子与落伍的老人"。如何通过"翻墙"来传播新闻，用"错别字"、"拼音"或"变相英语"来取代已经多如牛毛的"敏感词"，也已经成为了一种司空见惯的社会现象。伴随着信息量的排山倒海，阅读速度也日渐加快，什么都变成了浏览。我们几乎已经忘记了世间还有需要慢慢阅读和细细品味的文字。后来，报纸和电视上也开始使用越来越多的"网络语言"，还有大街小巷随处可见的多有错别字的标语口号，我终于意识到一个"全民网络语言"的时代已经来临。而这一时代的最为显著的特点就是奥威尔在《1984》中借大洋国真理部温斯顿所说出的那句震撼人心的话："你以为我们的主要工作是创造新词，可是根本就不沾边！我们在消灭单词——几十个几百个地消灭，我们把语言剔得只剩下骨头……"。

什么叫"把语言剔得只剩下骨头"？我的体会是，有两个显著特征：一是尽可能"简化"，除了把繁体字简化为简体字（中文的一笔一划、一撇一捺其实都具有某种特殊含义）外，更重要的是尽可能简化汉语及其表达方式，包括消灭尽可能多的副词、形容词，只用最简单的动词和名词表达意思。有人统计过，只要认得不到三千个汉字，就能阅读《人民日报》中的所有文章。还有人统计过，"文革"时使用频率最高的副词是"最"，形容词是"永远"，比如1968年3月28日的《乌兰察布日报》，刊登了一篇在学习班上给林副主席的一封信，不到一千个字，用了13个"永远"，45个"最"。但这种现象只会出现在新旧的"官方"报刊上，大字报中并不多见。大字报那时候吸引人，很大程度上的一个原因就是大字报的形式和语言表达很生动，也使用了不少"官方"报刊上见不到的词语。第二个特点就是尽可能地消灭"中性词"，就是那些说不上是褒是贬的词语。于是叙述一件事，评价某个人，就只能使用那些已被固定了其含义是褒是贬的词语（几十年的教育也就是在做这样的事）。你想缓和一下，或者说不想那么明确进行褒贬，但找不到词语，因为相应的词语都被消灭了。比如对农民起义或镇压农民起义的人，比如提到李自成、洪秀全、太平天国、曾国藩、左宗棠这些人时，下笔就很困难，甚至包括孔孟老庄、朱熹王阳明这些精神领袖，至今也只好回避某些事或某种评价，回避久了，相应的词语也就消失了，或者说，我们不会使用了。让每个人就大概能认识三千来个、褒贬分明的字或词语，这大概是人类所能想到的一种最为有效的"维稳"途径。

"山寨"本身就是一个被剔除得只剩下了"骨头"的词语，因为它在贬义中又包含某种你不能不接受、于是也就习以为常了的含义。当然这种含义又是很难论述、阐释清楚的，就看你自己怎么理解。与"山寨"一同流行起来的还有对"三不主义"（不动摇、不懈怠、不折腾）的缩写（不动、不泄、不腾）。这三个词用起来既简单又风趣，但对于那些不生活在这个语言环境里的人来说，又完全不知道这三个词是什么意思。类似的"缩写"或"简写"更多，什么"普大喜奔"、"十动然拒"、"不明觉厉"之类，我几乎都看不懂，而年轻人却津津乐道。加上更为广泛使用的各种符号，一则简单，二则安全，而安全当然是第一位的。这又是一个不生活在这个环境中的人就不会明白的事情。至于"钓鱼执法"、"断指验法"、"开胸验肺"、"马勒戈壁"、"卧槽泥马"、"躲猫猫"、"洗澡澡"、"做梦梦"、"背砖砖"之类的叙事方式更是风靡一时。这一年最后几天的日记，我的注意力又回到了网络语言上，觉得与"全民网络语言"相伴随的，就是语言的贫乏化、山寨化和"骨头化"，就是全民在精神上的日渐迟钝、麻木、冷嘲、热讽、傻乐、冷漠、戒备和"无骨化"。语言的"骨化"和精神的"无骨化"，恰好形成一种对比，至于二者的关系，恐怕要写一大篇很精彩的论文才能讨论清楚。

我一直想不明白这一年为什么会如此关注"文革"问题。与前面所讨论的"全民网络语言"相关的，就是微信的广泛流行，这总会让我想起"文革"时的大字报。"文革"不同于以往运动的"新鲜处"，一个是全民"揪党内走资派"，反资产阶级学术权威，抄家，批斗会，打倒"黑五类及其子女"，另一个就是"大字报"这种运动形式。"大字报"在"文革"时也被称为"大民主"，并以此来比较资本主义国家的"小民主"。铺天盖地的大字报或油印小报（其中也不乏如遇罗克所写的《出身论》或杨曦光所写的《中国向何处去》这样的好文章）为什么在客观上会起到"揪党内走资派"的作用，它到底是一种用来解决社会矛盾，在"伪民主"的形式下为"个人崇拜"推波助澜的运动方式，还是本身就是一种"乱世景象"？而且，"消灭单词"的另一种表现方式就是"文革话语"的大行其道，比如"两报一刊"的社论、评论员文章等等。直接影响着大字报的文风和用语。关于这个问题，我已写了许多篇文章进行讨论，这里就不赘述了。那一时期，看到了卜伟华的《文革史》，还看了电影《南京！南京！》和《高考1977》，都与对过去的回忆与描述有关，但又都让人极其失望。我们到底缺的是什么？肯定不是写作或拍摄技巧上的问题。我们在观念上还是一塌糊涂，既谈不到对"史实"的尊重，也无法留给后人以作更深刻的反思；"史实"不完全是"发现"的，在很大程度上可以说是"发明"的，要反思的就是我们的"发明"，这里面当然有对真实性的要求，但更重要的是价值观念上的反思，对自己的重新认识。这就涉及到了我们今天到底应该如何反思"文革"？"文革"有没有自身的、并不以毛个人的"伟大战略部署"为转移的逻辑？这个逻辑是什么？持续了那么多年，那么大规模的群众运动，在某种意义上也可以说是失去控制的（毛本人也承认这一点），要说它自身没有自身的发展逻辑，就有点说不过去。但这个逻辑是什么呢？这是我在日记本上向自己所反复提出的一个问题。没有明确答案，只是在日记本上写了这么几行"眉批"：马克思的生产力决定论也就是技术决定论、工具决定论；于是有了眼下功利主义（看现实结果）与长远绝对主义（看观念对错）的矛盾。这一切看似都是站在人的立场上而言的，但理论上又强调的是客观的历史与必然性。在"文革"中就变成了：讲历史必然性，就讲社会主义必然战胜资本主义；讲人的主观能动性，就讲人定胜天和思想改造，造就新人。"文革"自身的发展逻辑，这里的"逻辑"指的是意识的活动，还是客观的历史进程？用什么可以证明这二者之间有着某种一致性？黑格尔用他的《逻辑学》证明了这二者的一致，马克思是怎么继承和改造的？它对我们意味着什么？大概就写了这么多。

与重提"文革"话题有关的第二件事情，就是这一年的3月5号，在《书城》举办的一个小范围的报告会上，复旦大学的朱维铮教授讲了他对"清末明初的中国思想界"的认识。他把这一时期划定为从1895年的甲午战争到1927年的蒋汪合流"清共"，共计32年。其中包含有"马关条约"、"巴黎和会"、"德、赛两先生"及"莫小姐"的提出，还有"科玄论战"与"南北论战"中孙中山、康有为、梁启超、严复等人在思想观念上的转变。朱先生说，直到今天，我们都未搞清楚"戊戌百日维新"中的"百日"到底都发生了些什么事情；而且，他认为我们夸大了"军机处"（谭嗣同到军机处尚不足两星期）的作用和"两炮论"（鸦片战争和十月革命）对中国近代命运的影响。我在日记本上写下了我当时想向朱先生请教的两个问题，一个是为什么"南北之争"的重要性大于"满汉之争"，二是军阀混战时中国思想界有关"统一"与"分裂"、"集权"与"分治"的代表人物和各自的观点到底是什么（我当时想到的是孙中山与陈炯明的不同）。朱先生是否回答了，日记本中未记，我今天也想不起来了，可叹的是朱先生也去世了。但这个问题却始终萦绕在我的心中。因为它与我所思考的文化大革命的特征与过程也有关系，这就是"文革"中的"南北之别"，还有就是有关县和公社一级的革委会在多大程度上所可能体现出来的"自治"的思想萌芽在"文革"中又是如何表现的。那时，我和县以及公社一级的"革委会"的领导其实有着更多的交往。当然，这也只是一个存留在自己心中的问题，还远远谈不上进一步的思考。自己并没有这样的意识，并不意味着没有这样的思想苗头；而且，当时的情况下，只要说上级未执行毛主席的革命路线，自己就可以另行一套措施，这种情况的出现在当时是很正常的。但可以做的事又有多少人是有意识地做了呢？

第三件事情是看了叶永烈先生的一篇文章，题为《漫步在姚文元墓前》，文章说姚妻金英，1996年8月19日病逝，终年63岁。她的墓是姚文元出狱后于1997年7月修建的。墓的正面是"慈母金英之墓"，下署"女金红、丽群、继红"等人的名字。姚1996年出狱，2005年病逝后合葬于此，正面有"真理真情"四字，背面是一首《蝶恋花》："遥送忠魂回大地，真理真情把我心涛寄。碑影悠悠日月里，此生永系长相思。碧草沉沉水寂寂，漫漫心酸谁解其中意。不改初衷常历历，年年化作同心祭。"这首《蝶恋花》写得并不怎么好，但我还是全文抄录在日记本上，因为，至少，它让我们看到并在文字上相信"四人帮"对"真理真情"和"不改初衷"的某种表达。随后，我就发了一通议论，想知道当姚文元手握舆论大权时，可曾想到过死于"文字狱"的人有比他更真更深的"真理真情"和"不改初衷"。

我相信当他身居高位时是肯定写不出这样一首《蝶恋花》的；但对于写出了这样一首《蝶恋花》的人，我已经不再想用"世上美名尔享尽，人间坏事君做绝"去形容他了。

不过反过来想，一个人无论做了什么，写成诗词或文章时，总会有一些词语能打动人心。再坏的人，也总会说出一些发自肺腑的"好话"，更何况一些人本来并不那么坏。比如 7 月 14 号的日记中，记有前几日在大连所拍摄下来的日俄战争时，日军第三军司令乃木希典的一首诗（刻在石碑上，石碑已被打碎），读来也很感人："山川草木转荒凉，十里风腥新战场；征马不前人不语，金州城外立斜阳。"与日俄战争有关的，还有在 8 月 13 日的上海《社会科学报》上读到陈占彪的一篇文章：《曹汝霖的另一面》。里面说，世人以为我们全盘接受了"二十一条"，其实接受的不到十条。其中的艰辛抗争从不为人所知。他说，日俄战争后，日将被俄占据的东三省无条件归还中国，所以当时的国人普遍拒俄亲日。这一重大史实，我们至今不知。这是 1964 年，89 岁高龄的曹汝霖在回忆录中说的。

与这样一番感慨有关，也就是与"文革"有关的第四件事情，就是 4 月 1 号中午，在华侨饭店与沙叶新等人一起吃饭。沙先生说，他一直想写一个剧本，揭示中国的"告密文化"。我也觉得这是一个极有意思的话题，因为我刚在《南方周末》上看了章诒和的两篇文章：《谁把聂绀弩送进了监狱》和《卧底》。《卧底》讲的是冯亦代的《悔余日录》这本书，冯忏悔他以前当过"卧底"，负责监视并汇报章伯钧的一言一行。接着又是黄苗子也是"卧底"的事出现了，让人惊愕不已。现在"告密"之风又起。不知这些"告密者"想过没有，"告密"的行为也许在政治上会受到赞许，但在道德上却从此让人堕入深渊。政治上的对错是非总是可以讨论、改变的，道德上的"告密"却永无抬头之日。用些许利益诱使一些不太懂事的孩子们从此堕入道德上自责的深渊，这还何谈教育！到这一年的 7 月 13 日，在杏花楼为沙先生贺七十大寿，还重问过他的剧本动手了没有，他也只是黯然地摇摇头而已。有人在寿宴上念出一首贺词："昔谈莎翁，今看沙公；先生七秩，新叶有声。平实豁达，不浪虚名；我侪同道，自由精诚。"许多人在宴席上谈到的还是"文革"时他与余秋雨有关的旧事。此前一天，少华六十岁生日，我们还在大连的棒棰岛，吃烤玉米以示庆贺。她是一个从不过生日的人，能在大连，归智兄又请我们吃了海鲜饺子，就已经算是比较正式地过了一个生日。后来我的小学、中学同学聚会，说起同班同学的分裂和永不往来，也大都与"文革"有关。这也说明"单词"其实是消灭不完的，哪怕再简单，也可以把已经很简单的意思表达出来。"消灭单词"的目的恐怕也就是为了让人的思想变得越简单越好。也正是在这一背景下，才有了"回到常识"的口号。

五十年间有与无

249

当然，也许我们的文化就一直崇奉的是一种"常识文化"；而我们现在的所言所行，又往往抛弃了基本的常识，比如，尊重知识、人才，不要"告密"，本来不过就是常识而已。

自从沙先生提出"告密文化"（最后演变为一种潜意识的告密冲动，甚至积淀为告密基因）后，"文革"中的"自我揭发"（狠斗私字一闪念）和"相互揭发"（大义灭亲）对我来说也就有了新的意味。

下面说说在山西的旅游见闻。

春节在西安。第一次下决心全家都不看春晚，实在太无聊了，完全看不下去。最后，少华的弟弟和妹婿就开车带我们去了一趟山西。先到永济，在普救寺前，坐一电动摩托前往万国寺、黄河铁牛和鹳雀楼，收车费 50 元。万国寺的门票是每人 30 元，鹳雀楼是 60 元，铁牛 30 元，旁边的"观古园"估计全是人造的假景点，也要每人 20 元。十年后的今天，不知门票已经涨到了何种地步。从十年前的收费来看，已经贵得超乎想象。鹳雀楼高六层，水泥建筑，有江泽民手书的"白日依山尽"一诗，但黄河是早已看不见了。普救寺因《西厢记》而闻名，于是就连久已闻名的"舍利塔"也改名为"莺莺塔"，真是八竿子打不着的事。古传"洪洞县里无好人"，但我们在洪洞县的感觉最好。只是那棵水泥的假"大槐树"，看一下也要 50 元，而且占地万亩。从"告示"上知道，洪武二年，因全国各地多处人烟稀少，而山西又人口密集，于是就一纸令下，"五丁抽二、六丁抽三、七丁抽四、八丁抽五"，就这样无数人家被拆解，抽走的人都到大槐树下集合，舍家离土，一去不回。大槐树下还现场出演一活报剧，把朱元璋塑造成伟大人物，真是让人哭笑不得。晋中多贫瘠，处处有沟壑。但偏在这样的地方，灵石县的静升镇，竟有着"华夏民居第一宅"的"王家大院"。总面积 4·5 万平方米，127 座院落，1118 间房屋，几千名院丁，依山而建，院墙高耸，气势雄伟。但 1949 年后，特别是在"文革"中，这座庄院的经历、变迁，基本无一字介绍。而这是我最想知道的。后来打听到，曾居住在这里面的几百户贫下中农不得不另觅他处，而"王家"的近三万亩祖坟也一夜间挖平厘定，就如"大槐树"下的几万、几十万人口一样，都只是一纸命令的事。平遥县进城要收门票 120 元，沿明清一条街走走，已与各地仿造的建筑很难区分。说到当地人引以为荣的城墙，他们大都不知道西安、南京还有更宏伟的城墙，至于被拆除了的北京城墙，更是闻所未闻。也就是这样一个地方，据说每年的"公务接待"

近十万人次。只要能到县委开出一张"接待卡"，就可以免费吃、住、参观和旅游。

在西安时，还去了板房子和楼观台。板房子在秦岭山中，一个很小的地方。1966年冬我们步行串联时，我曾在这里失足落水。正是寒冬腊月，全身都是水，当地的人（也有更早来此落户的知识青年）就把我们安置在一间小屋里生火取暖，不幸和恰巧的就是大家都煤气中毒，只有我还头脑清楚，赶紧跑到外面叫人，才知是煤气中毒（那时完全没有这个概念）。这件事长久存留在我与少华心中，总想着应该来此地再看看。当然，43年前的往事，这里已经没有任何人知道或记得了。全是陌生的面孔。我与少华在里面转了几个来回，再也看不出当年的任何踪迹，心中都悼悼然，若有所失。后到楼观台。这里据说是老子讲授《道德经》的地方。这只是传说，《道德经》看似不像讲授或记载的话本。这个问题留给专家和考古中发现的残存本去印证；反正楼观台建筑得颇有"老子天下第一"的气势。后人把老子的道家学说与后来的道教混为一谈，反正也无人订正，双方也就在混淆视听中各得其所，我知道要来楼观台，也就穿上新买的中式服装，仿佛一件道袍。在楼观台，我问：我们今天的人还能写出《道德经》这样的著作吗？或者说，与《道德经》相媲美的著作？众皆不语。"道可道，非常道；名可名，非常名"，大家都知道，这样的书是再也写不出来了。这是现代社会造成的吗？那么我们又为什么写不出现代的《道德经》呢？说出一番类似于"有车舟无所用之，有甲兵无所陈之，使民复结绳而用之。甘其食，美其服，乐其俗，安其居"的话很难吗？出一本类似于《论语》的作品是有可能的，就如现在街上贴满了《论语》语录一样，但《道德经》却似乎绝无仅有。为什么？这两本书的差别也就是今人与古人的差别吗？众皆不语。这里面真的涉及到人生观与历史观的问题。而我们在这"两观"上，也已经被剔得只剩下"骨头"了。就这样又回到了西安。而板房子和楼观台，今生是再也不可能去了，再也不想去了。那里留下了太多让人难忘的记忆。

一个汉，一个唐，西安正围绕着这两个朝代大做文章。无数的大规模建筑正在兴建，西安和咸阳也要合为一体，渭河将成为城市内河，几年工夫就会变得有如塞纳河或泰晤士河一样干净，连黄浦江都看不上。与几个设计大明宫的人一起吃饭，我问：现在的大明宫是仿造原来的大明宫，还是自己重新设计？回答是仿造。那么圆明园还要不要仿造？老北京城呢？十年过去了，大明宫已经建成，伫立在那里，也就是一个散步的公园。我是懒得进去参观。大唐芙蓉园倒是去看了，有唐代诗人们的群像，栩栩如生，下面有各自最有代表性的诗作，以此让你知道此人是谁。至于扩建的法门寺，完全是肆无忌惮地胡来，佛门所要的清净、安宁不说，占地那么巨大，真是可惜了万亩良田。人不得不在里面花钱坐车才能参观，而使其出名的佛祖舍利子，早已不知珍藏何处。

　　我想，一个人新上台，总还是想做出一些样子来流芳百世。1月19日的日记中记着，美国新当选的、也是第一个黑人总统奥巴马1月17日上午从费城坐火车前往225公里外的华盛顿，重走当年林肯去白宫的路线。美国会也同意他使用林肯总统1861年就任总统宣誓时的圣经。我想，奥巴马宣誓时，心中一定浮现着林肯总统的形象，而他也相信自己将会如林肯总统一样为后人所敬仰。但事实上呢？我是很喜欢这位黑人总统的，但我们又该如何评说继任者特朗普的作为呢？也许，这一切都只有留待以后了。

　　2009年的日记上还记载着这样几件有意思的事：一个是发生在美国的1月15日，一架从纽约长岛起飞的客机因故坠落于哈德逊河，机上155人无一伤亡，57岁的机长一个人在机舱里来回走了两遍，确认无人后才最后一个离开飞机，被纽约州长誉为"哈德逊奇迹"。

　　五姨家原在李家村，后因这里要建万达广场，一户只给20万，强行搬迁，不得不住到了长安县。春节相聚，听她详细叙说了此事，还有我的出身、父母的关系。这些话以前都从未听过。我们家以前住在二府街，后搬到北大街，现在五姨一家住到了长安县，这大约也就是全国所有大城市中老住户的普遍现象。再回二府街和北大街看看，高楼林立，面目全非，只有儿时的记忆若隐若现。但这一切与"姚家大院"的受难风波比较起来就不算什么了。"姚家大院"现在已成参观景点，而姚家主人，宪文以前曾带我见过，经商办学，事业广大，在川、江、浙、泰国等地广有地产，与陈寅恪、吴宓等人也过从甚密，告诉了我许多书本上绝看不到的旧事。一王姓人家在长安县很远的地方开办一"关中民俗艺术馆"，所收集到的八千多根拴马柱一字摆开，蔚为壮观。天下总有这样的有心人，记得把这些散落在各地的"古迹"收回存放，实在功德不小。从拴马桩上看，面相多为胡人，可见那时的"关中"，已是胡人天下。还去了化觉巷里的一座清真古寺。我在西安几十年，从不敢去这些地方，以前也不准汉人、女性入内。现在算是开放了，真是大开眼界。该寺建于唐代，宋、元、明、清不断扩建。进得门去，先是米芾手书"道法参天地"五个大字，下来又是董其昌手书的"赐礼拜堂"，里面藏有明代手抄本的《古兰经》。在里面参观，那些"虔诚省礼"、"省心楼"等多处匾额更让人相信当时的伊斯兰教也在某种程度上汉化或儒化了，而"皇权"自然始终至上，处处多见"御赐"二字。那些日子，有些大事都在人们的不知不觉中被遗忘，比如美俄卫星在天空相撞，英法核潜艇在海底相撞。想想天有那么大，海有那么深，怎么就会相撞？而中国的货轮"新兴号"确实是被俄罗斯海军击沉的，3 人获救，7 人落水死 5 人。此事静悄悄地发生，静悄悄地过去，也未见后来就如西安的"爱国者"那样疯狂打砸日系车辆。当然，死亡 5 个人在中国真的不算什么，已近尾声的山西太原古交市的煤矿瓦斯爆炸，下面的作业人口少说也有 96 人。而事实的真相，我们恐怕是永不得而知了。所有这一切，也就使得国人的精神普遍地日渐麻痹，无动于衷；个别人也就只好借一两次国家动员的"爱国行为"来肆意发泄心中的不满和压抑。想想，这一切大约也都与"单词的被消灭"有关，也就是说，我们找不到恰当的表达方式。表达方式少了，思想和情感方式也就单调、乏味了。还是 2008 年日记中最后所引用的布罗茨基说得好："苏维埃政权可以为所有方面而得意洋洋，除了一点——语言。"

　　这一年让我在激情中写了好几篇文章的，还是 2 月 23 日的第 81 届奥斯卡颁奖典礼。《朗读者》、《换子疑云》、《贫民窟的百万富翁》都让我发表了好几篇文章，比如《朗读者》所涉及到的纳粹罪行与小人物的"恶"、《换子疑云》让我们不得不思考美国是否会变成一个法西斯国家以及抵制这种变化的力量到底来自哪里的问题，等等。只有这样的电影，才能提出并使你不得不思考类似的问题。不知是在电影还是在书中看到有这么一句话，我把它抄在这里，以在我开始写这"后十年"的文字时，告慰我那去世了的妻子李少华："离开世界时，会比进入世界更美好。天堂会将你带回去，看着你说，只有一件事可以让灵魂完整，那就是爱。"

　　"爱"，也曾是一个被消灭了的单词，后来又复活了，在复活中又不得不承受着被"滥用"的另一种消灭方式。

2010：

"死人的事是经常发生的"

2010 年最大的事就是上海的世博会。在中国举办世博会，不仅是上海的头等大事，也是全中国的大事；上海眼看着 2008 年的北京奥运会办得如此辉煌，也就暗暗下定决心，要办一届在规模和花钱上都远超北京奥运会的世博会——当然，这只是我个人的猜想。事实上，在 3 月 22 日的日记中，记载着这样一件事：老朋友祖慰在为世博会的主题馆"城市发展馆"进行设计并撰写说明书，托他的关系，我们几个人曾于 21 日先行去世博会的建筑工地看了一下，那天正是北方沙尘暴袭击江南的日子，漫天尘土飞扬，但美国、加拿大、荷兰、德国以及卡塔尔等国的建筑已经完成，至少外观上看起来都很别致，很吸引人。听另一个人说，世博会仅造价就高达 4000 亿元（并不知道这里指的是美元还是人民币），奥运会是多少钱？不知道，反正都是天文数字。就是说给我们这些人听，也没有多大意思，特别是我，对数字完全没有概念。后来，自世博会开幕至闭幕，哪怕就是再看见这些馆的外观，也就 3 月 21 日这么一次。倒是有机会领到了许多张参观券，都分别送给了外地来此参观的朋友。我与少华就去过一次，也只参观了人数最少的朝鲜馆后就打道回府。记得那里真是人山人海，拥挤不堪，实在无心细细观赏。留有印象的，就是在朝鲜馆中看到的朝鲜文字的"红宝书"——金日成与金正日的著作。其装帧、印刷都极为精美，远在"文革"时的《毛泽东著作》之上。

世博会开办了 184 天，11 月 1 号闭馆。在电视上看了闭幕式，王岐山念了诗，温家宝宣布闭幕，各种肤色的人登台表演节目，很感人，特别是临别时的拥抱与哭泣，让人相信世界上只要是"人"，就总还有一种都信奉为真的"普世价值"——即都认为是有益于人类自身的行为与观念。

本以为上海可以就此好好休息、调整、庆贺一下，谁知仅仅过了半个月，11月15日下午14时15分，静安区一栋正在进行外墙装修的28层高的居民楼起火燃烧，火势极大，至下午18时30分才扑灭。到底死伤多少人，恐怕永远也不可能知道了，报纸上说是54人遇难。电视上看到火光冲天，年轻人多在上班，留在家里的自然是老人孩子。还听说这是一栋专为退休教师修建的居民楼。电视上看到有人在楼上呼救，有人沿脚手架下行到着火处不得不往下跳，当然也有人直接跳楼。总之，让人联想到美国"9.11"的电视画面，还有就是想象中的北京奥运会后央视大楼的火灾。

一次奥运会，一次世博会，两次大火，冥冥中是不是有一种神秘的力量在故意作祟，坏我好事？

看这一年的日记，除了这次火灾，把世博会的喜庆气氛一扫而去外，还记录有多次凶杀、自杀、矿难、车祸、地震、泥石流、老虎吃人之类的"死人事件"，于是又想起了"文革"时背得烂熟的毛泽东的那句名言："死人的事是经常发生的。"

"死人的事是经常发生的"，但专杀孩子的事并不多见。不知怎么搞的，在当今中国，就有那么一些人专杀孩子，从幼儿园的到上小学的，搞得家家自危，每天必须有人专门接送，而幼儿园的阿姨和小学班主任也只有把孩子交到来接的家长手中才算完事（出了事自己不再负责）。不是爷爷奶奶，就是外公外婆，反正这一辈人（也就是我们这一代人）就此就被拴在了儿子或女儿家，不到孙子、孙女读完小学不得安宁，也无法脱身。这几乎是一个家家都不得不面临的难题，谁也解决不了，只好自己承担。我在3月24号的日记中，根据当天的《东方早报》的报道，详尽记载了发生在福建南平实验小学的八名小学生（一年级4人，二年级1人，三年级1人，四年级2人）在早上7:30被杀的事件。现场就是学校门口，凶手名叫郑民生，1968年出生，南平人，中专毕业，曾在多个小区的社区诊所当医生。每月一千多元的收入，买不起房子，娶不上老婆，再加上与领导不和，反正觉得活着已经毫无意思，于是就一边大喊："有人不让我活，要把我逼疯，别人也别想活！"一边下手去屠杀那些无辜的孩子。为什么要杀孩子？并不是孩子，也不是孩子的家长"不让他活，要把他逼疯"，为什么要杀孩子？无非是因为孩子"好杀"。

民谚中有"柿子拣软的捏"一说，逻辑上，他可能认为他自己就是一只"软柿子"，所以领导就与他过不去；于是，他也就"柿子拣软的捏"。当然，更可能的，就是他什么都未想，只想着杀人，杀好杀的人，为的是发泄对人作为一种"类存在"的不满，对社会的不满，对周遭一切的不满。如果在美国，能买到枪，他可能就去杀那些"不让他活，要把他逼疯"的人了，但他不可能有枪，仅靠手中的一把凶器，要想杀死那个或那几个"不让他活"的人并不容易，于是也就只能去杀与他个人无冤无仇的孩子。当然，也有手中有枪的凶犯，那么他们所杀的就不是孩子，而是公检法的人了。比如6月1号儿童节，湖南永州零陵区的凶犯朱军在这一天就并没有去杀孩子，而是持枪冲进该区法院，打死厅长和两名副厅长，打伤3人后举枪自尽。原因不详。还是这一天，因强行拆迁，郑州的刘大孬驾驶一辆车牌号为"豫A6Q195"的货车冲向工作人员，当场造成4人死亡，十余人重伤。但这些都是个案，都是手中有了某种可以致人于死地的"武器"后的行为。对于那些手中只会有一把菜刀、而又实在想杀人的凶犯来说，孩子依然是他们的首选目标。我5月9号的日记上还记有发生在广东湛江和山东泰安的两起冲着幼儿园而去的恶性事件。这样的事情已经连着发生多起了。我们的孩子，幼儿园和小学里的孩子，就这样成为了我们这个社会中最容易受到伤害的一个群体。除过肉体的伤害和转手倒卖外，课业压力之沉重、技艺训练之艰辛、有毒食品之繁多、各类事故之频发，真的让这些孩子们成了社会上的"最弱势群体"，全部原因就在于他们的弱小，就在于家长们对自己的独生子女未来能"成龙"、"成凤"的期待，就在于我们对"爱"或"疼爱"至今并未形成一种正常的、被普遍认可的观念（我们有近十万的残疾儿童被美国人收养）。近十来年，我多次去中小学讲课，有时讲给老师们听，有时直接面对孩子，告诉他们这样小就开始学外语、背诗词、练钢琴、弹古筝，对绝大多数人来说，是不会有什么用的，我们总不能永远把个别天才孩子视为榜样。但这样讲下来，真的收效甚微。谁会听你这些话？周围的学校以这样的标准接收、教育孩子，而大人们、特别是老人们又都在拿自己的孩子或孙子、孙女进行着炫耀和比拼，谁又甘落后？《东方早报》将郑民生屠杀幼儿一案称为"血腥55秒"，但55小时、55天、55个星期，乃至55个月的不见血的让孩子们失去快乐童年的各种磨难，又有谁真当一回事，或设法从根本上进行过改变？幼儿时代所遭受的磨难将永存于孩子们的心中，使他们就此厌学，想想真让人不寒而栗。

这一年的 4 月，上海依然很冷。我不知道从哪里看到的，山东济宁的一条什么河上竟发现了 21 具婴儿尸体。有人说是生下来就死了，于是也就抛尸水上，任其顺水飘荡。无论真假，这条消息总会让人心中充满悲凉：人心怎么会变得如此冷酷？6 月 15 日武汉一女子跳河轻生，其母在岸上大呼救命，但河边观看的 50 多人竟都无动于衷。接连不断的灾害消息更让人心惊肉跳。2 月是云南楚雄地震，4 月是青海玉树地震，8 月是甘肃舟曲和四川汶川（这个地名总让人想起那场更可怕的灾难）的泥石流。后来又知道，还是在这一年的 4 月，广东梅州发生地陷，出现一巨大天坑，深几十米。出现地陷和天坑的还有许多地方，最严重的是四川宜宾，在几天内接连出现 20 多个深不见底的天坑。谁也解释不了是什么原因造成的，只好猜想。比如这年的 3 月 11 日，星期二，我去上课，一面有太阳，另一面却飘起纷纷扬扬的雪花，虽说不大，但也迷迷蒙蒙，地上还结了冰。俗语中有"太阳雪"或"桃花雪"一说，总和吉祥或不吉祥联系在一起，也是让人去猜想的。在 3 月 15 日的日记中，先是记有上海动物园一老虎将饲养员吃掉的事，接着就是沈阳动物园的老虎也把饲养员吃了，但沈阳动物园对老虎进行了"惩罚"：处死两头，饿死九头。这一现象更加让人无法忍受，他们难道就不知道这年头，老虎其实比人"更珍贵"（更值钱）吗？当然，人也不能死得太多。8 月 15 日，举国哀悼死于舟曲泥石流的 1239 人。当时我们在家也默默站立起来，进行哀悼；同时也在想：是不是一次死亡人数过千，才会有举国哀悼、天安门降半旗之类的事？

"死人的事是经常发生的"，"举国哀悼"之类的事当然不能太多、太频繁、太密集。就举行过这么一次，但能记得的人恐怕也不多。对经常发生的事，大家也就只能习以为常了。

这一年的另一件"大事"就是世界杯了。我那时的兴趣还大，半决赛、决赛多在凌晨三点直播，我也在那个时候看，第二天免不了昏昏沉沉。可说的话是小组赛很沉闷，唯巴西 2:1 战胜朝鲜让人有些吃惊。朝鲜毕竟踢进去了一个球，而且也输得不多。朝鲜球员在场上所表现出的勇猛顽强也着实让人佩服。于是很多人就呼吁我们在各个方面都应该向朝鲜学习，当然是从足球说起，因为这里面体现出一种精神。到葡萄牙第二轮比赛中以 7:0 大胜朝鲜后，这种呼吁也才平息下来，因为这种胜利到底是"精神"的胜利，还是技术与团队配合的胜利？谁又能说得清楚？最后的"四强"是荷兰、乌拉圭、德国和西班牙。我个人看好西班牙，但又真心希望荷兰能拿一次世界冠军。7月11日决三四名，德国3:2胜乌拉圭，这是整个世界杯中我所看过的最精彩的一场比赛，真的是一种激情澎湃中的享受。第二天决赛就冷清多了，踢到加时赛，西班牙小胜一球，再获世界冠军。举行新闻发布会时，看着荷兰主教练的神情，我也禁不住热泪盈眶。所有观看世界杯的人，包括主持人，都在大谈观感，多谈的是文化，很少、或者说几乎没有人提到人的自由意志对一支球队、一个民族的重要性。这种自由意志应该渗透在个人的血液中，这才能培养出球星，才能讲在个人自由意志基础上的集体配合。这又涉及到对哲学问题的探讨，就不多说了。

这一年还应该记下的几件印象深刻的事，一是我们早已习惯了的每晚都要看看的天气预报，至少在上海，基本上错讹的次数太多，有时说有雪，但却是大晴天，有时说有雨，但艳阳高照。8月31日，上海所有的电视台都滚动播出，因9月1日有暴风雨，传统的中小学开学日推迟。但第二天，也就是9月1号，至少我所在的杨浦区是个大晴天。9月11日，上海热极，有人说今年是上海有天气预报以来的137年热的时间最长的一年。而在我4月1号的日记中，还写有一段话，说"今年冬天长达150天，据说是史上最长的冬天"。现在又碰上了史上最长的夏天。我8月13日的日记上还记着，刚入夏时，天气预报站说今年不会有极端高温，热的时间也不会超过去年，因为有世博会这样的大事，让大家都放心，对越来越热的夏天不要紧张。但也许有了史上最长的冬天，就一定会有史上最长的夏天。8月14日，40度高温，去上海展览中心参加书展，因为复旦大学出版社的一套"三十年文集"出版了，自己也坐在那里签名售书，算是体验了一把。《文汇报》推出的介绍上说："本丛书的作者是一批如今活跃在学术界和文化领域的著名学者与知识分子。他们大多出生于四十年代和五十年代，对于他们而言，过去的三十年是一段重要而又特殊的生命旅程。"其实在此前后，我就一直反复回忆、思考、重构着这三十年的生命旅程。其中当然就包括着眼下这本大书。所有这一切，都是为了使诸如"文革"这样的事能成为民族共同的历史记忆。但这显然只是一厢情愿。在这一年的日记中，我用大量篇幅记下的，还是有关这"一批如今活跃在学术界和文化领域的著名学者与知识分子"之间的分歧与或明或暗的学术（后面又总会带出政治）争论。到 2010 年，这一代出生于四十年代末和五十年代的读书人已经基本上失去了八十年代的共识与激情，并从九十年代初的沉默与思索中走出，又开始了自己的重新起航，或者说是生命中对学术，其实也就是生命方向的最后一次探索。在我 2 月 7 号的日记中，以很郁闷的心情记下了自己的一种感受，就是中国人养成的不守规矩和狂妄自大，还有从"本质主义"的一元论到"相对主义"的多元论，从行为做派上的"伪君子"到"真小人"的转变，都很可能导致与竭力维护自己"霸权地位"的美国之间爆发一次新的世界性冲突；另外，2 月 24 号，当我在网上看到某些人杀气腾腾的讲话时，又感到学界一些人在这个时候对传统文化的颂扬和对西学的批判，说不定又会起到为虎作伥的相反作用。学术与生命，理论与现实，中国的走向与世界的未来，在这些大问题上，我们都还在摸索，重要或根本的差异只在对现实的感受。而这种感受，真的很难让大家统一起来，于是所谓共同的历史记忆，也只能是一句空话。

电视台和手机上不断说有大雨，但就是不下。9 月 13 日下了雨，稍凉了一下，又开始酷热。一个"9.11"，一个"9.13"，这两个日子记了下来倒并不是因为天气预报，而是因为这两个日子对我们来说都太刻骨铭心了。天气预报不准，我想了一下，一是因为上海太大，我这里未下雨下雪，并不等于别的地方就未下。但我更感到，那个时候，人们的普遍心态就是：什么事情，只要是预报，就宁肯说其有，也不要说其无，因为一旦有雨有雪而未报，就会有人闹事，上级也会追究责任；但如果说有而实际上没有，问题总不会太严重。比如 9 月 1 号开学日，大不了也就是推迟一两天的事，但如果遇上暴风雨而未预报，就不再是小事了。这种心态的形成，多与频繁发生的医疗纠纷有关，动不动就杀医生护士，或是冲击医院，看得人心寒，于是各行各业也就无形中达成一种默契，换成政治术语，就叫"宁左勿右"。一旦有了"政治正确"的标准，也就一定会有"宁左勿右"的思想趋势。8 月 25 日，上海一阵暴雨，但似乎并未有任何预报。我坐在家里再看鲁迅的《坟》，也能猜想到参观世博园又被大雨淋透了的人的心情。恰好，在鲁迅的书中看到他笔下的中国人的另一种习性，叫做"取巧的掩饰"，说得很准，看来也是古已有之。而那一时期专注于鲁迅先生的书，又是因为与鲁迅先生的孙子周令飞一起参与了一个有关"鲁迅先生在今天"的认知调查，在北京、上海、厦门、绍兴等地发出五千多份调查报告。这是一个很有意思的活动，具体情况就不多说了。

　　还应该记录在案的事情，有10月9号的"新闻联播"核实了我一大早就听说的一个消息，说刘晓波获得2010年诺贝尔和平奖。那时刘晓波还关在牢里，我们的"新闻联播"并不说明这一点，只说这件事"玷污了诺贝尔和平奖"。后来，看到了12月10号诺贝尔奖的颁奖典礼，我们国家的态度是《中国警告：别借诺和奖做文章》，因为"有西方政要表态支持诺奖会"，所以"中国奉劝'有关国家'别损害双边互信合作"。后来，刘晓波就因病死在了监狱里。还有的几件要闻就是李庄这年元月被判两年六个月徒刑，而本来要被处死的"黑社会头子"龚刚模则因检举李庄有功，免除死刑。这件事情的来龙去脉与最后结局想来已为人所知，这里也就不提了。北京的朋友于奇和陈冠中来沪，陈冠中给了我一本他所著的《盛世》，书里所写到的可生产一种名叫"亚甲二氧甲基苯丙胺"（MDMA）的东西，放入自来水，众人喝后，就会变得心情特别好，觉得世界充满爱，谁都想与人拥抱，倾诉自己的心里话，而头脑又十分清醒，不会上瘾，没有幻觉，因服量轻微，血尿也一般查不出来。我觉得这有点神奇，但想想又不神奇。科学发展到今天，什么做不了？近日在一次科学访谈的视频中，也看到一位"内行"说，现在这已不是难事，只要稍稍改变一下人的脑电波，就会让人处于极度快感之中。意识也是物质颗粒，其实"被造成"什么样子都可以，就看是被谁"造"了。信教的人自有其信仰，我们这些无神论者只能信人。陈冠中这本书的背面就写有"一党领导的民主专政，稳定第一的依法治国，执政为民的威权政府，国家调控的市场经济，央企主导的公平竞争……"。是的，从西安到海口，一个要建成"国际文化名城"，一个要变成"国际旅游岛"，都是国际大视野。用这本小说中的一位政治局候补委员的话来说，就是"中国是没办法比现在更好的了"。也就在那几天，看到一则消息，说1904年慈禧皇太后70大寿，当时的名记者林白水曾在《警钟日报》上写一对联，全国各报纷纷转载，慈禧老太后也并未龙颜大怒，林白水更未受到任何迫害。那时，仅仅是那样一个短短的时段，是不是对文化人来说也是一个可以骄傲的说"没办法更好的了"呢？这副对联写的是："今日幸西苑明日幸颐和，何日再幸圆明园，四百兆骨髓全枯，只剩一人何有幸；五十失琉球，六十失台湾，七十又失东三省，五万里版图弥疆，每逢万寿必无疆。"在我看来，这已经真正算得上是"恶毒攻击"了。

4月29日我们去了韩国，首航丽水。在机场受到热烈欢迎，因为丽水将举办下一届世博会，听说上海来了客人，就在机场举行了欢迎仪式，我和少华每人手中都接到一束鲜花。就这么一个小地方，我们是在丽水降落的第一架国际航空的班机，也举办世博会，想想上海的大张旗鼓，不知怎么总有一种怪怪的感觉。在首尔，去看了朝鲜挖的接近首尔的地道。当然，也许不是朝鲜挖的，反正地道在那里，各自都有自己的说法。也观看了一高一矮的两面国旗迎风招展，高的那面当然是朝鲜的。韩国的发达与文明程度已超出我的预料，至少，看见有人在人行道过马路，司机就会自动停车，而且从不鸣喇叭。

当然也有几件在我看来并不那么美好的事。除了"死人的事是经常发生的"外，Google（谷歌）撤离中国总让人有些失望，毕竟是一个好用的工具，但又有些不合国内要求的信息公布，到底该怎么处理，我是没有办法的，只知道这个工具撤走了很可惜。这一年6月3号晚，我的老同学王中太的妻子刘秀芬癌症去世。2004年秋，我们还去了他们在西宁的家，小刘的热情接待让人记忆犹新。

这一年对我个人来说，最大的事就是11月18日因前列腺问题去市一医院分院坐核磁共振检查，最后的结果竟然是"癌前病变"。徐医生告诉我，她早已料到是这样一个结果，最后一定是或手术，或保守疗法。那天是星期四，下周还要上课，再去日本旅游。于是，坚决拒绝了手术，只吃药，回家就写了"遗嘱"，把自己一生最可纪念的朋友的名字都列下，置于写字台的抽屉内，然后乘坐国航CA929航班飞东京成田机场，随团去了富士山、名古屋、京都、大阪、神户等地，30号回来。再去检查，竟然好多了。徐医生说，现在对我采取的是"医学上不允许的保守观察"，因为这是我自己的选择，可能好，也可能耽误了时间。按照"宁左勿右"的思维惯路，一定是手术。她嘱我如何料理自身，明年三月前再做两次检查。而事情，也就这样过去了。12月1号，老友王世忠和新友张红军到家，忽然想起不知是谁的两句诗：莫放春秋佳日去，最难风雨故人来。

反正"死人的事是经常发生的"，怕有什么用？

有时觉得自己身上有许多"浪漫主义"的气质。仔细想想，在这一年2

月 24 号的日记中，记下了自己对几个基本概念的重新思考，比如，毛泽东曾说过他是"和尚打伞"。这既可以理解为"浪漫主义"，也可以理解为"无政府主义"。当然，浪漫主义和无政府主义的另一面就是乌托邦。这就与"文革"时的我们的某种也许是无意识的观念有了关联。还有，就是"历史意识"，说"人是历史环境的产物"，也就否定了人的"本性"。再比如"民族主义"或"民族意识"，也可能导致国家认同和种族认同。那时就已经意识到恐怖主义是一种失落、厌恶、积累的仇恨和各种无名之火的集中爆发，某种观念或意识形态的灌输尚在其次。我自己从那些屠杀儿童的人的身上就能体认到这种情绪的巨大破坏性力量。我想时时提醒自己，但似乎也就只能在理论思考上做出一些努力。

在大连时，归智兄曾送一本《红楼梦诗词韵语新赏》给少华，他知道少华对《红楼梦》比我更感兴趣，也读得更精细，于是就写明送给了她。我翻了一下，在甲戌本的"凡例"中有一首诗，不知是曹雪芹，还是脂砚斋所作，反正甚合吾意，便抄写在 9 月 23 日的日记本上，现录下，作为对这一年，对少华，也就是对这后十年写作的一个"小序"：

浮生着甚苦奔忙？盛席华宴终散场。
悲喜千般同幻渺，古今一梦尽荒唐。
谩言红袖啼痕重，更有情痴抱恨长。
字字看来皆是血，十年辛苦不寻常。

2011：

"瞒与骗"

这"瞒"与"骗"二字，还是取自鲁迅先生《坟》中的《论睁了眼看》，因为这一年4月9日的日记上，记有周海婴先生去世的消息，我们人文学院教授委员会开会，派人赴京悼念。后来我见了周令飞，也当面表示了我个人的哀悼之意。鲁迅先生在这篇文章中引用赫克尔（EHaeckel）的话说，"人和人之差，有时比类人猿和原人之差还远。"他揭示了我们国民性中怯弱、懒惰而又巧滑的一面，说："中国的文人也一样，万事闭眼睛，聊以自欺，而且欺人，那方法是：瞒与骗。"当然，仅仅归咎于"国民性"还是有些抽象，鲁迅先生说的是"不敢正视人生"。"不敢"，就是没有勇气。他说，"诚然，必须敢于正视，这才可望敢想、敢说、敢作、敢当。倘使并正视而不敢，此外还能成什么气候。然而，不幸这一种勇气，是我们中国人所最缺乏的。"我记得康德在《答复这个问题："什么叫启蒙运动"？》中，也说过："Sapere aude！要有勇气运用你自己的理智，这就是启蒙运动的口号。"关于近代中国启蒙运动之可悲结局，有说是"救亡压倒了启蒙的"，也有说是因为中国始终未出现一个如腓特烈大帝那样的"监管者"；当然，更有人从"个体主义"、"反省精神"、"自由意志"甚至宗教信仰的缺失上去寻找原因的。其实问题很简单，就是一个有无勇气的问题。无论是"洋务运动"，从"戊戌变法"到"五四运动"，还是现在的"改革开放"，我们有了理解能力的那整整一代人在观念上其实就是没有勇气迈出最后那一步，因为如人所说，真的有"无知"与"无耻"在前面挡路。但要能跨过去，非得有勇气不可；而鲁迅先生又说了，"然而，不幸这一种勇气，是我们中国人所最缺乏的"。当然，历史发展到今天，简单说"近代中国启蒙运动之可悲结局"中的"可悲"，也并不单指"未达目的"或"革命尚未成功"而言。"国民性"无论如何都不会是一个"生就"的概念，它只能是社会的造就。但至少，现在看来，社会造就的不仅仅只有鲁迅笔下的"国民性"，那种激进的左派意识（导致政治正确的种种观念）和集帝王与导师于一身的"哲学王"，还是启蒙思潮在某种意义上结出的果实；而且，就连"个体主义"，也是以另一种扭曲的形式成为了我们所不得不收获的"果实"。这里当然又会涉及到许多复杂的哲学讨论和对现实生活的别样感受，因此还是就此打住的好。

　　但我在这里必须强调，康德讲的"勇气"，并不似鲁迅说得好；因为鲁迅说的是"聊以自欺，而且欺人"。特别重要的就是这句"聊以自欺"。我觉得就我个人而言，"自欺"似乎比"欺人"更习以为常。"欺人"不道德，甚至犯法，这我们都知道；"自欺"有什么？能怎样？只不过咽不下这口气了，想个办法"难得糊涂"一下，这有什么过错？梁启超据戴东原之说也曾概括为："盖人之蔽，不外二端，由人而蔽，由己而蔽。由人者，解脱尚易，由己而蔽者，解脱最难。"但他似乎也并未想到"由己而蔽"竟会变成一种自娱自乐性的"聊以自欺"。竟至在娱乐中乐此不疲了。在"自欺"中讨日子，当然，要想真把日子过好，就非得"欺人"不可。

　　这一年一开始就是一系列让人很沮丧的事: 首先是失眠。怕失眠而打破惯例，未听新年钟声，谁知到了零点，又是电话，又是短信（那时微信还未大显神威），一直响个不停，我也等于在守夜，就这样折腾到天亮。毕竟，又是新的一年。其次就是感冒。从2号到4号，孩子和我们就接着感冒。少华辛劳，我是睡不着，每晚都要吃好几次安眠药。5号，就去河南登封开一个"嵩山论坛"的会，事关"复兴国学"。结果吵得一塌糊涂。登封的县领导想把这样的论坛变成一个"软实力的永久性论坛"，但牵扯的问题太多，我们也拿不准"复兴国学"与"软实力"之间到底是一种什么关系。到15号，知道了树立在天安门广场的一尊巨大的孔夫子塑像被移走了。谁人决定树在那里，又为什么被移走，一概不知。所以"国学"与"软实力"其实都不得不面对一种"国家需要"的"硬实力"。在第66期《记忆》中读到周七月（其父周巍峙，其母王昆）的一篇文章，题为《四十年前的死刑回忆》，说的是1968年6月7日，他被捕入狱，判为与张郎朗、张海默等人反对"文革"，策划叛乱。结果张海默被处决，他和张郎朗侥幸活了下来。另一件事是一个叫边犊的人写的《2010年与"文革"有关的十件事》，包括重庆沙坪坝的"红卫兵墓园"被重庆市政府列为市级文物保护单位（可喜可贺），还有刘源上将为毛新宇少将颁发军衔命名状后的二人合影（相觑一笑）。随后，毛新宇少将在8月10日凯迪社区的"史海钩沉"中发表文章，说，"我爷爷发动文革是为了消灭四人帮和林彪"。他对当年的"5.16通知"做出了全新的解释，说"被培养成我们的接班人"的"反革命修正主义分子"指的是林彪，而"正睡在我们身边的赫鲁晓夫式的人物"就指的是江青。我不知道8月份的事怎么会出现在我1月15日的日记中。也许，这里指的是2010年的8月。但那时，估计毛新宇还不是少将。总之，这些事都记载在这一年的年初，搅得人心神不宁，不想说更多的话。附在后面的便是白居易那首著名的、也是常常让我感慨不已的诗句：

> 周公恐惧流言日，
> 王莽谦恭未篡时。
> 向使当初身便死，
> 一生真伪复谁知？

265

　　春节在西安，1月29号，看到网易邮箱通知说我中奖了，可获赠一台电脑，让我把自己的个人信息发给他们。我觉得一切都如真的一样，也真想相信一次（当然内心还是想占点小便宜），于是就按要求发给了对方。当晚越想越不对，周围的人也说这早已是很简单的骗术，于是连夜通过电话、邮件等渠道通知了有关部门，包括银行。心中为自己的行为感到羞耻，也认定了这个世界上再不要轻易相信任何机构和个人的花言巧语。向使谎言不再是道德问题，而成为一种必须利用的手段时，那么这个世界上的任何事情还有没有一个所谓的"真伪"问题？还是晚年的康德，专门讨论过人为什么必须说真话，一个人说真话，在什么意义上应该理解为一个人的义务；那么说谎话，到底是伤害了别人（比如欺骗、陷害）还是伤害了自己（比如与自己内心的"我"不符）？真诚是义务吗？真实与真诚是什么关系？这些问题其实在我80年代末写《浪漫与幽默——反省中的哲学心态》时就已讨论过的。那个时候，当然没有人会注意到对这些问题的讨论。如果沿着当时的思路推下去，就应该涉及到真诚与契约、法权这类概念的关系了。这些问题都是康德他们两百多年前讨论过的，但我们今天重新提起，显然又有了它新的意味，因为我们都能强烈感受到，不知从什么时候起，几乎就再也没有什么人把真实、真诚之类的概念真当一回事了。当然，这里首先就包括着自己对自己的反省。所以四月份去美国洛杉矶开会，在科罗纳多的"水晶大教堂"，拍摄下了我最喜欢的《圣经》中的一个插图，旁边用英文写着这么一段早已为人所熟知的话：Let one who without sin cast first stone.

尽管我不是教徒，但每到国外，总要看教堂，而且总有一种真诚的东西让自己感动。

在美国时，包括在夏威夷参观日本偷袭珍珠港的旧战场，我就认定了替换与伪装是任何一种"新的行为方式"（这里先不做任何价值判断）进入世界并逐步达其目标的唯一方式，比如所有唤醒死人的斗争都是为了活人的需要，而所有活人又都能为自己的任何行为找到所需要的崇高名义。无论是对日本的天皇，还是东条英机，是杜鲁门，还是麦克阿瑟，也无论是对袁世凯、孙中山，还是毛泽东、邓小平，看来都是这样。就在写下这段话的前几天，突尼斯、埃及、巴林、也门等国正在发生"茉莉花革命"。许多中国人兴高采烈，认为这会重创美国人在中东的利益，而这些国家的"官方"又一再声明"这里不是天安门，我们不会……"。于是，许多人又开始了所谓的"茉莉花散步"。我却只在日记本上记下了一个名叫汤笑的人的几句诗：

> 我诉求天籁的神曲
> 我追索既往的童趣
> 今夜的醉酒
> 复活了我死亡的记忆。

那些日子，最大的事还是日本的地震、海啸和福岛核电站的泄露。直接影响到上海的，就是"抢盐风潮"。导致我们在上海三天无盐可买。这些事情都是小事，但也让我们意识到一旦成了大事，恐怕就不是能不能吃上盐的问题了。而所谓的"大事"就真的离我们很远吗？什么叫"吃二遍苦，受二茬罪"，这句"文革"时天天念叨的话，其实就发生在身边或明天。

长江中下游长时间的干旱、无雨，李娜获法网冠军后那种给人长出一口气的感觉，还有在贵阳参加朱厚泽的葬礼，看到漫山遍野的人自发参加悼念活动，真让人相信"公道自在人心"和民意、口碑高于一切的"古训"。

对我自己震撼最大的，还是这一年的"七一"前后，在上海的"纪实频道"中看到了一条关于一个名叫李茂堂的渭南人的故事：他是中统局西安站的站长，同时又是中共在西安地区情报网的负责人；曾作为国民党特务秘密前往延安，同时又见到了毛，宣誓入党，汪东兴、罗青长是其入党介绍人。胡宗南进攻陕北的所有秘密情报，他都在第一时间偷偷送到"东柳巷1号"党的秘密基地，保证了党中央在敌人围困中的安全转移。由于他是渭南人，加上我也很熟知东柳巷这个地方，所以就特别感兴趣。也就是这个李茂堂，1949年后作为特务被关押、处决，80年代宣布平反昭雪。"平反昭雪"就能恢复正义了吗？"正义"是不是一个可以"恢复"的概念？如果我们把当年处死李茂堂的人也处死，这是有了"恢复"的意味，但这还叫"正义"吗？看完这期节目，我真的仰天长叹，心中有着说不出的纠结与憋屈。我一点也不想要事后对正义的"恢复"或"复仇"。我要的是当时决定处决李茂堂时，人们在心中多少能有一点有关正义的意识。我不知道处决李茂堂时，汪东兴、罗青长这些人都在哪里，又是怎么想的。与陕西这个地方有关的人与事，那个时候除了知道抗战时，一队有几百个类似于儿童团的"陕西娃"曾集体投黄河而死外，还在"凤凰卫视"的"老兵"节目中知道了泾阳县一位名叫仵德厚的老人，曾是台儿庄战役敢死队的队长，后任少将师长，坚守太原誓死不降。1949年后，被判刑十年，再留场就业，1975年大赦国民党县团级以上人员时才被释放回家，在监狱共呆了30年。他97岁去世，去世后连战送来"民族之光"的挽联，另一位80多岁的国民党老兵坚持要为他的老师长守灵一整夜。这部片子也是看得我与少华泪流满面。有时觉得为了个人的健康，对类似的事情还是少知道或不知道为妙，但有时又想想，作为一个文化人，连自欺与欺人的事都不自知，也不动心，就那么一直活下去还真的有那么大意思吗？那些日子对茅台酒很感兴趣，想养成一种嗜好或习惯，一天喝一两，坚持喝下去；忽然又看到一篇文章，根据县志和厂史，说"困难时期"，也就是从1959年到1961年，茅台酒厂一共生产了2075吨茅台酒，出口139.86吨，那么剩余的两千多吨茅台酒被谁喝了？那时候的茅台酒大概都是真的，在今天一瓶要卖上百万元，那么，这两千多吨"真"茅台酒到底灌到了什么人的肚子里？我忽然感到一阵恶心，觉得喝的不是酒，是人血。于是，想养成的"喝小酒"的习惯也就此终止了。再仔细想想，觉得要心安理得地"自欺"与"欺人"，

267

恐怕还需要一个前提条件，那就是长期的"瞒"与"骗"。在"瞒"与"骗"中，为自己找到"替换"与"伪装"的理由或说法。时间长了，成功的次数多了，要改也就难了。

那一阶段，自己在学术上所做的主要的事就是仔细阅读了一套印度学者的书，并写了上、中、下三篇《从西天到中土》的文章。总的意思就是印度人的学问，就立足于本土文化和现实感受而言，要比我们在气象或气质上更靠近西方。这种"靠近"不是指所引用的著作或注释而言，而是就文章本身的思维方式或逻辑论证而言。这可能与他们更熟悉英语有关，但不知这种现象是好还是不好。反正在我们这里，出国留学和能说一口流利外语总还是会受到不同程度的赞许。也许与此有关，学术界的朋友间却已显露出越来越大的分歧与隔膜。这种分歧与隔膜，表现在学术见解上，但却与学术本身并无太大关系。在我看来，最根本的问题还是在何种程度上表现出的对"现实"的认可。换成我喜欢的语言，可以说是我们还有没有民国时期文化人，包括当时的共产党人所怀抱的人文理想；换成另一些人的说法，就是你看没看到西方那一套，从制度、文化到人文修养，并未解决中国的"现实"问题，而且也解决不了。要立足于世界民族之林，恐怕还是得回到自身的传统与文化。这大约也就是前三十年的梁启超与写出《欧游心影录》和《新大陆游记》的后十年的梁启超之间的分歧了。但无论分歧再大，是一味引进西方文化，主张"须将世界学说为无制限的尽量输入"，还是主张中西合璧，化合而成一新文明，认定"我国学界之光明，人物之伟大，莫盛于战国，盖思想自由之明效也"这一点总未尝改变过。但思想自由，又不单单只是一个认识问题、思想问题，于是便又只好含糊起来。思想上欠债越多，便越无法自由，时至今日，恐怕谁都知道只好在含糊中拖住时间了。

然而炎热到可怕的七月还是到来了。7月21号的《文汇报》上，第一次看到了对发生在新疆和田的"7.18事件"的报道，说是7月17日，和田派出所民警发现两名来自喀什的"可疑人员"，因为他们身上带有"管制刀具"，于是便将二人留置审查；到7月18日，便发生了袭击、焚烧派出所、杀害一名联防队员、两名办事群众、劫持六名人质的恶性事件。在人与人的关系上，警惕性高无疑是有道理的，特别在非常地带，但警惕性过高，有时又会导致反作用。这中间的"度"实在是一门大学问。在人与物的关系中，倒真的需要高度的警觉与认真。但我们却常常把这二者的关系搞反。7月24号的《光明日报》上，刊登出前一天的北京南至福州的动 301 次车与杭州至福州的动 3115 次车发生追尾事故，两车共有六节车厢"脱线"，40 余人死亡，200 多人受伤。这条消息刊登在《光明日报》第三版的右下角，与"赖昌星被遣返回国"放在一起。大家更关心的自然是赖昌星。头版是红色的"中央军委晋升上将军衔仪式"，二版是"蛟龙为何要潜海 5000 米"；三版是 7 月 23 号晚的演出，名为"唱支山歌给党听"，有三位男高音歌唱家放声高歌的照片。右下角就是这次事故的报道。但被放在第三版右下角的这则"小消息"却引起了互联网上的热议，包括火车残壳的迅速被掩埋，还有旅客的行李物品和死亡者的快速处理方式（有一名叫项炜伊的小朋友，据说已无生命迹象，但掩埋时却发现还活着）。死亡者每人赔付 50 万，是空前的高数额，告诉你只有　签字、从此不过问此事的才有这 50 万，过期不候。于是绍兴的一位名叫杨峰的人就面临着"两难"：是一次性领取 200 万（他同时失去了四位亲人），就此了事，还是继续问责，追究事故原因和处理方式的不当。最后是怎么样了，我们都不知道。到这一年的年底，12 月 29 号，我在日记中记下了有关这次车祸的调查处理结果，题为《给人民一个交待》：40 人死亡，经济损失 1937165 万元；54 人受党纪政纪处分，负主要领导责任的是原铁道部长刘志军和副总工程师张曙光（二人早已因贪污受贿被关在牢里）。中国的事情发生得太多太快，转眼间就又有了新的话题。但这位杨峰先生的妻子（尚在孕期）在死亡后被铲车毁容（死了的人到底算"人"还是算"物"？）的一幕，却长久存留在我的脑海中。当时的铁道部长叫盛光祖，铁道部发言人叫王勇才。两个人都各自给后世留下一段"佳话"：盛光祖任海关总署署长时，砸了赖昌星的饭碗；7 月 23 号赖昌星被遣返回国，当晚就砸了盛光祖的饭碗。赖昌星说，我走的时候，电视里播放的是《还珠格格》，回来时电视里还在放《还珠格格》；走的时候股市是 2700 点，回来后还是 2700 点。这中间相隔了十年。而王勇才那句"不管你们信不信，反正我信"的名言，在坊间竟也流传了很久很久。所以在含糊中拖住时间看来还是有可能奏效的。但这里的"拖住时间"到底是什么意思？大概总与"浑浑噩噩"的混世态度有关，反正不是"保持记忆"的意思。

　　这一年的八月，前十天是在贵州的一个名叫镇远的小城度过的。有五六家人共住一民居，条件尚可，前面的舞阳河其实并不宜游泳，因为有异味，但我们还是下去游过几次。那里有"青龙洞"、"复兴巷"、"四井坊巷"等可看的地方，一巨大的古老民宅现在成了派出所，上面挂的是"警民一家亲"。还有一个名叫甘文焜的人的塑像，下面说他明末清初在镇远任云贵总督，被吴三桂围困多日不降，最后手刃其子（为什么要手刃其子？），面向北方一拜再拜，自尽而死。就是搞不清楚这样一位人物到底是算民族英雄，还是守城烈士。也许就是这样一些模糊不清的概念把我们搞糊涂了，包括前面提到的那位陕西泾阳的仵德厚老人。

在镇远，真正让我们记住的一个词是"大脑壳"。这个词很形象，指当官的，谁的官越大，谁的脑壳也就越大。大约是从官帽的大小联想而来的一个词，反正当地人都这么叫。文能他们离开镇远时，据说有"大脑壳"来，于是封锁道路，房东也就无法用车送他们去车站。8月6日来镇远视察的这个人的"脑壳"到底有多大，最后也不得而知，反正我们大家绕城一周，送走文能夫妇，也才有机会见到了甘文焜的塑像。作为一个想尽力发展旅游业的历史名城，车站的厕所简直臭气熏天，整个候车室就不是人能呆的地方。里面有一"重要人物候车室"，我们就叫它"大脑壳候车室"，也依然无法忍受。所有的工作人员在里面走动，都用手捂住鼻子，而乘客们反倒逍遥自在，竟有人在打扑克。祖慰离开镇远就去各地设计"城市建设馆"，一路都有"大脑壳"高规格接待，于是发短信告诉我"终于离开了臭镇远"。让人觉得镇远这个历史久远的边远小镇最后落下这么这一个坏名称实在不对，也不应该。八年过去了，今天的镇远车站想来不会那么臭了吧？

下来就是8月8号、8月13日、8月15号、8月18号。对我们这代人来说，记住的当然是"8.8"和"8.18"，但对我们的父辈来说，"8.13"和"8.15"自然也不会忘记。上海的"纪实频道"接连几天播放了当年的淞沪抗战的史料，都是我这样的"读书人"闻所未闻的。尽管国防大学的评论员在那里指指点点，说这里打错了，那里不该打，但战况之惨烈还是震撼人心。张治中将军自然是"好人"，蒋介石也正在从"坏人"向"半好半坏"的人过渡，所以责任在蒋不在张；到"8.15"的抗战胜利，蒋就成了一个几乎完全正面的形象。看着电视，心中一直想的是"瞒"与"骗"这两个字，觉得自己白活了这么久，也白看了这么多书。哲学也许不该管历史上这些经验之事的是非对错，它更关心的是如何为一个自己心目中的美好愿景（与真理有关的社会、人格、理想的实现）做论证，因为它所面对的事实已是"现成的知识"，是在反思中完成了从事情到事实、再到知识的过渡的。所以如同黑格尔 1818 年 10 月 22 日在向听众的致辞中所说，精神是不能太驰骛于外界，而不遄回到内心，转回自身，以徜徉自怡于自己原有的家园的。但假设就连"事情"本身都处于瞒与骗之中，精神又何以能放弃对真理的追求，而遄回到内心，转向自身，以徜徉自悦于自己原有的家园？当然，黑格尔可以说，这一切对精神而言都很正常，因为它就生活在矛盾之中，问题只在说明矛盾的道理。假设这个"道理"就只是一个简单不过的"常识"，比如说缺乏勇气呢？哲学能给人以勇气吗？给人以勇气（现实生活中的勇气）了，又还能"遄回到内心，转向自身，以徜徉自悦于自己原有的家园"吗？在那些日子里，自己的日记就充满着这类无法解脱的自我矛盾与自我冲突。直到 8 月 24 号在宁夏开会时发生"短暂性脑供血中断"，出现了两分钟胡言乱语的怪异现象。当时可真把少华吓坏了。在宁夏医学院附属医院的急救室折腾了三个小时，算是平安返回；而飞机晚点，故宫管理人员监守自盗，贩卖文物，福利院则倒卖婴儿之类的事也终于司空见惯，处乱不惊了。一群六十多岁的小学同学在西安聚会，大家趁头脑还清醒，讨论的都是如何好好活着的问题。

这一年剩下的三个月，应该记下的是这样几件事：

第一，"上层的权贵资本主义"已经作为一个概念被大家认可。与之相关的，就是上层酒足饭饱后的逃生，与下层陷落后的谋生。本来，上层说是"摸着石头过河"，这里的"石头"就可以理解为"肉"，"河"也理解为"国界"，现在，"肉"差不多摸完了，"河"，能过去的当然也就该过去了。而"下层"，也就没有多大兴趣继续摸着"骨头"讨论政治体制、意识形态、民族文化、宗教感情之类的问题，于是在精神的沦陷中就只剩下了一个如何谋生的问题。中国这个社会，上下两个层次的界限一直是分明的。古代中国，通过科举考试源源不断地向上层输送着精英人才，他们的存在，就意味着"人上人"与"人下人"的界限之分明；而下层，一面挣扎在生死线上，一面为这种"输送"的机会与可能努力奋斗，于是成为久经历练的"耕读人家"。现代的"输送渠道"，则不再是科举考试，而是历次运动中的优异表现，于是机会也就显得更多。当然，过去的"耕读人家"也就相应的变成了"革命人家"。经过几代人的积累，就有了必须维护的血统上的正宗与旁支。

第二，"9.11"和"9.13"又是两个不得了的日子。"9.11"十周年了。我还清楚记得十年前的这一天，当我最初听到这个消息时的震惊。我本能地意识到世界又开始进入了一个"战争年代"，后来才明白了这场战争名叫"反恐"。不仅是国家与某个组织之间的战争，也是国家与国家之间的战争。"9.13"过去快30年了。我是经历了那一事件后才慢慢苏醒过来的。28年过去，这种苏醒从个人到集团，从社会到国家，从道德到政治，从运动到纲领，从过去（历史）到未来（愿景），从文化到文明，从伦理到制度，就这样缓慢地一步步走着，慢慢变成自己的哲学思考，集中为"伦理秩序与政治秩序"和"什么是个人生活中的尊严"这两个问题上。当然这样说时，已如黑格尔所言，精神已遁回到内心，转向自身，以徜徉自悦于自己原有的家园；到底在"9.11"和"9.13"上，还有多少档案没有解密，我们也依旧生活在"瞒"与"骗"中，就只有老天才知道了。

第三，10月7号的日记上，记载着当我读完这一年的第九期《开放时代》后无法自制的愤怒与喷涌而出的反驳。这一期的主题是经济建设与社会治理上的"重庆模式"，又曰"第三只手"或"第三财政"。写文章的人大都有海外就学的经历，开口闭口地引用尼采、米德、葛兰西的语录；但吹捧起"重庆模式"来又不遗余力。我想不明白这些人为什么会不知道当下中国的问题究竟何在，硬说"重庆模式"真正实现了毛（精神上，社会主义）与邓（物质上，资本主义）的结合，把资金最大限度地用到了改善民生上，使得民众交口称赞今日重庆之社会公正、福利保证（这一模式在日后被人概括为"毛皮邓骨"或"外邓内毛"，似乎有点像古代中国儒、法之间的关系）。就连"唱红打黑"也成为一个"全新重庆"的标志。因为我这个月14号要去重庆开一个哲学史的年会，所以就格外认真地阅读了这几篇文章，希望能对"重庆模式"在概念上有一个理解与把握。文章中用一大推表格、数字、统计来证明薄熙来是当下中国"最有影响力的政治人物"，用王立军全票当选副市长来说明他是多么的有民心、合民意。我今天写下这些话，并不是因为薄熙来、王立军已经成了"刑事犯罪人员"、被抓入大牢才这样写的，而是在当时，在阅读这期《开放时代》时就立即感受到的那种就发生在眼前的"瞒"与"骗"。统计数字、采访民众、全票当选，我们真能如此相信这些材料吗？是真没有在中国生活过，还是睁眼说瞎话？就说"文化强国"和地方上的"文化强项"，如果只看统计，我们很快就会在大学的数量、规模，博士、教授的数量和论文发表的数量上稳居世界第一。但，这真的有用吗？当晚一夜无眠，心中翻滚不已。第二天一早就写了一篇反驳的文章，题为

《行动者的立场就是一切——评有关"重庆模式"的几篇文章》，寄给了《开放时代》的主编。我们早就认识，也算朋友。一般来说，我的文章是会发表的。但主编很快回信，说这期《开放时代》已经受到批评，有太多议论，加上薄正处于敏感时期（估计和入常有关），所以很抱歉，就不刊发了。不知这样的话是真是假，反正也只好这样。10月14号飞重庆，在西南大学（西南师范与农业大学合并而成。这种大学合并风也堪称教育界的乱象之一）开会。16号，谢地坤主持会议，我在大会发言时，不能说偏离了会议主题，反正谈及人权等问题，我专门强调了所谓的"重庆模式"，认为如果"人权"就是维护或保护下层民众的权利而无视人人在权利上平等的话，那就完全歪曲了"人权"的概念，并将导致极坏的恶果。这就与把"民主"理解为"民生"一样。晚，夜游嘉陵江，与上海一样也是高楼林立，灯光闪烁。好看的是新建的双子楼和步行街在江面上的倒影。第二天参观了所谓的吴宓路，现在有一塑像，但故居中几乎一无所有。也去了老舍和梁实秋当年的故居。我开会时，少华专门去了红卫兵陵园，不让参观，只好在门口默默观看。离开重庆，直到王立军、薄熙来被抓，我才忽然意识到当时的文章和发言要是被这二位发现，自己当时就恐怕离不开重庆了。什么理由不好找？想想李庄，那是一种后怕式的恐惧，让人的后背一阵阵发凉。只有这种感觉，才能让人意识到任何辉煌的统计与数字后面的真实。

第四，这一年的11月11日，共出现6个1：2011、11、11，于是成了超级"光棍节"，这一天仅上海就有五千多对新人结婚，图的是"一心一意"、"一生一世"、"一点一滴"，反正也是六个一；有的人专门预订了高级宾馆中的1101和1111房作为新房；铁路上的111次列车人满为患，上海的地铁11号线也搞什么活动，大家都表示要"脱光"。上海在某地举办相亲会，十多万人报名参加，可见"光棍"之多，人心之急。中午安庆、张念等来家吃螃蟹，把报纸铺到桌面上，才发现这是一张11月7号的《光明日报》，上面有中国藏学研究中心宗教研究所所长、研究员李德成写的一篇文章，题为《活佛转世管理的规范化法制化发展》，说活佛转世乃国家主权、政府权威、宗教原则、信众情感的集中体现。文章说1940年国民政府蒙藏委员会委员长吴忠信曾于这一年的1月15日抵达拉萨，由于"群众情投意合，不须挈瓶，照例剃度受戒。青海灵童拉木登珠，慧性湛深，灵异特著，查系十三辈达赖喇嘛转世，应即免于抽签，特准继任为十四辈达赖喇嘛。"这是国民政府2月5日正式颁布的命令，也就是十四世达赖喇嘛的来历。

2010 年 7 月 4 日，西藏隆子县扎果寺，第五世德珠活佛转世灵童认定的金瓶挚签仪式，在拉萨大昭寺释迦牟尼佛像前隆重举行，候选灵童洛桑多吉中签，自治区人民政府批准其为第五世德珠。这两件事（11 月 11 日和转世灵童）放在同一天，甚是巧合，也引起我们对迷信、信仰与宗教的几个层面的不同关系的思考，当然也可能涉及到近来议论颇多的有关"塔西佗陷阱"是如何形成的等方面的问题。

第五，也是最后应该说说的，就是这一年的 11 月 24 号的《南方都市报》，发表了李洁的一篇文章，题为《无以善后：段祺瑞与孙中山的嫌隙》，里面提供了许多以前不曾知道的信息，比如对决定近代中国之命运至关重要的"三方势力"与"两会之争"，都是以前在读历史时不曾下过功夫，或自以为了然在心的。所谓"三方势力"，指的是 1924 年前后，直系的曹锟是总统，二号人物吴佩孚坐镇洛阳；反直系的有三方势力：东北的张作霖兵力最大，南方的孙文名气最响，江浙之争中的皖系，加上一直蜗居津门的段祺瑞通电指责曹锟，于是合为奉、粤、皖三方共同倒直的局面。在这三方中，孙文"联俄容共"，"以俄为师"；而张作霖和段祺瑞则极端仇俄。在直奉战争中，直系的冯玉祥拿了段祺瑞 3 月 13 日给他的十万生日大礼，就倒戈反直，回京后囚曹锟于中南海，自任"国民军总司令"，推崇段祺瑞为"国民军大元帅"。直系垮台后，段祺瑞 1924 年 11 月 25 日抵京，主持大局，按章士钊所想出的"临时执政"的名字，成为了"段执政"。这一年段 59 岁，孙 57 岁，张 48 岁。段祺瑞主政后准备召开"善后会议"，由"善后会议"产生国民代表大会，再由国民代表大会制定宪法，在宪法框架内组成政府，实现国家的政令统一。张作霖、冯玉祥等均对"善后会议"表示支持。但广州的孙文却主张先召开由"现代实业、教育、大学、各省学生联合会、商会、工会、农会、共同反对曹吴的各军、政党"共九个方面的"国民代表大会"，而"国民代表大会"的首要任务就是废除中国与各帝国主义所签订的一切不平等条约，结束军阀混战，组织国民政府，今后"民国之命运，由国民之自决"。于是，就从三方反直演变为后来的"善后会议"与"国民代表大会"之争。共产党人自然站在孙文一边，闹得最欢的就是李大钊领导的中共北方区委。

面对孙文的反对，段祺瑞还是公布了 166 位"善后会议"的参与者，孙文名列第一，下来是黎元洪、张作霖、卢永祥、冯玉祥等参与倒直的军头。再下来是各地非直系的督军和社会名流，包括北大的青年教授胡适、宗教领袖、各地实力派人士，其中以国民党人数最多，如许崇智、陈炯明、李烈钧、于右任、马君武、李宗仁、冯自由等。

1925 年元旦，段执政发布大赦令，撤销专门安置军界大佬的"将军府"，正式邀请孙文、黎元洪出席"善后会议"。16 天后，也就是 1925 年 1 月 17 日，孙文口授，汪精卫执笔，作为复电，拒绝参加"善后会议"，认为所有事宜均应留待"国民代表大会"之后再定。数日后，孙被确诊为肝癌，病榻上的他向全党发布命令：凡参加"善后会议"者一律开除党籍。

2 月 1 日，留守广州的胡汉民以代大总统的身份宣布国民党第一次东征开始。至此，已经平息了一段日子的段、张、冯三角同盟也就彻底瓦解。战火再起。中国有可能成功构建的一次制宪大会也就此化为了泡影。占据南方，北伐，统一中国，说起来都冠冕堂皇，但哪一个"军阀"又不想统一中国？战争，靠武力解决问题，到底该怎么看？作者说，时隔八十多年，回头去看，段氏的"善后会议"务实，可操作性强，而孙氏的"国民代表大会"则更能鼓动民众，但实际上应属渺远的政治理想；在对外政策上，段氏认为"外崇国信"乃国际关系的基本准则，也容易得到外国政府的承认，而孙氏的废除一切不平等条约应是国力强盛后的终极目标，但宣传起来，依然是孙氏的说法最能鼓舞人心。所谓的思想启蒙，就是给当年的国民党和后来的共产党提供了一套最能鼓舞人心的"说法"，越往后，这套"说法"也就越完备，直到拿下政权。而当我们又有了新的"说法"时，已经不可能再有表达的机会了。

2 月 1 日，段氏如期召开"善后会议"，名列第一的孙氏却不在其中。3 月12 日，孙溘然病逝，"善后会议"休会两天以志悼念。历时两个多月，4 月 12 日，"善后会议"宣告结束，段祺瑞主持了新宪法修正案，从恢复国会到整顿政治、遣散军队、改革税制和增加教育经费，查禁鸦片，做了许多实事。稍后，国民党自行操办了"国民代表大会"，鲍罗廷、汪精卫、李大钊等人尽力而为，但收效甚微。中国的历史，揭过了这一页，又不得不走上了"武力解决问题"和"枪杆子里面出政权"的老路。

对这一段历史，以前从未如现在这样重视过。后来又查了手头的一些书，如周谷城在他的《中国通史》中把这一段历史归入"北方的军阀混战"，只用两段文字就交代过去："反直战后，奉系皖系又抬出段祺瑞组织临时政府，名曰临时执政政府，段的职位就叫执政。段执政时代，各种混战相继爆发。"吕思勉的《中国通史》中对这一段历史的叙述稍微详细一些。书中是这样说的："奉军入关，张作霖与冯玉祥相会，共推段祺瑞为临时执政，段祺瑞邀孙中山入京，共商国是。孙中山主开国民会议，解决国是。段祺瑞不能用。段祺瑞亦主开'善后会议'，先解决时局纠纷，再开国民代表大会，解决根本问题。孙中山以其所谓会议者，人民团体无一得与，诚国民党员勿得加入。于是会商仍无结果。是年三月十二日，孙中山卒于北京。"

就这样，历史似乎走到"段祺瑞出走。北方遂无复首领。大局的奠定，不得不有望于南方的北伐。"但假设孙中山当时能入京与段祺瑞共商国是，"先解决时局纠纷"，情况会不会改观呢？中国人又到何日，才能学会"共商国是"？

不得而知。吕思勉先生在他的《中国通史》的最后，引用的是梁任公先生所译的拜伦的一首诗作为结束："马拉顿前啊！山容缥缈。马拉顿后啊！海门环绕。如此好河山，也应有自由回照。我向那波斯军墓门凭眺。难道我为奴为隶，今生便了？不信我为奴为隶，今生便了。"

我想，我写了一整本日记的 2011 年，大概也就应该这样结束了吧。

2012：

"来不及伤痛"

这一年的这个标题来自一位名叫严华的诗人所写的一首小诗，刊登在 9 月 22 号的《文汇报》上，但我不知道为什么会把它剪贴在我 7 月 23 日的日记上；按道理，这一天应该还没有看到报纸，或者是 2011 年的 9 月 22 日或 2012 年的 7 月 22 日？没有心情去考据了，反正按日记的原样来：

来不及的伤痛

穿过树叶细缝望着天

谁知道

哪一个忽然闪现的画面

熟悉又陌生的字眼

勾起了

已被藏匿的昨天

是时间将爱偷走

还是爱被时间引诱

我送出的

来不及等你签收

迷宫里的小孩找不到出口

没有终点

却流走了一切

未完成的结局后面

只是未完成的怀念

这是一首表达或传递、怀念爱情的小诗？不知道，反正是我所喜欢那种格调，特别是"熟悉又陌生的字眼，勾起了，已被藏匿的昨天"，很迎合我在读这一年日记时的心情。

这一年，我整整65周岁了，很严肃地申请退休，辞去所担任的一切职务，觉得这些都应该是理所当然的事。同时又有些留恋校园里的生活，觉得自己和这些学生们在一起很愉快，对退休后的生活有一种类似于刚参加工作时的惶恐，不知道日子该怎么过。后来才知道，对我来说，退不退休，除了工资少一些以外，一切都没有任何变化。这一年，尽管已经想退休了，但却几乎是我学术生涯中最忙碌的一年：完成了《当代哲学问题九讲》和《重新评点〈水浒传〉》的整理出版，发表了15篇论文，其中就包括自此以后就一直探究着的"公德"与"私德"的关系、"种族认同"与"民族国家"的关系、"伦理秩序"与"政治秩序"的关系以及在这两种秩序后面的"观念"是否也应该有一个"秩序"的问题；"观念"间的关系自然可以归结为"语言"间的关系，于是语言的规则系统是否就是我们必须对"秩序"这一概念加以"反思"和"自我认识"的一个切入点？而在这诸多理论的思考中，国学复兴、基层设计、意识形态重构又是很现实的问题。如何把对现实生活的感受与理论上的探讨结合起来又一直是我自己所做的"学问"的一个特点。

这一年最震撼人心的事就是2月6号晚王立军叛逃美领馆。于是就有了这两句古典小说式的"话说"：

"王捕头夜奔美领馆，平西王落魄别山城"；

"平西王泪洒中南海，王捕头情伤美领馆"。

与"王捕头的夜奔和情伤美领馆"形成鲜明对照的，就是山东的盲人律师陈光诚竟然能在4月26号夜间，突出重重包围而逃入北京的美国大使馆，并最后成功去了美国。

其间的故事情节都是精彩到匪夷所思的电影题材，几乎靠想象都无法企及。

这些人在逃跑时，所想到的都是美国。在一份材料上看到，全国人大代表、中央党校的一位教授说，从 1995 年到 2005 年，中国有 118 万官员的配偶和子女在国外定居，如果说现在还有 118 万官员留在国内的话，那么平均每个省就有 4 万裸官。我不知道这个数字对不对，也不知道说出这个数字的人是从哪里得到的信息，反正"裸官"在我们国内应该是不少的。共产主义革命以取消或消灭阶级差别为目标，但前提是先要通过革命使自己成为一个掌握一切权力的"阶级"，"裸官"就属于这个"新阶级"中的成员。也许他们的作为，比如送自己的家人到国外发达资本主义国家生活，就是一种"消灭国内阶级差别"的手段。有人说这就叫历史的辩证法。

这一年，对我个人来说，在思想上有一些具有"警示性"的告诫与启迪，还是应该记下的：

首先，在元旦这一天的日记中，记下了原工人出版社的社长何家栋先生（2006 年 10 月逝世）的《文集》在香港出版后，里面所表达的他的基本观点："宪政"就是"限政"，要警惕"法东斯"的抬头。于是提出了他自己的"四项基本原则"：自由原则、自治原则、民主原则和前三项原则在次序上的不可改换。林毓生先生则说，中国的文化人至少应发誓，改掉自己"遇明君、有伯乐、当帝师、做高参"的毛病。中国的事情，古往今来，大半坏在文人手上。

其次，在元月 8 号的日记中，记下了宣良在与我聊天时所谈到的几个观点：西方人通过征服，解决部落间的冲突，中国人大都通过通婚来解决。为了解决主次关系，于是我们就有了父系（堂）和母系（表）两个系统，把双方复杂的关系用"称谓"表达，所以汉语中表达亲属关系的词语就特别多；与之相应的，就是道德词语特别多，因为亲属关系（上下尊卑）也就是道德关系，这种关系也就构成了社会结构的伦理秩序。在伦理秩序中再"化父为君"，于是有了"全责组织"（区分于功能组织）的社会形态，而君权、士权、民权，也构成一种"三足鼎立"的平衡。过去的"全责组织"只管人，现在是通过"管物"来"管人"，不服管的人也就没有了"物"，无法安身活命。到如今，如毛、邓之类的"君权"在短时间内不会出现了，只剩下了士权与民权，于是根基不稳。或恢复"君权"，或如西方那样寻找到另一种"民主秩序"，此外再无他途。而这两种途径对当下中国来说基本上都是"此路不通"。在这种情况下，诚如王夫之所言，"难析者，文人之躁志也"。

文人之躁志，只能延续文化，很难适应文明。因为文化是人类在逐步适应常量的、可预期的、散漫的外在压力下形成的某种价值偏好，这种价值偏好，加上"秦制"的制度保证，虽"可持续"，但"无法发展"；而文明则是人类必须在价值观上适应一种超量的、难预期的、强制性的外在压力。正是这种强制性的外在压力，才可让价值偏好得到纠正与发展。所以杜威才在《人的问题》中说"文明即按照公民社会的职业、角色对人的各种技能所做的训练"。福柯写《规训与惩戒》，大概也是着眼于所谓"文明社会"所具有的强制性的一面。中国"文人之躁志"的"躁"，是很难被文明所驯化的。因为"躁志"的"躁"，里面本来就包含有让"志"尽快实现的理想化、浪漫化的一面。当然，文化（价值偏好）与制度（法治程序）的关系，本身又是一个可深入讨论的问题。

四月，与高兆明一家抽空去江苏的高邮，那里已经成为"国际慢城"，油菜花煞是好看；夜宿沥水的明觉寺；再去浙江的富阳，看"严子陵钓台"和"黄公望故居"，在此之前先去了日本九州赏樱；之后又去了塞班岛看二战遗迹，年底再去柬埔寨的吴哥窟，反正与两位医生跑个不停，但也并未耽误本科生和研究生的课。在国内，都靠刘医生开车，出国，也是他的统计、安排，反正我们两家四人倒很和谐。不知道这一年算不算生活观念上的一次大转变，想改变一种生活态度，似乎来日不多了。4月13日，朝鲜发射一枚火箭，升空两分钟后爆炸；相反，印度的可携带多枚核弹头的烈火—5型中程弹道导弹却在4月19日试射成功，而在前一天的电视上，刚刚看过我们的军事专家分析印度是不可能发射成功的，因为这种导弹重量太大，印度的桥梁都承受不了，等等，共有四五个理由，说得头头是道。那段日子，由于王立军、薄熙来、谷开来杀人事，网上正传得纷纷扬扬，而上边也加大了"不信谣、不传谣"的力度，严厉打击"小道消息"的传播。这种运动的形式、手段、内容及其大体相似的结果，在我的记忆中，早已烂熟在心。

读王若水的一本关于毛泽东的书，里面说，他有充分证据可以证明毛当年提出"双百方针"并不是"阳谋"和为了"引蛇出洞"。毛知道苏联出了问题，也通过赫鲁晓夫的报告知道了斯大林的罪恶，想避免这类事的重演，于是有了关于正确处理人民内部矛盾的著作和"双百方针"。但后来的庐山会议，有了彭德怀的进言，他才意识到大跃进等政策的失败是回避不了的，彭德怀就是日后的"魏延"。康生也对毛说，怪就怪斯大林当年的肃反不彻底，漏掉了赫鲁晓夫式的人物。这也正是毛的心病。也许他的看法是有道理的。这样的书我们一般人都看不到。我也才明白，所谓"纸包不住火"，就看是什么"纸"了，在大部分情况下，"火"还是被"纸"包住了；凡被包住的，我们根本就不知道存在着"纸"与"火"之间的关系。

"蛇"与"洞"，"纸"与"火"之间的关系也颇耐人寻味。我在1月28日的日记中，详细记录了当时看卡玛所拍摄的《天安门》的感受与公元322年，晋中大将军王敦作乱时与其弟王导之间的复杂关系，其中涉及到伯仁所起的作用；当伯仁被杀后，王导才从文库中看到当时伯仁的奏折，知道了事情的真相，于是留下"吾虽不杀伯仁，伯仁由我而死"的千古名言。

在4月8号的日记中，记有塞万提斯的一句话："如果死得好，死就是最好的事。"据说方励之在4月6号准备去上课时，咳嗽了一声，就死在了书房的椅子上。不知王若望和刘宾雁是怎么一种情况，反正这些人都在这一年死在了海外，据说也都曾表示过不想客死他乡的意愿。《呜呼！上天，曷为其同！》，这是我在参加完北京大学哲学系成立一百周年纪念会后，为了应和《守道1957》这本书，发表的有关1957年右派命运的一篇文章，发表在2012年12月22日的《新京报·书评周刊》上。用在这里也许能表达我的一点心意。

最后，在我6月24号的日记中，记载着《人民日报》近期连续发表的一系列文章，说是要狠批"四个主义"，以便捍卫底线伦理，建立公共规则，尊重事实真相，保持社会的自由、多元、开放，避免道德失范和价值歪曲，凝聚共识，促进进步。这"四个主义"指的是"精致的利己主义、狭隘的相对主义、庸俗的消费主义、诡辩的相对主义"。这些文章让人心头一震，不知又发生了什么事，怎么会有这样的文章问世。我就想，如果不是出自《人民日报》，而是出自我手，最轻的"训诫"恐怕也是要被"喝茶"了。

所谓"来不及的伤痛"，是指流年不利，灾难频频。而这一切的一切，又都是因为"我知道只要我还活着，就没有什么可以证明我是正当的，因为我自己是我自己的障碍"。（希姆波尔斯卡的诗句）

6月27日晚从五角场回来，坐59路车，刚迈上去，就感到自己的钱包被人拿走了，当即下车，但又不知道小偷是谁。身份证、银行卡、工作证、校园卡，还有两千多元现金。我朝着人群大喊：谁把里面的证件还我，里面的钱全归他。我大喊着，身旁的人说：没有用的，报警吧。报警？我明知更没有用，但又能怎样？我一再表示我说的是真话：不会报警、不会扭送公安机关，钱全归他，这个人信我吗？我这样说、这样做对吗？我几乎想请求这个人相信我一次了，我说到做到，自己绝不会只做"应该"的事，只要把证件还我，我就几乎会认为他是天下少有的"好人"。但就是没有人应声。偷钱包的人就在我面前，而且一定有人与他合伙，也一定有人看到他拿走了我的钱包。但这一切都无济于事。第二天就要到承德去了，没有身份证怎么办？在现场逗留了大约半小时，看着人们上下车，也许偷我钱包的人早就坐车走了。我沮丧地坐在路边，一个人默默无语。少华陪着我，安慰着我，说"你当时要是抓住了小偷，说不定他会给你一刀"。那么，反而该感到庆幸吗？最后只好一起苦笑着去杨浦区公安局五角场环岛治安派出所报警，一位姓俞的民警接待了我。我的接报回执单为20120627214647206863。他说，基本没有任何希望。我相信他的话。回来后写了两篇文章：《我现在能确信什么？》和《人无奈时，到底该怎么办？》。

文章归文章，我到底还确信什么，无奈时该怎么做，我依然不知道。

不过凭良心说，我的钱包被偷真算不了多大的事。想想2003年的SARS、2008年的毒奶粉事件，我个人的信用卡、身份证和几千元现金算什么？6月30日下午3点半，天津蓟县最大的商场莱德商场起火，当时正在搞促销活动，人山人海，商场怕拿了商品不付钱的人趁机溜走，就紧闭大门，结果烧死了更多的人。准确死亡人数一直不说，后来据说是378人。7月11日晚在上海"纪实频道"上看到北京大兴县的李磊杀死一家六口（父母、妹妹、妻子和两个孩子，最小的两岁）。出现在电视上的李磊表情冷漠，一副满不在乎的样子。电视上同时提到了辽宁鞍山的周宇新杀死一家十人的案件，还有云南的罗永昌，广东佛山的什么人，动不动就是灭门惨案。包括8年来作案10起杀死10人的周克华在重庆被击毙，让人感到社会的暴戾之气已经渗透到人的毛细血管中。我终于相信了少华的话：你要是当时抓住了小偷，他肯定会给你一刀，而身边不会有任何人出手相助。

7月20日晚8时11分，号称"国际慢城"的高邮发生了4.9级地震，随后又有25次余震。从21号起，"老天爷就像摸黑倒水"一样的在北京地区下起了大雨，公布的死亡人数是77人；而上海又一直处于极度高温之中。在空调下看伦敦的"奥运开幕式"，在竭力表现他们的自由与自信，而国内很多人却一边看，一边嘲笑着英国人的"小气"和"拮据"。他们自然想起了我们奥运开幕式的"大气"和"豪迈"。而让我"来不及伤痛"的，却是那位因伤病不得不离开赛场的滕海滨，和因为只拿到一枚铜牌、也只好默默回国的李玄旭，在机场迎接他们的只有他们的母亲。万众期盼的刘翔自有他不为人所知的特殊情况，先是在斯德哥尔摩因抢跑被取消资格，再是奥运会上跨第一个栏时就摔倒，在地上坐了许久，完全不能如在北京奥运会那样从运动员出场处扬长而去，只好一个人用一条腿跳到了终点。他知道自己的跟腱断裂了吗？这可不是小病，而教练却说他的竞技状态比以往任何时候都好（见 8 月 4 号《东方早报》）。一切都给人一种扑朔迷离的感觉。倒是叶诗文这位小姑娘真的让人眼前一亮。当然，比起拿走举重金牌的朝鲜大力士严润哲，还是这位大力士的话让我们更熟悉："一想到我们的领袖对我们的爱和关心，我就充满了动力和信心。"

当然，最让人"来不及伤痛"的，还是这一年的 9 月，一个钓鱼岛，一个"9.18"，几乎在全国范围内就兴起了打砸日系车辆、日本企业和日本餐馆的浪潮。深圳有 20 多名日系车主被打伤，西安的李建利则颅骨被打破，彻底失去知觉。为什么？这到底是为什么？一则说明自 1900 年义和团运动以来，我们的民智基本上就没有改进可言；二则也告诉了国人，"中国人是需要被管起来的"，"再坏的政府也比无政府好"。当然，更主要的，还是要让我们每个人都生活在恐惧之中，包括那些行凶作恶的人：今天你对别人可以这样，明天别人也可以这样对你。当我的钱包被偷了的时候，一个念头曾闪过脑海：要是遍地警察，到处都有摄像头该多好，可转念一想，自己的钱包被偷了，很无奈，可要是一举一动都在警察和摄像头的监视下，是不是会更无奈？再说，就是遍地警察和到处都装了摄像头，贵州毕节那十来名因寒冷躲在垃圾箱里生火取暖，结果全部中毒死亡一事，会被提前发现吗？还有冲入江西贵溪河水里的那辆拉着满车儿童去幼儿园的"黑车"，能被提前发现吗？11 月 17 日晚，我们的摄像头能阻止有十几位国宝级昆曲演员在北大表演后，再让于丹上台进行点评这样荒唐的事发生吗？

这一年的 12 月 21 日，就是所谓的"世界末日"了。天依旧是亮的，由于下雨，仅仅是没有太阳而已。没有人真把这件事当真。我在这一年的最后，记下的是"天涯论坛"所概括的 2012 年十件大事：这些大事中有许多都是我在日记本中没有记下的，如莫言获诺贝尔文学奖，"毒胶囊"事件，重庆北培区委书记雷政富的不雅照，央视推出"你幸福吗？"的系列调查，引起热议，陕西的"杨表哥"，也就是杨达才因违纪被撤销一切职务等事情。至于北京的大雨、钓鱼岛事件和通过打砸日系车辆残害本国人民，以及王立军、薄熙来案，我都是提到了的。而"三打两建"（打击欺行霸市，打击制假售假，打击商业贿赂；建设社会信用体系，建设市场监管体系）、中国远征军赴缅作战七十周年祭和十大流行语（如正能量、舌尖上、躺枪、高富帅、中国式、亚历山大、最美、接地气等）都写在我的本子上，但不做论述。

这一年的最后一天，我在日记本上记下的是托尼·朱特在《沉疴遍地》的篇首所写下的这四句话：

> 沉疴遍地，病魔肆虐；
> 财富聚集，众生危亡。
> "未完成的结局后面
> 只是未完成的怀念，来不及伤痛。"

2013：

"一个人的莎士比亚"

这一年的元旦，是在柬埔寨过的。

12 月 31 日飞金边，元月 5 号回来。来去匆匆，大部分时间在吴哥和洞里萨湖。留下的印象，用少华的话来说，就是："这是一个乞讨的国度"。

入海关时，为了快捷，导游就让每个中国游客自动给海关办事人员一美元。海关办事人员也就欣然接受，而且公然伸出指头找每个中国人索要。但我看他们对外国人（白种人）并不这样，白种人也不给他们。中国人为了讨个方便，加上所要的钱也不多，就都自动递上一美元。我用英语问海关人员：为什么那些白种人不给你们钱，你们也不要？海关人员看我懂英语，而且注意到了这一现象，就马上放我过去，并未收受这一美元。其他人，包括我的妻子，都老老实实递上一美元。由此想到，一个国家的腐败，首先是大家的允许和纵容。为什么会允许和纵容？又是因为自己能得到些许好处。就这么一点蝇头小利（据说可以便捷快速，其实主要是中国导游想快一些），也足以让一个国家的海关人员从一开始就给人留下"乞讨"的印象。

"为自己能得到些许好处，就允许并纵容了腐败"，这"些许好处"，也许就仅仅只是避开了伤害或打击报复；当然，对有些人来说，这好处可能要更大一些，比如提干、入党、升官、发财，等等。

在吴哥，在洞里萨湖，无数的孩子操着各种语言（主要是中文）向人乞讨。一个孩子用中文对我们说，他会七国语言，而且马上一一说出，为此，我们也就给了他不少的东西。也许这七门外语在日后对他来说有更大的用处。当然前提是得有思想，有观念上的反省与更新。洞里萨湖的渔船上还包括表演一些让蟒蛇盘在自己的身上等节目，反正目的是乞讨。

　　人的心情真的很复杂。想想柬埔寨人民，受了那么大的苦，特别是中国支持的"红色高棉"给柬埔寨人民带来那么大的灾难，给他们一些钱财、糖果、饼干，真的是应该的。从金边到吴哥的公路就是中国援建的，还有旁边的建筑。国家那么多钱都花了，我们个人掏一点小钱算什么？但，我们国家又什么时候给大家说到过"红色高棉"的事？我们只知道那几年在国内有如接神一样呼着口号迎接西哈努克亲王夫妇，然后把发生在柬埔寨的一切灾难都归结为美国和美国所支持的朗诺。原来的柬埔寨有国王，是法国的殖民地，一切都还不错，反正是法国的殖民地，找法国要钱就是了。后来有了推翻皇权的意识，于是这个国家也就从向一个主子（法国）乞讨，变成了向三个主子（朗诺的后面是美国，越南的后面是苏联，红色高棉的后面是中国）的乞讨。是的，宾馆、饭店、导游、司机要的是"小费"，为什么在西方世界要小费是完全正当、而且丝毫无任何"乞讨意味"的行为，在这里却变成了一种那么明显的"乞讨"？是我们自己的感觉（比如先把自己当成了有钱的主人）不对，还是他们的表情、行为方式或动作不对？想到了要推翻帝制或王权的"革命"这个曾经光辉无比的词语，看到了如此贫困的国度和人民，虽不让参观、但也早就知道了"红色高棉"曾有过的恐怖统治，人心里怎么能平静？

　　那种贫困，我们也有过，但我们至少在心里还是斗志昂扬的，随时在为共产主义准备牺牲一切，包括自己的生命，但柬埔寨人民是怎么回事？是缺少一个王权，还是缺少一种意识形态？那么，有王权，有意识形态，是好还是不好？就这样想着这些问题，回到了国内。转眼六年过去了，不知今日之柬埔寨，是否一切都已改观？有中国在全力援助，就算是一种悔罪吧，至少公路、桥梁之类的建筑早就应该已经完工了。

　　5号夜间回到上海。一回来，就听说前一天（元月4号）河南兰考专门收养孤儿和弃婴的"爱心妈妈"袁厉害家中失火，烧死了7个幼儿。袁厉害一共收养了34名孤儿。火灾发生后，袁即被警方带走，说是不具有收养条件，也未办理收养手续，擅自收养，属于违法，加上火灾，罪上加罪。但这一切这么多年就发生在兰考县政府的眼皮下，他们难道不知道？拿着纳税人的钱而不做收养孤儿这类事的政府就没有责任？从网上得知，全国留守儿童恐怕已经几百上千万了吧？0至7岁的残疾儿童少说也有几十万无处可去。后来看到民政部的一个数字，说全国有61.5万孤儿，政府收养了10.9万人。政府鼓励民众自动收养。残疾儿童呢？会有人主动收养残疾儿童吗？山西临汾市汾西县一个6岁男童，仅仅因为"兔唇"做过两次手术，就在野外被一女性挖去双眼。致使这个孩子总在问："天为什么总是黑的呀？几点了？怎么就不亮呢？"（《东方早报》8月29日A18版的一行触目惊心的标题）。真的是触目惊心。台湾在鼓励生育，据说第二胎补助12万新台币。我们呢？计划生育了这么多年，有那么多女婴被溺死、被遗弃、被拐卖，我们生活在光鲜亮丽的大上海，过着衣食无忧的生活，到了柬埔寨，想到了援助，但自己的国家又怎么样？我2013年的第一页日记，写了满满三页纸，充满了这样的询问与自我质疑。

是，日记中记述的，大都是应该与我个人有关的事，但，我又是一个与我自己过不去的人，所以总在自我纠缠之中。

元月6号的《文汇报》头版是《千磨万击还坚韧，任尔东西南北风》，谈到四个问题：逢山开路，遇水搭桥，锐意进取，大胆探索；中国特色社会主义还是要讲"社会主义"；改革开放前与改革开放后是一致的；要有远大理想。我怎么感到一切又好像回到了改革开放前？首先，或最明显的就是那种论述的语气与口吻。一切都还这么熟悉，仿佛并未远去，就忽然间又成为了我们的日常用语。人们似乎也已经习惯了"接受"——随便你怎么说都可以。3号的《东方早报》上说公安部"力挺黄灯禁令"，闯黄灯就罚；7号，又是公安部，改口说闯黄灯还是以教育为主，暂不处罚，也依然刊登在《东方早报》上。罚也好，不罚也好，反正与我无关，也就这么看看而已。但"房叔"和"房妹"的事还是让人心头有些震撼，因为真的都不是多么大的官："房叔"是安徽合肥新站区站北社区的书记方XX，2005年曾因土地问题被撤销党内外一切职务，但2005年后却更为疯狂，到今年有房136套，倒卖获利2000万；"房妹"指的是郑州的一位女士，其父翟XX为郑州二七区的房管局局长，一家四口有8个户口，占房29套。我知道"二七区"在郑州的市中心，29套房产意味着什么？湖南司法厅一位王姓副厅长的儿子成婚，20辆警车开道，百万礼金入囊，据说宴席规模堪比皇家国宴。而富豪相亲会上，竟有6万单身女青年入聘参加面试，有一富豪愿出30万元"定制费"选一"处女"。日记中说这是发生在去年的事，写在这里，共同构成一幅版图，简直让人眼花缭乱。不少的人看到这幅场景，也许真觉得还不如"前三十年"好。我们当如何"引导"这种糊涂认识呢？就说成前后两个三十年一致吗？至少也应该说有一致的地方（比如四项基本原则），也有不一致的地方（比如改革开放）吧？但下一步的问题就是：这二者之间是什么关系？如何协调起来的？为什么在我们这里，理论上无法协调的，实践上却如此一致？

这是正常的吗？无论是西方世界还是我们国内的一些知识人，还是相信"仓廪足知荣辱"，相信过去的一切，包括"文革"时的狂热，大约都与人们的长期贫困有关。那么随着物质生活的积累和技术的发展，会出现一个有着相应政治诉求和价值观念的"中产阶级"。他们应该成为新生活或新时代的"中流砥柱"。但，历史显然并不是这样发展着；而且，到底有没有历史的"发展"（进步），也成为了一个最大的问题。技术与生产力的发展是没有问题的，道德呢？价值观呢？人与人之间是否构成了相应的社会关系，这个关系应该是在法律面前平等的，尽管分工不同、收入不同但又相互尊重，至少在言论上是可以真正包容的。但事情真这样发展了吗？2012 年全国电影票房收入 170.73 亿元，其中国产票房收入占 48.46%。一部《泰囧》，投资 3000 万，票房收入破 11 亿，超越《阿凡达》，成为国内单片收入最高的电影。就连身兼编剧、制片、导演、主演的徐峥也说，这有点太过分了，没想到观众在观影上竟"饥饿"到这种地步。

这种"饥饿"到底是好事还是坏事？怎么会呢？我是没有看过这部电影，也不知为什么会这样，就与我也想不明白这些占房、买房几十套和让几十辆警车为儿子成婚开道是怎么回事一样。为什么要这样？为什么会这样？不追究到人性，行吗？但仅仅用人性能说明问题吗？发达国家的人不也是人吗？他们能这样吗？当然，我们又会说他们也有他们的"恶"，那么就是说"人性本恶"了？到底靠什么来抑制人性之恶？修身养性的道德教育，还是法？法制（rule by law）还是法治（rule of law）？什么叫"rule of law"？不就是为了限制权力（power），在法律面前人人平等吗？不就是为了保护人的权利（right），至少有说话和揭露的权利吗？我们说了两千多年的"君君臣臣"，君要像君，臣要像臣，但可曾想过"人要像人"？那么"人"是什么？怎么才像"人"？没有一个个"人"的观念（理念）能行吗？《论语》中拼命区分"君子"与"小人"，但"君子"与"小人"是不是都是"人"？君和臣都作为"人"，在什么意义上是一样的？这些难道不就是最常识性的思考方式吗？可这些最简单的常识为什么在我们这里变得如此复杂，而且纠缠不清呢？

这一年，让我和少华最高兴的有这样几件事：

一是我们终于在海口接待了来访的小毛和喜进夫妇。小毛从"文革"一开始就与我们在一起，而且关系非常之好，亲如兄妹、姐妹，甚至比兄妹、姐妹还亲。在农村插队时，我们常常在晚上去小毛的家，在那里混一点吃的东西，我们也有机会在路上相互说说亲密的话。大概也就是走半个多小时的路，有蜿蜒的乡间小道和一池湖水，所有的一切都深深留在记忆中。小毛和喜进（当时还是军人）的婚事也是我们极力赞成的。所以他们能来海南，真让我们从内心感到高兴。喜进有恐高症，这是他生平第一次坐飞机，两个人也都是第一次出门到这么远的地方，第一次见到大海，喝粤式早茶，吃海鲜，见到南国的植物、水果。他们的兴奋溢于言表。为了他们的到来，我们专门临时租用了小区里潘民主的一位亲戚空余的房子，购置了全新的家具、被褥、进餐用品等等。总之大家都当成一个盛大的节日来过。他们元月 23 号来，二月 2 号回到西安。喜进还写了长长的打油诗，表达他们的感激与喜悦，读来很是感人，少华全部抄录在她的笔记本上。我也是在她去世后才看到的。

第二件事就是这年的"5.16"，在这个特殊的日子，我与少华又一起回了一趟西安。1966 年 5 月 16 日，发表了《五一六通知》，标志着文化大革命正式开始；也是在这一天，我与母亲离开了西安市，来到华县。不来华县，就认识不了少华。"文革"是一定会爆发的，但自己的命运与这个国家的命运恰好在这一天有了一种奇异的重合，让人似乎有许多感慨可发。我们是 5 月 15 日傍晚6:55 坐 292 次直达快车回去的，卧铺。车厢真脏，特别是卫生间，真可谓"臭气熏天"。只有一个列车员，从不打扫，但广播里全是"服务重在细节"，"汉唐之风扑面而来"之类的豪言壮语。一到西安，就买了 20 号飞回上海的机票，不想再坐这样的列车。当然，那时候还没有高铁，一切也就那个样子。与"文革"时比，能坐卧铺，连梦中都没有过。却还是不满？到底是什么问题？现在换成高铁，一切都自然好多了。5 月 16 号上午 9:30 车到西安，立即就投入到与老友们的密切交往和无休无止的谈话之中。许多如我这样的"大学教授"，都觉得与过去的同学无话可说，我却不然，似乎有说不完的话，尽管他们中的绝大部分人都在高中阶段因"文革"而失去了读书的机会。一个人有没有文化，并不取决于他在什么学校接受了什么样的教育，而在他读了多少课外书，对这些课外书有多大的兴趣。我这里特别强调的就是"课外书"，也就是所谓的"杂书"、"禁

五十年间有与无

289

书”或“黄色书”、“白皮书”。我记得我那时就是拼命找这些书看。能在大学接受再教育，也只是提供了一个能看到更多书籍的机会，再就是能见到更好的老师，能有更多交往的朋友。和什么人交往，谈些什么，对一个人的成长是最为重要的因素。5月18日，我们一行几人坐一辆小中巴汽车去吃“粉汤羊血”，这是一种我最喜欢吃的西安小吃，纯粹的汉族食品，有羊血，但与羊肉无关。我小时候住二府街，二府街的路口就有一家“王记粉汤羊血馆”，记得是一角钱的粉汤羊血，再加两三个烧饼，可以吃得很饱。那时候吃不起羊肉泡馍，粉汤羊血就是最好的替代品。“困难时期”一家人一个月能领到一张进餐券，有机会到餐馆吃一顿。这个机会大都让给了我，但由于经济原因，除了偶尔会去吃一顿羊肉泡馍外，多半还是去吃粉汤羊血，而且就在离家不远的这家“王记粉汤羊血馆”。这种食品，吃起来给人一种很粗犷、很豪迈的感觉。热乎乎的一大碗，加上辣椒、大蒜，吃得满头大汗才叫过瘾。少华以前总说女的都不去吃，后来受我影响，也喜欢上了这种吃法。可惜后来由于街道和城市扩建，二府街口的这家“王记粉汤羊血馆”不知搬到哪里去了。小时候的伙伴王虎平曾与我一起到处寻找过，据说在陕西师大对面有一家就是原来的“王记”，但吃后再也没有原来的味道与感觉。也许不是原来的那家“王记”，也许原来的掌勺人早就不在人世了；当然，更大的可能，还是自己的味觉变了。儿时和童年、小学、中学时代的一切都永远永远不会再回来了。所谓“乡愁”，就是对味道的记忆。中国人由于可做的事（政治、经济、商业等各个领域）受到诸多限制，所以就在“吃”上下了太大的功夫。

那天汽车上的人特别多，很拥挤。我们自然算是老人了，但绝无有人让座的可能。宪文找到了一个位子。刚过一站，上来一对母女，儿子五岁左右，哭闹着要坐。自然没有任何人搭理。宪文起身，让这个孩子坐下，并大声对全车人说：你要记住，这个世界上绝不会有一个空位子是专门留给你来坐的。全车木然，包括孩子的母亲也不知说这些话是什么意思。孩子是不哭了，我的心却无法安宁。是的，世界这么大，但却并无任何一个“空位”是专门留给你的。明白了这一点，也知道了自己既非“官二代”，也非“富二代”之子，那么该怎么办？哭闹能行吗？前不久圣哲兄大讲“养活教育”，说的是首先要让孩子学会自己如何“养活自己”。我们的教育严重缺失这一点，还是过去科举考试的观念，认为只要考上大学，一切就都有了，其实更多的人已经知道了，即便考上大学，生活的路也才刚刚开始，还是得靠自己"养活自己"。这决不是个人问题，而涉及到民族的未来。无论就整体还是个体而言，我们这个民族的精神似乎正在退化，至少理论思维上的弱化势头很明显。

小毛和喜进知道我们来了，又带来许多农村蒸的馒头。那都是为过年准备的，蒸得很好，外地人基本想象不出这种靠自己磨面、用老面发酵、再经柴火大笼蒸出的馒头的香味。我这支拙笔也无法描述出来。

吃完粉汤羊血又去一茶馆喝茶，一直说到晚上，实在是一难忘经历。宪文有诗曰：

> 归来正逢五一六，四十年来问不休。
> 天南海北登临遍，裕华布店景长留。
> 二府街前尽死囚，当时少年已白头。
> 正路邪路谁管得，且食羊血葫芦头。

"裕华布店"指的是东五路口的一家布店，当时算西安市的高层建筑，是我与母亲 1966 年 5 月 16 日离开西安时最后看的一眼"西安市"；二府街里有中级人民法院，当年"镇反"，我眼见一车一车的犯人从眼前经过，拉去枪毙。"葫芦头"是西安所谓"三泡"（羊肉泡馍、葫芦头泡馍、粉汤羊血泡馍）中的一泡。我在日记本上想把"当时少年已白头"改为"当年伙伴老来俦"，似乎觉得更好一点。

金成亦有一诗：

> 葫芦头里味正浓，羊血泡馍三味穷。
> 历经人生六十五，闲谈旧事白头翁。
> 无径何论正与邪，红作黑时黑亦红。
> 且养天寿冷眼看，二代擎纛年几成。

而我的脑海中浮现的，却是不知在哪里看到的两句话："相逢皆白首，共聚有清谈"。

与回西安与旧友叙谈相呼应的，还有两次聚会，一次是 3 月 15 日坐上海至北京的 D322 次列车，去北京参加胡发云的小说《迷冬》的座谈会。这是一部正面描写"文革"的小说，作家出版社能出就很不容易了，现在又座谈，更是有了一些声势。友渔、卫平、丁东夫妇及其他一些人都与会参加讨论，这也就等于是对文化大革命的又一次讨论。16 号中午在北大与清华之间的一个什么地方吃涮羊肉，偶遇贺卫方等十余人，大家便在一起讨论中国的弱智化问题，有人说这是一种生物性的退化，不可阻扰或改换，有的则并不这样认为。下午，广州 76 岁的高伟梧先生到。晚，便在交道口南大街东棉花胡同 85 号的"蓬蒿剧场"，看了一位英国演员在台上独演的《一个人的莎士比亚》。"蓬蒿剧场"的负责人王翔陪同。有字幕，但又常常被演员的表演所吸引，来不及看字幕，又听不太懂在说什么，反正是"一个人的莎士比亚"，他在台上尽情挥洒着凝聚在莎士比亚身上、也就是他所有剧作中的人物所表现出来的激情与苦闷，当然还有我所能想到的几乎所有的哲学问题，而不仅仅只是一个"生存，还是毁灭，这是一个问题"。

我只在日记上靠回忆记下了自己的激动，由于总是与许多人在一起，既没有记下这位演员的名字（演出结束，我们还到后台与他见了面），也没有记下表演中精彩的片段。当我写到这里时，正好是端午节。我想，中国有没有人敢演、能演"一个人的屈原"、"一个人的李白"、"一个人的曹雪芹"？

关于《迷冬》的座谈会就是找不到开会的地址。总是因故被拒绝，改换了好几次地方，终于在一个、我也不知道是什么地方的地方开了会。反正我一直坐在车上让别人拉着走，到那里就是那里。好像是一家私人会所（幸亏还有这样的地方），主人认识胡发云，也支持开这样的会。讨论会还是不错，虽说是讨论小说的得失与贡献，但大家的注意力还是集中在"文革"上。小说本身也提出了这样的问题：我们今天为什么还要关注"文革"？"文革"又给我们的今天留下了什么？小说中的红卫兵，他们的激情、热情、心情，还有献身精神和理想主义，加上宣传队特有的浪漫与萌发的爱情，张扬与隐蔽的个性冲突，特别是武斗中的表现，到底在什么意义上不仅打动了我们，还会给后世留下永存的记忆？在讨论中，回旋在我脑海中的，始终就是"一个人的莎士比亚"在台上的那种独白、暴怒、无奈、颓废、破坏与不可言喻的人格魅力。我一直认为，必须把文化大革命一开始的"红卫兵"与"造反派"这两个概念与不同的两拨人区分开来。当年的"造反派"也就是后来的"四五运动"和"天安门广场运动"

的参与者或支持者，至少在"精神谱系"上有着某种意义上的一致。于是，这也就要求我们在某种意义上把这一拨人的"造反"与毛的意图、林彪的隐秘动机、"四人帮"的全部作为区分开来。与之相关的，也就是这一意义上的理想主义、浪漫主义的问题。没有了这种精神，当然也就没有了"一个人的莎士比亚"和几乎整整一代人的"迷冬"。

我还在想，文化大革命，我们都是集体、团队、派别活动，但是不是也能想想"一个人的文化大革命"呢？离开"最高指示"的至高无上的权威，离开你死我活的阶级斗争和热火朝天的群众运动，离开这一切的一切，可有我们作为一个个人的文化大革命？小说中写的是一个个的人，但我们真有"个人"的意识吗？回到家，抄下了章良能的《小重山》的最后一段话："往事莫沉吟。身闲时序好，且登临。旧游无处不堪寻，无寻处，惟有少年心。"

我特别喜欢"旧游无处不堪寻，无寻处，惟有少年心"这句词。"少年心"，想起的宪文的"已白头"和金成的"白头翁"，便知再也"无寻处"了。

再有一次聚会，就是9月20号，我们一家，两位医生、安庆，还有南京的田野、何宁夫妇一起到溧阳过中秋。中秋是19号，但据说"十五的月亮十六圆"，我们20号到刚好。住天目湖边，正好"俯视清水波，仰看明月光。郁郁多悲思，绵绵思故乡"。（曹丕）那一晚上的感觉真好，似乎月光就从来没有这么好过。

当然，这一年让人悲哀的事更多。

元月14号《东方早报》的大标题是《中国在浓雾中思考发展方向》。这几天雾霾严重。在天安门广场看不见天安门城楼，在西湖边也看不见雷峰塔。上海也一样，所有的高层建筑都在云里雾里。有17省市拉响了"红色警报。北京的PM2.5高达993，被戏称为"首毒"。18号，我与宣良一起去探视了正在住院的邓正来，他晚期胃癌。这个人很有一些传奇性，包括天安门运动时的表现与作为。后来在香港主编《东方》，我在上面发表了《确立学术自尊心》，那是上世纪90年代初的事。后来复旦主持社会科学高等研究院，搞得风生水起，不断邀请各路豪杰来此讲座，一律没有课酬，讲完有人点评，请吃一顿饭完事。来者蜂拥，我也去过多次。元月24号，正来兄逝世。我正在海南接待小毛、喜进夫妇，便写了一副挽联用邮件发了回来，后来不知是何人书写，反正书法苍劲有力：

有信有疑有担当直问法归何处

无始无终无所依端赖以智立身

　　他是法学出身，曾以"中国法学何处去"暴得大名；后又翻译和讲解哈耶克，在一段时期内构成中国学术界总体上的"哈耶克热"。后期讲"智"，其实讲的人生要进退有据。大约他也是看到了中国的读书人大概又到了"邦有道，则智；邦无道，则愚。其智可及也，其愚不可及也"的一步。孔子说的是宁武子，其愚不可及也（难得糊涂），其实是我们学不会的。在我眼中，邓正来的"智"与"愚"，也都是我辈所不可及的。

　　这一年三月底，我、高兆明、何包钢等人在漳州师院讲课。我无意中看到了漳州师院马列学院的硕士生答辩，有三个人，答辩的论文分别是《红色歌曲在大学生思想教育中的意义》、《社会转型时期的社会矛盾——以《正处》为方法论原则》，这里的"正处"指的是《正确处理人民内部矛盾》，我也是在请教了别人后才明白的，还有一篇是《论胡锦涛的依法执政理念》。看到这三个人在那里答辩，我心中真的感到很悲凉。想想我们这里的硕士生答辩，让人觉得似乎不在同一个国度里。

　　到4月6号，日记中写满了有关H7N9病毒的消息。看《新民晚报》和《东方早报》，充斥着《上海今起暂停活禽市场交易》、《本市新确诊4人感染H7N9病毒》、《泗泾塘河道漂浮大量死鱼》、《长风公园再现死鱼潮》、《河北沧县地下水污染，喝死800只鸡：当地环保局称水色发红不等于不达标——被斥"瞪眼说瞎话"》。联合国选出20个不适宜人类居住的地方，16个在中国，其中包括北京。北京十年中肺癌发病率上升了50%。与此同时，也就有了"新三反"和"新三民主义"的提法。"新三反"指反党、反国家、反民族立场；"新三民主义"指民信（针对信仰危机）、民生（发展模式）、民主（抑制官场腐败）。其实，无论是"反党、反国家、反民族立场"还是过去常说、现在大概又要重提的"反社会主义"，都有一个要什么样的发展模式问题；而中国人所理解的"民主"也一直就是"民生"，也就是发展模式，看谁能给我们更好的生活；人治还是法治，宪法有没有意义，并不过问。但问题依然还在：谁说了算？让不让说？

　　4月6号的《东方早报》发文说有关企业及相关责任人倚强凌弱，视人命如草芥，8天中（3月27日、3月30日、4月3日）分别在河南中牟、四川巴东和西昌发生推土机碾压致死农民工的悲惨事件。除此之外，在可怕的 6 月，先是吉林德惠宝源丰禽业有限公司大火烧死 112 人，再是我 8 号到厦门大学做讲座和参加博士生答辩，而前一天，也就是 6 月 7 号，一个名叫陈水总的人在闽 DY7396 公交车上纵火，烧死 47 人，其中包括 8 名高考学生和一对新婚博士夫妇，孩子刚满百天。在习近平出访美国的十天里，灾难不断：黑龙江中储粮大火，大连石化大火，杭州一化工厂爆炸，武汉一宾馆大火，虹桥机场客机滑出跑道，上海城区大面积停电，浙江萧山农化厂大火，陕西商洛一化工厂剧毒氟化氢泄露，江西新余一化工厂爆炸，陕西富平一火药厂爆炸，深圳横岗一工厂大火……。

　　更让人痛心和不解的，除了河南开封一周姓居民因向父亲要钱未果，竟痛下"剥皮挖筋"毒手，砍断其父手腱脚筋，剥去其母头皮外，就是广西南丹县里湖瑶族乡仁广小学的覃某与周某是小学六年级要好的同学，因覃某较胖，周某漂亮，于是覃某心生嫉妒，将周某约至家中杀死，砍断头颅、手臂，装入纸袋。其手段之残忍和动机之单纯，还有作案时的冷静、从容，已远超一般人所能理解。广西河池市中级人民法院因覃某未满 18 岁，判其家属赔偿 10.8 万元人民币，将其收容教养三年。我在这则消息后面提出四个问题：1. 我们能设想一下覃某杀死周某时的心里感受方式吗？ 2. 当外部世界对覃某的胖和周某的漂亮构成反差极大的舆论时，覃某和周某在平时都有何表示？周某能到覃某家去，说明她并未意识到危险，那么她是怎样表示的呢？ 3. 让我们假设，如果废除了收容劳教制度，对覃某这样的孩子当如何处置？ 在中国，会发生周某的父母原谅并愿意收养覃某为养女这样的事吗？ 4. 中国古代圣贤多讲的是"求善"，如果转为"抑恶"，而且从孩子讲起，我们的《三字经》、《弟子规》，够吗？假设不够，又当如何？到底是讲给家长和老师们听，还是直接告诉孩子？怎么告诉孩子？上海最高法院四位法官集体嫖娼和河南安阳的"民警摔婴案"该不该讲？能不能讲？

　　4 月 21 日周日，在家看奥斯卡最佳外语片、法国电影《爱》，演的是一对退休的老音乐人乔治和安妮的老年生活，最后为了免除妻子的痛苦，乔治亲手杀死了安妮。在杀死的过程中表达出对妻子无尽的爱。

　　我们拍不出这样的电影，也理解不了这种"爱"。缺的到底是什么？宗教、一般意义上的人文情怀，还是类似于"一个人的莎士比亚"那样的个体性、主体性意识？没有了这种个体性、主体性意识，又何谈责任、义务、惩罚与爱？

　　我们的办法是开展"严打"。大张旗鼓，声势浩大。

这一年的6月7号，陈希同死了，虽说还未刑满，毕竟活了83岁，但估计没有多少人知道他了。10月4号，越南的武元甲死了，竟然活到102岁，他曾是我们这代人心中的偶像。到12月6号，南非的曼德拉也在95岁的高龄上去世了，他更是全世界的偶像，尽管看看今天的南非，实在应该对"民族解放"、"民族独立"之类的概念做出新的理解。

也是在这一年，八月份，中国国家足球队以1:5输给泰国一个二流球队；中国篮球则大比分输给中华台北队。这就是举办奥运会后的中国"三大球"。

这一年的6月28日，安庆脑动脉瘤破裂，导致昏厥，幸好他事先打电话通知了学生，让带他去医院，学生也就在复旦校门口接到了他，立即送往医院。一切都很及时，否则后果不堪设想。"平安夜"这一天一点也不平安。还是安庆开车拉我们从两位医生家回来，行至半途，忽感头晕，赶忙将车停在路边。我们又急忙通知两医生，他们驱车赶来，又是刻不容缓地拉安庆到医院检查、医疗，一切无碍，但也惊出一身冷汗。

当这一年结束时，我忽然想到应该把这一年台历上罗哲文所提写的"有书真富贵，无欲大文章"改为"无病大得意，有钱小快乐"。

到了我这个年龄，如果我也能在台上出演"一个人的莎士比亚"，我就想宣传的是这样的理念。但它真的在天而不在人。也就是昨天，我在学界的另一位好朋友、南京师范大学的高兆明教授罹患胰腺癌在今天住进了东南军区总医院。

2014：

一切之后，又怎么样？

2014 年的日记，厚厚一大本，至少十多万字。我用了整整四天时间，看完了这本日记，当然也随手记下一些笔记。

日记看完了，写些什么呢？与此相关的另一种问法，就是：一切之后，又怎么样？

这一年的元旦，是给亚林兄写信，回答有人为什么要称毛为"国父"：只要毛所建立的这种体制长存下去，那毛就是"国父"；让我们假设，如果希特勒没有把仗打成那个样子，也没有失败，那么今天的德国就会延续希特勒的体制，而其"国父"，自然就是希特勒。你想想，近代德国，还有谁会比希特勒所构建的这一套体制能更有效地管理整个社会？至于 600 万犹太人的生命，恐怕就根本不会有多少人知道，就是知道了，也不过就只是"有几只苍蝇碰壁"的小事而已。想想历史上的古往今来，诸如此类的事不可胜数，延续几百年的朝代也有的是。时代是不同了，但思想改造与对人管制的方式也不同了，比如从单纯的管人到通过管物来管人，不服从者基本无饭可吃。有时想想，真的无话可说。这是这一年元旦的日记，到了这一年年底，12 月 31 日，我记下了一首谁的打油诗："熙来熙往名利场，财厚财薄又怎样？计划哪有变化快，人间万物难永康。"大家一看，就知道这说的是薄、徐、令、周"新四人帮"落网之事。但，这一切之后，又怎么样？

按我的心意，看完这一年的日记，我就想用吴湖帆 1943 年正月所提写的一副对联为题，上面写的是"何以至今心愈小，祗缘已往事皆非"；与此相关的，还有就是 2 月 18 号录下的陶渊明的一句诗："觉今是而昨非"。但，这一切之后，又怎么样呢？

　　这一年的元月 25 日，趁回西安过年，让少华的外甥聪聪开车带我们去了当年插队落户的地方：东赵公社君朝大队。在三小队，我想见见当年与我最好的朋友丑娃，可惜他不在，上街卖菜去了。家里有过年新蒸的馒头，放在一个布袋里，大约 40 来个，我就悉数拿走，给他们留下一百元，算是购买。到当年的二小队，也就是少华插队的地方，专门去探望了当年曾批斗过的"全哥"（赵开全）。少华流着泪向他表示道歉，我也鞠躬，连声说："对不起了，对不起了。"全哥"说，那时候的事，哪里怪得上你们？别说了，过去的事大家都有错。我当时就想到了"祗缘已往事皆非"这样的意思，当然还有"觉今是而昨非"之类的话。但这里的"非"，难道就只指的是"已往"和"昨天"吗？我觉得我们专门去找"全哥"，向他道歉，与当时一些学生向老师道歉还是有所不同。第一，当年"文革"开始，有老师协助工作组，要在学生中抓右派学生，学生的行为，不排除有报复的性质；第二，所有的阶级斗争观念及斗争方式，都是老师们在课堂上教给我们的；老师们是万万想不到这一切会落到自己头上的；第三，我们是当时的插队知识青年，与当地的地、富、反、坏、右（农村没有右派分子），包括"全哥"他们，没有任何私人恩怨，但也积极参与批斗（也就是大会发言，并无武斗形式），而且尽可能地上纲上线，这说明了什么？说明了我们的幼稚？恐怕并不这么简单。还有什么呢？当时并未想到入党、招工之类的事。但为什么要用自己的"想当然"去批判一个很正常的人呢？是因为我们自己的"坏"吗？恐怕也不是。当然，元月 29 号，也就是除夕的前一天，我和二黑、金成还是去看了我们当年的班主任杨桂梅老师，并一起在"一间阁"吃了羊肉泡馍。我们几个人与杨老师的关系一直很好，那天也说了许多话。杨老师在"文革"中受尽折磨，许多手段可谓惨无人道。我并不在现场，因为我已经去了华县。但几乎所有的细节都听人描述过。自 1964 年上高中以来，我们就一直尊敬、爱戴着杨老师，今天想想她也只比我们大十多二十来岁，但又如母亲一样爱护着我们。这种关系，仔细分析起来，当然不合乎纯然的"革命的师生关系"，但能这样一直相处下来，包括"文革"前那个已经很有些火药味的年代，也实在不易。今天的我们，作为老师，至少是我，是再也不会向学生们讲授那样一些道理了，但也不会在师生间建立起"情同父子"般的关系，也建立不了。仅仅是因为年龄上的关系，还是因为有了另外一些因素（比如本科生、研究生的年龄都有些大了），我也想不清楚，总之还是有些怀念"文革"前与杨老师间的那种关系。我的博士生陈郑双和安庆的博士生谢一批都在自己的博士论文中专门研究了柏拉图在《理想国》之后所重新理解的"友爱"（philia），认为只有这种人与人之间的情感性联系才可能实现城邦的正义，并使得正义作为一个伦理学话题，与人类所想实现的幸福发生关系。如何使师生间的关系成为激发同学们内在潜能的一种力量，这一直就是一个大问题。想想历史上的那些大家，总觉得一个，是自己身体力行的直接性的影响，把爱心直接作用于学生们身上；再一个就是要传递那些间接性的价值观念，也就是要尽可能地把一些观念之间的逻辑联系讲深、讲透，明白正义、善、友爱都是对我们而言实实在在的客观价值。这大约就是我所能想到的"为师之道"吧。至于社会，市场经济本身就具有着这种激励机制，当然也包括对人的各种欲望（霍耐特首先强调的就是要求获得承认的力量）的追求和满足；再有就是马克斯·韦伯所说的"新教伦理"。当然，中国式的"光宗耀祖"也是一种激励机制。"文革"前后的几十年间，至少在我们这一代人及我们的下一代人所受的教育中，这一切都被毁掉了。那么还剩下些什么呢？毁掉之后，又怎么样？

过年那几天，在西安还是看了不少东西。提前出版的《南方周末》上有罗隆基先生讲人权，认为人权先于法律，法律不可能产生人权，法律的目的是为了保护人权；而人权的功用，一是维护生命，二是发展个性，三是培养人格，四是在"人"的普遍性意义上达到最大多数人的最大利益。想想五十年代的中国，早已比不得三四十年代的中国了（当然今天也比不上八九十年代的中国），那时能有多少人知道西方的功利主义哲学？罗隆基讲出这样一番道理，国家怎么能容得下他？在地质学家尹赞勋所著的《往事漫忆》的后面，附有他的一首小诗，我觉得很好，讲出了我们平时大都不知的往事：

章丁翁李四大家，今后地质遗响大。

万人敬仰章夫子，戡乱战犯脚下踏。

一分为二是规律，评人不要简单化。

四人评价不定案，休想地质向前跨。

名列第四李四光，建国前后不一样。

前尊后敬我有变，不知同行怎样讲？

地质创立第一人，遍查历史无与他。

丁翁地阀两头目，莫惜笔墨赶著文。

（日记笔迹潦草，许多字已辨识不清，有些话也看似不通，但也只能这样，有待来人指正）

后面有一小注，注明章鸿钊（1877--1961），丁文江（1881--1936），翁文灏（1889--1971），李四光（1889--1971）四人，其中章、丁、翁是中国现代地质学的真正创始人。丁去世早，翁1948年被列为战犯，自然是反动分子。所以1950年国务院成立地质工作计划指导委员会时，李四光就是主任，本文作者尹赞勋和谢家荣是副主任，章鸿钊是顾问。而李四光一直在地质学上贬低和挤压丁、翁的作用，也就故意抬高了自己。其实在我们的心目中，地质学领域就李四光一个人。我只知道丁文江和翁文灏的名字，也知道丁文江是地质学家，但一点也不知道他们对于中国现代地质学的开创性贡献。

元月31号是春节，又是一个甲午年。《东方早报》上曾有《两个甲子的历史与反复》一文，用地图标明牙山战役（1894年7月）、平壤战役（1894年9月）、威海卫战役（1894年1月起）、金旅之战（1894年10月24日）、黄海海战（1894年9月17日）、鸭绿江江防之战（1894年10月24日至26日），还有辽东战役（1894年4月24日至1895年3月9日）、乙未战争（台湾，1895年3月起的几次）等，中国均战败。120年后，东亚格局陷入一种可怕的循环。对此循环，我并不太理解。有人在网上留言，说甲午之耻是大清朝廷之耻，与我等百姓无关。这话真是说得人心酸。就如有人用"国殇"、"国难"、"国耻"来说甲午、南京大屠杀之类的事，也有人用"中国崩溃"、"中国威胁"、"中国崛起"来形容今日之中国一样，总之两个甲子过去，有人心酸，有人心痛，有人无动于衷，因为这段历史毕竟总是给人模模糊糊的感觉。我们已经不大能很连贯地把这段历史讲述下来。前一天晚上的春节晚会没有看，据说是冯小刚的导演，还演出了《红色娘子军》和《英雄儿女》，理由是现在的年轻人根本就不知道过去有这样的节目。但他应该想到，现在的年轻人根本就不会去看这样的晚会。我们是在廻龙镇吃年夜晚，太晚了才没有看。当然也不觉得遗憾。"心倒了，可就再也扶不起来了"，不知道这句话是否出自春节晚会，反正年后忽成一句流行语。

　　这一年，我们是在西安过了元宵节才回上海的。在这一段较长的时期内，有三件事应该记下来：一是2月9号在宪文家看到他父亲民国27年购买通济坊的地契原件，上面写着这处家宅"上至天空，下至地水"，永归他家所有，下面还有一系列人的签名。这是我第一次看到真正的"地契"。在我以前的印象中，"地契"之类的东西，总与变天、复辟的梦想有关；现在看到，只是对产权的一种确证。当然，就是"变天"、"复辟"了，想凭这张"地契"要回自己的房子，真的可谓"梦想"，因为原来的房子早就拆除了。但久久望着这张"地契"，心里还是翻滚不已。我眼前似乎出现了签署这张"地契"时的现场，能想象得到大家都在说些什么，而且是怎样相互拱手相迎相送的。

　　第二件事就是看了《青木川》这本书。作者叫叶广芩，北京人，1968年即来陕。写出了青木川一地的兴衰荣辱，特别是主人公"魏老三"，就是这个在此地剿匪、种烟、兼并土地，发展商贸，兴教办学，捐钱送所有孩子外出读书，在这个地处陕、甘、川三省交界，"一脚踏三省，鸡鸣三省响"的地方，把教育、医疗事业都搞得风风火火，有模有样；而且在1949年主动缴枪投降，曾任宁强县独立自卫队队长的人，不知怎么就在1952年4月27日以"反革命恶霸"名被枪毙在他自己所创办的辅仁中学的大操场上。然后又是34年后的平凡昭雪，树碑立传。当然，也才有了叶广芩的这本小说。类似"魏老三"这样的人和事，全国当不止成千上万。问题是没有谁会真把这类事（包括人命）当一回事。哪怕就是平反昭雪了，当事人却连一句道歉的话也说不出口。我们在1966年"步行串联"时曾去过宁强，那时尚不知"魏老三"的事，也没有去过青木川这个地方，就是知道了，而且去了，又会怎样？谁会告诉我们这一切的真相？就是告诉了，我们又会作何反应？想想这些真有些后怕，当然，更相信"心倒了，可就再也扶不起来了"这句话。

　　这几天西安一直下雪。我喜欢西安的雪，但似乎不如过去那么冷了。也许和现在的取暖设备好了有关。总之我是常常想起小时候西安下雪时那种寒冷的感觉的，现在想起来反而会感到温暖。下雪天在家里写很长的日记，中心在思考秩序与人的理性选择的关系：到底是人的理性建立并维护着秩序，还是先有秩序，人只能选择服从？理性的选择就是选择服从，否则会怎么样呢？相反的理路就是对秩序进行非理性的反抗。失败就失败了，要是成功了就把自己的选择说成是理性的选择。又想起了"魏老三"。1949年如果选择反抗，肯定失败，选择去台湾，如他这样的人，大概也就会一直生活在眷村里直至终老。所以他选择了投降。但谁又能想到结果竟然是被枪毙呢？还是缺乏对这种秩序的本质认识。可能认识到的又有多少人呢？又想起了陈寅恪，想起了吴宓，想起了吴晗，想起自己在"文革"中的表现，真的是想搞明白这种秩序到底是怎么回事。这一年的元宵节与所谓的情人节双节合一，据说19年一遇。情人节就无所谓了，元宵节在城墙上观灯展。真好。西安幸亏保留下了这环城的城墙。不知对当时的当政者，这算不算理性的选择。反正走在灯火辉煌、斑斓多姿的西安城墙上，由衷地感激当年的张铁民市长和"饥饿年代"的张德生省长。这只是我个人能想到的两个人物。到底事情是怎么一回事，我其实也并不知晓，只知道"饥饿年代"陕西饿死的人不多，而西安城墙和护城河的保留、开发，又与张铁林这位号称"铁市长"的人分不开。这些人也许早已离开了人世，不知大家可否还记得他们？

那几天正是俄罗斯索契冬奥会开幕的日子。再一次领略了19世纪沙俄在文学、艺术、绘画、科学，反正是整个人类精神领域里所取得的辉煌成就；而且强烈感受到一种新的"冷战"格局的形成：美、英、法、德、意、日、加、澳等国均未有元首与会，而习近平去了，坐在后面向中国和香港的代表队挥手致意，但在俄罗斯的辉煌成就面前真是显得微不足道。当然这只是我个人的感觉。2月11号去了富平，参观了习仲勋陵园，现在是"社会主义教育基地"，占地广袤，巨大无比；而习仲勋的纪念馆只有一间小屋，里面说习仲勋出生于富平县淡村习家堡，读书时（13—15岁）即参加革命。其余一概未讲，包括我们想知道的家庭成分、兄弟姐妹，以及与刘志丹、谢子长、高岗等人的关系。里面有毛给习仲勋的三封电报，寥寥数语，让他安排粮草，迎接王震主力部队的到来。当年被打成"反党集团"的事一字不提，只讲他在广东主持工作时的改革开放。这也是我们的博物馆、纪念馆一贯的毛病：凡是你想知道的，都是不能讲的。后来还参观过粟裕、叶剑英、黄炎培、张闻天等人的纪念馆，也大同小异。而这些革命者，一般来说，又大都"舍小家顾大家"，很少让人体验到战争年代的亲情与友情。那时就在想一个问题：政治的需要到底应该如何纳入社会中"非政治"的人际关系之中？黑格尔很重视国家作为一个政治共同体的"伦理本性"，并把国家的政治实现视为人与人之间的伦理关系的实现。这是很有启发性的一个观点。但中国的伦理本性总是在强调上下尊卑，政治的需要如何纳入？二者谁改造谁？景耘带给我一本陈书良所著的《六朝那些人儿》。陈书良是我在武大读研究生时的同学。后来不知是谁告诉我，当时的中文系共有九名研究生，我认得的有何念龙、毛庆、唐翼明、易中天等人。其中与中天兄过从甚密。在当时那栋研究生楼里，与我关系特别好的还有中文系的程亚林（79级），哲学系的邓晓芒（79级）、黄克剑（78级），历史系的王世平（78级）、李平晔（78级）、生物系的赵佐成（78级）等。那一栋楼里的研究生，年龄可以相差二十来岁。白天在各自房子里看书，晚上在一楼围着一台12英寸的黑白电视机看排球赛。或者到水利电力学院或别的什么地方看电影。大家往来密切，彼此都很亲切，主要是心情都好。陈书良曾书赠唐翼明一首《临江仙》："忆昔珞珈山下路，黄昏同学偕行。樱花粉坠暗无声，诗书灯火梦，渭北江东情。/倦老刘琨天外客，相逢执手堪惊。淡然荣辱话平生。一杯将进酒，万里斑马鸣。"翼明兄的和词是："踏遍东西南北路，珞珈犹记同行。樱花树下按歌声，当年豪放意，岂减祖刘情？/海外无端长作客，华颠相见堪惊。且欣各自有平生。举头天宇阔，潇洒听鹰鸣。"我真的已经忘记了这些材料来自哪里，怎么会记在我的日记中。也许就是陈书良兄的书中所附。我家里挂的是翼明兄毕业时题赠给我的一首诗："盛世难逢思奋发，奇峰可上敢攀臻。长河清浅天无限，谁是登云摘桂人。"由于是草书，我也不知道是否读得正确。翼明兄毕业后即出国，后在台湾任教，我们之间并无多少往来。这些诗词留在这里，也是因为它又唤起了我的纷乱记忆，同时也表达出上世纪80年代初，中国"文革"后的第一届研究生们对未来的满怀希望和豪情壮志。

　　第三件事就是过年期间去了一趟潼关。少华的童年在潼关度过，她还记得当时的城墙，也曾把巨大的城墙上的砖石搬回家中垒灶台。今天想起，真是万分可惜，但修三门峡水库总是国家大事，于是全家也就移居白水，而一个好端端的潼关城也就此冷落、萧索。但我们此去主要是为了寻找杨震的墓，因为好友王世忠写了一幕杨震的戏，赞美他的清廉和所谓的"四知"（天知、地知、你知、我知）意识。在潼关新城附近果然见到了占地巨大的杨震陵园，里面有杨震的高大塑像，也有建筑宏伟的"四知堂"。杨震号称"关西夫子"，有弟子三千，50岁上下方才为官，据说也是下场可悲。但这一切都未在说明中看到，只说他是东汉的太尉。可能也和尚未完工有关。但如何评价一个人，至今仍无法形成一个共同的"常识"，就是"如实道来"。当然，到底什么才是所谓的"实"，杨震心中的"天"表明了中国人所固有的"某种超越意识"吗？但"天"又在何种意义上可谓之为"信仰"？它真的能成为中国人的普遍信仰吗？孔子还说过"畏天命"之类的话，他的弟子信吗？所有这些，依旧都是一些可争论的问题。在我看来，争论就是最大的"实"，也只有在不同意见中，"实"才能成为一个共同的目标。我们现在所缺乏的，就是把"实"作为一个共同的目标来追求。

这一年，国际上给我留下最深印象的事有三：一是马来西亚航空公司的MH370 航班，从吉隆坡到北京，3月8号晨起飞后即失踪，机上共 239 名乘客，其中 153 名是中国人，还有 12 名机组人员。失踪海域在马来西亚与越南之间，但所有的搜寻均告无果，关于这件离奇事件，众说纷纭，就是直到六年后的今天，也依然没有确证的消息，想起那些失去亲人、朋友的家庭，真是免不了悲从心来。还是马来西亚航空公司，7月19号左右吧，一架 MH17 航班被一枚地对空导弹击中坠毁，近 300 人遇难。导弹是俄制"布克"地对空导弹，大家怀疑是俄罗斯支持的反乌克兰政府的民兵组织所为，但也只是怀疑而已。我想，马来西亚航空公司在四个月间经此两番磨难，真是恐怕很难支撑下去了，只是不知近来情况如何。在报纸上曾看到过《最悲伤的七月》的标题，说是这一年 7 月，除了马航 MH17 被击落外，还有台湾复兴航空 GE222 坠毁和载有 116 人的阿尔及利亚航空 AH5017 航班也坠毁于马里的消息。二是这年 3 月 18 日，克里米亚正式成为了俄罗斯的领土，也就是从乌克兰独立了出来。这件事的前因后果，我们并不清楚，但我个人总是暗暗觉得俄罗斯对领土要求的野心太大，而且毫无止境。我曾在俄罗斯旅游过，也曾从莫斯科坐游轮沿伏尔加河（当然不止只是伏尔加河了）到彼得堡。这才是俄罗斯的一小段路程，但一路上看到的俄罗斯也真可谓海阔天空，想象中几乎无边无际。疆域辽阔，森林茂密，河流汹涌，但又知道从中国侵占了不少领土。总之走在俄罗斯的土地上，心情也是很复杂。返程时在机场候机，另一组国人直飞乌鲁木齐，听他们说起俄罗斯，大有不屑的神情，说"不过如此"。我问，看到门外的彼得大帝的塑像了吗？他们问："彼得大帝是谁？"连彼得大帝和普希金都不知道，到俄罗斯干什么去了？三是所谓 ISIS（伊拉克和黎凡特伊斯兰国）势力的扩张与凶残。他们在伊拉克北部进攻库尔德人，就连孩子们都人手一颗人头，血淋淋，十分恐怖。该组织全球招募，势力不断壮大。我们的新闻也十分罕见地赞美了美军的轰炸，至少救助了不少的难民。但，如果当初不打伊拉克，萨达姆还在台上，ISIS 能有今天的嚣张吗？

萨达姆杀起人来自然并不会比他们手软。当然，这些都是后话，历史并不以我们的假设为前提。

国内的事要更多一些。其中最震撼人心的事，就是发生在 3 月 1 号晚的昆明火车站"屠杀案"：据说有十多个蒙面黑衣之人持刀在火车站行凶，杀死 29 人，砍伤 130 多人。车站附近的多处地方都成为临时避难所。警方当场击毙 5 人，活捉一名女性暴徒。据说与新疆维族分裂主义活动有关，而昆明车站周边就居住着不少的维族人。事发后众说纷纭，反正汉族人遇到此类事件一般来说就是躲避为妙。按说广场上有上百人之多，对付十来个持刀歹徒还是绰绰有余。但事情就这样发生了，造成 150 多人死伤，也是震惊一时。在中国，150 多人的死伤真的也算不了什么，8 月 3 号云南鲁甸、昭通一带地震，也就 6·5 级，但也造成 617 人遇难，112 人失踪；西非传入的埃博拉病毒造成的死亡更是上千人。就是一辆旅游大巴在西藏坠入深谷，死亡人数也是 44 人。但由于发生在昆明车站的事与新疆的激进分子有关，所以也就特别敏感。

国内最大的事就是 10 月 15 号习近平主持召开了"文艺工作座谈会"，发言的有铁凝、尚长荣、阎肃、许江、赵汝蘅、叶辛、李雪健等人，还有两位不知名的"网络写手"周小平和花千芳。我并不知道他们是何方人士，竟有如此大的影响力。这次会议对当前的文艺工作有着怎样的指导思想，是不是堪比毛当年召开的延安文艺座谈会，现在还一时看不出，只是感到过去可以随便讨论的问题，现在都不能说了，整个社会似乎正被一张大网笼罩着，但你又不知这张网到底在哪里留下了些许空隙。我七月份曾去了土耳其和伊朗，也感到了似乎有一张大网正笼罩着人们衣食住行的各个方面，但那都是能看见的，比如把自己包裹起来的黑袍和纱巾。但也有偶然，一阵风就会把纱巾吹开，让我们目睹伊朗女性那非凡的美丽面容。在伊朗没有 WIFI，这个限制很大，也很现实；但人们都很平和，社会秩序也好，就这样静悄悄地过着自己的日子。倒是在土耳其，听说要把索菲亚大教堂改成清真寺，现在正在讨论，里面的基督教壁画已经被严密覆盖，让人有些黯然，而且无法无动于衷。据说伊斯坦布尔的市长重选，重挫了总统埃尔多安的"苏丹梦"。具体情况还不知道，我只关心索菲亚大教堂的命运。"民主选举"，"民意独大"，自然有它的弊端，在如土耳其、伊朗这样的穆斯林国家，选举结果一般来说就能大体知晓。但土耳其特殊一些，伊斯坦布尔横跨欧亚两大洲，而且有立国之父凯末尔的巨大影响。不管怎么说，就是在土耳其境内，也居住着不少的希腊人、亚美尼亚人和犹太人。这些人在一人一票的选举中可能会是少数，但影响力总还是大的。从土耳其到伊朗，一下飞机，就能立即感受到那种文化的差异。文化传统在什么意义上可以影响到政治？又是怎么影响的？这也是一个有意思的话题。在我8月28日的日记中，借用尼采的观点，概括出三种对待历史的不同态度：纪念的（怀念辉煌的过去，对伊朗而言有波斯，对土耳其有奥斯曼，对俄罗斯有前苏联，等等）；怀古的（宗教的、保守主义的文化态度）和批判的（历史只是未完结的过去，我们必须站在今天去"完结"它）。与这三种历史观相应的，对一个民族而言，也就有了两种不同的"民族主义"，一是"关系型的"：以个人作为出发点，在自己的生活世界中连接而成的团体；再是"类型型的"，人们遵从某种自然形成的类型而加入其中，于是构成某种固有的团体。土耳其的民族主义是这两种形态的混合，而伊朗自身则构成一种典型的"类型"。尽管不一定就不好。

这一年的4月7号，我正式应邀到汕头大学讲一个月的课，32学时，时间安排得很紧。飞机降落在揭阳机场，30分钟后坐汽车到汕头大学，住A202室，三室一厅的房间，条件还好。由此开始在在汕头大学的六年教学，直到2019年，也就是今年结束。我是春天去的，木棉花开得正好，校园很美，有山坡、大湖、山间走廊和一组人物雕塑，旁边写着"人间有天堂，地狱在人间；问君何处去，但凭一念间"。秦晖、何光沪、尤西林、郑也夫、雷颐等也在此教学。后来还有武大的李工真，但他似乎只来了一年。但有一些外聘的其他教授，共同构成汕大的一道独特风景线。主持此事的汕大高教所的马凤岐老师和具体承办此事的刘西瑞老师，还有梅州人李燕玲，都为此事出力不少，至少是学生受益，开阔了眼界。此事应该记载在汕大的校史上。当然，这也只是一种空想而已。事到如今（2019年），就只有我一个人去上最后一次课了。

到汕头的第二天，我与少华就去参观了澄海的"文革博物馆"。这是全国仅有的一座"文革博物馆"。澄海原为一个县，后成汕头的一个区。"文革"时澄海在武斗中死亡381人，有70多人就安葬在这座小山头上。曾任汕头常务副市长的彭启安，先获得汕头市60万启动资金，后多方筹款，终于有了全国的第一座，也是唯一一座"文革博物馆"。此地原名"园塔"，此塔还在，但人烟稀少。博物馆前塑有叶剑英的雕像。里面展出的基本就是有关"文革"的图片，也有镇反、反右、四清时的照片，在一石碑上，刻有毛当年给所有被打倒的人所带的"帽子"，真可谓五花八门，无奇不有。在一石碑上，明确说"文革"造成两千多万人的死亡，如云南的"赵健民特务案"，审查1287000多人，其中17000多人被活活打死。博物馆两边的楹联写的是：

文苑士林横祸焉惟一地，
革靴戎服淫威竟达十年。

平心而论，展览馆办得并不理想，无形中成了书法和图片展，也缺乏理论的高度与深度。但这毕竟是全国仅有的一座"文革博物馆"，很值得人们参观谨记。可惜这座博物馆在我第二年去时，就已被拆除了。

只是不知那尊叶剑英的塑像是否还在。而且我相信还是有人把整个博物馆都录像保留了下来。

但就是这样，一切之后，又怎么样？

第一次去汕头，还去了牛田洋和东征博物馆。牛田洋这个地名在我们这一代人的心目中可是一个神圣无比的地方。1969年海潮，为了保护国家财产，解放军和大学生奋勇向前，与海潮搏斗。最后有几个用绳子把自己绑在大石头上的人才侥幸活了下来，其余的均以身殉职。到底死了多少人，始终无从得知。我们与一个在家门口卖茶水的小姑娘交谈，她说，听她爷爷讲，大卡车拉了一夜的尸体。当时的报纸上大肆宣扬"牛田洋精神"，我们都跃跃欲试，觉得要是我们也在这里，一定也会奋不顾身。但现在在课堂上问了一下当地人，牛田洋有什么故事，竟无一人知道。孟浩然有诗曰："人事有代谢，往来成古今。"但在我们这里，这一切也消失得太快了吧？东征博物馆是一两层小楼，原来的建筑，幸被保存下来。蒋介石在前面住，周恩来等人住在后面，率军东征的何应钦并不住在这里。在周的故居，看到他与邓颖超新婚后风度翩翩，还有叶剑英、陈赓等人的照片，每个人都是西装革履，风光无限。当然这是当初还未与蒋分手，正在东征，打击陈炯明时的照片。后来就有了南昌起义。汕头大学旁边的"七日红纪念碑"就是对南昌起义的纪念。邓友维同学曾带我们爬了上去。当年南昌起义后，周恩来、朱德等人率军占领汕头七天，固有此纪念碑。后周去港，朱率残部上了井冈山。想来那时也真的无处可去了。当然，现在要我再爬"七日红"，也真的已经爬不上去了。沿途多是妈祖庙，也有孔庙，但远不及妈祖的影响大。下山吃"鹧鸪炒饭"，想想多么可爱的小鸟，实在不忍下手，店主说，家养的，专供炒饭，但吃无妨。什么东西一旦成了家养的，大概也就不值钱了。

这一年9月9日晚8时56分，汤一介先生逝世，终年87岁。我与他见过几次，更熟的是他的夫人乐黛云先生。我的家里存有汤一介先生的父亲汤用彤先生英文版的斯宾诺莎的《论神、人与人的幸福》，是当年抄汤先生家时，用卡车把书通通拉走，在路上掉下了这本书。我的导师陈修斋先生便随手拾起，藏在身上，日后又给了我，让我写自己的毕业论文。正因为有这一段往事，所以我也就特别关注汤先生一家的情况。也在这一年，俞吾金去世，汪堂家去世，张闳的妻子和李革新的妻子去世，特别是我的第一位硕士研究生，也是我的好朋友任建成6月21日在山西大同去世。少华执意要去大同参加小任的追悼会，我死死劝住，说：你又不认识他家的人，也不知是大同哪里，去了怎么办？当晚只好两人抱头大哭，连晚饭也没有吃，想起了小任种种的好处，那是一种真正意义上的正直、憨厚、朴素、认真的人生态度，而且在大是大非上是如此的爱憎分明。看到了严平、储小平等人发来的追悼会现场，野夫提写的挽联是：

> 订交卅载，合作十年，共推好书千种，天下读友曾蒙惠；
>
> 人方中岁，永诀九霄，惟遗长恨百般，世间故旧共沾巾。

还是在这一年的3月，因立法院要通过《两岸服务业贸易协议》（简称"服贸"），国民党与民进党打成一片。台湾爆发"太阳花学运"，所有的人都把脸涂成黑色，要求占领立法院，也有更多的人反对占领，但都不准政府动武。总之问题集中在到底如何看待大陆政治、经济状态上。马英九表态，为自己的失策道歉，为台湾的民主骄傲。而我们也看到，所谓"暴徒"或"暴民"，并不是一种身份，而是一个阶级的概念，因为上层人是永远不会成为"暴徒"的。而下层人一旦成为"暴徒"，那一定说明社会出了很大的问题。于是许许多多的上层人也就站在了下层人一边。共产党是靠站在下层人民一边起家的。那么到底应该如何看待这些所谓的"暴民"？对马英九政府来说是一个问题，对大陆的政府来说更是一个问题。差不多几个月后，香港也爆发了空前的"占中事件"。大陆政府越表态反对占中，港首梁振英越逮捕涉嫌打架斗殴者，占中的规模越大，终于蔓延至九个区，致使三千多名特区工作人员无法上班。

但这一切之后，又怎么样？而且，我们不就是这样眼看着过往的一切又都在重演吗?

这一年的最后一天，12月31日晚，与少华坐在电视机前等新年钟声。但不知道23点35分，在外滩发生了严重的踩踏事件，造成35人死亡（男性10名，女性25名），最大的36岁，最小的才16岁。包括复旦大学年方20岁的才女杜宜骏。伤者48人。世界各地，包括国内，不知有多少城市都在举行新年灯火晚会，大家聚在一起读秒，听新年钟声。但为什么偏偏在上海发生了如此的惨剧？缺乏公共安全意识，人多拥挤，相互争夺生路，也不排除有人故意造成混乱，等等，反正，上海，这个在我心目中代表着中国内地文明程度最高的城市，就这么一夜间从山顶跌到了谷底。

我们自然是不知道，新闻也不插播，一切都似乎很安详静好。但反过来想，就是知道了，又怎么样?

五十年间有与无

309

2015：

"十年生死两茫茫"

　　《三十年间有与无》这本书写到 2008 年，续写后十年，到 2018 年结束。当我看完了"2015 年"的日记时，忽然发现写到这一年，我就差不多已经写完了这后十年。因为贯穿这十年的一条情感主线就是 2018 年元月，我的妻子李少华的离世，还有就是当我提笔续写这后十年时，内心深处的那种对她的怀念与感激。这十年间所闻所见的每一件事，她都在场，与我共同经历，共同感受。于是这几天，苏轼的这几句词就总在我心头回荡："十年生死两茫茫，不思量，自难忘。"

　　2015 年的元月，少华在天堂的大门口转悠了一圈，由于舍不得我，又回来了，在尘世间多活了三年。这一年，不知具体是因为什么原因，无形中成为了我生命历程中的一个转折点，有如 1972 年在得知林彪等人坐飞机出逃后就此认定了一个什么的感觉。25 岁一次，68 岁一次，中间相隔 43 年。

　　这一年的从 1 月初到 3 月底，整整三个月，是在香港道风山汉语基督教研究中心度过的。感谢杨熙楠先生，我们相识多年，他说，能来的差不多都来了，这一年一定要请你来。于是，我和少华就于元月 5 号飞到了深圳。那时入关的手续还很繁琐，特别是我们这样要住三个月的，搞了一个多小时，终于到了道风山。这是一座小山，山上景致绝佳，看似幽静而又荒僻，据说有熊、野猪和猴子出没。我们入住 35 号房间。当时是 1000 元人民币换 1234 元港币，这个数字很好记。山下有沙田、大围两个去处，通地铁；沙田档次高一些，有百佳等超市，大围东西较便宜，但物价显然都比内地要贵一些。步行下山到沙田，山上的车每周下山，去大围，还是比较方便。9 号，香港培侨书院的连文嘗校长（我们是在内地的一次会议上偶然认识的，就此结成终生友谊）带洪永远先生一起上山，接我们，还有何怀宏的一位博士黄芸一起去培侨小学，旁听了一堂小学四年级的英语表演课。连校长很受尊重，原来在更好的学校任职，自愿要求来培侨小学；而培侨小学，在香港人心目中，就是一所"贫下中农子弟学校"，但学校办得很有特色。在认识他的那次会议上，听他讲了许多感人的小故事。洪先生更是一位广受尊重的社会人士。当时和他还不熟，但他马上想到应该让我们夫妇每人买一张"八达通"的老人卡，这样坐地铁和公交就会方便、便宜很多。从这一件小事上就可看出他为人之周全。晚，杨熙楠请我和李秋零在一潮州餐馆吃饭。熙楠兄不断述说着研究中心的现状和过往历史，我和秋零兄只是默默听着。秋零兄依然好酒量，大口喝酒，大块吃肉，据说每餐至少半斤好酒。

最重要的，是就此结识了洪先生和连校长。一位是对中小学教育很有见地的校长，一位是培侨小学的资助者。洪先生说他没读过什么书，所以愿意把钱拿出来资助办学。但他的睿智、判断力，热心肠，都不是能从书本上学来的。除了培侨小学，他还在自己的家乡福建晋江一带的偏远小渔村资助创办了一所小学，并请我前去讲课，这些都是后话。

香港的三个月，要记下的有这么几件事：

道风山上有一正在维修的"圣殿"，侧面有一小屋曰"忏悔室"；山后有"窄门"，"窄门"的横额上写的孙中山的"博爱"，两边写着："你们往普天下去，传福音给万民听。"越过"窄门"即一高耸的十字架，上书"成了"二字。语出《新约·约翰福音》第 28 节："这事以后，耶稣知道各样的事已经成了，为要使经上的话应验，就说'我渴了！'有一个器皿盛满了醋，放在那里，他们就拿海绒蘸满了醋，放在牛膝草上，送到他口。耶稣尝了那醋，就说：'成了！'便低下头，将灵魂交付神了。""成了"二字在英译本中是 It is finished。我与几乎所有来到这里的人都曾在这"成了"二字下留影。山后还有一处"道风山基督教坟场"，两面写着"复活在我生命也在我，信我的人必永远不死"。穿过一座名为"信义宗"（"因信称义"，路德一宗）的神学院，可见一条"麦理浩径"（Mailehose Trail）直通山上。后来我才得知麦理浩是香港人心目中最崇敬的一位港督，他主导了对香港 1967 年暴动的"独立调查"，设立 ICAC，开启公屋建设，加大投资学校和医院，大兴基础设施，

311

积极制定产业政策，改善同北京的关系，把香港推上了亚洲四小龙的宝座。我与刘、徐两位医生，与少华都曾上去过，但都没有勇气走完山径，因为它似乎会绕过好几个山头，而且据说全香港的"山间小路"都是通的，因为我们看到有人带着帐篷。少华拖着病体，一手拉着我，一手拿着拐杖上山，并在山上的秋千处荡来荡去的情景永在我心。

　　在港期间，去了香港中文大学和浸会大学各做一次学术报告。去了好几次中文大学，离道风山不远，主要还是为了看看"新雅书院"和"钱穆图书馆"。在一面围墙上看到新亚的毕业生，第一名就是1952年毕业的余英时。还专门拜访了陈方正先生和王庆节。方正兄谆谆对我说：退休后的日子要细细打理，经营安排，否则日子会越过越快，到时候后悔莫及。这都是过来人的切身体会。庆节兄见了几次，两家人还一起喝早茶，当时何光沪夫妇也在。他们告诉了我许多八十年代初发生在北大和北京的事件的真相。大家都是认识的人，但如"中国：文化与世界"这套丛书的起意，海德格尔《存在与时间》的翻译，当时大家聚会的地点，等等细节，庆节兄都讲得很细致。光沪兄还讲到了他的导师赵复三1989年6月5号在联合国一个什么会议上所说的三句话。那是一段我们共同经历的岁月，而中国的二十世纪八十年代，还将是一个永远也说不尽的话题。在香港是可以随便听"美国之音"的。一次，听陈破空说：南方人发音，毛邓与矛盾不分，于是也就有了这样一段笑话；中国的事情是一个矛盾（毛邓），胡（胡耀邦）来是不行的，照（赵紫阳）这样下去，将（江泽民）来怎么办？再胡（胡锦涛）来一次，也就习（习近平）惯了。高文谦的说法不同。他说，毛学为体，邓学为用；毛邓并举，政治上是毛，经济上是邓，不同时候打不同的旗子，这种模式恐怕就是当下中国的治国之道。这些"概括"尽管不乏玩笑的意味，但也值得后来者深思。认真回想八十年代，觉得自己还是过得太匆忙了一点，激情洋溢的时候居多。身在历史的转折关口，往往自己并不知道。但就是知道了又能怎样？

　　这不又回到了我上一年的题目？

　　在道风山上，有电视机，但看不成电视，就是看，也听不懂，而且真没有意思。以后到台湾，也是这种感觉，觉得电视节目硬是看不下去。除了娱乐，就是保健，谈到政治，婆婆妈妈，琐琐碎碎，实在不耐其烦。大部分时间就是用来读书和写作。研究中心藏书丰富，一次可借十本。我也是在这里，重读了《圣经》旧约、新约全书，但只是当做一件必做的事或必备的知识储备而读的。我要写的就是在"约伯记"中，约伯的尊严何在。此文后来发表在 2015 年第 7 期的《社会科学论坛》上。那里真是一个读书的好地方。不用为吃饭发愁，也用不着去买菜。为了招待客人，我们还是下山专事采购过几次，买碗筷、灶具、瓜果蔬菜，还曾在一家日本人开的"一田"超市里买美国的猪肉、英国的牛肉和新西兰的牛奶。每次上下山，各需走 25 分钟的山路。我还罢了，但不愿走路，难过的是少华，而这样的事，又非她去不可。有时看我忙于写作，她还一个人专门跑下去过几次，今天想来，心痛不已。

赶在两位医生来和春节前，我和少华专门去了金钟，在政府大厦和议会大楼前看了看当初"占中"的人所住的帐篷。还有一些人坚守在那里，也是写满了标语口号，宛若"文革"。我们作为过来人，自是关心香港人的游行，于是也曾跟着他们的游行队伍走了一小段路。确实是市中心，在有轨电车的轨道上。旁边有警察守护。行人无动于衷，也不看他们。有时也会呼口号，听不懂。看标语，也有类似于"打倒"、"油炸"、"火烧"之类的口号，让人看了觉得想笑，因为队伍很松散，也没有我们当年的激情，有的还男女手拉手，一人打一把小黄伞，边走边聊，似乎真是散步。队伍拉得很长，看似人多，其实没有多少人。香港人永远也想象不到，呼喊这样的口号时应有的表情，特别是不能有男女拉手、勾肩搭背之类的行为。文化大革命时的一切都是后世与国外的人所模仿不来的。

在道风山期间，最大的事就是少华犯病。

2 月 9 号晨 4 时，少华开始上吐下泻，而且便血。她是一个极坚强的人，竟也开始呻吟。下午，刘、徐两位医生刚好来港，并经我联系，就住在道风山的"东光台"，距离我们也有十多分钟的山路。刘医生当即，与我一起下山在药店买了药，主要是云南白药，然后再上山。晚饭时，少华情况已大为好转。

10 号，我去香港中文大学哲学系做学术报告，哲学系的老师悉数到场，可惜早就熟悉了的"刘关张"（刘国英、关子尹、张灿辉）都因退休、在外等事未来。光沪夫妇、洪先生、连校长，还有在培侨书院任教的台湾人小蔡（他在台买过我的《幽灵再现》）也都去了，可惜少华去不成，我心里也一直惦着她。11 号，少华已便中无血，大家都松了一口气。两位医生去了"油尖旺"，这三个地方据说是来港人士必去的地方。12号，洪先生带我和两位医生一同去了清水湾、浅水湾、西贡、赤柱等地，在太平山顶观香港夜景，也吃了海鲜，很大的海蟹。能坐在萧伯纳、海明威喝咖啡的地方喝喝咖啡，都是很好的精神享受。一路花费，都是洪先生请客，我们几人心中暗暗道谢不已。我心中也想，以后一定要再带少华来一下这几个地方。后来大家还去了南丫岛，感觉一般。少华身体渐好后，我们又一起去看了刘知白（1915--2003）的画作和文集展，其中的《清气和诗醉墨痕》、《知白守黑》（老子语，也暗合他的名字）、《秋水长天月下箫》（是不是很有诗意？）都给人留下了很深的印象。快过年了，与我们住在一起的德国姑娘卡佳的男友带着孩子来了，南开的一位博士、在新疆石河子大学任教的欧光安也从神学院搬了回来，小院子一下热闹起来。

　　春节几天，都是在两位医生居住的"东光台"过的。那里原来住着的一位挪威人，后来走了，"东光台"于是成了我们的天下。生活设施一应俱全。徐医生做饭，刘医生洗碗，这是老规矩。少华还不大能吃什么，只是与大家说说话，也在老刘的电脑上看几眼春晚，除此之外，就是享受那种静谧与安宁了。

　　那期间看了不少的书，但印象深的有两本。一是与庆节兄细聊过的美国人Moore所著的一本名为Social Origins of Dictatorship and Democracy的书。书里认为农民是解决现代化道路的关键问题，而如何解决农民问题，又决定了现代化的某种形态。他认为农民分两类人：地主和农民；地主再分两类：土地贵族（乡绅）和土地占有者（也就是我们所说的"地主"）。土地贵族通过做官这一途径始终与官场有关，土地占有者则收取地租。于是农民也分两类，一是有自己土地的自耕农，再是无土地的佃农。土地占有者收取的就是佃农们的地租。乡绅与城市里的官僚阶层联系更多；而土地占有者和佃农则被紧紧固定在土地上，他们缺乏激励机制，只能靠政治关系的变革而不是靠生产工具的改善来通过消灭自身以实现农业商品化。因为生产工具的改善意味着佃农的减少，于是更多的人会变得没有饭吃，最后就会变成土匪。那些"好"的土地占有者（也就是好"地主"）之所以会被认为"好"，就是因为他们愿意养活更多的佃农，怕他们成为"土匪"。结果他们与佃农就一起成为工业化的阻力。现代工业化的社会形态有三：一是自由民主制（尽管形态不一，各有各的特点，但前提是通过"消灭"农民，让农民通过自由市场的商品交换过上了与城里人一样的生活，如新加坡、香港、美国就几乎没有农民，印度历史上也从未有过农民暴动，这些都很独特；二是如德国、日本，仅仅为了"消灭"农民，就通过大规模的招工、征兵，把农民变成国家所需要的工业和军事力量，成为法西斯主义；三是如俄罗斯和中国的农民革命，认为只有革命才可能使农民翻身得解放。于是可称之为共产主义的理想。柬埔寨也属这一类型。其后果就在眼前。这三种现代化的工业化形态可讨论的问题依然很多，但农民问题到底如何解决，我们似乎也正在摸索一条只属于自己的独特道路。

再一本书似乎是在微信中看到的葛兆光所著的《想象异域》。里面说康熙二十二年（1683 年），来自关外的满人已打败明王朝建立大清帝国整整四十年，汉族人也已渐渐习惯了异族的统治（想想中国人是最讲华夷之别的，但也恰恰最能适应低级异族的统治），但当时的朝鲜人依然把满族人视为夷族人的统治。为了应付大清帝国统治的合法性，朝鲜派使者金锡胄（1634--1684）来给清王朝进贡；路经一个叫榛子店的地方，忽在一位姓高的人家的墙壁上看到一首题诗：

椎髻空怜昔日妆，

红裙换着越罗裳。

爷娘生死知何处，

痛杀春风上沈阳。

后有一小注："奴江右虞尚卿秀才妻也，夫被戮，奴被掳，今为王章金所买。戊午正月二十一日，洒泪拂壁此书，唯望天下有心人见而怜之。"尾题"季文兰书"。金锡胄觉得这位季文兰比远嫁匈奴的王昭君、蔡文姬更多一层被迫为奴的痛苦，于是便写下两首和诗：

绰约云鬟罢旧妆，

胡笳几拍泪盈裳。

谁能更有曹公力，

五十年间有与无

315

迎取文姬入洛阳。

已改尖靴女直妆，
谁将造袜掩罗裳。
唯应夜风鸣环佩，
魂梦依稀到吉阳。

"吉阳"即今江南某地的古名。

后来据说康熙皇帝等人也曾路过此地，见到过这些留在墙上的诗句，也曾写过和诗。而朝鲜人只要路过榛子店，就会想起此事，想起这位"奴家季文兰"，而且念念不忘明清易代的天地之变。但似乎只有汉族人对此无动于衷。他们已经习惯并热衷于顺从异族人的统治。

我之所以重新提及这两本书，无非是想表明，在那些情感上错综复杂、几乎无法解脱的日子里（时值春节，少华病中，幸会洪先生、连校长、小蔡等人，期间萧凡、文能、冯令沂等人也都来过，少华几次表示想回上海治病，怕拖累我和大家，等等），自己借以转移注意力和排解心情的一些笔墨。当时就那样随便记在日记本上，有些字我今天已经不认识了，错讹之处肯定很多，总之也算是对当年岁月的一种还原和记录吧。另外，也真的是很受感动，除了感叹那时候的朝鲜人的古道热肠和诗文水平，也深为自己这个民族的寡情冷漠而自惭。不知是谁说过，凡一个民族在历史上有过大屠杀的，就很难避免大屠杀的再次发生。想想中国历史，几十万人的大屠杀早已司空见惯，真是对生命的流失越来越无动于衷了。

在大学演讲无所谓，聊天一样，相互交流。期间还专门去了一次培侨书院给高年级的孩子们讲。为此专门买了一身西服，总感到在孩子们面前，自己作为内陆的一位大学教授，至少在衣着上不能与个个西装革履的香港老师们相差太远；至于讲课的内容，我自是很有把握，困难的只在板书时要写繁体字，这也是一个需时时提醒自己的事情。那时的香港，与内地的矛盾已初现端倪：在沙田有过围攻内地人的事，据说是因为套购、倒卖香港奶粉之类的事件。那时内地人限购两袋还是多少奶粉，反正情感上已经有了距离。有些人也称"简化字"为"残体字"，这些都是我自己能感受得到的。

　　但所有这一切，均未改变我从内心深处对香港这个地方和这里的人的热爱与尊敬。

　　2月23号，星期一。我见少华病情不见好转，就电话咨询了一下连校长，想问一下如果去附近公立的威尔士王子医院该怎么去，应该准备一些什么手续，因为我们真的没有去过香港的医院，也想不到会去医院。结果洪先生拍板，连校长开车拉我们去了另一家仁安医院（Union Hospital）。一开始，我们并不知道这是一家私人医院，而且收费很贵。但医院设施之完备，医护人员之耐心亲近，都与我对医院的印象大相径庭。接诊的医生叫冯明杰，听少华说完自己的病情，当即决定做胃镜检查，然后由他手术，第二天即可出院。一切都如此之快，护士领我们去，下午五点开始，半麻醉，胃镜结果拿出来让我们看，讲解镜片，然后说，微创手术已经结束，结扎了四条可能出血的血管，现在已无大碍，住院休息，第二天出院。病房里只住两个人，两个卫生间，两个电视机，中间用床单隔开。护士几分钟来一次，问寒嘘暖，完全不要我们家人陪同。少华感动得几番落泪。为了与冯医生详尽交谈，连校长一直等到冯医生第二台手术结束，已是晚上近九点的样子，谈完后再用普通话转告于我，送我回道风山。第二天一早，我自去仁安医院，而洪先生早早就等候在那里。他是为了付钱，一直在病房外等候。中午还要CT扫描，看看手术情况。我们就坐在外面等候。这里可以随便喝咖啡，整个医院里几乎听不到一点杂音。冯医生拿着几张扫描的镜片给我们讲解，说少华的脾与肝之间有静脉堵塞情况，这是这次吐血的主要原因，建议少华回上海后再就肝部硬化的情况下专门治疗一下，然后告诉了我们一些注意事项。内地还在过年期间，估计医院还没有上班，冯医生也说只要注意，住到三月底应该没问题。

　　总共花费25800多港币，这是我偷偷一眼瞄到的。全是洪先生承担。连校长再开车送我们回道风山。前后两天，几乎无人知道发生了这么大的事，而洪、连二位先生也几乎在医院陪了我（而不是少华，因为少华在病房完全不要家人插手）整整两天。

　　后来，3月15日，我的生日，还是与少华一起去了浅水湾和赤柱等地；洪先生后又带我们去了大屿岛和大澳等地。大屿岛上的大佛蔚为壮观。寺庙里金碧辉煌，严禁焚香、投币；然后二百多级台阶上去，大佛面目慈祥，让人心绪安宁。山下的小树林上镌刻着《心经》，据说是饶宗颐先生手书，每棵树上就刻着那么几句。我与洪先生坐在那里聊天，少华把整部《心经》都抄录在自己的日记本上，尽管她也并不信佛。我想，她也只是想借此表达某种感恩的心情。今天，这本日记就置放在我的书桌旁。

此等恩德，感人至深，永志不忘。真的不仅仅只是个钱的问题。这些钱，我也出得起，但就是不愿也不会为此推来让去。想想这两天，2015年2月23号和24号，年初五和初六，坐在病房外的沙发上喝咖啡（洪先生不喝咖啡），小声说话，这样的时光总不会少于十个小时。现在，少华已经不在了，而她在的时候，我也还未想到应该把这一段日子的经历记下来。还有谁，能感受到我此刻情感上的波澜起伏？一个人，到底凭什么认为这一切都理所当然，这种心理又是怎么养成的？如果不是理所当然，那么一个人或几个人这样做了，自己又当如何表示？也许基督徒会想到上帝，会充满感激，而我会想到谁？想到洪、连二位先生，想到仁安医院和冯医生，想到香港人。就这样吗？这几天，当我想起那段日子时，香港所发生的名义上的"反送中"的事正搅得人心天翻地覆，无论是港人还是内地，众说不一。看到梁文道写的一篇文章，名为《所谓"揽炒"》。"揽炒"二字大约是香港话的发音，我不大懂，但看完文章，忽然间有了这样一种感觉："时日曷丧，予及汝俱亡"，这是一句很可怕的话，但竟然瞬间出现在脑海中。这就是让我无比热爱的香港和香港人？

由于与香港在情感上有了某种特殊关系，对这一年6月中下旬的关于"普选方案"未在香港议会通过的事，就予以了特别关注，而且认为这件事当时就应当引起我们的高度重视，如果当时处理好了，也就不会造成今天这样的局面。6月18日，港府提出的"普选方案"确定要在2至3名"爱国爱港"的候选人中选出一人出任行政长官。但反对派议员反对的就是把候选人限制在"2至3名"中。于是投票。按照规定，总共70人的议员中要三分之二通过政改方案，才算有效。但反对派（泛民派）有28人，已超议员总数的三分之一，于是"中联办"就想阻扰投票。结果立法会主席曾钰成又问秘书是否合乎投票人数。秘书答合乎，因为在场人数过半。谁知投票开始前，本属"建制派"的议员中又有33人以什么借口退出会场（也许是故意的）。结果会场上只剩37名议员，但仍合乎法定表决人数。最后的结果，就是37名议员中，28人本来的反对者投了反对票，剩下的8人支持政改方案，一人（议长）无投票权，弃权。最后的比例就是28:8，反对政改方案的人占了压倒性优势。6

月 18 日，是拿破仑滑铁卢战败 200 周年纪念日，而中国准备在香港推行的"普选方案"也遭此一劫，实在应该引起我们的深思。但由于我们对议会、议员、选举、三分之二之类的概念都很陌生，谁也搞不清楚这到底是怎么回事，所以只好听信《人民日报》的说法："6 月 18 日，我们遗憾地看到，香港反对派议员一意孤行，执意投下反对票，特区政府提出的普选法案未获通过。反对派议员否决普选法案，是反对民主漠视主流民意的倒行逆施……"。

要是议会中根本就没有"反对派议员"多好！为什么非要让这些人当议员呢？

那么，中央政府直接任命香港行政长官岂不更好？

于是就有了一个问题：为什么非要实行"一国两制"？"两制"的含义到底是什么？"议员"又在什么意义上代表着"民意"？通过投票，"议会"让你难堪了，怎么办？

不说了，说多了自己也不懂。但当时把投票之类的情况如此详尽地记录在案，至少说明了对发生在香港的所有一切的关切。这种关切远远超过了对发生在自己身边的政治局势的关注。为什么？因为发生在香港的事能关心，可关心，值得关心。而对于我们自己的国家，用网络上的话来说，大约最好还是"洗洗睡吧"。

后来，小蔡在台湾订购了几本我的《幽灵再现》（两年后我再去台湾时，这本书已绝版），连校长拿书让我签名，我忘了写的是什么，大约是"道风有道，仁安多仁"的意思吧。除此之外，又还能再说些什么？

这一年的春节期间，我当时并不知道，还发生了一件让人无比悲哀的事，我是直到 4 月 20 日才知道的：腊月 22 日，也就是 2 月 10 号，在天津的我四姨的大女儿何平晚饭后外出散步，竟这样就丢失了，再未回家。直到过了春节，四姨夫（四姨早已去世）才告诉了在西安的五姨，五姨打电话再三询问，也就是这样：外出，在家门口丢了。50 多岁的人了，怎么能这样就丢了？报了警，按失踪人口处理，自然是音讯全无。这么大的天津，到哪里去找？谁又会去找？这真是一个苦命的孩子。家事不幸，无房居住，至今还蜷居在父亲家，靠一点退休金度日。来过上海，我们给她买了全套的衣服。她多去西安，很勤快，总是抢着干活，让人怜悯。我也去了好几次电话，都是这样的回答：查无下落。至今已经过去了四年多，想来已经不知命丧何处了。

4月12日的日记上，记着自己对两部电影的感想，一部是《奥林匹斯的陷落》，虚构一个故事：说白宫陷落，总统成为人质，逼他说出核导弹的拦截口令；另一部是法国人拍摄的《摩纳哥王妃》，戴高乐总统在电影中成了一个一心想吞并摩纳哥的小人，多亏了这位嫁到摩纳哥的好莱坞明星Grace，凭自己的美貌与才干，才挫败了戴高乐的阴谋。当然，这一切并未影响戴高乐将军在我们心目中的形象。与此相对应的，就是主持"金光大道"（我并未看过一次）的毕福剑因为在酒桌上演唱了《智取威虎山》，并对毛说了些不恭的话，受到"一致谴责"，并就此免去主持人的角色。我自己发了一通议论：先不管什么叫"言论自由"，人与人之间已经丧失了最基本的互信，大家都生活在彼此戒备之中，这真的能让人心平气和吗？想不到衣着光鲜、尽显荣华的毕福剑能在下面说出这样一番话，更想不到竟有人偷偷将此言论录下并发表，害得这位很有名望的主持人失去一切，这些想不到，还不让人深深感到人心之不测？湖南汨罗市人民医院给一位患者作膀胱结石的小手术，一切都很好，结果一护士偶然在这位患者的眼镜盒里发现手术前的"遗书"，说是手术要是未成功，人死在医院，一定要医院赔偿30万，否则不能把尸体拉出医院。这封遗书看得人唏嘘不已，医护人员更是个个心寒，觉得自己是在一种完全不信任、不友好，随时准备以死相博的患者身上尽心尽力进行医治，这样下去，不要说是医护人员与患者之间的关系，就是一般的人与人，能相处吗？我又想起了我们在香港仁安医院所感受到的一切。

记忆在不断涂抹中也变成了腥红色。一个衣衫褴褛的人不小心掉到了虎坑里，于是不停向老虎作揖、跪拜、哀求、呼号，上面观看的人纷纷录像，大声说笑，眼看着这个人被老虎叼走。还有几个女生围着暴打另一位女生，手段之狠毒简直匪夷所思。旁边似乎有另外的人路过，但也无一人上去劝阻，就这样看着这几个女生又是打耳光，又是揪头发，拳打脚踢，反复折磨。到底是什么事，无人知道，反正有这么一个视频，让人不寒而栗。更可悲的是"东方之星"的沉船事故，我们看到的都是报纸上的歌颂与赞美。6月7号的《文汇报》的通栏标题就是《对人民高度负责，给生命最大尊重——"东方之星"号客轮翻沉事件救援行动综述》，8号的标题是《灾难可以夺走生命，但无法让爱停息》。我们看到了救援现场的哀悼活动：肃立默哀，汽笛长鸣，遇难者家人面朝长江，大声呼喊着亲人的名字。但在这一切后面，又隐隐可见一组残酷的数字和统计：《东方之星》456 人中 442 人遇难，14 人生还，生还率 3.07%；在 14 名生还者中，有 7 人（包括船长、轮机长）是自己游上来的报警的，有 5 人是被冲到下游江滩上而获救的，真正被救上的人只有两个，所以被抢救的生还率 1.5%。这是在长江的河道上，想想冰海沉船的泰坦尼克号上的生还率是多少！被救上来的两个人在电视上反复露面，诉说过程，感激不尽。最后一名被救上的人叫陈书涵，是在事发 20 小时后才被救上来的。6 月 3 号，李克强总理在事发现场向遇难者遗体告别，但上面马上有紧急通知：李总理默哀的照片一律不得公开，因为第二天就是 6 月 4 号，……唉，6 月 4 号，多么敏感的一个日期！

感激之心，人皆有之。6 月中旬上海大雨，同济大学水深过膝，刘日明书记专门打电话通知我不要去上课了，就是这样一件小事，也让我很受感动。觉得自己生活、工作在这样一个环境中，也是三生有幸。

我 6 月 27 日游泳，下水前冲水时不慎滑倒，右手手腕骨折。未打石膏，就是包扎了一下，以后一个多月的日记都是用左手写的，包括去日本北海道、新疆克拉玛依，从贵阳到兴义，参观何应钦故居，在西安与同学们聚会吟出“五十年前同学，三千里外旅人”的诗句。值得记录下来的，是一位名叫部艳敏的女子，被拐卖到山里，遭强暴、被成婚，当了山区教师，结果又被评为“最美山区女教师”，人们说她是“嫁给大山的女儿”，成为“负能量”转化为“正能量”的典范。

这一年，国际上最大的事就是 11 月 13 日，对巴黎而言的“黑色星期五”。这一天，巴黎多处地方爆炸，机枪扫射，处决人质，是为法国历史上最严重的恐怖袭击，死亡 129 人，352 人受伤，其中 99 人重伤，“伊斯兰国”宣布对此次袭击负责。法国派出“戴高乐号航母”加入对“伊斯兰国”的打击。

国内最大的事是发生在天津滨海新区天津港 7 号卡子门的大爆炸。截止 8 月 21 日下午，死亡 123 人，失联 60 人。死亡人员中包括公安、消防人员 19 名。王朔在网上说：这两天看新闻，总感到不对头，一边是天津港大爆炸，处理极草率，一边是大阅兵，步伐不能差一分一毫。这到底是怎么回事？他在问他自己，也在问全国人民。无人回应。在 8 月 27 号的“新闻公报”中看到，现在是“只要不出事，宁愿不干事”，推诿扯皮，敷衍塞责，普遍的软散慵懒。到底是让他们通过谋利而积极做事，还是让他们在不作为中相互推诿，这种所谓"吏治"中的两难，似乎也是古已有之。

4月23号晨5时，我的中学班主任杨桂梅老师在家中溘然长逝。回民不设灵堂，不送花圈。一切都静悄悄的。我问能不能送挽联？回答是不能。我只好自拟了一副记在心中：

你走了，我们也快了，不堪往事，那是半个世纪前；

天亮了，忽然又黑了，师生情谊，却话生离死别间。

这一年2月10日邓力群去世，100岁；7月15日万里去世，99岁；8月2号汪东兴去世，99岁。这三个百岁老人的去世，真正说明了一个"百岁老人"时代的结束。

让人高兴的事也有，比如在一家外文报刊上看到"You You Too"获得今年的诺贝尔奖，当时实在不知这是谁，有什么成就。后来才知道是屠呦呦，1970年代研发出"青蒿素"，治愈了无数人的疟疾。但当时认为这是毛泽东思想的伟大胜利，科研成果也从不会署个人名字，所以许多人也不会承认这是她个人的研究成果。这位"三无科学家"（无博士学位、无留洋背景、无院士头衔）怎么会"一步登天"的呢？有关她的事迹，我们至今也所知甚少。

其实，我们自以为知道的，又有多少呢？就是知道的，又有谁能分辨真假？

随着天气越来越冷，2015年的冬季到来了。看到一则消息：一个文化若要持续繁荣25年，人口出生率必须达到每个家庭有2.11个孩子。从人类历史上看，仍未有一个文化在出生率低于1.9的情况下能出现转机，而1.3的出生率更是不可逆转，因为它需要80至100年的功夫自我修正。2007年，法国的出生率是1.8，英国是1.6，希腊是1.3，德国是1.3，意大利是1.2，整个欧盟31个国家的出生率仅为1.38。在整个欧洲，出生率最高的自然是穆斯林。

我一下子明白了农村山区墙上的标语为什么从"打下来，堕下来，流下来，就是不能生下来"转眼间变成了"怀上来，生出来，养起来，就是不能打下来"。

这个话题就不说了，想起的是两个人预言式的判断，一个是王国维，他在致罗振玉信中有中国会"始于共和，终于共产"的话；另一位是严复，他说，"华风之弊，八字尽之：始于作伪，终于无耻"。他们都说的是"始"与"终"，但又万不可将这两个字连起来理解为"始终"。

2016：

"倏忽七十浑不辨，
悠悠半世无短长"

终于写到了 2016 年。

这一年一开始，徐南铁先生主编的《记忆 71》上发表了我的一篇散文：《能不能哭，这是一个问题》，说的是 1976 年毛泽东去世时，犯人及就业人员到底能不能哭，能不能参与悼念活动，一时间成为了监狱里最大的问题。监狱本身做不了主，于是请示上级，上级也做不了主，就是到公安部，也依然做不了主，因为让犯人们"哭"，是违背毛泽东的基本教导的："凡是敌人反对的，我们就要拥护，凡是敌人拥护的，我们就要反对。""哭"，本身表示的是反对还是拥护？谁能说得清楚？号子里哭声一片，到底是在表达一种什么样的"阶级感情"？靠命令、靠守则、靠法律、靠狱警、靠军队，能制止住犯人们的放声大哭吗？这种哭，到底是好事还是坏事？是说明了他们非常热爱毛主席，还是对毛主席的去世幸灾乐祸？

当时，我就站在那里看着他们哭，自己也无所措手足。我觉得自己也应该哭，但又不能当着他们的面哭，或者说，不能与他们的哭混为一体。这是一种很尴尬的处境。

与这篇文章相呼应的，就是在元旦这一天，我在日记本上抄录下聂绀弩先生一首诗中的两句：

　　这一年1月，是莎士比亚、塞万提斯、汤显祖逝世四百周年的纪念日，许多人想掀起"汤学热"，认为汤显祖不亚于莎士比亚和塞万提斯，他的"临川四梦"（《牡丹亭》、《紫钗记》、《南柯记》、《邯郸记》），我只看过《牡丹亭》，是白先勇先生改编的，亲自领队，由某昆剧团在同济大学连演了三个晚上，我和少华精心看完，实在是好。其余三部，不知发表在哪里，更不知可曾上演过。在电视上看过上海音乐学院演出的歌剧《汤显祖》，"序幕"里合唱："无古无今，方生方死，情也枉然，理也难同……谁又能脱得时空？"很有哲学意味，也不错。据说也曾赴欧洲等地上演过。但要说他与莎士比亚、塞万提斯的影响一样大，还真有点让人不好意思。有人概括了汤显祖的伟大之处：第一，揭露社会；第二，赞美女性；第三，艺术魅力；第四，曲词优美，意境深邃。这四条无疑都是对的，但还是把政治标准放在第一位。政治标准如果始终占第一，既可能如在那个时代那样被说成"伤风败俗"，也可能如"文革"时那样，说成是"封建糟粕"。我没有研究过汤显祖，但一个浅显的道理摆在这里：如果政治的标准和管制不宽松（幸亏那个时代还不具备现在这样的监控技术）一些，汤显祖又是如何可能"揭露社会、赞美女性"的呢？

　　奥运会后是建国六十年大庆，接着就是世博会，世博会完了又是亚运会。地处京、沪、穗这几个大城市中，真个是感受到"烈火烹油之势，锦绣繁华之乡"。这一年，又在杭州开G20的会，据说花费900亿。我们这个国家真就可以这样肆意庆贺了吗？想起贾谊在《治安策》中的话："进言者皆曰天下已安已治矣，臣独以为未也。曰安且治者，非愚则谀。"我很欣赏"非愚则谀"这句话。看看身边的人，特别是文人"非愚则谀"的人还少吗？哪个层次的掌权者都需要、也希望手下的人"非愚则谀"。这恐怕也是一条定律：当了官，就要别人做出"非愚则谀"的样子。孔子说"乡愿，德之贼也。"孟子的解释是：乡愿，与浊世同呼吸，态度似忠信，行为似廉洁，而且总自以为是。我想，这些人到底是"愚"还是"谀"？或者说因"愚"而"谀"，抑或因"谀"而"愚"？ 1992年9月

22 日《人民日报》说重庆的天气预报无论多热，最高只报 37 度，怕工厂停工，今年第一次报出 42 度，众大哗，不知真假。1995 年 7 月 5 日的《北京晚报》上则说，淮北成人高考，2000 人中近一半是在校高中生代考，理由是"实战演习"。1993 年 9 月 28 日的《人民日报》上，有董天成的一篇文章，说成都的人民北路有一巨大"万宝路"的广告牌，一旦"创卫"的检查团来蓉，这一广告牌立即摇身一变成为"净化环境，美化市容"。所有的人都认为这是一"魔术广告牌"，于是蜂拥而至，喜闻乐见；当然，时机要选好，恰在"创卫检查团"来此前后。如这样的天气预报公然造假，大庭广众下的广告牌变身，似乎以前还未在国家报刊上看到过。我 1 月 14 号的日记中还记有不少这样的事，这一天为什么要把以前的这些事都翻腾出来，无非是想说明"底层"之陷落，盖因"愚"、"谀"二字耳。

相对于"底层陷落"的"非愚则谀"，就是上层专权的"非跋则霸"。这一年最大的事就是"雷洋案"了。雷洋案事发于 5 月 7 日晚去机场接人。我在日记中一直跟踪记载，到 5 月下旬，基本上就已经搞清楚了：雷洋本人根本就未去足浴店，更无嫖娼之类的事，所有一切，包括中央电视台上的证人、证词，通通都是公安机关伪造的。到 7 月，有了雷洋的尸检报告，说是死于胃内容物在外力作用下吸入呼吸道而致死。有意思的是北京昌平东小口派出所副所长邢永瑞出身甘肃国家贫困县，父母靠养羊让他以甘肃"状元"的身份考入中国政法大学；雷洋则是湖南人，2001 年人民大学硕士毕业后任职国资委下属的中国循环经济协会。两个外地人能留在北京都不容易，雷洋刚有了一个女儿，邢永瑞则是两个双胞胎的父亲。到底为了什么，一个人非要把另一个人致死？到这一年的年底，北京丰台检察院宣布不起诉邢永瑞等 5 名警员。于是站出来十位律师，支持雷洋家属以故意伤害致人死亡罪、滥用职权罪、帮助伪造证据罪起诉到北京中院。这十位律师是陈有西、龚丽平、陈世和、李肖霖、张庆松、张燕生、李轩、董少谋、段万金（日记中似乎少了一位，现在也不记得了）。我说，他们就是有理性、能担当、负责任的法律"底线"维护者。这件事也让我想起了 1894 年法国的德雷福斯案件和左拉的《我控诉！》。两百年过去了，此类事在各个国家都在不断重演，而类似于左拉的《我控诉！》却越来越少见了，特别是在中国。雷洋案最后据说国家赔偿 2000 万，再给一套住房，价值也在 2000 万之上。创下了中国"人命赔偿金"的最高纪录。反正国家有的是钱，这钱也依旧取之于民。冤死了张三，再用李四、王五的钱作赔，很简单的事情，反正邢永瑞等五名警员是赔不起的。有的人会觉得陈有西等律师这是以人命换钱，有的则认为反正人死了，能为死者家人争取到更大数额的赔偿金，也就是身为律师的最大成功。放在我们每个人身上，你会怎么想？我自己是无法回答的，反正2016年的日记就这样揭了过去。但在整个案件中，以警察形象出面的"国家机器"的"跋"与"霸"则给人留下了深刻印象。

在查看雷洋一案中，看到12月25日的日记，上面记有1956年匈牙利事件后，上台执政的卡达尔（Kadar Janos）把过去的"谁不和我们站在一起，谁就是反对我们"改成了"谁不反对我们，就是和我们站在一起"，全国的舆论空气瞬间为之一变，大家都感到宽松多了。但什么叫"反对"？是不是还应该区分开"言论"与"行为"，不知这个问题当时是怎么理解的，反正匈牙利事件是被苏联镇压下去了。

这一年，我和少华，还有身边的几位朋友，世界各地和国内各地发疯似地跑。大家似乎都生活在一种"末日临近"的感觉中，觉得手中的这点钱，不花白不花，不知什么时候就不是钱或不值钱了。少华的身体也是一个客观上明摆着的原因。她又是那样一个喜欢旅游，而且广泛阅读，在历史、地理知识上常常能给我提供尽可能多帮助的人。从一月底到三月初，我们一直住海南，通过应新的帮助，在工商学院认识了香港人唐捷。他出资创建了这所学校，其祖上唐胄，南京进士，官拜吏部侍郎，在山东、河南等地主事过吏部，口碑甚好，后因言获罪，出狱后返回故乡，也就是今天工商学院的旧址，兴办"西洲书院"（唐胄号"西洲"），为海南培养了不少人才，包括因罢官而引起当代如此大政治波澜的海瑞。这位唐捷先生不是读书人（正因为此才能在香港成就一番事业），但对教育很重视。我答应在这里兼一些课，于是就让我们住在汽修车间（据说也是学生的实习基地）楼上的309房间，两室一厅，很简陋，但我们也已经很满足了。搬进去是2月6号，除夕的前一天。在此之前，少华住院，丽娜联系的医生、病房，前后照料，打了几针白蛋白，腹水消退，也就出院了。年初一随丽娜等人去莺歌岭，在琼中，据说是仅次于五指山的第二高峰，一个尚未开发的地方。车能直接开上去。这一切都靠关系，而丽娜又偏偏认得这些人。初一的晚上，伸手不见五指，天黑到了美不胜收的地步。看夜空，群星闪烁，住在城里，完全想象不到天上竟有这么多星星，而且如此密集、明亮。这样的夜，如同大海一样，让人怎么也看不够。白天，大家围坐在一起，我讲了"事实与事物，认识与判断"的关系，一位从加拿大回来的朋友讲了在加拿大，他们住的小区曾把汉语定为"正式用语"，遭加拿大人起诉，最后的判决是两种文字同时使用，广告用语则由商家决定。让人感受到那个国家的宽容、大度，此外就是自治、自理成为了发展趋势。他说，在加拿大，一流人才是律师和政治领袖，二流人才是经济学家和公商界人士，最末一等在军、警各界，但总的来说，人与人是平等的，职业分工取决于自己的专长和兴趣。2月20号，少华因母亲病重住院，绕道昆明飞回西安。22号元宵节在小眉家，第一次让他们全家吃到了西安的元宵而不是汤圆。元宵节府城一带有"换花"的古来传统。我在海南住了8年，从未去看过，这次想看看，还是被应新阻止了，说人太多，危险，加上少华不在，一个人，也就没有了多大意思。

这一年的2月25号，在日记中记下了华师大政治学系的江绪林博士的自杀，刘擎有一个感人至深的悼辞；两天后，西安的一位史学爱好者林嘉文也自杀了，年仅18岁，遗书中说他自杀时有一种"施舍般的悲悯之情"。

最高人民法院副院长、党组成员奚晓明涉嫌违法，办案中，调查人员竟从其子奚众的住所中搜出三亿元人民币现金，重达21吨。这样的数字当时听起来很吓人，后来也就习惯了。我根本就不相信这样的人会对雷洋、对江绪林、对林嘉文的死有什么触动的感觉，就如我们现在对他们所贪污受贿的数字也已经失去了感觉一样。

4月23号飞西安，钟锦同行，去西北政法大学讲座，同时参加他们"文化与价值研究院"的成立庆典；抽空去了于右任老先生的故居，未能去成吴宓的旧居，有点遗憾，但不知他是否还有旧居。反正在重庆，我们对他老人家已祭拜多次。

5月27号到杭州，在紫金港的浙大新校区开会。浙大已经大到匪夷所思的地步，合并了杭州大学、浙江农业大学、浙江医科大学，个个都是历史名校，真不知到底是为了什么。29号，学铨、王俊带我们11人前往千岛湖，记有梁康夫妇、希平夫妇、嘉映夫妇、周兴三口，加上我们。这是我第三次来千岛湖，总想着湖底下的淳安，那可是方腊曾盘踞过的"首都"；反正我们对历史文物历来不放在眼中，现在有了旅游业，有了中国与世界遗产保护，似乎好了一些，但出于功利的目的，又往往适得其反，把"古"搞得不今不古，把"真文物"

变成"假古董"。

6月9号，我与少华去了江山。这里一直是一个想去的地方，我的硕士生姜闪闪是这里的人。10号陪我们去戴笠故居。远远先见几处"雨农酒家"，便知赚钱已压倒一切，除非强行禁止，否则一切政治标准便都分文不值。戴笠密室果然不同凡响，室内有两道上下楼梯的暗道，十几个房间均几处出口，所有窗户也都设计得利于射击和逃跑。里面有关于戴笠的简介，但语焉不详，主要是不知该对此人作何评价。既不见蒋介石与他的合影，亦无胡蝶照片，只是一行大字吸引住了人的目光："奉化的总统，江山的军统，平湖的中统"。细细参观了江山的博物馆，对黄巢当年修通仙霞关，打通浙闽古道很有兴趣。可惜已经实在爬不动山了。11号在衢州参观，首先自然是孔府，号称"南孔府"，有点与曲阜争正统的味道。让人最不舒服的感觉就是孔门七十三世宗子孔庆仪扎长辫，戴官帽，宛若满清遗老的画像，真的让人立马想到了"汉奸"二字。我是丝毫没有轻视或必须划分开汉满两族的意思的，但孔家的人在当时倒是应该有的，否则又何至于南下到衢州？但如果全国沦陷，"江山"变色，即便是孔门后人，也恐怕只能如此了。这大概也就是中国人的处世之道。"危邦不入，乱邦不居。天下有道则见，无道则隐。"话虽这么说，如果"隐"不成呢？"隐"了连饭都没有吃，又能怎样？说到吃饭，这里的"廿八都铜锣糕"，无论其名其实，都值得品尝。

7月4号晚，在上海的大宁剧院看柏林的德意志剧院演出的《等待戈多》，久闻大名，终于看到了原作。字幕上的字太小，表演和字幕让人左右为难，但后来想通了：听不懂也无所谓，本来也就是为了让你觉得没什么意思。反正就两个人，仅仅为了是不是就在这个地方等待戈多就争论了半天。有争吵，有拥抱，后来又从锅底式的舞台下爬上来两个人，年轻的背着年老的，似乎是想说明戈多不来了。反正人生大抵如此，无非就在"是"与"非"、"来"与"不来"、"等"与"不等"间打发着生命。打发生命，是的，是打发生命。

7月12号，坐埃塞俄比亚（Ethiopian）的 ET684 航班飞亚的斯亚贝巴（Addis Abeba），这里已成为从中国来非洲或西北亚一带的飞机中转站。在这个城市待了整整一天。亚的斯亚贝巴是埃塞的首都，，城市建设上不及中国东南部的一个县，既不见多少水泥、柏油路面，也无红绿灯，但秩序良好，汽车无抢道、鸣号现象，见了行人过马路就自动停车。那天恰逢东正教的一个什么节日，也是人山人海，妇女均围着白纱巾，"圣三一教堂"挤得水泄不通，里面有人大声布道，各种水果和小吃也就摆在泥泞的路边。我们去参观了博物馆。人类据说起源于非洲，在这里可以看到我们人类祖先的骨骼和以此进行的还原。一天时间远远不够，反正回来时还要来，我和少华决定到时一定去看看东非大峡谷。然后就是以色列和约旦，反正在四个"海"边游览：特拉维夫靠地中海，约旦有红海和死海，以色列还有一个加利利海（其实是湖）。关于这次旅行，可参见我的文章《圣地的永恒性》，发表在 9 月 15 日的《社会科学报》，网上也有流传。拿以色列与约旦比，深感以色列人就是中国的上海人，精明、细致，守规矩，但比上海人要勇猛、果敢得多。而约旦的阿拉伯人却要粗犷、大方得多，无论是坐的车、住的宾馆，还是吃的早餐。也许，后面有约旦更想吸引游客的愿望。我和少华去看了在约旦的古罗马遗迹，沿着山路走了十几公里，一直看到古罗马的圆柱建筑和露天剧场，也不知是不是与古代的彼拉多城有关，反正周围没有一个人，就拍摄了那么几张照片。当然更多的都记在自己的心里，特别是当少华已经不在了的时候，这些往事又说给谁听？

　　7 月底，上海自然大热。我们几家人又一起去了浙西大峡谷的"万民山庄"，孩子和田野他们都去了，有竹海和游泳的地方。住了几天，回来更热，再坐游轮去了日本和韩国，总之跑个不停，但热总也躲不过去。为了过中秋节，我们 9 月 11 日去了西安。上海的热总算是避开了。少华挂念她 85 岁的老母，也想在西安多住些日子，大家似乎都有些来日不多的感觉。在西安过完节，16 号，就与妻妹一家一起往陕北跑，因为少华说她始终未去过陕北。开车主要靠她弟弟。我们先到黄帝陵，那里有新建的祭拜大厅。看着大厅的宏伟壮丽，香烟缭绕，又想起神木县委的一任书记曾说过：少修一条路，少建一座楼，农民的医保问题早就解决了。是的，解决医保、免费教育本不是什么了不得的大事，但为什么就解决不了呢？去壶口瀑布，夜宿延川，再到绥德、米脂、榆林。绥德有蒋介石、汤恩伯等人的题字，不知何时所提，怎么会提到了这里；米脂有李自成的行宫，反正也是"大顺皇帝"，尽管只坐了 42 天皇帝，但行宫还是修建得富丽堂皇。旁边有毛泽东的一段话，对李自成赞不绝口，说是推动了历史的进步。"米脂的婆姨绥德的汉"自来闻名于世，现在成了一个展室，专门展出有哪些"米脂的婆姨"成了中央领导人的"第一任夫人"，记得的有林彪的夫人、高岗的夫人，反正至少也有几十人之多。榆林自然是陕北重镇，钟楼下的南大街一色青石板铺路，据说是明代所建。延安在回程时匆匆看了一下。我以前来过，这次想看看有什么不同。"五大领袖"（毛、刘、周、朱、任）的塑像搞了起来，毛的窑洞（最好的）中依然保留着江青的照片，但刘少奇、彭德怀、高岗的居所里依然空空荡荡，恐怕是还未来得及补上。在"七大"会址看到120师献的锦旗上有"创建党军"的字样。这"党军"二字让人望而生畏。

两位医生去了美国，安庆在德国，邵敏开刀住院，我与少华去汕头大学讲学，接到香港的洪先生，再一起去晋江金井镇围头村，参观"8.23炮战"旧址，见到了当时的英雄，而他的女儿第一个嫁给了金门人，到今天，已有一百多位女性青年当了金门台湾人的媳妇。我在那里给中小学师生讲了几次，尽可能通俗易懂。洪先生的故里在石壕村，我们也去那里看了看，听他讲述过去的故事。

12月，去中山大学珠海分校开会，顺路去了澳门，住奢华无比的万利（WYWN）大酒店。据说都是一些内地豪赌者预定的房间，现在已人去楼空，渺无踪影。看歌舞、杂技表演《水舞间》（Dancing Water），煞是好看，据说在澳门久演不衰。

我九十年代曾来过澳门。那时的澳门给我的印象甚好。安静，只有一个赌场，街道狭窄，可见老人手提鸟笼去炮台遛弯。现在的澳门，无数家"娱乐场"（赌场）竞相比赛，一到晚上，花灯初上，霓虹闪耀，其繁闹远超上海。在澳门的活动全是洪先生安排，最有意义的是又参观了葡萄牙最伟大的诗人戈麦斯（Gamose）当年在澳门居住的山洞。他去世的日子（10月6日）也就是葡萄牙的国庆日，可见其影响之深远。在澳门的艺术博物馆见到了九十年代来澳门时就结识的赵阳，通过她又见到了澳门大学的姚京明，也算是对岁月的一种怀念。

这也是另一种在奔波中"等待戈多"的打发日子的方式。

2016年，我69岁，按一种说法，70岁的生日应该在69岁过。于是，在我过生日的这几天，我写了一首诗，题为《七十自嘲》：

南国暮年望北疆，

新芽老树共春阳。

倏忽七十浑不辨，

悠悠半世无短长。

天罡地煞昔日梦，

　　皓月凝碧今彷徨。

　　寒胆早无金鸡颂，

　　却话偷窥白虎堂。

　　下面有一小注：《水浒传》第 72 回："宋江一时口滑，把出梁山泊手段，自书一乐府词题赠李师师，词中有'六六雁行连八九，只等金鸡消息'。今引作他意，言地煞天罡，以解心中块垒。"

　　其实我真正感兴趣的就只是六六、八九这两组数字，尽管它在宋江那里确实暗喻天罡地煞，但在我这里，却代表着我们这辈人一生中所经历过的最刻骨铭心的两大事件发生的时间。这一切，都留给后来者吧。

　　3 月 19 日周六，中午在信义原的将军厅聚餐，医生一家、立冬一家、晓渔一家、尧均一家、鸿生一家、邵敏一家、小夏一家、日明、张闳、张生、安庆、书元、钟锦、有恺、张念，陈述一家带着越儿，还有我们，共计 27 人，少华先出示预定的蛋糕，黑灯，小越儿吹灭蜡烛，众人齐唱"生日快乐"，我已泪流满面。一生仅此一次，一次也就足矣。

　　我的这首诗，是请溧阳的彭峰书写的，悬挂在餐厅墙上，大家对字的欣赏，远超对我的诗的肯定。也是，我个人的际遇、情感，又能让别人说些什么呢？

　　少华拿出了她的诗，我也不知道她是什么时候写的，很让我感动：

　　皓月凝碧哀国殇，

　　南国北疆惜讲堂。

　　空余当年青春梦，

　　忍见环球正苍凉。

　　一生伴君有师教，

　　南飞东走奔波忙。

　　海甸莱茵同养老，

　　携手共话看夕阳。

宪文的诗（一）

　　小学同上北大街，

331

队歌嘹亮领巾红。
英雄学习刘文学，
领袖紧跟毛泽东。
大厦台上歌跃进，
公厕墙下拍苍蝇，
一事于君最介怀，
乒台挥拍傲群童。

宪文的诗（二）：
花开时节读华章，
千里遥贺寿一觞。
东湖品茗心犹暖，
南海弄涛波微凉。
曾评水浒多高论，
屡议文革惊部堂。
白虎堂上懒抬眼，
但观叶绿又叶黄。

宪文的诗（三）：
七十年来梦一场，
分明故乡变他乡。
改造犹记北大街，
拆迁难觅通济坊。
但见高楼遮南山，
再无榴花映北窗。
差幸尚有羊肉泡，
每到长安必先尝。

归智的诗：
意马心猿任脱缰，

灵山觉悟各芬芳。
花飘不惑纷慷慨，
叶坠古稀重炎凉。
地煞天罡风雪夜，
齐天大圣亦彷徨。
浦江星海涛音共，
侧耳莱茵君子堂。

钟锦的诗：
称觞同颂寿无疆，
莫问昇阴与伏阳。
终为一心轻笑骂，
尽从万古重炎凉。
学方精邃谁言老，
性到中和岂漫徨。
今日须夸逾矩事，
青春招得正堂堂。

好了，这些诗，且不管是否合辙押韵，反正是心到了。生日的事也就说到这，2017 年还有一次与生日有关的学术研讨会。这一年的另一件事，就是我们人文学院搬到了原来经管学院所在的云通楼，5 月 15 日，在这里举行了人文学院成立 70 周年的纪念大会。上午是学术讨论，题目叫"技术时代的人文学科"。下午是纪念会。党委书记杨贤金，还有童世骏、孙周兴、唐春山、于海洋、王开旋也分别致辞和发言。我也代表教授委员会致了辞。这里所说的"人文学院"，自然指的是早已不复存在的古老的人文学院。那时的人文学院，中文系主任是郭绍虞，哲学系主任是熊伟，德文系主任是陈铨，历史系主任是吴萍，法律系主任是吴歧；章士钊、郑寿麟、杨一之、陈康、冯至、冯契等著名教授均在同济任教。1949 年 8 月，文、法学院合并为文法学院，并入复旦大学。我在说到什么时，忽然哭了起来。所有的人都大吃一惊，不知发生了什么事。我又控制不住自己，只好在主席台上坐了下来，埋头流泪。是的，为什么哭？因为第二天就是 5 月 16 日，我想到了这一天，想到了因这一天而导致的我个人的、家庭的、国家与民族的生活变迁；我还可以说，我因同济大学人文学院的消失与重建而想到了 1952 年的院系调整，想到了"文革"十年关闭大学和推荐的"工农兵学员"，想到了 1977 年的恢复高考，想到了现在又已经完成了的大学合并和大规模扩招，如此等等，到底都是怎么一回事？可有人反思过，道一下歉，说一个"不"字？其实，所有的这一切都不可能想到，它们都只是背景。让我想到的，就只是那些辛勤劳作，在这么短时间里就把云通楼整理成现在这个样子的工作人员，还有所有那些永远也不知名，更不会在主席台上就座的普通人、平凡人。后来，张闳写了一篇文章，就我的哭发了一通议论，借用《圣经》中的话，说哀恸的人，有福了。

是吗？对我来说，哀恸的日子还在后面。

这一年，川普和蔡英文分别当选。

2017：

泰然、勇气与智慧

这一年的 7 月 2 号，我结束了在"季风书园"的第 12 讲，也就是最后一讲的讲座，这件事就算结束了。连续 12 周，风雨无阻，每周六到上海图书馆下的"季风书园"来讲一次，讲的是事实、判断、逻辑，近似于分析哲学的话题，但我几乎是完全按照我个人的理解，最多加上一些康德、黑格尔关于判断、推理的论述来展开对"如何认识我们的时代"这一话题的讨论的。听众反应热烈。葛万军先生代表听众，于淼先生代表主办方最后致词。我的讲座结束后不久，"季风书园"，这个在上海享有盛名的书店也就此离别上海，移居他处。所以我的讲座也就等于是向"季风书园"的告别。我和所有人的心情都有些别样的感伤。少华和覃莎也都去听了，会后一起参观了就在附近的巴金旧居，还是王丽琴领我们去的。我这是第二次去。不知是为了什么，那天回来，就在日记上记下了美国神学家尼布尔（Niebuhr）1934 年的一段祷词：God grant me the serenity to accept the thing I cannot change; courage to change the thing I can; and wisdom to know the difference. 日记中把 serenity 译为"泰然"，可能别人这样译，我照抄过来。总之是一种"平静的心态"。无论选用哪个词语，能泰然接受不可改变者，有勇气改变能改变者，用智慧去区分这二者，这大约就是这段祷文的核心意思了；当然，最重要的还是要上帝 grant（赐予）我们。没有上帝，或对不信上帝的人来说，能获得这三种能力吗？类似的话，还经常出现在其他一些地方。在 4 月 20 号的日记中，我还记有潘光旦先生在艰难生存中给自己写下的"3 个 S"：submit（服从）、sustain（维持）、survive（生存）。Sustain，可以理解为忍受、支撑、维持。"服从"本身也是一种"忍受"，但总还需要一种支撑的力量，或者说，想维持住某种"底线"。大家可以按自己的理解去想象潘光旦先生选用这三个"S"时的心情。但不管怎么说，"生存"总是第一位的。就是说，要活下来。就个人的生存状态而言，也许潘光旦先生的话更实际；但就对问题的认识和理解而言，还是尼布尔在这里所说的泰然、勇敢、智慧对生活的实际来说更重要。毕竟，我还没有到首先要 survive（活下来）的那种境地。所以，2017 年，在这全部五十年间有与无的记忆中，我准备在这倒数第二年，专门谈一下泰然、勇气与智慧问题，因为我不得不面临更多你必须"泰然"接受的事实和用"勇气"去改变的事实；当然，我也不得不承认，我其实并没有这样的"智慧"去把这二者区分开来，尽管在"季风书园"的课堂上，我讲的就是"事情"（things）、事实（facts）与事件（case）之间的区分与关系。这里的"泰然"、"勇气"、"智慧"都打上了引号，因为我并不认为我所理解的泰然、勇气和智慧就与尼布尔一样，或至少接近他的理解。

　　"季风书园"的事是我所无法改变的。到底是因为什么，在这中间都发生了一些什么样的事，我其实都不知道，就是知道了，也依然是不可改变的。所以知道不知道也就没有了什么区别。这也就是中国人所说的"多一事不如少一事"的原因，因为自己知道不知道都与自己"能不能改变"没有多大关系。这恐怕也是人与人之间变得越来越冷漠的一个根本原因。于是推而广之，又会得出"各人自扫门前雪，休管他人瓦上霜"的结论。其实，这本来是可以改变的，几乎连勇气都谈不上；尽管因为在"季风"讲课，3 月 30 日，我还是被约谈，喝了一次咖啡。反正不知怎么搞的，也许和几千年了有关吧，无形中就变成了这样一种民族性格。当然，"民族性格"或"国民性"既然是变成的，那也就可以再变成另外的样子。这里并不存在"人性"意义上的唯独中国人"天生如此"的意思。

　　在中国，你能想象得到法官们强烈反对司法独立，新闻媒体界猛烈抨击新闻自由吗？ 1995 年，包括中国在内的 34 个亚太国家的最高法院院长（或首席法官）刚刚签署了《北京宣言》，即"关于司法独立的宣言"，声称司法人员判案时不受任何因素影响；两年后我们的最高人民法院院长周强竟宣称必须坚决反对"宪政民主"、"司法独立"之类的错误言行。我不知道其余 33 个亚太国家是怎么想的，难道在北京吃喝一顿、随手签个明知不会有任何作用的"宣言"就算完事？那么把这么多国家的大法官们请到北京来到底是为了什么？

　　1月22号的日记中记有这样一件事：假设有人这样问王船山："今人若可穿越至历史上任何一朝代，君将何择？"船山先生的回答是："我亦不择，惟愿生今世以待来日也"。但这里还是有一个"以待来日"的期盼，但你又焉知"来日"胜于"今世"？中国人恐怕真的没有想过什么是自己有勇气可以改变的事情。这里最重要的还是一个"勇气"问题。康德讲启蒙，也强调的是"勇气"。但我们中国人的勇气到底是什么时候被彻底打消了呢？蒙元灭宋，满清入主中国，我并不关心民族主义意义上的"华夷之辨"（这其实是一个说不清楚的问题，有人就说舜本是东夷，而周文王则是西夷），我关心的只是所谓的文化意义上、地域与人口意义上的泱泱大汉，真的曾经为自己的战斗力或民族精神感到过非阿Q式的自豪吗？到了近现代，这一切就看得更清楚了。但我也同时认为这几乎就是一个不可能改变的事情了，如果我们只想着"维稳"的话；尽管只要"稳"了，让我们自豪的事情、认为自己可以改变或已经改变的事情真的还是很多很多。

　　元月22日晨9时，敬爱的杨祖陶老师在中南医院走完了他90年的生命。

　　心中悲痛不已。陈修斋老师去世时，死亡对自己来说还只是一个概念。现在不同了。自己也老了，觉得身边离去的每一个人都与自己相关，也都带走了自己的一部分，哪怕只是精神上的一部分。但这又是一个自己绝对无法改变的事情。

　　拟就一副挽联献上杨老师的灵堂："生今日待来世杨老师恩重如山一路走好，念往昔抚旧事师生间情深义切永誌不忘。"

　　大概是1月8号吧，我听到了几年前温家宝总理在他任期最后一年说出的他最想说出的话：没有政治体制改革，经济体制的改革无法进行下去，所取得的成就可能丧失，文化大革命也可能重演（大意）。我坐在电视机前，心想：要是我，有这样的勇气吗？

　　还有六件说大不大，说小也不小的无法改变的事：一件是元月初，山东建筑大学的一位名叫邓相超的教授因说了什么话，结果"被打倒"。有很大的标语上写着"打倒邓相超"，其中"邓"字很大，暗指邓小平。随之，1955年出生的邓相超就被强行退休，省政协常委也被免去了。第二件事是3月25日山东冠县发生的"辱母杀人案"。杀人者于欢的母亲苏银霞因借高利贷，被几个人百般凌辱，其子于欢报警未果，怒而杀人，被聊城中级人民法院判处无期徒刑。这里面又涉及到一个正当性与合法性的关系问题；而且，也与我在这里所讨论的中国古人所讲的"气"、"义"、"勇"到底是怎么丧失的有关。当然，这里也要提到"勇"的另一种表现形式，比如年初二，一打工者潜入宁波动物园，结果被老虎吃掉。这已是在中国发生的第 N 起老虎吃人的事件了。据说门票 150 元一张，这位打工者的妻子、孩子已花去三百元进门费，自己实在舍不得这 150 元，于是"逃票"，怎么就会进入老虎的领地，结果死于虎口？具体情况并不了解，只是心中有些很不是滋味的感觉。想想这位打工者，下决心让一家人到宁波来玩，花钱去动物园，结果是自己命丧虎口，一家人就此永别，最后怎么办呢？当然，比起马来西亚沉船事件，20 余名中国游客落水溺亡，死个把人也真的算不了什么。第三件事就是 7 月 13 日下午 6:40 分，2010 年诺贝尔和平奖获得者刘晓波在沈阳病逝。医院三人身着黑衣发布消息。世界各国大报都将此事作为头条新闻宣布。我们这里自然是鸦雀无声。第四件事更小：9 月 5 号晚，在电视上看中国国家足球队以 0:1 输给了卡塔尔队，在莫斯科世界杯外围赛的小组赛中即被淘汰。第五件事是这一年的 11 月，我在汕头大学讲课，闻知津巴布韦发生了政变，93 岁的穆加贝被赶下台，而他 2015 年刚刚获得了我们的"孔子和平奖"。最后一件事，还是发生在我在汕头大学讲课期间。应该说是两件事，但相继发生，而且都在北京：一是北京大兴的一场大火，导致"驱逐低端人口"；二是北京的"红黄蓝幼儿园"发生的对幼儿的性侵、虐待、扎针、打骂等事件，让人觉得其恶劣程度已匪夷所思。我想，这些事情虽然都是我们无法改变的。但距离自己真的很远吗？

"落日镕金，暮云合璧，自己又身在何处？"

有些事情介乎可改变与不可改变之间，所需要的只是一点点勇气，比如新年开始在网上流行的"百名公共知识分子新年寄语"。我试着改了一下林牧先生的一本书名（是他的一位亲戚，也是我的高中同学刚寄给我的），也写了四句话：烛尽梦犹虚，日出夜更长；百年来回看，七十话苍茫。尽管我并不能算作一位所谓的"公共知识分子"，但有朋友让你写，不写也就显得太没有"勇气"了。于是想到"勇气"其实是一个和"尊严"密不可分的概念，而"尊严"在很大程度上又取决于想让别人怎么看自己。人是生活在他人眼中的动物，他人怎么看自己，比自己怎么看自己要重要得多。有些人的"寄语"还是写得很好，印成书都很好卖。"新年寄语"，本来就是很平常的事，不知从什么时候起，似乎这种话就只能由上往下说，而且是最上面的人才有资格给大家"寄语"。

有了网络，"下面的人"也就享有了在公共场合发表"新年寄语"的权利。结果被屏蔽，于是再发；再被屏蔽，再以新的方式出现，有如游戏，最后变成了一种单纯技术上的较量。而这种较量，已远不是我所能"改变"的。我所喜欢的，还是朋友间的私下"寄语"。春节在海南，给宪文写的是"转身回首，烟花依旧；相对无语，何堪春秋"。宪文写给我的是："呐喊驱寂寞，意欲惊铁屋；未庄方梦酣，鲁镇正祝福。"也就只能这样了，烟花如旧，相对无语，驱逐寂寞而已，尽管未庄和鲁镇的人并不寂寞。

我们这些人从事的哲学研究，说到底与观念的改变有关。但说再多的话，也比不上一两件"事实"或"事件"的力量。比如5月份发生的两件事，主要是观念上的问题，但自己需要站出来说话吗？一是一位名叫徐晓东的散打高手十秒就打倒了一位太极高手，于是众多太极弟子群起而攻之。没有人敢否认太极拳的健身作用，但也完全没有必要把太极拳的"实战能力"说得那么神乎其神。这本来都是很简单、很平常的事，但网上众说纷纭，就如又回到了义和团刀枪不入的年代一样。另一件事和武汉的作家方方有关。1月份，她的长篇小说《软埋》获茅盾文学奖，同时获奖的江雪是西安的一位独立作家。这两件事都让我很高兴：方方我认识，有过不少来往；江雪是西安的独立作家，我又在西安长大，对那片土地有着特殊的感情。但完全想不到，到了5月，忽然开始了对方方《软埋》的批判，来势不小，似乎是中宣部或什么将军发起的。但这些人真的懂文学吗？就是懂，用得着这样再如"文革思路和文革语言"一样开始大批判吗？我看了《软埋》，诸如此类的"事实"难道还少吗？历史上对过去的旧账（反面或负面的事实）一律不承认，文学作品也不能写，这样下去，真让人有绝望之心。而这种绝望之心，又使得人更没有了勇气去改变可以改变的事情。事情虽说最后不了了之，但人心的沉沦却更为深远。我们正在一条万劫不复的道路上快马加鞭，它的终极目标是整个民族精神的萎靡、困顿和个体意志自由的失散。

发生在国外的事，我们鞭长莫及，自然管不上，但也不能说与自己无关，比如美国川普总统的就职演说，比如法国马克龙当选总统，比如9月初巴塞罗那遇袭和10月4号发生在美国拉斯维加斯露天音乐会上的暴力袭击，造成54人死亡，一百多人受伤，如此重大的流血事件，官方报道了，民间却一派沉寂。然后就记下了北岛的一首诗中的几句："以太阳的名义，黑暗在公开掠夺，而沉默，依然是东方的故事"。关于马克龙当选的事，我想在这里引用哈贝马斯的一段话：

马克龙身处任何建制党派之外，如果他最终迈向胜利，将是战后法国历史真正的断裂：打破左右分野的政治形态。超党派的左翼人士并非无政治立场，只会更危险；但马克龙也可能导致各方政治势力的重组（大意）。美国保守党人川普的当选，法国超党派人士马克龙的当选，英国的脱离欧盟以及欧盟所面临的解体危险，实际上对我们在新的意义上理解"左"、"右"两翼以及人类历史的走向都极为重要。民粹主义，到底是极端左翼的产物还是极端右翼的产物？中国式民族主义外衣下的民粹主义又当作何理解？"打左灯朝右拐"一时间成为普遍认可的政治"潜规则"，但从理论上该如何讲？在我4月下旬的日记中，曾对此做了许多笔记，包括美国的"通俄门"、韩国的"通密门"、中国的"爆料门"。当然，这些都只是自己一时的想法，还无法拿到桌面上来讨论。就事情本身而言，真的离我们很远；但就一个理论上的问题而言，又真的就是一个我们所不得不面对的问题。

这一年，对我个人来说最大的事，就是学院准备开一个"政治与伦理——陈家琪教授70寿诞庆祝会"。这是最初拟定的会议名称。我不愿意开，觉得没有必要，但学院还是要开，而且准备作为一项制度性的东西确定下来。但当时中央巡视组正在学校"巡视"，这样大张旗鼓开这样的会，行吗？3月7日，为这样的事反复商量，通电话，见面讨论，一说就说到夜半12点。最后把题目改为"政治文明与伦理重建——庆祝陈家琪教授从教35周年"。高兆明教授谈宪政，取消；王海明教授谈国家治理，取消；张闳、王晓渔的发言取消；所有与会者的名单一律不进入会议手册，保密；所有人的发言都要有发言提纲，一律严审，凡有敏感字词的，删除。等等。我说，那我就不参加这样的会了。这个时候，我还是表现出了一点"勇气"，因为事关我个人的事，我总不能什么都不说。最后达成妥协，说是反正要高度注意着，凡有巡视组的人到场，说话就要更加注意。

这样的事情，如果我个人坚决改变，是能改变的，因为说到底，它不过是一件需要些微 courage to change the thing I can；但我心里却还是有些私心，想借机见见那些多年未见的老友。人老了，恋旧，不找个理由，怎么能让一些人来到上海？尽管路费自理，但我很想替他们出了，至少，住宿和吃饭是免费的。就是这点私心，使得这次会议开成了，不但让我听到了那么多精彩的发言，而且，更为宝贵和重要的，是我与少华最后一次站在生日蛋糕旁切蛋糕，看着少华发自内心的喜悦，我觉得我付出什么样的代价都值得，何况并没有什么样的代价，大家真的当成了一次难得的朋友团聚。

我在西安市第四中学的老高中同学王学宜来了，我们已经整整半个多世纪未见过面了；我在华县 12 年的生死之交王世忠从克拉玛依来了，他接受了访谈，清唱了一出秦腔剧的唱段，又在吃饭时自编自唱了四句戏词："刎颈交陈家琪七十华诞，众专家聚一堂同庆共欢，研讨会主题重尽抒己见，真挚情充满了同济校园。"大家欢呼雀跃，热烈鼓掌。我当年在劳改队工作时的同事，也是与我一起被招工进劳改队的田野、何宁也来了，也是几十年了，大家始终保持着极好的关系，往来密切，彼此尊重。海南的徐晓楣、李蓉也来了。梁归智夫妇来了，还有萌萌的妹妹苓苓，她一直努力弥合着我与过去的一些朋友在学术观点上的分歧，捍卫着她心目中萌萌的形象。更多的是学术界的朋友，比如学铨、梁康、晓芒、兆明、志扬、周兴、鸿生、日明、书元、逸鹏、安庆、国伟、小夏、长伟、劲松等等，还有我的几乎所有的博士生和研究生，包括从德国赶回来的李英伟。晓芒、安庆和张念的发言都特别好，不但感人至深，而且在学术见解上也颇有新意。溧阳的彭峰老师把我的"七十自嘲诗"书写了两张，大的一张挂在吃饭的大厅里，煞是醒目；还有一位戴老师，吟诵了这首诗，古韵悠长，都有录音，让人感念不已。当时似乎留下过一张合影，但一时找不到，所以许多人已经想不起来了，但那种气氛与情谊，却永在我心。

我自己认为，所谓 courage to change the thing I can，这里的"勇气"，也可以理解为对自己的现状的改变，其中就包括着外出旅游的兴趣与勇气，当然，也要有起码的经济实力。这一年，我与少华随同济大学组织的暑期旅游团去了云南，知道了普者黑和弥勒这两个神奇的地方。可惜普者黑的老城已被拆完了，"弥勒故事"是个吃饭的好地方，给人印象很深。一个"云南红"葡萄酒，一个"红河"香烟，就使这个地方兴盛发达起来。我们真正想去的地方是腾冲，但就是去不了，总在昆明附近转。云南的气候真是太好了。在九乡的溶洞里，我们走了一千多级台阶，对少华的身体来说是过分了。当时决定回上海后再去医院看看病。谁能想到这竟会是一个致命的决定呢？

8 月中旬，开始了渴望已久的东欧之旅。8 月 12 号先到维也纳。晚 7 点左右，酒店周围竟空无一人，所有的大商场都关门歇业，一打听，才知是周六。想起宣良他们在法国，为着周六、周日两天假日中上一天班的事要打官司，才知道在欧洲，"假日"是一个远比"工作"或"上班"更要紧的观念。以后无论出国到哪里，都需记住这天是星期几，而这一条，对我们，特别是已经退休了的人员来说，几乎早就不在意了。莫扎特、贝多芬，经济学的"维也纳学派"，大家都不怎么感兴趣，感兴趣的是茜茜公主，但与茜茜公主有关的奥匈帝国及第一次世界大战，又有多少人感兴趣呢？据说这些著名的音乐家大都安葬在中央公园，可惜就是不去。中国人似乎对陵园、墓地、坟场之类的地方天生就有一种排斥的心理，而这些地方恰恰是我最想去的地方。从飞机上往下看，出了奥地利，大地上立即就荒芜了许多。捷克斯洛伐克离开了即将解体的苏联，自然是好事；但斯洛伐克离开了捷克，就越发显得有些落后了。我们住一家名叫Agatka 的酒店，无论是设施还是服务，都比维也纳差了许多，还保留着"社会主义国家"特有的那种待人接物的方式与态度。就城市而言，此行印象最深的还是捷克的布拉格。我在查理大桥上走了两个来回，觉得全世界的人都来到了这里。可以看见各种肤色的人，听到各种语言。大桥建于 14 世纪，桥两边全是来自于圣经故事里的雕塑。下午六点，广场上的钟声按时响起，据说 140 年来天天如此，每到正点就播报时间，就有小铜人出现，人群如潮水般拥挤在下面拍照。不远处有胡斯的雕像。他伫立在那里，目睹着眼前的一切，既有 1945 年苏军解放布拉格，也有 1968 年苏军入侵布拉格。有两个大学生自焚在广场上，每天都有人献花，但他们自己并看不见捷克独立的一天。值吗？从他们个人来说也许不值，从整个捷克、从人类来说，值。一个人怎么才能有了人类的理念？靠历史的眼界？靠一时的冲动？还是靠某种宗教的信仰？信仰里面有正义感。我想，当年苏军的坦克怎么忍心就这样从一座如此神圣的桥上驶过？靠无神论和上级的命令。上级的命令里面肯定谈不到正义感。无神论的正义感体现在哪里？体现在人对一个未来的美好社会的构建。能如此相信人，或就把他当成神吗？这不就又走到了有神论的立场上吗？在捷克的一个名叫 KTUMLOV 的小镇小憩，吃饭的餐厅是"上海餐厅"。让我大感失望。我很不愿意在国外的中国餐馆吃饭，不仅口味完全不对，也失去了品尝当地风味的机会。但旅游团一般都会这样安排。这个小镇一万来人口，有小河、小桥，宛若江南小镇，但教堂多，非常静谧，河边都是坐在那里慢慢喝咖啡的人，几乎不发声，非常诱人。然后再到奥地利，去了著名的萨尔茨堡，莫扎特的故乡，卡拉扬也是这里的人。有人悄悄说希特勒也是，但无法确证。现在这里吸引人的并不是莫扎特的故居，而是以莫扎特命名的巧克力。据说非常有名，也美味异常。我买了一些品尝，果然是好，以后就专买这一品牌的巧克力。在奥地利与捷克的交界处有一美丽小镇 HALLSTATT，街上用简体字贴着一张很大的广告：不要大声喧哗，不要乱扔东西，注意个人隐私，不要随便进入人家，等等。显然都是专门说给大陆游客们的。而这些常识，却几乎从未正式出现在我们的教科书上，老师们也不大能注重这些方面的教育，因为这些言行与爱党、爱国的"大节"比较起来太无所谓了。当晚住匈牙利的 GARZON PLAZA 酒店。这是这么多天住得最好的一家酒店，有咖啡，也有茶，可烧开水。也许和接待中国游客多了有关，他们已经知道了中国人喜欢喝开水，而且要泡茶。夜游多瑙河是一次神奇之旅。一个人 50 欧，折算成人民币当然很贵，但，在国外花钱时不能这样折算，我自己已经想明白了这一问题，尽管这 50 欧确实是用人民币折算的。我在上海、重庆都多次夜游过，也许和见多了有关，总之就是现代化的大楼和闹市。在多瑙河上的感觉却完全不一样。音乐始终是"蓝色多瑙河"，几乎看不见多少现代的建筑，两边有造型各异的哥特式教堂、自由女神、纳吉的塑像。布达是老城，在山坡上，政府和机关所在地；佩斯在坡下，是商业区。匈牙利很奇怪，为了对抗两侧的奥地利和俄罗斯，既不信仰新教，也不信仰东正教，而是回归天主教。我一直站在船边，心想，也是社会主义国家的成员，在宗教信仰上怎么能坚持维护住自己的传统呢？而且，所有的古迹是怎么保护得这么好呢？仅仅是一次文化大革命就把我们的文物古迹消灭殆尽了吗？后来的城市建设和乡村改造也许更彻底，这真是一些很复杂、很麻烦的问题。但无论如何，我应该远远地向纳吉的塑像脱帽敬礼。在匈牙利的 ZILINA 小镇，我们有整整一天自由活动时间。我们就坐在一个广场的一家露天餐厅，喝啤酒、咖啡，吃冰淇淋、土豆泥和鸡腿。我喜欢坐在这里听他们用自己完全听不懂的语言小声交谈，看他们的神色和交流方式，然后慢慢享用自己的啤酒加咖啡。也是那么大一杯啤酒，我几乎不相信自己能喝完，也就喝完了，而且意犹未尽。广场上有"3014"几个数字，我问了几个人，都摇头说不知道是什么意思。于是只好存疑，保留在自己的脑海中。

　　在波兰，自然去了奥斯维辛、克拉科夫和华沙。奥斯维辛只给半小时。我表示了强烈不满。在大门口，我与少华径直走了进去，看看那些监舍，甚至能嗅到那种特有的气味。焚尸炉之类的设施自然看不到了，但我们觉得这一切就在眼前。也许与电影看得太多了有关，在奥斯维辛，你不能不直面人性之恶。

这里的"人性"当然不仅仅指德国人，更不仅仅只指纳粹或希特勒、希姆来、艾希曼这些人，而是指所有的人在特定环境下所可能表现出的恶。我们中国人能回避这样的问题吗？我真想在奥斯维辛的大门口献上一束白花，但哪里去买呢？在通往奥斯维辛的铁轨上，我与少华手挽手留下了一张照片，表示当年要是有一个人被关在了里面，另一个人也会进去，至少，会一直等在外面。但如果我们就是把"犹太人"关进去的人呢？能排除掉这种可能性吗？比如我就曾在劳改队工作过七年，其中的政治犯全部是冤案，那又会怎么样呢？犹太人也是政治犯，种族政治犯。我们是出身、成分、言论政治犯。你逃脱得了吗？克拉科夫在三个世纪里都曾是波兰的首都，公元 16 世纪才把首都迁到华沙。华沙的地名和一个美丽的爱情故事有关，但在我的心目中，波兰真是一个悲苦而又不屈的民族。一百多年来，三次被瓜分，还有卡廷惨案，包括 80 多位去卡廷参加纪念会的领导人的飞机失事，都让人感到"卡廷"这个地名真与某种凶兆有关。二战时华沙整个城市几乎被炸平，但有人保留住了老华沙的地图册和建筑设计的图案，于是照原样重建了古老的华沙城，今天整个城市的建筑都成为了世界文化遗产。有些东西毁坏了，人们会按原样复原，但有些东西却是再也无法复原的。在华沙的美人鱼广场，时值大雨，我为了去拍摄萧邦的故居和塑像，手机进水，几次开机未果，结果弄坏了，于是，沿途所有的照片也就永远消失了。好在少华的手机还在，但她远远没有我拍摄得仔细。不过也就这样了，只要有几张，哪怕连一张也没有，该记住的都在我的脑海和日记本中。

这一年的 9 月 12 日，我正式领到了自己的退休证。

在微信中看到了一幅所谓的"神联"：

鸟在笼中，恨关羽不能张飞；

人活世上，要八戒更要悟空。

自己这一生，有"张飞"的时候，无"悟空"的本领，也就够了。

这一年，与少华和两位医生朋友在十月底去了台湾。对少华来说，这一生去了台湾，心也就安了。

在台北，住士林美星商旅酒店，在剑谭下地铁，距离士林夜市也只有一站路。待得时间最久的，除了夜市，就是眷村的旧址了。这些都与心中的某种说不清楚的感情有关。承蒙中研院钱永祥教授的盛情招待，在紫藤庐喝茶、吃饭，参观了殷海光先生的旧居，当然还有胡适先生的墓，以及于右任、傅斯年等人的纪念馆。很想去一下于右任先生的墓地，但开车拉我们上阳明山的蔡显荣（港友蔡明远的朋友）却请我们在山上吃了一顿饭。天色已晚，实在不好开口再拉我们去看看于右任先生的墓地了。这点遗憾，留待以后吧。与台湾朋友聊天，他们都说，只要大陆好了，台湾，甚至东南亚、日本、美国都不是问题。这句话给我留下了极深的印象。他们说，他们在台湾还有激情写作，就是因为心系大陆。这些话，几乎让人流泪。现在想出国移民的人越来越多了，但如果你不心系大陆，还有激情思考、写作吗？而要心系大陆，能有比就身在大陆更让人有那种切肤之痛吗？

在高雄，与"中国国民党高雄市委员会的书记长胡美音"和"中国国民党三民区民众服务社的书记杨书佩"长谈了两个多小时。关于国民党在高雄的未来，面对民进党的强势，她们几乎看不见一点未来。谁能想到当年郑成功带来台湾的"老大陆人"与国民党败退台湾的"新大陆人"之间会有今天的你死我活？又有谁能想到后来的"韩旋风"呢？怎么理解政坛上的偶然性？这种偶然性作为民主制度的体现，包括川普、马克龙的当选，当然还应该想到希特勒，到底是好还是不好？这种制度本身的缺陷何在？为什么在古希腊的哲学家们口中，听不到多少对民主制的赞美？柏拉图、亚里士多德口中的君主制是我们历史上的"君主制"吗？他们所向往的"贵族制"可在中国的历史上出现过？那时候的乡绅自治，村规乡约，在多大程度上体现着一种"共和精神"？台湾的民主，是中国未来发展的方向吗？所有这一切，都是交谈的内容，尽管交谈的对象还不具有这方面的知识储备，但台湾的历史实践已足够丰富，所以更多的，是自己向自己的发问。在台湾，有几件"小事"很引人注意，一是在博物馆里，比如"毛公鼎"，久闻其名，上面的大篆文字都注上了现代汉语和注解，让人能看懂鼎上的文字；二是火车上的盒饭实在便宜、好吃。回台北时，我们故意坐此等列车，为的是能再吃一次。第三，就是人的和善、友爱。为了给你指路，有人竟会陪我们走很长一段路，然后再自己走回去。在台北，恰逢"世界首届同志经年会"，同性恋大聚会，且不说好坏对错，至少也算是大开眼界吧。钱先生说，他经常一个人开车到九份，坐在海边看惊涛拍岸。我想，他肯定是在思念大海的对面。台北的市政府大楼，还有花莲的七星岩海滩，既不安检，也不收门票，让人惊愕不已。在高雄的老城左营，有一家"西安饭庄"，进去吃饭，全然没有了西安的口味。那么台湾今天的文化，还能说是在延续大陆的"传统"吗？那么大陆的"传统"又是什么？就我们这代人所受的教育而言，有消失了、又被挖掘出来、但早已变形了的儒道佛，有不知是近在身边，还是远在天边的台湾的三民主义和民进党的"独立意识"，更有一直培育、灌输到我们脑海中的共产党的意识形态，到底哪个才是中国的传统文化？再说，如此有意识地想维护住的"传统文化"真能这样维护得住吗？文化里面的个体自由精神到底是什么？没有了自由，我们拿什么来"守住"任何一种文化所传递给我们的精神？

这一年的最后几天，就是到浦东参加一个读书会。老师们读的是我的《人生天地间》和《沉默的视野》。会上有老师问少华，这么多年与我生活在一起，有什么特别的感受。她淡淡地说：嫁鸡随鸡，嫁狗随狗而已。众皆无语，我也不知该说什么。然后王丽琴带我们参观了川沙的黄炎培的故居；宋氏三姐妹的母亲也出生在这里。12月27号上午，少华接到电话，说医院有了床位，可以来住院了。她立即答应了。回家就给我蒸了两锅包子，然后收拾行装，准备住院。东方肝胆医院的张医生一直治她的病，知道原来的药产生了抗药性。现在也已经有了新药。腹水要想办法排一下。但东方肝胆医院无住院的地方，要住院需到安亭。我们曾坐8号线地铁到东方体育中心，再转11号线到安亭，然后再坐一段公交，终于找到了东方肝胆医院的分院。很僻静，没什么人，主要是太远，不方便，于是决定放弃这位熟悉她病情的医生，另到一家医院住院。这是一个致命的错误。

于是，12月28号，我陪她去了医院。住25号床位。12月31日，排除了肝癌。应该是喜讯，但谁能想到，这一天，2017年的最后一天，竟是她生命的倒数第18天呢？少华以她的泰然与勇气迎接了死亡，我却没有智慧去区分什么是可以改变的，什么是无法改变的，因为，明明的，我已经知道了要改变什么，但医生不同意，少华不同意，我能怎么办？这时真正的需要的到底是什么？

2018：

三千丈清愁鬓发，五十年春梦繁华

（一）人生不过如此，也不止如此

我是 2018 年 1 月 18 日上午 10 点赶到医院的。显然已经去晚了，为此我会懊悔一生。本来我想陪夜的，但少华坚决不让，态度十分坚决，她知道我失眠，换个环境就睡不着，何况在医院。请了一位护工老赵陪夜。我到医院时，少华对我说，昨晚折腾了一夜，多亏了老赵，她做的，是你、儿子和我妹妹都做不到的，因为你们没有她这么大力气。为此，我也要深深感激这位老赵。我来了，老赵就回去休息了，因为她下午还有别的事要做。少华说，你扶我起来，咱们说说话。我说，先喝点水。她说，口渴，喝不下。我把病床摇起来，她的身体就往下滑。我扶住她，说，你用脚蹬住床边的栏杆，靠在我身上。她说，我蹬不住了，腿上一点力气都没有。你把被子掀开，太重。我说，别感冒了。她不说话，摇摇头，靠在了我身上。就像半个世纪前我们谈恋爱时一样。我说，还没有排尿吗？我昨天又买了三瓶药。她摇摇头，看了一下旁边的小桌子，上面正在用一个泵压往她的血管里注射着我昨天才买的药。停了一会，她说，我真的很难受，怎么坐着、躺着都不行。我说，是的，你侧着身子好不好？于是她就往右边侧，枕在我的手臂上。停一会，要换个方向，因为注射的针在左臂，人朝右，我看药水滴得不畅。她挪向了左边，但又可能压住输液线。于是只好还是坐正，枕在我的肩膀上，我用另一只胳膊搂着她。她说：我一生没做过一件错事、坏事，上帝为什么这样惩罚我？我说，你不是说上帝让你多活了十来年吗？忍着吧，会熬过去的。她说，不，我参加了文化大革命。我说，是参加了，可你还是没做过任何错事呀。我参加了抢档案。我说，那是集体行动，又不是你一个人，你自己抢什么档案。可我自己说这话时，底气已经严重不足。只好说，现在还管这些事干什么？喝点水吧。她摇摇头，说，扶我去卫生间。我说，你怎么能动？这么多管子插着。我把便盆放在下边吧，我去倒。她说，这怎么行？这样尿不出来的。我说，你要学着适应，这是特殊阶段。便往下拉她的棉毛裤和内裤，把便盆放在了下边。过了好一会儿，她说，不行，没有尿。我又把便盆取出来，扶她躺下。她说，赶紧把裤子给我拉上来。我说，停一会说不定还要尿呢。她说，不，拉裤子。我就往上拉内裤和棉毛裤。几乎拉不动。她努力配合，竭尽全力要把屁股抬起来。裤子拉上来，她长出了一口气，静静躺在那里。我一直抚摸着她的手臂。她的胳膊是那样的无力、柔软，手很凉。我就把她的手贴在我的脸上，给她取暖。又过了一会儿，她问：陈述（儿子）周六能来吗？我说，能。他说周五从北京先回南京，周六一早就来。我让他从北京直接来上海。她说，他买的华为手机，让他装上中国电信的手机卡。手机卡在我左边的抽屉里。因为我们家装的是中国电信的网线，我去五角场办手续时，中国电信的办事处就让我选三个号，说是有什么什么优惠。我就说，等新手机来了，就用这个号吧，她说她很喜欢其中一个号。我说，好。放心吧，陈述会把这一切料理好的。停了一会儿，我觉得她用劲握了一下我的手，说，还是扶我起来。我就又把她扶起来坐着，还是枕在我的肩膀上，我搂着她。说，医生说你看病晚了，半年多前有了腹水就应该来医院，可我们去了奥斯维辛和台湾，在此之前还去了那么多地方，包括以色列、伊朗、埃塞俄比亚这些人们不大去的地方。你后悔吗？她摇摇头，说，才不后悔呢，幸亏去了，要不……。我问：你要喝水，或者吃点橘子，我给你剥。她摇头，说，你别动。我的眼泪一下子就流了出来。结婚几十年来，她时时处处总是想着我，小到吃饭用的碗筷，睡觉盖的被褥；大到遇到什么事，比如有关人士要约我喝茶之类的事，她总是要精心比较一下，哪怕只是稍稍有点区别，也会把差一点的留给自己。你完全不用管，百分之百相信，到你手里的一定会比她的好。对我是这样，对孩子，对朋友，也是这样。这是一个一辈子都在为他人着想的人，善良、正直、忠厚，心中就没有过自己。记得有次问我：什么叫自我？我说，就是本质的我、精神的我，不同于肉身的我。她摇摇头，说，不好懂。过了一会儿，又说：知道了，反正我没有自我。我说，谁都有，但要反思，自己想想自己，这第二个自己就是自我。她微笑着还是摇摇头。此刻，我想告诉她：你刚才提到文化大革命，就是在反思，就是在追问第二个自己。但，此刻什么话都是多余的。就这样，她靠着我，张嘴呼吸，说话很困难。让我帮她剪一下指甲，我剪了，护士一会儿来量血压，一会儿来看体温，一会儿说，还要注射一针什么。我说能不能不注射了？护士说，医生吩咐的，有好处。我问，小桌上这个仪器都表示什么？她指着对我说：这是血压，这是心跳，这是呼吸，这是……。我听不清楚了，只是觉得少华的呼吸越来越急促，而所有来的医生和护士，显然都更相信仪器上的标识。一会儿，她睁开了眼，我把耳朵紧贴着她的嘴，听她问：几点了？我说，12 点多吧。她就又闭上了眼睛。就这样张着嘴大口呼吸，我总感到不对，但也许病人就是这样，鼻孔里已经插上了帮助呼吸用的两个小孔，怎么还得用嘴呼吸呢？她一会儿又睁开眼，看看我，我就想把剪下来的指甲抖到地上，她制止了我，示意我收拾好，以后扔到垃圾箱。说话已经很困难，只要张嘴，我就把耳朵贴近她的嘴，但她并不说什么，这样反复了三四次。我不知道这是否正常。但医生护士们都正是吃饭时间，再说，我也不知道该问什么。大概能用的仪器都用上了吧。忽然，我看到她深深地把一口气往下咽了下去，然后头就离开了我的肩膀，往下滑去。我大叫医生。医生和护士都来了，开始抢救，按压心脏，看仪器上的标志，还打抢救的针，我也完全不知所措，只好让开，让医生护士们去做他们要做的事。这时，我只是下意识地看了一下手表，是下午 1:40。过了一会儿，医生说，没有了生命体征。我才明白过来，扑上去，大声喊着她的名字，说，我是家琪，就在这里。我用最大的声音喊着少华！少华！你醒醒，忽然，她的眼睛动了一下，医生马上用手电筒张开她的眼皮查看，但，她再也没有睁开过眼睛。我真的不相信这件事是真的。我们在电影上看过太多太多类似的镜头，我是不是在演电影？就这样大喊着，总觉得她过一会儿就会说：别这样喊，让别人听见多不好。可，这才是我的想象。我写着这些话，总觉得自己是在写别人，尽管泪水已经浸湿了键盘，但我依然觉得这是在讲别人的事。22 天前，2018 年 12 月 26 号，她和我一起到浦东参加了一个"老少咸宜读书会"，是一群爱读书、勤思考的老师们在读我的《人生天地间》和《沉默的视野》，大家交流一下读书心得。川沙是一个我们从未去过的地方，黄炎培在一个叫"内史第"的地方住过，或者说，这里就是他的故居，更重要的是黄万里的童年就在这里度过。还有张闻天、胡适、宋耀如、倪桂真夫妇及他们的孩子宋庆龄（我不知道宋蔼龄、宋美龄、宋子文是否也住在这里）、还有被称为一代音乐宗师的黄自（他 1932 年创作的

《思乡》几乎无可超越）都曾居住在这里。可惜因为都在维修，我们没有参观成。在古镇的小餐馆，少华还吃得津津有味，对川沙这个地方充满好感，王丽琴也答应春暖花开时再来。座谈结束时，王丽琴让少华也说几句，她就说了"家琪这个人不认人、不记路，就知道看书"，至于我嘛，反正"嫁鸡随鸡、嫁狗随狗"，可现在，仅仅过去了22天，鸡、狗的我还在，你怎么就走了呢？你不是说"嫁鸡随鸡、嫁狗随狗"吗？27号去住院，我们一路上还讨论过根本与我们毫无关系的修改宪法的事，讨论过是去海南，还是去西安过春节的事；住院的前三天，你说病房的饭不好吃，我们就偷偷溜出去吃饭，在外面的餐馆幸福地度过了2017年的最后一天和2018年的第一天。那天做完核磁共振，我说，医生和护士也不知道你什么时候能做完，因为人很多，我们回家一趟吧，我收到了南京徐冬梅寄来的"扬州五亭包子"，你就在家吃饭好了。你说不行，不能太违反医院的规定；要不出了什么事，还要医院负责。我一再跟她说，刘、徐两位医生朋友都说你长期带病生存，自身已经达成了某种平衡，现在住院，医生又说给你用了最厉害的药，这可能会打破你自身的平衡，要想恢复平衡需要很长的过程。干脆不住院了。我多次要求出院，为此还找了别的医生。你说，黄疸还未完全降下来，转氨酶也高，我住院到底是为了什么？不同的医生有不同的看法，你要尊重这里的医生，不然会伤了人家的自尊心，你也不要再去找别的医生了。这些都是语音留言，因为病房里的信号很不好，她无法打字，只好多用语音。幸好，这也让我直到今天，依然能听到她的声音。这声音是一天比一天微弱。但晚上只要护士喊一声明早六点抽血化验，十点以后不要喝水吃东西，你打点针到九点，让你喝水，你就是不喝，说要听医生的话，其实你已经很渴了，可你就是一个这么认真的人。你为什么要这样啊？少华，生命只有一次，说挽不回来就挽不回来了，你怎么就这么听话啊？

回到家，与儿子一起打开左边的抽屉，放在最上面的竟然是你2006年第一次住院时写下的"临终留言"，分别写给我和儿子，里面所说的话让我和儿子抱头痛哭。你是不是每次住院都要把这份"留言"放在最好看到的地方，还是你对这次住院有一种不祥之感？我又想起了你用语音说给我的话：住院以来，我一天不如一天，现在简直是手无缚草之力，恐怕出不去了。我说，那我们就出院，你说：不，就在这里。临床的病人告诉我，她睡着了就说梦话，说的全是不回去，也不要再治。你是怕花钱，还是怕给我带来更多的麻烦？

你到底在怕什么？少华啊，你现在走了，无论我信不信，作为起码的知识，我知道再也见不到你了，我，还有我的朋友和同学们再也吃不上你包的茴香饺子了，这个世界上真的有"再也没有"的事，你知道吗？

悲夫吾妻人间再无李少华，痛哉我心世上独留陈家琪！

（二）美德在平凡中

我的妻子李少华是 2018 年 1 月 18 日下午 1 点 40 离世的。从上午十点到她离世，我一直在她身边，她在我怀里深深吸了一口气，使劲咽了下去，然后身体就向一边倒去。我没有收到过"病危通知"之类的东西。所有人都感到很突然，因为当她十点见到我时，还说要和我说说话。

到今天，2 月 9 号，她已离世 21 天了，我却仍然相信她还在；一切都如演电影一样，我们扮演着不同的角色，但又都相信电影总会演完的，然后我们就又会回到我们日复一日的生活。

当我真的意识到一个人会死，死了就是再也不会回来时，我就努力回忆她的音容笑貌。这些日子，去世的名人太多，梁存秀、汪子嵩、饶宗颐，等等。这三位都是和我们有点关系的。汪子嵩和我的导师陈修斋先生关系特别好，开会时见过几面，我 1978 年考上研究生，就读的是汪先生主编的那本薄薄的《西方哲学史》。梁存秀和我们家的关系就深切多了，他们夫妇在我们家吃过几次饭，少华的遗像上带的那条纱巾，就是沈真先生送的，当时在神农架。至于饶宗颐，我由于每年都去汕头大学讲课，也就必去潮州参观，记得两次分别参观了饶先生的故居和博物馆。居住在香港道风山时，洪永远先生曾领我们去参观香港的大佛，印象深的是那里的寺庙一律不准烧香。大佛金碧辉煌，气氛肃穆，所有人都静悄悄地走过。但更让人震撼的，还是大佛寺下有一语林。每株树上都有饶宗颐先生亲手所书的一句《心经》中的句子。当时的我和洪先生就坐在那里休息，而少华则从头到尾，从小山的下面到上面，每句话都仔细看，有的还拍照。她并不信佛，更不研究《心经》，但由于去过他的故居，参观过他的博物馆，所以就格外用心。她就是这样一个人，总把与自己有一点关系，哪怕是很外在、很偶然的关系的人与事，都要牢记在心。

少华出生于 1949 年，少年家贫，她排行老大，下面两个妹妹都送给了人，现在还有一个妹妹和弟弟。父亲在华县出口食品厂当财务科长，49 岁死于肝癌。老母 88 岁，住在西安，由她妹妹照料。少华离世的消息至今也未敢告诉她。

　　文革开始时她高一，是班上的好学生。县城的中学（咸林中学）没有高干或革干子第，所以也就少有初始意义上的"红卫兵"；只是由于县委派下工作组，而工作组的任务就是抓学生后面的"黑手"，自然指的是历史或出身上有问题的老师。由于当时的好学生大都爱自己的老师，于是就反对工作组，从反工作组到反县委、反省委、反西北局，一直到反刘邓路线。是为毛泽东所谓的"造反派"；后来他们也把自己叫红卫兵，但与文革刚开始时对"黑五类"、反动学术权威家庭和所有的"四旧"实行打砸抢、抄家烧书的那些"红五类"家庭出身的 "红卫兵"并不相同。当然，最早的那些"红卫兵"后来也把自己称为造反派。特别是当他们的父母成为批判对象时，他们造反的对象在暗中就已经悄悄转化为当时在各个方面都已显赫无比、达到权力顶峰的"四人帮"。所以看起来他们永远是对的。所以"文革"已经悄悄演化为"红色家族"（革命接班人）内部的异常斗争；大家都站在毛主席一边，但有些人是站在 1949 年后的毛主席一边，搞文革就是抓文化人中的右派，抓地、富、反、坏、右及其子女；另一些人则站在 1966 年才被大家看清楚了毛主席一边：相信这次运动的重点，是整党内那些走资本主义道路的当权派。前者是红卫兵，后者是造反派。后来大家都叫造反派了，也就都是红卫兵了随着军队的介入，老干部的解放，他们，特别是他们的子女就有了一种更疯狂的报复心理：要把本来就属于自己的东西加倍掠夺回来。这就是改革开放中的贪污腐化，买官卖官和最先富起来的那部分人。

　　而我们这些恪守无产阶级革命路线的造反派，却依旧以自己不怕苦、不拍死、严格律己、斗私批修的精神向往着解放全人类的一天。

　　无论是步行串联时的四千里路，还是农村插队落户时的妇女队长，她都像一个大姐姐一样照料着别人，把最苦的活、最不能吃的东西留给自己。这一切在那个时代也很正常，算不上什么了不起的事迹。但自那以后的几十年，她竟然一如既往，总是先人后己，时时处处为别人着想。无论形势如何多变，她个人的立场和观点发生了多大的变化，但这一点，就是先人后己，把别人放在第一位，自己默默吃苦，任劳任怨，善解人意，却一直未变。

　　这一点最明显地表现在家庭生活中。

　　这几天一提到她，我就泣不成声，泪如泉涌。先要说明，我是一个很脆弱的人，这没有问题，但一想到我欠她太多的"对不起"、"谢谢"，就心如刀割。

我才发现这些普及了很多年而仍未见成效的口头语，其效用其实却体现在当对方离去了之后的回忆中。世界上没有什么是理所当然的，别人，哪怕就是妻子，为你做了这么多，你为什么连一声"谢谢"都说不出口？

这几天我一直在想一个问题：为什么当一个人不在了，大家回忆时，多半会说这个人好的一面，就是那些不好的方面，比如日常生活中少不了的无缘由的责怪、抱怨和恼怒，在今天也会意识到是一种爱意的表现，竟然成为了我梦中都想听到的声音？这就是情感，真情实感的力量。当你发现身边再也没有了这种声音时，那种心中的绞痛无比难受。

少华是那样的朴实、平凡，在任何公共场所都默默无闻，尽可能躲在所有人后面。她只做自己能做的事，但却阅读广泛，时时注意别人的言论，不管自己能懂多少，总是先听、先想，而且一定要默默的，把自己永远放在一个第一是尊重别人、为别人着相，相信别人一定也有自己的道理的基点上。

住院时，总是自己打扫卫生间，因为负责清洁卫生的人并不清洁茅厕，只是泛泛拖一下地。我让她多休息，她说，我的床正对着卫生间，受不了这种味道。

每天打点滴，从早上到晚上，只要护士说一声"明早六点抽血，十点以后不要吃喝"，她就严守纪律，哪怕再渴，也不喝一口水。我去找别的医生，希望能让她早点出院，至少不要每天打这么长时间的点滴，她就埋怨我，说，每个医生都有自己的看法，你不要伤了别人的自尊心。医生说，已经给我用上了最厉害的药，岂不知，正是这最厉害的药，打破了她虚弱的身体在十来年带病生存中自然形成的平衡，从而也就断送了她的生命。但在最后时刻，她依然说，不要埋怨医生，他们也是出于好心。

1月15日，她很生气地责怪我：告诉你多少次了，让你把护肤霜给我带来，你怎么总忘？我说我不知道护肤霜是什么，放在哪里。她说，就是香奈儿，我与徐医生在浦东机场免税店买的，还未用过，你看哪盒包装好的，还未拆过，就是那盒。就放在我床头的柜子里。

第二天我给她带去了，她却看了看，说，还是不用了吧。

我说：为什么？为什么不用？她只摇了摇头。

临床的患者告诉我，她睡着了，总大声说梦话：我不回去了，也不治了，给我一张床，躺在这里就行。然后我在她的语音中听到：家琪，这次我可能真的回不去了，既然这样，就不必给你添麻烦，你也不要再找医生要求出院了。

　　最后几天，我说我晚上不回去了，在这里陪床；她坚决不肯，说：你严重失眠，在这里还能睡着？你一夜睡不着，我也就睡不着，而且心里更难受。最后一天请了一位护工，第二天早上一见我，就赞美这位护工，说：她比你强多了，只有她才有力气扶我上卫生间，你扶不动的。你要好好谢谢她，我也要说声对不起！说这话时，距离她生命的最后时刻还不到四个小时！

　　生命的最后一个多小时，她就是把头枕在我的肩上。我不知道她心里在想什么，也许真的太痛苦了，我们共同的好朋友徐医生说过，这种痛苦是你体会不到的。也许，她经受了太长时间的这种痛苦，已经麻木了，在想着五十年前我们谈恋爱时的情景，想着土耳其的索菲亚大教堂是否会改成清真寺，想着约旦河里受洗的人群所唱出的歌声，想着当她把头趴在以色列的哭墙上时，为什么体会不到旁边的女性们的悲伤，想着伏尔加河上的那尊列宁的塑像是不是也拆毁了，想着……，我真不知道她想着什么，总之是那么安静，只有当她要换一个方向时，我才知道她醒着。我也真傻，就这样一直与她默默地坐着，这段时间，对一个人来说是生命的最后时刻，而另一个人却懵懂不知。

　　在我们结婚的 44 年间，和这样类似的时刻太多了：我已经忘记了她默默承受了多大的痛苦与委屈，而这些痛苦与委屈在她身上竟如此平常，如此正常，如此不值一提。今天，当我想起许多的往事时，真是只有以泪洗面的忏悔与内疚了。

　　但我知道我改不了，因为我这个人太注重自己内心的感受。在某种意义上，这也是一种自私的表现。什么才是一个人真正的美德？美德，也就是英文中的 virtue，我们也译为德行。但都远未表达出我在少华身上所体会到的那种让人崇敬的品格。这种品格的核心就是他人：让他人舒服、高兴、愉快，得到想得到的东西，而自己却遭受各种损失和不幸，但却把这些损失和不幸也当成愉快，因为自己也得到了自己想得到的东西，这就是内心的愉快。怀宏说她是这一代人中仅存的"贤妻良母"。她一直很讨厌"贤妻良母"这顶帽子，因为毕竟太陈旧，太腐朽了。从道德上讲，只为别人，不顾自己，失去了平衡感，在道德上也是说不过去的，或者说是不道德的。但她却宁肯说自己并无任何道德意识。康德的"道德绝对命令"讲的是自己应该怎样，这种应该是可以普遍化为所有人都应该做到的。有了标准才有应该；有了应该，也就是为了使自己成为一个有道德的人。但少华说过，她既没有"自我"，也没有"道德绝对命令"，更不想使自己成为怎样一个人。她就是这样，本能地就知道为别人做好事、让别人高兴总是对的。

20 号开追悼会时，有来自全国各地的人，大都是我的学生，他们中的绝大部分人都吃过少华包的茴香饺子。他们的哭也是真诚的，因为不会再有一个"师母"会真的如母亲一样为他们五六个一直高谈阔论的学生默默在厨房包饺子了。

她真的太平凡、太平常了，如她这样的女性千千万万，特别是陕西的农村，特别是在那些所谓的"低端人口"中，这种品格真的算不了什么。她在她的"临终留言"中对我说：你一定要再找一个人与你一同生活，除了品格上要怎么怎么样外，一定要有文化。只有我知道她所说的"文化"是什么意思；也只有我知道在这片苦难的大地上，我作为一个"文化人"应该做什么，而她起码，应该理解我所从事的研究与写作。"有文化"绝非有文凭、有职称的意思。她是这样，她也希望别人也能这样。就是直到现在，我常常想问：少华，哪个电影的名字，哪本书的名字，那天来我们家的那个人的名字，那个最后在记者招待会上提问的人的国籍，那个……，而她总能知道，而且比我的反应更直接、更尖锐。

但她并不把这些想法变成文字，只是在 2006 年第一次住院时，在给我和儿子写下"临终留言"的同时，单凭记忆，完成了一本薄薄的《记忆一生》。

就这样，人间再无我的妻子李少华，无论我多么悲哀、伤心、后悔，一切的一切都无济于事，她是不会再回来了，不会再听见她说：家琪，你要记着吃药，你要换件衣服，你来帮我把瓶盖扭开……。

人世间到底还能留下什么证明自己在这个世界上活过一场？不说那些留德、留功、留言之类的大话了，我们这些芸芸众生，特别是如少华这样的再平常不过的人，到底"活过一场"是什么意思？

面对少华的遗像，我知道她住院前好好洗了一个澡，把换下来的衣服洗净，换上一身衣服，带了一身衣服，把手表、项链都取下来放在家里，拿着儿子淘汰的小米手机就去了。

去了，就再也没回来。但她到底留下了什么？

美德在平凡中，尽管我不喜欢用"美德"这个概念，但，除了用这个概念？自己又能想出什么更好、更准确的概念呢？

崇高、伟大、敬仰，现在都已经俗不可耐，还能怎么办呢？

恐怕就是平凡了。她真平凡。只有我，还有参加追悼会的那些人，知道这里的"平凡"到底有着多么深厚的含义和情感。

（三）思念之苦

端午节快要到了，这其实是一个很平常的日子，但由于是 6 月 18 号，是我的妻子李少华逝世五个月的日子，所以就有些特别了。

五个月来，我没有一天安生过。要说我至今仍然不懂死亡是怎么一回事，恐怕没有人会相信。但我相信。我真的不懂死亡是怎么一回事。死了，就是说这个人消失了，从此再也见不着了；"见不着了"是什么意思？就是见不着了，不可能再与她说话、拥抱，再也吃不着她包的饺子，再也看不到她买回来的蔬菜、瓜果。她的牙刷、牙缸还在那里，第二天、第三天，一直就摆在那里，五个月过去，始终未见任何变化。清晨醒来，摸摸身边，空无一人，你就知道只剩你一个人了，那个陪伴了你 40 多年的人再也不会回来了。

思念之苦折磨着人。苦在哪里？就是想说话，想道歉，想说对不起，想说我爱你。这些话，当她还活着的时候，我竟然一句都没有说。当然她也没有说，但又都知道对方是这样想的。

有许许多多的事情，在这个世界上是只有她和我知道的，也只有对她说起这些事来才有意义，自己最想说给听的人，其实就是她。

昨天晚上，在一个群里，用语音留言的方式，我讲了一下"作为一个哲学话题的文化大革命"，我知道，如果她在，会坐在旁边静静地听，我的自我感觉也会大不一样，因为那是我们共同经历的一段生活，在各种各样的狂热中，也有着我们的爱情。我还记得那一天，你戚戚地对我说这件事时的眼神。你的舅舅当时愤怒地对你吼道：一个共产党员的女儿怎么能够嫁给一个国民党员的儿子？你没有回答。你不知道该怎么回答。你只能用你的行动做出回答，这就是趴在我的肩头哭了。50 年后，你还是趴在我的肩头，说，我现在怎么变得手无缚草之力？我说，有病么，过些日子就会好的。直到那个时候，我还不知道你距离死亡只有三天了。你生命的最后一天，1 月 18 号，上午我去看你，你不是再趴在我的肩头，而是靠在我的肩头上，说，就这样坐一会儿，躺着不好受。我依然不知道死亡已经降临。就这样坐着，到中午，你就消失了，永远消失了。

你是那样的安静、安详，脸上那个没有任何悲戚、痛苦的表情，在一个多小时的时间里，没有对我说一句话。我以为你累了，但一位医生朋友后来告诉我，你那时应该已经没有意识了。 "没有意识了"？就是没有观念了？意识就是意向性活动，你已经不知道你还靠在我的肩头上吗？观念就是显现在意识中的、能让自己知道想法，你都没有了吗？我怎么看不出来？我是不知道，真的不知道死亡是怎么一回事。

如果知道了又能怎样？赶快喊医生来抢救？还是大声喊你的名字，对你说些什么？

其实医生很快就来了，但一切都已无济于事。

事情过去了五个月，我才意识到我这个人是多么的麻木；这并不仅仅是就那天的事情而言，而是就这 40 多年而言。40 多年来，我以为这一切都不会变，什么都是你在料理，一日三餐，收拾床褥，打扫卫生，出去购买需要的东西。什么东西放在哪里，我都不知道；直到你永远走了，我才看到购买东西的小车里还放着你买回来的洗发水，才知道你早就写好了遗嘱，才知道你在自己的一个小本子上详细记载着所有银行卡的账号和密码。这些东西就放在我最容易发现的地方。但你知道，你不永远离去，我是永远不会发现的。

现在，我发现了这些东西，而且发现，当我需要什么的时候，总能找到自己想找的东西。这对你来说，需要多么大的耐心和毅力才能做到如此地有条不紊！也只有到这个时候，我才意识到真应该对你说声：谢谢，辛苦你了！可是，一切都太晚了。应该每天都说的话没有说，现在，已经来不及了。

"应该每天都说的话没有说，现在，已经来不及了"。这就是我的思念之苦。心怀愧疚，又不知如何弥补。少华，我有时真希望有天堂或地狱，然后我去那里见见你，对你诉说一下自己的思念之情、思念之苦，然后，再回来。为什么还要回来，因为，我知道这就是你的心愿。你所做的一切就是为了让我更好地活着，去做自己想做而且正在做着的事，比如，昨天晚上的那个讲座。

而我，却可惜你不在身边，但也许，你真的就在我的身边。

人在这个时候，不信这些神神鬼鬼的事，又能怎样？可是，信了，真就能怎样吗？

一个老人，默默坐在这里，思念着自己过世 5 个月的妻子，因为，我们相识相恋在 50 年前，因为，再过 5 天，就是你 5 个月前去世的日子，因为，5 个月后的这一天是端午节，是一个有所纪念的日子，纪念永在自己心中的那个人。

（四）附言

　　以上是少华去世和去世后我写的三篇文章，照录于此，希望能把这一页揭过去。

　　少华最幸福的，是与我一起在法国住了两个多月，是带着病体去了以色列、伊朗、土耳其、俄罗斯和东欧，去了奥斯维辛集中营，去了台湾，还与我一起在香港道风山住了三个月，结识了洪先生、连校长这些好人，当然，也去了除西藏之外的全国各地。她是一个特别喜欢地理，喜欢看地图和读小说、看电影的人，在这些方面都与我很契合。她最遗憾的就是无法探视自己年近九十的老母，无法看到可爱的小孙女越儿长大成人，无法继续照料我，帮我做些杂事，无法听到这么多有学识的朋友们的高谈阔论。当我看到一部好电影，比如昨天晚上的维也纳新年音乐会，就会想到她，知道她的喜悦和欢乐。但这一切都再也不可能了。

　　少华去世后，我违背了她的遗愿的，有这样几件事：一是开了追悼会。我当时整个在巨大的悲痛中，已经失去了决断能力，张念、邓安庆、朱崇志、刘日明、徐卫翔、计有恺等人都是最先赶到的，开追悼会成了顺理成章的事，几乎违背不了。20号就开了追悼会，几乎全是我们人文学院的老师和我的研究生。陈述、邓安庆、张念、万书元相继发言，都表达了自己最深厚的感情，我一直流泪不止，几乎无法自制。追悼会会场的挽联是我拟定的："悲夫吾妻人间再无李少华，痛哉我心世上独留陈家琪"，横额是"送少华"。但哀乐，他们坚持要用公用的，说是不能违背。里面可能与金钱上的交易有关。我自己选定的是马友友的大提琴《演奏爱情》（playing love），短了一点，可以重复三遍。但没有办法。二是与陈述商量，还是把少华安葬在华县，与她的父母、我的父母在一起。我们是在那里相识相恋的，我以后也会葬在那里。少华说把骨灰撒入大海。我打听了，船离开港口不远就让撒骨灰，大海还是混黄色，很浑浊，没多大意思。但这件事应该说违背了少华的遗愿。第三，她让我多去看看她的老母，但考虑到老母的年龄和承受能力，我还是不敢去，直到今年元旦，知道了少华去世的消息已经告诉了老母亲，我才与她老人家通了电话，又是彼此大哭一场。少华走了，家里乱成一团，什么都找不到，包括海南的房产证，上海的所有证件等等。有些东西是我故意不想见到，见到了就伤心。至今，过去了两年，找不到的还是找不到，也就只好这样。

　　生活就是这样。现在，2020年开始了。这几乎是一个不可思议的数字。21

世纪开始了第三个十年。在我们一起读初中时，相信这时候早就已经实现了共产主义。当然没有，而且一切似乎正在变得越来越不可思议。但我还要继续走下去，继续我的思考与发声，继续心中的理想与未来，而且不相信中国人就只配这样活着。尽管一切都前途未卜，我还是要走下去，这才对得起我心中的妻子李少华。

我的妻子李少华的逝世对我个人来说，是 2018 年最大的事。这件事就说到这里为止。就在少华去世前后，梁志学先生、周有光先生、汪子嵩先生、饶宗颐先生也都先后去世了。少华生命最后时刻带的纱巾就是梁志学先生的夫人沈真先生在神农架送给她的。我和少华曾去潮州参观过几次饶宗颐先生纪念馆，在香港的大佛下，少华也曾仔细在每棵树上查看绕先生手书的《心经》，一棵树上只刻一句话。少华在病榻上，我们总觉得 2019（戊戌年）就要到了，记得还曾念给她我写的四句话，"一百二十年过去，三千五百岁重来；轮回中依稀有梦，刀斧下激情豪迈。"

戊戌年春节在海口，住小眉在新世界花园里腾出来的一栋房子，邵敏、余红夫妇专程从保亭过来陪我过年。除夕日写"他乡除夕日，孤独泪眼人"。

二月底开十九大三中全会，修改宪法，恢复终身制；陈小鲁病逝，徐南铁来海口，我们第一次见面，这些都是应该记下来的往事。

三月份，洪先生到，邀我 4 月 12 号到香港参加与台湾大学前校长孙震先生的对谈。蔡霞到，相谈甚欢。中美贸易战开打，至此双方彻底决裂。中国的开放改革也就此改换了旗帜。清明："无风无雨有清明，有恩有爱无斯人"。

在香港与孙校长对谈中国传统文化的转型，我提到了"治世、乱世、衰世"之间的关系，以及为什么说"治世"与"衰世"表面上看起来很像。

洪先生对我说：你这个人已经享受到了 98% 的人所从未享受过、也不可能享受到的幸福，就不要太折磨自己了。他当然知道少华与我之间的恩爱，但更深层的意思，也是后来才渐渐明白的。

五月最大的事有两件，一是纪念汶川地震十周年；二是 P2P 公司"捷量"倒闭，我这里凭空损失掉六万元。幸亏少华走了，要不，她会难受死了，因为找到她，说服她，让她购买这家公司的，就是这家公司的一位看起来很可爱的小姑娘。当然，与其他人的损失比较起来，六万元真的不足挂齿。但对我们来说，实在是少华从牙缝里节省出来的钱。六月份大事有三：一是中美贸易战升级；二是崔永元爆料，锋芒直指冯小刚、徐帆、范冰冰等一系列演艺界著名人士；三是我在"日新群"用语音讲了一次"文革"开始时，"红卫兵"与"造反派"是完全不同的两个概念。结果导致我的微信被封，"日新群"也就变成了"又日新"。偶尔也看一下俄罗斯世界杯，对日本的表现大失所望。倒不是就球技、名次，而是就一种风范和气度而言。法国最后战胜克罗地亚成为世界冠军。在微信中看到所谓的《薄熙来最后的陈述》，不知真假，附有不知何人所写的一首《江城子·薄熙来》："一年生死两茫茫，不思量，恨难忘。成王败寇，无处话凄凉。法庭相见应不识，心似铁，面如霜。/昔日红歌山城响，神州动，帝业旺。相煎何急，命断一耳光。料得来年断肠处，秦城月，小铁窗。熙来虽薄，厚天下，天下虽厚，薄熙来。"这首词显然是对苏轼的《江城子·乙卯正月二十日夜记梦》的改头换面，但大体意思还可以，只是最后多出来的两句，不知从何谈起。我真的看不出来，也不相信有什么"熙来虽薄，厚天下，天下虽厚，薄熙来"。要说"厚、薄"之别，倒是他的父亲薄一波与胡耀邦之间，真的是有厚有薄，留给天下人去想想吧，也许真的有报应。原词本是苏轼悼念亡妻王弗所作，作者改成薄熙来，有点不伦不类。不过也许反映了当下状态中人们的某种心境。"神州动，帝业旺"，就是薄熙来上来了，真的就能"厚天下"吗？

七、八两个月，住在昆明旁边的小城市安宁的"昆钢养老中心紫花地丁"3020房间。有两位医生、邵敏余红、赵家人、安庆和我。后来安庆先走，我又与他们一起到贵州兴义，最后于九月初回到上海。其中包括去建水，在昆明参观"云南讲武堂"和"西南联大"旧址，记住了李根源这个人和他的事迹。去贵阳孔学堂，参加关于王阳明的讨论会，走"关索岭"茶马古道，结识了顾垚、左丽，很想资助左丽来上海音乐学院学习。

9月24号中秋节，有"中秋忆少华"："年年中秋话月圆，岁岁今宵总凭栏。而今一别成永诀，举头无望奈何天。"

10月13日飞西安，陈述已到，还有世忠、勤勤，大家一起坐小陈的车到华县赤水天龙山公墓，小毛、喜进、匆匆、铭铭、渭南的老贺都来了。想在少华骨灰入土前说一些话，但工作人员等不及，总想着赶快结束，我个人是实在不忍就这样结束，但也没有办法。在西安与老朋友、老同学见面，大家都劝我赶快再找一个人，人好就行。我也基本同意。10月17号在西北大学新校区观看了世忠编剧、世奎导演的《大将郭子仪》。最后与来观剧的"临委会"的一群人在台上合影，这是今生的最后一次了，少华的去世，也就永远关闭了这扇记忆的大门。

10月18号回到上海。路上，不知根据哪里看到的一首歌词，改写成了自己的这首小诗：

> 当你走进这荒凉的墓场，
> 所有的梦想就顿时失去了用场。
> 还有谁记得住你的模样？
> 以及，那洁白的病床，无尽的哀伤？
> 你年轻时灿烂的笑容，
> 已被寂静淹没；
> 只有我，面对月光，
> 又想起了五十年前的寒窗。
>
> 回到故乡，再去远方，
> 以后的路无论多么漫长，
> 我只会用自己的善良，守护这心中的不忘。

10月30号，金庸先生病逝，终年94岁。有人把他所写的15部小说化为两句诗："飞雪连天射白鹿，笑书神侠倚碧鸳"，还有一本是《越女传》。反正我是一本也未看过。我知道很多人都说好，特别是宣良，但我还是看不下去。金庸先生是海宁人，世家望族，当年任《明报》社长时，侠肝义胆，后人当铭刻在心。

终于放开了二胎，废除独生子女"国策"，前后30多年，几乎过去了两代人。

到宁夏讲课，住悦海国际6576房，极奢华。与贺胜遂社长等人一起喝酒，谈我的随笔出版问题，看起来都很愉快，也似乎没有什么问题，但心里其实并拿不准。再到汕头大学，住别墅区C栋05房。与何光沪夫妇、郑也夫夫妇、李工真等人相聚甚欢，在学生食堂饮酒作乐。"避席畏闻文字狱，著书都为稻粱谋"。在微信中看到毛泽东最后所读的是六世纪庾信的《枯树赋》："……前年种树，依依江南；今年摇落，凄凄红潭；树犹如此，人何以堪。"虽不知真假，心中也是不免怅然。

这一年的最后一个月，过得匆匆忙忙，孟晚舟在加拿大被捕，张首晟在美国跳楼，孟浪有诗云"连朝霞也是陈腐的"，朱克珍到汕头大学，听朱晓玫演奏《哥德堡奏鸣曲》，马克思诞辰 200 年，洪先生、连校长到汕头，中国的问题无形中又变成了是过 25 号还是过 26 号这样一个看起来十分荒诞的问题，真的是"人生过处唯有悔，知识增时只留疑"。

荣剑先生把 2018 年归结为中国的"5+1 时刻"：1.修宪，改变储君制；2.中美贸易战；3.共产风再起；4.经济界学人集体发声；5.最高领导人主持民营企业家座谈会。加上的一个就是：不纪念改革开放 40 年。

对我个人来说，当然不会是这样。天下事苦无尽头，苦到极处休言苦。说这些话其实也都没有什么用。日子还得自己过。2017 年 12 月 31 日，是真正的岁末、月末、周末，与少华一起在肯德基吃汉堡、炸鸡，还有土豆泥。她说，想想就到 2019 年了，我也算 70 岁了，活得够长了。今晚替我听听新年钟声吧。当时就想流泪，但我忍住了，装出若无其事的样子。

这样的日子又过去了一年，在"装出若无其事的样子"中还要继续过下去。

以此结束我这本《五十年间有与无》。而且我得承认，别的年份，我都可以仔细校对，唯有这一年，我连重看的勇气都没有。

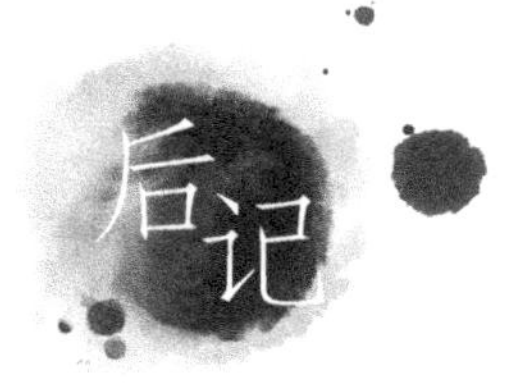

后记

　　一个知识人，活到这把年纪，还不把自己的知识，凝聚为对生命的感悟，说些自己真正想说的话，是对不起"知识"二字的，也对不起这几十载的岁月年华。

　　我们这代人，历史曾给了我们一个机会，让我们把人性中最真诚的一面显示出来。这一面，当时以为肯定也就是最好的一面，但后来又发现它也许是人性中最坏的一面。我们整个的青少年时代，就是在如此巨大的反差与纠结中度过的。当我们觉得自己的勇气与担当已经在"真实"与"真诚"的折磨中耗尽了时，历史又给了我们一次机会，想让我们展现理想生活中美好的一面。但由于没有了勇气与担当，于是只好选择了平庸，并因此而这样就从九十年代一路平庸下来。所以我们是被历史造就的平庸的一代。在垂垂老矣的今天，只能靠述说自己的平庸来完成某种意义上的自我救赎。

　　我终于写完了这本《五十年间有与无》。2018 年还是不忍卒读。在哗哗的泪水中，心头涌出的，却是满满的感激之情：感激这个时代所给与的我的一切，哪怕自己如此平庸；感谢所有与我一起走过这段生命历程的亲朋好友，无论是已经去世的任建成、高兆明、梁归智、朱正琳，还是新结识不久的朱克珍。当然，首先是与我相依相伴从 1968 年一起走过 50 年到了 2018 年的李少华。

　　有这本书摆在那里，让我想起了鲁迅先生在某个地方说过的话：人是可以被杀死的，但作品却杀不死。无论能不能出版，也无论以什么形式让人看到，作为时代与情感的见证，随你怎么说，于我而言，这部作品恐怕就只能这样了，而且死而无憾。

陈家琪

2020 年 5 月 4 号于上海家中

www.ingramcontent.com/pod-product-compliance
Lightning Source LLC
LaVergne TN
LVHW010847240726
843527LV00061B/413/J